中国税制

ZHONGGUO SHUIZHI

（第五版）

杨 虹 主编

中国人民大学出版社

· 北京 ·

图书在版编目（CIP）数据

中国税制/杨虹主编．—5版．—北京：中国人民大学出版社，2019.5
ISBN 978-7-300-26818-7

Ⅰ.①中… Ⅱ.①杨… Ⅲ.①税收制度-中国 Ⅳ.①F812.422

中国版本图书馆CIP数据核字（2019）第045108号

经济管理类课程教材·税收系列
中国税制（第五版）
杨 虹 主编
Zhongguo Shuizhi

出版发行	中国人民大学出版社		
社　　址	北京中关村大街31号	邮政编码	100080
电　　话	010－62511242（总编室）		010－62511770（质管部）
	010－82501766（邮购部）		010－62514148（门市部）
	010－62515195（发行公司）		010－62515275（盗版举报）
网　　址	http://www.crup.com.cn		
经　　销	新华书店		
印　　刷	北京溢漾印刷有限公司	版　　次	2010年1月第1版
规　　格	185 mm×260 mm　16开本		2019年5月第5版
印　　张	20.5	印　　次	2020年4月第2次印刷
字　　数	467 000	定　　价	45.00元

总 序

为了促进我国经济管理类学科建设，提高教学质量，规范教学内容，编写出一套高水平、高质量、上台阶，融理论与实务、知识性与启发性于一体，适合我国经济管理类各专业教学需要的真正的"21 世纪课程教材"，在教育部高教司的直接领导下，我们组织国家税务总局、中国社会科学院、中国人民大学、中央财经大学、中南财经政法大学、东北财经大学、厦门大学、会计师事务所等"政产学"界的专家和教授积极开展调查研究，征求各方意见，讨论教材编写大纲和知识点。在教材初稿完成后，我们分别审查了各种教材的初稿，并进行了认真修改和完善，最后定稿。这套教材是教育部重点项目"财税课程主要教学内容改革研究与实践"的重要成果之一。它倾注了专家和教授的智慧，是集体智慧的结晶。

这套教材与同类教材、出版物相比，具有很高的权威性、准确性、实用性和针对性。我们希望全国各高等院校经济管理专业的广大教师继续关心和支持这项工作，同时将使用这套教材中遇到的问题和改进意见向各位主编反映，以供修订参考。

教学指导委员会

第五版前言

杨虹，中央财经大学税务学院税务系主任、教授、经济学博士、硕士生导师、中国注册会计师。兼任财税法学研究会理事。从事税收理论研究与教学工作30余年，主讲“中国税制”“税收学”“税法”“企业纳税筹划”等课程。主要研究方向为税收理论与税收实务、税收筹划。出版专著两部；主编、参编各种教材、著作数十本；发表论文几十篇；主持（参与）省、部级课题以及地方政府和企业委托的课题几十项。

本教材是我在2014年主编的《中国税制》（第三版）的基础上修订而成的。本次修改出于两个原因：第一，2016年1月25日，李克强总理在其主持召开的座谈会上指出，2016年全面推开“营改增”，并加大部分税目进项税额的抵扣力度。为此，本教材将原在“税制改革动态”专栏中介绍的“营改增”内容，改为在教材的正文中介绍。第二，2014—2015年针对我国社会经济形势的发展变化情况，我国税收制度又做了部分调整和改革，同时税收征管制度也在进一步完善。这些税收制度改革和税收征管制度改革的内容，特别是关乎重大的社会经济问题的税制改革，应当及时补充到教材中，使读者能尽早地掌握税制改革的最新动态以及变化了的税收制度和税收征管制度。

本教材第五版的修改、补充内容主要有以下10个方面：①增加了环境保护税的制度规定；②增加了增值税最新的税制改革内容；③增加了增值税“跨境电子商务零售进口税收政策”；④修改了“增值税专用发票的使用和管理”一节的内容；⑤增加了企业所得税最新的税制改革内容；⑥修改补充了企业所得税"特别纳税调整"一节的内容；⑦增加了资源税最新的税制改革内容；⑧更新了增值税、消费税、企业所得税和个人所得税的收入及其在税收总收入中的比重的相关数据；⑨调整了部分章节的顺序；⑩修改了部分"案例分析"和例题。

专业基础课程教材编写质量的高低，直接关系到学生认知能力、实践应用能力的提高。"中国税制"是一门系统反映我国现行税收政策和税收制度的学科，也是我国经济管理类课程体系中的一门基础课程和骨干课程。为此，本教材在编写上力求突出以下三个特点：①规律性。本教材的编写遵循学生的认知规律，体现"以学生为本"的设计思想，既给教师留下引领的空间，又给学生留下思考和探究的空间。为此，本教材特别编写了"知识库"、"背景知识"和"税制改革动态"专栏，通过宏观经济和税收政策沿革的介绍，力求使学生能够准确把握现行税收制度。②完整性。我国已基本具备了完整的税制体系，今后的税制改革只是在此基础上进行调整和完善。本教材的编写强调税法知识体系的完整性，在教材内容上涵盖了我国现行的18个税种的全部征收管理制度，并在各税种的税收制度中，尽可能多地吸收主要的征管制度，使学生能够了解我国完整的税制结构和税收制度体系。③应用性。遵循应用型本科教育的基本规律，根据构建税法知识体系应强调"宽口径、重应用"的特点编写，力图在教材中反映我国现行税收制度与税收实践的发展情况，做到理论性与应用性的紧密结合。为此，本教材特别编写了"案例分析"专栏，将案例教学引入教学活动中，从而提高学生的理解分析能力和专业技能。

全书共分11章，分别介绍了税收制度概述、增值税、消费税、城市维护建设税和教育费附加、关税、企业所得税、个人所得税、资源税制和环境保护税、财产税制、行为税制和农业税制——烟叶税。

本教材的编写人员均为中央财经大学税务学院从事税收教学工作近30年的专业教师，包括杨虹、梁俊娇、张广通、黄云。全书由杨虹统筹总纂。本次修改由杨虹和中央财经大学六位税务专业的研究生共同完成，六位研究生分别是王晚庭、赵倩文、何明俊、朱旖晨、赵云云和石佳。他们不仅对教材的文字进行了认真的校对，还修改了教材中的"案例分析"和例题。由于编写者的水平有限，书中的不足之处在所难免，我们恭候您的批评指正。

目　　录

第1章 税收制度概述

[本章要点提示]

- 税收制度
- 税法
- 税收法律关系
- 税收制度的组成要素
- 纳税人
- 征税对象
- 税率
- 税收优惠
- 税收分类
- 税制结构

1.1 税收制度的概念

1.1.1 税收制度的基本概念

税收制度，简称税制，是一个历史的、财政的范畴，是国家财政经济制度的重要组成部分，是国家处理税收分配关系的规范。它既是国家向纳税人征税的法律依据和税务机关开展税收工作的规程，又是纳税人履行纳税义务的法定准则。

税收制度的概念可从广义和狭义两个角度理解。

1.1.1.1 广义的税收制度和狭义的税收制度

1. 广义的税收制度

广义的税收制度是指税收的各种法律制度的总称，包括国家的各种税收法律法规、税收管理体制、税收征收管理制度以及税务机关的内部管理制度。具体可分为：①税收法律制度，即调整税收征纳关系的规范性法律文件，包括各种税法、条例、实施细则、规定、办法和协定等。②税收管理体制，即在中央和地方之间划分税收立法、税收执法和税收管理权限的制度。③税收征收管理制度。④税务机构和人员制度，即有关税务机构的设置、分工、隶属关系以及税务人员的职责、权限等的制度。⑤税收计划、会计、统计工作制度。

2. 狭义的税收制度

狭义的税收制度是指国家的各种税收法规和征收管理制度，包括各种税法条例、实施细则、征收管理办法和其他有关的税收规定等。

税收制度又有另一种含义，即指一个国家在一定的历史条件下所形成的税收制度的结构体系，即各税种之间相互配合、相互协调后共同构成的税制体系，如分别以所得税、商品劳务税为主体的税制，以商品劳务税和所得税并重为主体的税制等。它是根据一个国家现实的生产力发展水平和经济结构等情况，将税种、税目、税率的配置与设计作为研究对象，为税制改革、税收立法提供理论依据。

税收制度的上述两种含义既有明显区别，又有内在联系。前者是税收的法律形式，是税收分配活动的法律规范；后者是指一个国家根据其经济条件和财政需要所采用的税制的构造体系。

1.1.1.2 广义的税收制度的四个层次

在广义的税收制度下，税收制度可以分为税收法律、税收法规、税务规章和税务行政规范四个层次。

1. 税收法律

税收法律是指享有国家立法权的国家最高权力机关，依照法律程序制定的有关税收分配活动的基本制度。按照我国宪法的规定，只有全国人民代表大会及其常务委员会能够制定法律。我国的税收法律也是由全国人民代表大会及其常务委员会制定的，其法律地位和法律效力仅次于宪法，而高于税收法规、规章。目前，在我国现行税制体系中，属于全国人民代表大会及其常务委员会通过的税收法律包括《中华人民共和国个人所得税法》(以下简称《个人所得税法》)、《中华人民共和国税收征收管理法》(以下简称《税收征管法》)等。

2. 税收法规

税收法规是指国家最高行政机关根据其职权或国家最高权力机关的授权，依据宪法和税收法律，通过一定法律程序制定的有关税收活动的实施规定或办法。税收法规的效力低于宪法、税收法律，而高于税务规章。目前，在我国现行的税收体系中，绝大多数税种和税收法律的实施细则都是国务院以税收行政法规的形式制定的，如《中华人民共和国增值税暂行条例》(以下简称《增值税暂行条例》)、《中华人民共和国个人所得税法实施细则》(以下简称《个人所得税法实施细则》)等。

3. 税务规章

税务规章是指根据法律或者国务院的行政法规、决定、命令，在国家税务总局职权范围内制定的，在全国范围内对税务机关、纳税人、扣缴义务人及其税务当事人具有普遍约束力的税收规范性文件，如《税务部门规章制定实施办法》。

4. 税务行政规范

税务行政规范是指对税务机关制定和发布的除税务规章以外的其他税务行政规范性文件的统称。税务行政规范多表现为税务机关对法律、行政法规和规章的说明及阐述，是对法律、行政法规和规章的含义、界限以及税务行政中具体应用相关法律规范所做的说明，如《关于增值税几个税收政策问题的通知》、《关于消费税若干征税问题的通知》、《对〈关于企业亏损弥补问题的请示〉的答复函》及《关于金融、保险企业所得税问题的补充通知》等。由于税收涉及经济生活的方方面面，所有复杂、特殊的情况都应在税收上进行相应的规定，但由于经济社会生活的复杂性和立法上的原因，并非所有的问题都能通过基本法来反映，有些方面也不便写在基本法中。因此需要通过单独行文的方式来加以规定，这既可以维护税收法律的稳定性和严肃性，也有利于税收制度与经常变化的现实经济情况相适应。但这种方式只能在一定程度上采用，如果频繁使用，则表明对经济情况的把握不够、认识不足，出台的法律缺陷较多，对具体问题的单独规定成为弥补税法缺陷的手段，反而有损税收法律的严肃性，不利于保持税收制度的相对稳定。

1.1.2 税收制度与税法

1.1.2.1 税法的概念

税法是税收制度的法律表现形式，它是用以调整国家与纳税人之间在征纳税方面的权利和义务关系的法律规范的总称。国家在参与国民收入分配、组织财政收入的过程中，必然会发生社会财富在国家与纳税人之间所有权上的转移，发生税收征纳关系，税法正是调整这一征纳关系的法律规范。它是国家依法征税和纳税人依法纳税的行为准则，它一方面可以维护正常的税收秩序、保证国家的财政收入，另一方面还可以维护纳税人的合法权益。

税法作为法律规范，具有与国家法律体系中其他法律部门一样的共性，但由于它所调整的法律关系的对象不同，它又是一个独立的法律部门，具有与其他法律部门不同的特征。具体包括：①税与法的共存性。税收是随着国家的产生而产生的，法又是与国家同时存在的，国家为了取得税收，就必须凭借自己的政治权力，以法律形式参与国民收入分配。一方面，国家向纳税人无偿取得收入，就必须有法律的强制力予以保证；另一方面，国家征税又必须按照法律标准和规定的程序进行，以保障纳税人的合法权利。正是由于税收分配区别于一般分配的重要标志是国家提供法律参与分配，所以税与法具有共存性。②税法关系主体一方的固定性。任何法律关系都是有主体的，税收法律关系也是如此。但税收法律关系的主体有别于其他法律关系的主体，即在税法关系主体的双方当事人中，一方是代表国家行使征税权的国家行政机关，而另一方则是各种不同类型的纳税人。也就是说，国家行政机关作为一方当事人是固定不变的，而各类纳税人作为另一方当事人则是可以变更的。③税法关系主体权利和义务的不对等性。权利与义务对等是一个基本的法律原则，但这只是从法律关系主体的全部权利与义务来考察的，就某一个具体的法律关系主体而言，其在某个具体的法律、法规中的权利与义务不一定是对等的。就税法而言，纳税人以尽义务为主，因为税法确定的征纳关系不是按照协商、等价和有偿等原则确立的，而是国家凭借政治权力，通过立法程序制定并强制执行的。但就财政而言，纳税人是可以通过国家的财政支出安排获得多项权利的。所以，纳税人权利与义务的统一是从财政的范畴体现的，单从税法的角度看，纳税人的权利与义务具有不对等性。④税法结构的综合性。税法不是单行法律，而是由实体法、程序法、诉讼法等构成的综合法律体系。税法是一种实体法与程序法相结合的法律结构形式。税法结构的综合性表明税法在国家法律体系中具有非常重要的地位，税法结构只有具备了综合性的特征，才能保证国家正确行使征税权，保障足额取得财政收入，也才能保障纳税人的合法权利。

1.1.2.2 税收制度与税法的关系

从经济学的角度看，税收的本质是国家参与国民收入分配所形成的一种经济利益关系，它包括国家与纳税人之间的税收分配关系以及各级政府间的税收利益分配关系。税收制度是税收本质的具体体现，也就是说，税收的这种分配关系要得以实现，必须通过具体的、外在化的税收制度加以落实，税收制度正是通过税收构成要素的设置才使国家和社会经济主体的分配关系得以确定下来。

税法是法学的概念，税法的调整对象是税收分配中形成的权利与义务关系。国家与纳税人之间以及各级政府间的税收利益分配关系都是借助于法的形式，即通过设计税收的权利与义务来实现的。可见，税法调整的是税收的权利与义务关系，并非直接调整税收分配关系。

税收制度与税法密不可分，两者既有相同点又有不同点。相同点主要表现为：①税收制度与税法都是以税收征纳关系为调整对象的；②税收制度与税法都是由纳税人、征税对象、税率等要素构成的。税收制度与税法的不同点仅仅表现为在税收基本制度和实施细则方面立法权限的不同以及由此产生的法律效力方面的差别。从立法权限看，凡是由我国最高权力机关（即全国人民代表大会及其常务委员会）通过并发布的才能称为税法；凡是由权力机关授权行政机关（包括最高行政机关和地方行政机关）制定并发布的，则称为税收行政法规和行政规章。从法律效力来看，税法的地位和效力最高，税收行政法规次之，再次是税收行政规章。

从以上分析可以看出，税收制度与税法所涉及的范围不同。一般来说，所有的税收法律规范都可称为税收制度，具体包括税收法律、法规和规章三种形式在内的所有税收法律规范，而税法一般仅指税收法律这一种形式。例如，《中华人民共和国企业所得税法》（以下简称《企业所得税法》）既是税收法律，也是税收制度；而《中华人民共和国增值税暂行条例》则仅仅是税收法规，而不是税收法律。

1.1.2.3 税收法律关系

提到税收制度与税法的概念，还涉及另一个概念——税收法律关系。税收法律关系是指由税收法律规范确认和调整的国家与纳税人之间发生的权利与义务关系。国家征税表现为国家与纳税人之间的利益分配关系，在通过法律明确双方的权利与义务后，这种关系上升为一种特定的法律关系。这一税收法律关系主要包括以下三个方面：

1. 权利主体

权利主体是指税收法律关系中享有权利和承担义务的当事人。按当事人行为性质的不同，权利主体可分为征税主体和纳税主体。

在我国，征税主体是代表国家行使征税职责的国家行政机关，具体包括各级税务机关、海关和财政机关。纳税主体是指履行纳税义务的单位和个人，具体包括法人、自然人和其他经济组织等。在我国税收法律、法规中所规定的负有代扣代缴或代收代缴义务的单位和个人也可被列为纳税主体。

需要注意的是，在税收法律关系中由于权利主体双方是行政管理者与被管理者的关系，所以双方的权利与义务是不对等的。这与一般民事法律关系中主体双方权利与义务是平等的不同，这是税收法律关系的一个重要特征。

2. 权利客体

税收法律关系中的权利客体是指权利主体的权利与义务所共同指向的对象，具体是指税法要素中的征税对象。

商品劳务税法律关系的客体是商品或劳务的收入，所得税法律关系的客体是生产经营所得和其他所得，财产税法律关系的客体是财产。

与此同时，税收法律关系的客体也是一国利用税收杠杆调整和控制经济的目标。例如，一国在一定时期内根据客观经济形势发展的需要，通过缩小或扩大征税范围调整征税对象，以达到鼓励或限制国民经济中某些产业、行业发展的目的。

3. 税收法律关系的内容

税收法律关系的内容是指权利主体依法享有的权利和承担的义务，这是税收法律关系中最实质的东西，也是税法的灵魂。

征税主体的权利主要表现在依法征税、进行税收检查以及对违章者进行处罚上；其义务主要是向纳税人宣传、咨询、辅导税法，及时把征收的税款解缴国库，依法受理纳税人对税收争议的申诉等。

纳税主体的权利主要有多缴税款申请退还权、延期纳税权、依法申请减免税权、申请复议和提起诉讼权等；其义务主要是按税法规定办理税务登记、进行纳税申报、依法缴纳税款和接受税务检查等。

1.2 税收制度的组成要素

税收制度的组成要素，简称税制要素，是指构成每一具体税种的必要元素。税制的构成要素具体包括纳税人、征税对象、税率三个基本要素和纳税环节、纳税期限、税收优惠、违章处理等要素。世界各国在税收制度上可能存在差别，但构成某一具体税种的要素都毫无例外地包括上述这些要素。

1.2.1 纳税人

纳税人是指税法规定的直接负有纳税义务的单位和个人。纳税人的规定解决了对谁征税，或者谁应该交税的问题。纳税人是缴纳税款的主体。

1. 自然人和法人

从法律角度划分，纳税人包括自然人和法人两种。作为纳税人，他可以是自然人，也可以是法人。自然人是指在法律上成为一个权利和义务主体的普通人，他们以个人身份来承担法律所规定的纳税义务。例如，有应税收入的个人。法人是指具有民事权利能力和民事行为能力，依法独立享有民事权利和承担民事义务的组织。法人相对于自然人而言，是社会组织在法律上的人格化。法人应当具备四个条件：①正式在工商行政管理部门注册备案。②有必要的财产和经费。"财产"一般是针对企业法人而言的，"经费"一般是针对机关、事业单位和社会团体法人而言的。为了保障社会经济秩序和交易的安全，法人必须有一定的财产或经费作为清偿债务、承担风险的后盾。③有自己的名称、组织机构和场所。这个规定主要是为了防止"皮包公司"的合法化。④能够独立承担民事责任，能独立起诉和应诉。例如，某有限责任公司从事税法规定的应税行为，并取得相应的应税收入。

2. 扣缴义务人

扣缴义务人是指税法规定的，在其经营活动中负有代扣税款并向国家缴纳税款义务的单位和个人。税法规定，税务机关应付给扣缴义务人所代扣、代收税款一定比例的手续费。同时，扣缴义务人也必须依法履行代扣、代收税款义务。如果扣缴义务人不履行义务，就要承担相应的法律责任。比如《税收征管法》就规定，如果扣缴义务人不履行义务，除对其行为给予处罚外，还应责成扣缴义务人限期补扣或补收应扣未扣、应收未收的税款。

负税人是指最终负担税款的单位或个人。负税人和纳税人是两个不同的概念。有的税种，如各种所得税，由于税负不能转嫁，纳税人就是负税人。有的税种，如我国的增值税、消费税等，由于税负能够转嫁给他人，纳税人与负税人就不一致。税法中并没有负税人的规定，但在制定税收政策和设计税收制度时，政策的制定者就要认真考虑和研究负税人的税收负担问题。

1.2.2 征税对象

征税对象（又称课税对象）是指根据什么征税，是征税的标的物，也就是缴纳税款的客体。每一种税的征税对象，都规定或体现它的征税范围，即凡是列入征税对象的，就属于该税的征收范围，因此不同税种在性质上的差别，主要取决于不同的征税对象（如商品、所得、财产、行为）。征税对象是一类税区别于另一类税的主要标志。国家为了实现组织财政收入和调节经济的目的，可以根据不同时期的客观经济情况，适时做出征税对象的选择。在征税对象这一要素中，有两个相关的概念，一个是税目，一个是计税依据。

税目是征税对象的具体化，反映具体的征税范围，体现征税的广度。在税收制度组成要素中规定税目，是征税技术上的需要，它是划分征免界限和征税高低界限的准绳。设置税目的目的有两个：首先，为了贯彻税收公平原则，根据不同应税项目的利润水平和国家经济政策的需要，通过对不同的税目设置不同的税率水平进行税收调控；其次，为了贯彻税收便利原则，对性质相同、利润水平相同且国家经济政策调控方向也相同的应税项目设置税目，按照应税项目的类别设置税率。制定税目有两种基本方法：一种是列举法，即按照每一种商品或经营项目分别设计税目，必要时还可以在税目之下划分若干个细目。列举法的优点是界限明确，便于掌握，缺点是税目过多，不便查找。另一种是概括法，即按照商品大类或行业设计税目。概括法的优点是税目较少，查找方便，缺点是税目过粗，不便于贯彻合理负担原则。税目设计的这两种方法在具体运用上，应根据不同税种、不同商品的生产经营情况以及国家在不同时期的政策要求，有机地结合起来，灵活地加以运用。有些税种不分征税对象的性质，一律按照征税对象的应税数额采用同一税率计征税款，如我国的企业所得税。有些税种的征税对象复杂，需要具体划分税目，如我国的消费税。

计税依据是征税对象的计量单位和征税标准。有的税种的征税对象和计税依据基本一致，如各种所得税，所得税的征税对象是所得，计税依据是应纳税所得额。但是，有的税种的征税对象和计税依据则不一致。

此外，与征税对象相关的另一个概念是税源。税源是税款的最终来源。征税对象与税源有密切的联系。一般来说，税源来自物质生产部门劳动者创造的国民收入，但每种税的收入都有其各自的经济来源。有些税的税源与征税对象是一致的，比如企业所得税，它的税源与征税对象都是纳税单位的利润所得。有些税的税源与征税对象不一致，比如对财产的征税，征税对象是财产的数量或价值，而税源则是财产带来的收益或财产所有人的收入。国家税收对经济的调节作用一般也是从征税对象入手，而不直接涉及其税源，但分析税收负担时，则以征税对象为核心来分析它同税源的关系，这是了解税收负担问题的重要途径。

征税对象是税收制度组成要素中的最基本要素。

1.2.3 税　率

税率是税额与征税对象数额之间的比例，反映征税的深度，是税收制度的中心环节。税率的高低，直接关系到国家的财政收入和纳税人的负担，是经济主体推测未来经济活动是否合理的主要依据。由此也可以看出，税率作为税收制度组成要素中的基本要素，其高低是影响企业和个人经济行为的一个极为重要的手段。税率分为三种基本形式。

1.2.3.1 比例税率

比例税率是对同一征税对象不区分数额的大小，只规定一个百分比的税率。在具体运用上，比例税率又分为以下几种表现形式：①统一比例税率，即一种税只采用一个税率，如我国的车辆购置税采用的就是统一比例税率。②行业比例税率，即对同一行业采用一个税率。③产品比例税率。一种产品采用一个比例税率。税率的制定主要看各种产品的税源大小及国家对其课税所要达到的目的，在客观上并没有一个固定不变的标准。对同一种商品，由于品种、规格、质量或利润水平相差较大，可分别制定比例税率或分级设计比例税率。④地区差别比例税率。为了照顾不同地区自然资源、生产水平和收益分配上的差别，可根据不同地区制定高低不同的比例税率。⑤幅度比例税率，即规定最低税率和最高税率，然后由省、自治区、直辖市人民政府在规定的比例税率的幅度内，确定本地区的适用税率。

比例税率的优点为：一是同一征税对象的不同纳税人税收负担相同，能够鼓励先进、鞭策落后，有利于公平竞争；二是计算简便，有利于税收的征收管理。其局限性是比例税率不能体现对能力大者多征、对能力小者少征的原则。

1.2.3.2 累进税率

累进税率是按照征税对象数额的大小，规定不同等级的税率，征税对象数额越大，税率越高。这种税率制度对调节纳税人收入的作用比较直接、明显，而且适应性强、灵活性大，一般适用于对所得额的征税。

累进税率依照累进依据和累进方法的不同，又分为四种形式。

（1）全额累进税率。全额累进税率是指征税对象的全部数额都按其相应等级的累进税率计算征收。

（2）超额累进税率。超额累进税率是指将征税对象按数额大小划分为若干等级，对每个等级由高到低分别规定相应的税率，分别计算税额，各个等级税额之和等于应纳税额。

为了解决超额累进税率计算复杂的问题，通常采用简化计税方法，即引入“速算扣除数”的方法。速算扣除数是指按全额累进税率计算的税额减去按超额累进税率计算的税额的差额。

（3）全率累进税率。全率累进税率与全额累进税率的累进方法相同，只是税率的累进依据是相对数，如销售利润率、资金利润率、工资利润率等。

（4）超率累进税率。超率累进税率与超额累进税率的累进方法相同，只是税率的累进依据是相对数，如销售利润率、资金利润率、工资利润率等。我国现行的土地增值税是以土地增值率作为累进依据的，此项比例越大，适用税率越高。

全额累进税率和全率累进税率的优点是计算简便，但在累进级距的临界点附近税负不合理。超额累进税率和超率累进税率的优点是累进程度比较缓和，税收负担较为合理，但计算较为复杂，会加大征纳成本。

1.2.3.3 定额税率

定额税率是按单位征税对象直接规定一定数量的税额，而不是采用比例的形式，所以又称固定税额。这是税率的一种特殊形式，它一般适用于从量征收的征税范围。定额税率的表现形式有以下几种：①地区差别税额，如我国过去实行的盐税，对生产成本低、利润大的盐资源税额定得高一些，对生产成本高、利润小的盐资源税额定得低一些。②幅度税额，税法只规定一个税额幅度，由各地根据本地区的实际情况，在税法规定的幅度内，确定本地区的适用税额，如我国的城镇土地使用税。③分类分级税额，将征税对象划分为若干个类别和等级，对各级、各类征税对象由低到高规定相应的税额。

定额税率的优点为：一是由于从量计征，而不是从价计征，有利于纳税人提高产品质量和改进包装；二是计算简便；三是税额不受征税对象价格变化的影响，负担相对稳定。定额税率的缺点为：由于税额一般不随征税对象价值的增长而增长，不能使国家财政收入随国民收入的增长而同步增长，因此在调节收入和适用范围上具有局限性。

1.2.4 纳税环节

纳税环节是指在商品流转过程中应当缴纳税款的环节。商品从生产到消费，中间要经过许多流转环节，如工业品要经过工业生产、商业批发和商业零售等环节。纳税环节的确定是流转课税的一个重要问题，它主要解决是征一道税、两道税还是道道征税以及确定在哪个环节征税的问题。它关系到税制结构和税种的布局，关系到税款能否及时足额缴入国库，关系到地区间税收收入的分配，同时关系到企业的经济核算以及是否便利纳税人缴纳税款等问题。因此，纳税环节就成为税收制度的一个构成要素。

在整个商品流转的过程中，按照纳税环节的多少，对商品流转额征税环节的选择，一般可分为以下三种情况：①一次课征制。同一种税只在一个环节课征的，称为一次课征制。②两次课征制。同一种税在两个环节课征的，称为两次课征制。③多次课征制。同一种税在每个流转环节都要征税，称为多次课征制。

1.2.5 纳税期限

纳税期限是指纳税人缴纳税款的法定期限。每一个税种都要明确规定纳税期限，这是由税收的强制性和固定性的特征所决定的。

在确定纳税期限时，主要应考虑以下三个方面的因素：①要根据国民经济各部门生产经营的不同特点和不同的征税对象来确定。②要根据纳税人缴纳税额的多少来确定。一般来说，应纳税额大的，纳税期限规定得短一些；应纳税额小的，纳税期限规定得长一些。③要根据纳税行为的发生情况，对有些税种可以实行按次征收。

1.2.6 税收优惠

税收优惠是指国家根据一定时期政治、经济和社会发展的总目标，运用税收政策在税收法律、行政法规中给予特定的纳税人和征税对象减轻或免除税收负担的各种优待的总称。

税收优惠作为税收制度不可或缺的重要组成部分，可分为狭义的税收优惠和广义的税收优惠。狭义的税收优惠是指减税和免税。减税、免税是对某些纳税人或征税对象给予鼓励和照顾的一种特殊规定。减税是对应纳税额少征一部分税额。免税是对应纳税额全部免征。广义的税收优惠是指减税、免税、优惠税率、出口退税、加速折旧、税项扣除、投资抵免、亏损弥补、税额抵扣、税收抵免、税收饶让等减轻或免除纳税人和征税对象税收负担的优待规定。

从表面上看，减税、免税、优惠税率、出口退税、加速折旧等优待是税收优惠政策的具体体现，属于财政收入的范畴，但由于这些优待政策使得政府收入减少，所以从本质上看与政府的财政支出类似。因此，可将税收优惠看作政府的一种支出。

知识库

税收优惠是对正常税制结构的背离，导致国家财政收入减少，构成财政上的税式支出。美国哈佛大学教授斯坦利·萨里（Stanley Surrey）于 1967 年首先提出了“税式支出”的概念，即将各种形式“放弃”或减少的税收收入纳入“税式支出”的范畴。之所以称为“税式支出”，是因为其和政府其他支出的项目一样，应当作为开支并列入预算。在税收实践中，美国首先把“税式支出”的概念纳入财政预算编制体系。自 1975 年开始，美国国会预算中都列有一章专项分析当年的税式支出项目，建立了通过预算管理各类税收优惠的税式支出制度。此后，奥地利、意大利、荷兰、法国、英国、加拿大、西班牙、澳大利亚等西方发达国家也相继编制税式支出表，对税收体系中的各项税收优惠条款，按照不同税种、不同对象、不同优惠方式以及不同税收受益者进行分类编制，以加强对实施税收优惠的规模、范围及其产生的经济与社会效果的监控和管理。目前，我国还没有建立税式支出制度，但国外税式支出的理论与实践已引起我国税收理论界和业务部门的重视。

税收优惠的规定，主要是使税收制度按照因地制宜和因事制宜的原则，更好地贯彻国家税收政策。因为各种税的征收办法和税率的设计是根据经济发展的一般情况和社会平均负担能力来确定的，能够适应普遍性、一般性的要求，而不能适应个别的、特殊的要求，因此在统一税收制度的基础上，需要有一种灵活调节的手段来加以补充，故税收优惠的存在是必要的，是税收制度构成中一个不可缺少的要素。世界各国的税收法规都有减免税的规定，我国的税收制度也是如此，如我国减免税规定包括困难性减免、鼓励性减免、投资性减免等。

按照税收优惠方式的不同，税收优惠可以分为税基式优惠、税率式优惠和税额式优惠三种。

1. 税基式优惠

税基式优惠主要是通过直接缩小计税依据的方式实行税收优惠，具体包括起征点、免征额、项目扣除以及亏损弥补等。①起征点。起征点是征税对象达到征税数额开始征税的界限。征税对象的数额未达到起征点的，不征税；达到或超过起征点的，就其全部数额征税，而不是仅就超过部分征税。②免征额。免征额是在征税对象总额中免予征税的数额，即按照一定标准从征税对象总额中预先扣除的数额。免征额部分不征税，只就超过免征额的部分征税。③项目扣除。项目扣除是指在征税对象中扣除一定项目的数额后，以其余额作为计税依据计算税额。④亏损弥补。亏损弥补是指将以前纳税年度的经营亏损在本纳税年度的经营利润中扣除，以其余额作为计税依据计算税额。

2. 税率式优惠

税率式优惠是指直接通过降低税率的方式实行税收优惠，如重新确定税率、选择其他低税率、零税率以及关税的暂定税率等。

3. 税额式优惠

税额式优惠是指直接通过减少应纳税额的方式实行税收优惠，如减税、免税、出口退税、投资抵免、税收抵免、税收饶让等。

需要注意的是，税收优惠是一项政策性很强的措施：运用得当，有利于促进企业的发展，促进经济的发展；运用不当，不仅会直接减少财政收入，而且会成为一种“保护落后”的手段。

1.2.7 违章处理

违章处理是对纳税人违反税法的行为所采取的教育处罚措施，它是维护国家税法严肃性的一种必要措施。

一般来说，对于税收法令的违章行为包括偷税、欠税、抗税和骗税四种情况。违章行为的界定及其处罚的具体规定为：

(1) 偷税。偷税是指纳税人有意识地采取非法手段，不按税法规定缴纳税款的违法行为。例如，利用伪造或涂改凭证、账册、报表以及转移资产或收入等手段，隐匿应税项目、数量、金额；乱摊成本、费用或擅自提高开支标准等。《税收征管法》第六十三条规定：对纳税人偷税的，由税务机关追缴其不缴或者少缴的税款、滞纳金，并处不缴或者少缴的税款50%以上5倍以下的罚款；构成犯罪的，依法追究刑事责任。《税收征管法》第六十四条规定：纳税人、扣缴义务人编造虚假计税依据的，由税务机关责令限期改正，并处5万元以下的罚款。

(2) 欠税。欠税是指纳税人不按规定期限缴纳税款的违章行为。《税收征管法》第六十五条规定：纳税人欠缴应纳税款，采取转移或者隐匿财产的手段，妨碍税务机关追缴欠缴的税款的，由税务机关追缴欠缴的税款、滞纳金，并处欠缴税款50%以上5倍以下的罚款；构成犯罪的，依法追究刑事责任。

(3) 抗税。抗税是指纳税人对抗国家税法，拒不依法纳税的一种违法行为。《税收征管法》第六十七条规定：以暴力、威胁方法拒不缴纳税款的，是抗税，除由税务机关追缴其拒缴的税款、滞纳金外，依法追究刑事责任。情节轻微、未构成犯罪的，由税务机关追缴其拒缴的税款、滞纳金，并处拒缴税款1倍以上5倍以下的罚款。

(4) 骗税。骗税是指采取弄虚作假和欺骗手段，骗取出口退（免）税或减免税款的行为。《税收征管法》第六十六条规定：以假报出口或者其他欺骗手段，骗取国家出口退税款的，由税务机关追缴其骗取的退税款，并处骗取税款1倍以上5倍以下的罚款；构成犯罪的，依法追究刑事责任。

知识库

《中华人民共和国刑法修正案（七）》（2009 年 2 月 28 日第十一届全国人大常委会第七次会议通过，本修正案自公布之日起施行）第二百零一条规定：纳税人采取欺骗、隐瞒手段进行虚假纳税申报或者不申报，逃避缴纳税款数额较大并且占应纳税额百分之十以上的，处三年以下有期徒刑或者拘役，并处罚金；数额巨大并且占应纳税额百分之三十以上的，处三年以上七年以下有期徒刑，并处罚金。扣缴义务人采取前款所列手段，不缴或者少缴已扣、已收税款，数额较大的，依照前款的规定处罚。对多次实施前两款行为，未经处理的，按照累计数额计算。有第一款行为，经税务机关依法下达追缴通知后，补缴应纳税款，缴纳滞纳金，已受行政处罚的，不予追究刑事责任；但是，五年内因逃避缴纳税款受过刑事处罚或者被税务机关给予两次以上行政处罚的除外。

1.3 税收制度的分类

税收分类是指根据不同的目的，按照一定的标准，对复杂的税制和繁多的税种进行归类。现代社会普遍实行复合税制，一个国家的税制由多种税组成。科学合理的税收分类无论是在理论上还是在实际操作中，都有助于认识和了解不同税制的特点及不同税种的性质与作用，从而为制定科学合理的税收政策和切实有效的税收征管制度提供可靠依据。常用的税收分类方法有以下几种：

1.3.1 按征税对象的性质分类

按征税对象的性质，可以把税种分为商品劳务税、所得税、财产税、资源税、行为税五类。这一分类方法也是中国税收分类的主要方法。

1. 商品劳务税

商品劳务税是以商品和劳务的流转额为征税对象的税种。它主要以商品销售额、购进商品的支付金额和营业收入额为计税依据，一般采用比例税率的形式。

2. 所得税

所得税是以收益所得额为征税对象的税种。它主要根据纳税人的生产经营所得、个人收入所得和其他所得进行课征。

3. 财产税

财产税是以财产价值为征税对象的税种。根据不同的征税对象，财产税又可以进一步分为一般财产税、财产转移税、财产增值税等。

4. 资源税

资源税是以资源的绝对收益和级差收益为征税对象的税种。前者以拥有某种国有资源的开发和利用权为征收对象；后者以纳税人占用资源的数量和质量的差额所形成的级差收入为征税对象，征收的目的在于调节级差收入。

5. 行为税

行为税是以特定的行为为征税对象的税种。行为税的征收是为了运用税收杠杆配合国家的宏观经济政策，对社会经济生活中的某些特定行为进行调节和限制。

1.3.2 按税负能否转嫁分类

按税负能否转嫁，可以将税种分为直接税与间接税两大类。

直接税是指纳税人直接负担的各种税收。所得税和财产税属于直接税，对于直接税而言，由于税负不能转嫁，因而纳税人就是负税人。

间接税是指纳税人能将税负转嫁给他人负担的各种税。商品税属于间接税。对于间接税而言，纳税人不一定是负税人，最终负担税收的可能是消费者。

1.3.3 按税收与价格的关系分类

按税收与价格的关系，可以分为价内税和价外税两大类。

价内税是指税款构成商品或劳务价格组成部分的税种。价内税的计税价格为含税价格。由于价内税的税款是价格的组成部分，价格实现，税金就随之实现，有利于国家及时取得财政收入。我国现行的消费税就是价内税。

价外税是指税款不包含在商品或劳务价格中的税种。价外税的计税价格为不含税价格。

1.3.4 按税收的计量标准分类

按税收的计量标准，可分为从价税和从量税。

从价税是以征收对象的价格为计税依据的税种。我国现行的增值税和企业所得税等税种就是从价税。

从量税是以征税对象的数量、重量、容积或体积等自然单位为计税依据的税种。

从价税的应纳税额是随着商品价格或劳务收费的变化而变化的，从价税能够体现合理负担的税收政策，同时也能保证财政收入与计税价格同比例变化，因此大部分税种都采用这种计税方法。从量税的税额随着征收对象数量的变化而变化，虽然计算简单，但税收负担和财政收入不能随价格高低而增减，因而税收负担不尽合理，目前只有少数税种采用这一计税方法。

1.3.5 按税收收入归属分类

所有实行分税制的国家采取的分税制不外乎两种类型，即彻底的分税制和不彻底的分税制。

采取彻底的分税制的国家，将税收分为中央税和地方税两类，中央政府和地方政府各有其独立的税收立法和征管权限。

采取不彻底的分税制的国家，将税收分为中央税、地方税、中央与地方共享税三类，其立法权全部归中央政府，地方政府无权立法，中央税和地方税收入分别归属中央政府和地方政府，共享税采取在中央政府与地方政府之间分征、分成等分享形式。

我国现行税制采取的就是不彻底的分税制。

1. 中央税

中央税是由国家税务局负责征收管理，收入归中央政府支配的税种。

2. 地方税

地方税是由地方税务局负责征收管理，收入归地方政府支配的税种。

3. 中央与地方共享税

中央与地方共享税是由国家税务局负责征收管理，收入由中央政府与地方政府共同分享的税种。

1.3.6 其他税收分类方法

其他税收分类方法有以下四种：①按税收的形态分类，可以分为力役税、实物税和货币税；②按税种的存续时间分类，可以分为经常税和临时税；③按纳税人的纳税情况和能力分类，可以分为对人税和对物税；④按税率的形式特点分类，可以分为比例税、累进税和定额税。

1.4 税制结构

1.4.1 税制结构的概念

税制结构是指一国在进行税制设置时，根据本国的具体情况，将不同功能的税种进行组合配置，形成主体税种明确、辅助税种各具特色和作用、功能互补的税种结构。由于税制结构涉及的主要是税收的结构模式问题，所以又称税收结构。

在前面所讲的不同税种中，有的税种可以作为一国税制中的主体税种，有的只能充当辅助税种。主体税种是普遍征收的税种，其收入在全部税收收入总额中占较大比重，因而在税收结构中占主要地位。一国税收政策的目标主要是通过主体税种的设置和运行来实现。辅助税种是作为主体税种的补充，往往为实现某一特定情况下国家的社会经济政策目标而设置，起到一种特殊调节作用。

由于税制结构的设置合理与否在相当程度上决定了一个国家税收政策功能的发挥和目标的实现，因此，如何确定适合本国国情的税制结构，是各国普遍关心的问题。一般而言，一国的税制结构并非固定不变，而是会随着社会经济环境的变化不断地调整。在正常情况下，这一过程同时也是一国税制不断优化的过程。

1.4.2 不同类型的税制结构及其主要特点

纵观世界各国的税制结构，主要有以下五种类型可供选择，即以商品劳务税为主体税种的税制结构，以所得税为主体税种的税制结构，以资源税为主体税种的税制结构，以低税结构为特征的“避税港”税制结构和商品劳务税与所得税并重的双主体税制结构。各类税制结构都有各自的特点。

1. 以商品劳务税为主体税种的税制结构及其主要特点

这类税制结构的表现是：在税制结构中，商品劳务税居主体地位，在整个税制中发挥主导作用；其他税居次要地位，在整个税制中只起辅助作用。由于商品劳务税是以商品、劳务的流转额为征税对象，只要有商品、劳务的流转额发生，就能课征到税款，所以该类税的征税范围广、税源充裕，而且不受生产经营成本与费用变化的影响，不仅具有保证财政收入的及时性和稳定性的特点，而且还有征管简便的特点。在实行价内税的情况下，该类税的税金又是价格的组成部分，它能够与价格杠杆配合，调节生产和消费，并在一定程度上调节企业的盈利水平。当然，这种税制结构也存在一些缺点。由于该类税只是在生产与流通领域形成收入的过程中对国民收入进行调节，所以其调节功能相对较弱，而且容易产生税负转移。其中，有些税种还存在累退性，有些税种存在重复征税等缺陷。

2. 以所得税为主体税种的税制结构及其主要特点

这类税制结构的表现是：在税制结构中，所得税居主体地位，在整个税制中发挥主导作用。这类税制结构以纳税人的所得额为计税依据，对社会所有成员普遍征收，即不仅对生产经营者征税，而且也对非生产经营但取得收入的人征税。所得税还可与累进税率配合，具有按负担能力大小征收、自动调节经济和公平分配的特点。当然，这类税制结构也存在收入不稳定、计算复杂、要求相适应的社会核算程度较高、征管难度较大等缺陷。

3. 以资源税为主体税种的税制结构及其主要特点

这类税制结构的表现是：在税制结构中，资源税居主体地位，在整个税制中发挥主导作用。该类税是对土地、矿产、水力、滩涂、森林等所有资源征税，所以这类税制结构具有保护资源、促进合理配置资源、调节资源级差收入和课税一般不受成本与费用变化的影响等特点。由于世界上大多数国家的资源分布都有不均匀的现象，所以除少数石油资源丰富的中东国家外，其他国家很少采用这种税制结构。

4. 以低税结构为特征的“避税港”税制结构及其主要特点

这类税制结构是在一国或地区的税制结构中，普遍实行低税甚至免税的税收制度，即在这些地方，人们在那里拥有资产或取得收入只负担比在主要工业国家轻得多的税收，或者不必负担税收。这类税制结构有三种具体类型：一类是没有个人所得税、没有财产税、没有遗产税或赠予税。另一类是课征税负较轻的所得税、财产税等直接税，同时实行许多涉外税收优惠。还有一类是实行正常税制，只是有较为灵活的税收优惠办法。“避税港”税制结构的主要特点表现在三个方面：①有独特的低税结构；②以所得税为主，一般很少征收或不征收包括关税在内的商品劳务税；③有明确的避税区域范围。当然，这类税制结构通常是在政治环境比较安定，财政预算支出不太沉重，地理位置靠近高税和经济发达国家，交通方便的小岛国家、地区或某国中的一个局部范围采用。

5. 双主体税制结构及其主要特点

这类税制结构的表现是：在税制结构中，商品劳务税制和所得税制均居主体地位，这两类税收的作用相当，互相协调、配合。这类税制结构的主要特点是在发挥商品劳务税征收范围广、税源充裕、能保证财政收入的及时性和稳定性、征收简便等优势的同时，也发挥所得税按负担能力大小征收、自动调节经济和公平分配等优势，形成了两个主体税类优势互补的税制结构。这类税制结构不仅在发展较快的发展中国家采用，而且开始引起以所得税为主体税种的发达国家的重视。

1.4.3 影响税制结构设置的主要因素

尽管每一个国家的税制结构都有它具体的形成和发展原因，但从总体上看，影响税制结构的主要因素大致可以分为以下几个方面。

1.4.3.1 社会经济发展水平

社会经济发展水平是影响并决定税制结构的最基本因素。这里的社会经济发展水平主要是指社会生产力发展水平，以及由社会生产力发展水平所决定的经济结构。从世界主要国家税制结构的历史发展进程来看，大致经历了从古老的直接税到间接税，再由间接税发展到现代直接税的进程，这种发展进程是同社会经济发展水平的进程相一致的。在以农业经济为主体的自然经济条件下，必然以农业收入作为税收的主要来源，农业生产的非商品特点又决定了必须以土地和人口作为征税对象，我们把这种以土地、人口的外部标志作为计税依据等额征税，而不考虑纳税人负担能力的税种称为古老的直接税。随着工业、商业的迅速发展，形成了以工商经济为主体的经济结构，同时农业生产也具有了商品经济的特征。在这种以工商经济为主体的商品经济条件下，必然以工商经营收入作为税收的主要征税对象，这就形成了以间接税为主体的税收结构。到了现代资本主义社会，随着社会生产力的发展，国家在经济和社会事务中的职能及作用得到加强，财政支出增加，相应地也要求增加更多的财政收入。由于所得税在财政上具有较好的收入弹性，在经济上对企业和个人的经济活动及经济行为的干预较少，在政策上能较好地满足经济稳定和公平分配的目标，因而在这一时期得到迅速发展，从而在西方一些主要国家形成了以现代直接税为主体的税制结构。

1.4.3.2 国家政策导向

税制结构的具体设置，一方面要体现税收的基本原则，另一方面也是为实现国家的税收政策目标服务的。税收作为国家宏观经济政策的一个主要工具，除了其特有的聚财功能之外，与其他许多宏观经济政策工具一样，要发挥调控功能，就需要通过具体税种的设置对社会经济起到调节作用。近年来，这方面的因素在我国税制结构的设置和调整方面体现得尤为明显。例如，为了配合积极的财政政策和货币政策、刺激有效需求，开征了储蓄存款利息税（属于个人所得税）；为了规范股票市场和证券交易行为，欲开征证券交易税；为了缓解社会分配不公、缩小社会贫富差距，欲开征遗产税和赠予税等。

1.4.3.3 税收管理水平

一国的税收管理水平对该国税制结构的设置也会产生影响。一般来说，由于流转税是对商品销售或劳务服务所取得的收入进行征税，因而其征收管理相对较为简单。而所得税是对纳税人所取得的各项所得进行征税，涉及税前扣除以及与会计制度的差异及协调等许多细节问题，因而其征收管理相对较为复杂。因此，如果一国推行以所得税为主体的税收结构，必须有较高的税收管理水平作为基础。

1.4.4 我国现行税制结构

自新中国成立以来，我国税制结构经历了从计划经济到有计划的商品经济再到社会主义市场经济的调整与变革过程，其中，1994 年的税制改革是自新中国成立以来范围最广、程度最深、影响最大的一次税制改革。这次税制改革是适应建立社会主义市场经济体制的要求，按照“统一税制、公平税负、简化税制、合理分权、理顺分配关系、保证财政收入”的指导思想，选择以流转税制和所得税制为重点，建立起一个多税种、多次征、主次分明的复合式税制结构。

经过 1994 年税制改革和此后多年的逐步完善，我国已初步建立了适应社会主义市场经济体制需要的税收制度。目前，我国的税收制度共设有 18 种税，按照其性质和作用大致可以分为五类：

（1）商品劳务税类，包括增值税、消费税、城市维护建设税及教育费附加、关税和船舶吨税。这些税种是在生产、流通或者服务业中，按照纳税人取得的销售收入或者经营收入征收的。

（2）所得税类，包括企业所得税和个人所得税。这些税种是按照生产者、经营者取得的利润或者个人取得的收入征收的。

（3）资源税类和环境保护税类，包括资源税、城镇土地使用税、土地增值税、耕地占用税和环境保护税五种税。这些税种是对从事资源开发或者使用城镇土地者征收的，可以体现国有资源的有偿使用，并对纳税人取得的资源级差收入进行调节。环境保护税的设置，有利于促进绿色发展和生态文明建设。

(4) 财产税类，包括房产税、车船税和契税三种税。

(5) 行为税类，包括印花税和车辆购置税。这些税种是为了达到特定目的，对特定对象和特定行为征收的。

(6) 农业税类，主要是烟叶税。

讨论题

未来我国的税制改革方向是以商品劳务税和所得税为主体的双主体结构，还是以所得税为主体的税制结构？

复习思考题

1. 如何理解税收制度的含义？
2. 如何理解税收制度的特质？
3. 税法的概念和特征是什么？
4. 如何理解税收法律关系？
5. 税收制度的组成要素是什么？
6. 税制结构的概念是什么？
7. 税制结构有哪些类型？其特点是什么？
8. 我国现行税制结构是什么？

第2章 增值税

[本章要点提示]

- 增值税的概念
- 增值税的特点
- 增值税的作用
- 增值税的征收范围
- 增值税的纳税人
- 增值税的税率、征收率
- 销项税额与进项税额
- 增值税的税收优惠
- 增值税的纳税义务发生时间
- 增值税的纳税地点

2.1 增值税概述

目前，增值税是我国的第一大税种，它是 1994 年 1 月 1 日在全国范围正式施行的。现行增值税的基本规范是 2008 年 11 月 5 日经国务院第 34 次常务会议修订通过的《中华人民共和国增值税暂行条例》，自 2009 年 1 月 1 日起开始施行。

实施营业税改征增值税（以下简称“营改增”）的税制改革，是党的十七届五中全会做出的一项重要部署，是“十二五”时期我国税制改革面临的一项重要任务。2011 年，经国务院批准，财政部、国家税务总局联合下发了《营业税改征增值税试点方案》。自 2012 年 1 月 1 日起，在上海市率先开展交通运输业和部分现代服务业的“营改增”试点工作。自 2013 年 8 月 1 日起，在全国范围内对交通运输业以及部分现代服务业进行“营改增”试点。2014 年 1 月 1 日将铁路运输业、邮政服务业纳入增值税征税范围，同年 6

月 1 日将试点扩大到电信业。自 2016 年 5 月 1 日起，在全国范围内全面推开“营改增”试点，将建筑业、房地产业、金融业、生活服务业等全部营业税的纳税人纳入了试点范围。至此，我国已全面实现“营改增”。

2.1.1 增值税的概念

由于增值税是以法定增值额为征税对象的一种税，因此在阐述增值税的概念时，首先要明确什么是增值额，什么是法定增值额。

2.1.1.1 增值额的概念

增值额是指生产者或经营者在生产经营过程中新创造的价值。从马克思的劳动价值理论来看，增值额相当于商品价值总额（c+v+m）扣除在生产上消耗掉的生产资料的转移价值（c）之后的余额（v+m），即 v+m=(c+v+m)－c。其中，c 包括固定资产项目（土地、房屋、机器、设备等）和非固定资产项目（原材料、燃料、动力、低值易耗品等）。增值额主要包括工资、利润、利息和其他属于增值性的费用。

增值额的概念还可以从以下两个方面理解：

（1）就某个生产经营单位而言，增值额就是其商品销售额扣除规定的非增值项目后的余额，这个余额大体上相当于该生产经营单位活劳动创造的价值。

（2）就商品生产的全过程而言，一个商品从生产到流通各个经营环节的增值额之和，相当于该商品进入最终消费的销售总值（见表 2-1）。

表 2-1 各环节的销售额及增值额 单位：元

	原材料生产环节	半成品生产环节	产成品生产环节	批发环节	零售环节	合计
销售额	30	50	80	90	100	
增值额	30	20	30	10	10	100

2.1.1.2 法定增值额的概念

法定增值额是指以法律形式确定的增值额，是相对理论增值额而言的。

从各国实践来看，增值额不一定是理论上的增值额。法定增值额的意义在于：①体现本国的经济政策。有的国家出于鼓励扩大投资的考虑，规定外购的固定资产不论是否消耗掉，都可以一次性扣除；有的国家出于财政收入的考虑，规定外购的固定资产全部不给予扣除。②统一计算税额的需要。只有从法律上规定增值额，才能保证增值税税额计算的统一性和一致性。

2.1.1.3 增值税的税款抵扣法

增值税是以商品的法定增值额为征税对象的一种税。

然而，开征增值税的国家在计算增值税时，都不是直接以增值额为计税依据，而是用销售额乘以适用税率计算出应纳税额，再扣除外购项目已纳的税额，这一方法称为税款抵扣法。增值税之所以采用这种方法，是因为计算各个生产经营环节的增值额在实际征管中是一件比较困难的事情，将会加大税务机关的征收成本和纳税人的纳税成本。

2.1.2 增值税的产生与发展

增值税最早是由法国于20世纪40年代末50年代初创立的，在实行增值税之前，法国实行的是对商品在各个生产环节按全部价值征收“营业税”，这种税的最大弊端是重复征税，不利于专业化生产的发展。1948年，法国在生产环节实行依据从商品全部价值中扣除购进原材料、零部件或半成品所付价款的余额征收的“生产税”，1954年又将扣除范围扩大到购入的固定资产、征税范围扩大到商业批发环节，改称“增值税”，而后征税范围又扩大到商业零售、农业、服务业等环节。

知识库

法国增值税

法国是最早实行增值税的国家，也是增值税制度最健全的国家之一。法国的增值税产生于最初的商品劳务税制度。1917年，法国将原先对各类商品按照分级从量定额征收的产品税改为对工商业均按照销售额征收2%的营业税。1925年，将对工商业统一按2%征收营业税改为按照商品分类适用不同税率征收营业税。由于对每个商品交易环节按照全部价值征收营业税会带来多环节重复征税问题，从而扭曲商业竞争，造成生产、流通的过度集中，为此，法国于1936年将多环节征收的营业税改为单一环节征收的生产税，很好地解决了重复征税问题。为了缓解纳税人逃税带来的压力，1948年法国将一次课征方式改为分阶段计征方式，也就是每一个经营环节都要纳税，以企业经营的增加值作为计税依据，即准予从商品全部价值中扣除前一环节已纳税款，如购进原材料、零部件等已纳税款，但不包括购进固定资产已纳税款。1954年，法国将扣除范围进一步扩大到购入固定资产已纳税款，并正式命名该税为“增值税”。此后，法国增值税的征税范围从工业扩展到农业、商业、交通业、服务业等行业，并率先在世界上形成了一套系统的消费型增值税制度。1968年，法国完善了早期的增值税制度，形成了现代增值税制度。

由于增值税较好地克服了传统的商品劳务税道道全额课税所带来的重复征税问题，有利于生产向专业化、协作化方向发展，因而很快在世界各国流行起来。目前，世界上有170多个国家和地区实行了增值税，增值税逐渐成为一个国际通用的税种。

我国自改革开放后才逐步引进和推广增值税。1979年，我国首先选择重复征税矛盾突出的机器机械和农业机具两个行业，在部分城市进行试点；1983年，我国对上述两行业及缝纫机、自行车、电风扇三种产品，在全国范围内统一试行增值税；1984年，我国正式颁布《中华人民共和国增值税条例》，征税范围在原有基础上扩大到12类产品，这标志着增值税在我国正式实行，而后继续扩大征税范围。1994年，我国颁布了新的《中华人民共和国增值税暂行条例》，征税范围为工业产制环节、商业批发环节、零售环节和服务业中的加工、修理修配劳务。

知识库

表2-2给出了1994—2016年我国增值税收入及其在税收总收入中的比重。

表2-2　1994—2016年我国增值税收入及其在税收总收入中的比重　单位：亿元

年份	国内增值税	税收收入总额	国内增值税占税收总收入的比重（%）
1994	2 308.34	5 126.88	45.02
1995	2 602.33	6 038.04	43.10
1996	2 962.81	6 909.82	42.88
1997	3 283.92	8 234.04	39.88
1998	3 628.46	9 262.80	39.17
1999	3 881.87	10 682.58	36.34
2000	4 553.17	12 581.51	36.19
2001	5 357.13	15 301.38	35.01
2002	6 178.39	17 636.45	35.03
2003	7 236.54	20 017.31	36.15
2004	9 017.94	24 165.68	37.32
2005	10 792.11	28 778.54	37.50
2006	12 784.81	34 804.35	36.73
2007	15 470.23	45 621.97	33.91
2008	17 996.94	54 223.79	33.19
2009	18 481.22	59 521.59	31.05
2010	21 093.48	73 210.79	28.81
2011	24 266.63	89 738.39	27.04
2012	26 415.51	100 614.28	26.25
2013	28 810.13	110 530.70	26.07
2014	30 855.36	119 175.31	25.89
2015	31 109.47	124 922.20	24.90
2016	40 712.08	130 360.73	31.23

资料来源：根据国家统计局网站相关数据整理计算得出。

2.1.3 增值税的类型

实行增值税的国家，纳税人在计算应纳税额时，允许将在生产经营过程中消耗的外购原材料、辅助材料、半成品、零部件、燃料、动力等流动资产的已纳税额予以扣除，也就是在计算法定增值额时，允许扣除外购流动资产的已纳税额，但对外购的机器、设备、厂房等固定资产的已纳税额是否给予扣除，各国的增值税法则做出了不同的规定，于是形成了以下三种类型的增值税：

（1）消费型增值税。消费型增值税是指征收增值税时，允许将纳税期内外购的固定资产已纳税额一次性给予扣除，即纳税企业用于生产的全部外购生产资料都不征税，就整个社会而言，计税依据实际上只限于消费资料，故称消费型增值税。

（2）收入型增值税。收入型增值税是指征收增值税时，只允许扣除相当于当期外购的固定资产折旧部分的已纳税额，就整个社会而言，计税依据相当于国民收入，故称收入型增值税。

（3）生产型增值税。生产型增值税是指征收增值税时，不允许将外购固定资产已纳税额扣除，就整个社会而言，计税依据既包括消费资料，又包括生产资料，征税范围与国民生产总值相一致，故称生产型增值税。

由于上述三种类型的计税依据有所差别，因此不同类型增值税的收入效应和激励效应不同。从财政收入的角度看，生产型增值税的效应最大，因为生产型增值税的计税依据较大，在同样的税率条件下，带来的增值税税额也多。从激励投资的角度看，消费型增值税的效应最大。因为消费型增值税在征收增值税时，允许将纳税期内外购的固定资产已纳税额一次性给予扣除，有利于调动企业的生产积极性，可以彻底消除重复征税带来的各种弊端，将增值税对投资的任何不利影响降到最低限度，有利于加速设备更新、推动技术进步。与此同时，消费型增值税与其他两种类型的增值税相比，在计算征收方面更为简便，凭发票扣税，既有利于纳税人操作，又可以实现纳税人的交叉审计，便于税务机关的征收管理，被公认为是当前国际上最先进、最能体现增值税制度优越性的一种增值税类型。有的经济不发达国家选择实行生产型增值税，而西方发达国家大多选择实行消费型增值税。

在2009年之前，我国的增值税属于生产型增值税。在这一类型下，由于企业购进机器设备不能抵扣进项税额，因而税负比较重。为了减轻企业的税收负担，自2009年1月1日起，纳税人在缴纳增值税时，允许抵扣外购固定资产的进项税额，实现了增值税由生产型增值税向消费型增值税的转换。

背景知识

我国增值税转型的重大意义

在增值税转型改革后，允许企业抵扣其购进设备所含的增值税，将消除我国当前生产型增值税制产生的重复征税因素，降低企业设备投资的税收负担，在维持现行税率不变的前提下，是一项重大的减税政策。由于它可避免企业设备购置的重复征税，因而有利于鼓励投资和扩大内需，促进企业技术进步、产业结构调整和经济增长方式的转变。目前，由美国次贷危机引发的金融危机已波及欧洲、亚洲、拉丁美洲，全球经济增长出现明显放缓势头，一些国家甚至出现经济衰退的迹象，金融危机正在对实体经济产生重大不利影响。在这种形势下，适时推出增值税转型改革，对于增强企业发展后劲、提高我国企业竞争力和抗风险能力、克服国际金融危机对我国经济带来的不利影响具有十分重要的作用。据测算，此项改革将导致财政减收预计超过1 200亿元，是我国历史上单项税制改革减税力度最大的一次，相信这一政策的出台对于我国经济的持续平稳较快发展会产生积极的促进作用。

资料来源：国家税务总局网站，2008-11-20。

背景知识

我国增值税的转型

根据对外购固定资产所含税金扣除方式的不同，增值税制分为生产型、收入型和消费型三种类型。目前，在世界上170多个实行增值税的国家中，绝大多数国家实行的是消费型增值税。在1994年税制改革时，我国选择实行生产型增值税，一方面是出于财政收入的考虑，另一方面则是为了抑制投资膨胀。随着我国社会主义市场经济体制的逐步完善和经济全球化的纵深发展，推进增值税转型改革的必要性日益突出。党的十六届三中全会明确提出适时实施增值税转型改革，“十一五”规划明确在“十一五”期间完成这一改革。

自2004年7月1日起，经国务院批准，首先在我国东北地区选择了8个行业，即装备制造业、汽车制造业、高新技术产业、船舶制造业、冶金业、石油化工业、军品工业和农产品加工业，进行增值税由生产型向消费型的改革试点工作。自2007年7月1日起，增值税转型试点进一步扩大到中部六省（河南、山西、湖南、湖北、江西、安徽）的26个城市，具体涉及装备制造业、石油化工业、冶金业、船舶制造业、汽车制造业、农产品加工业六大行业。2008年7月1日，增值税转型试点进一步扩大到了内蒙古东部地区。自2009年1月1日起，在全国范围推行增值税转型改革，这项改革可以消除生产型增值税的重复征税因素，降低企业设备投资的税收负担，有利于鼓励投资和扩大内需，为纳税人减轻税收负担约1 230亿元。

2.1.4 增值税的特点

（1）只就销售额中的增值部分征税，克服了重复征税。增值税仅就企业销售额中属于本企业创造的、尚未征过税的那部分价值征税，对销售额中在其他企业已纳过税的、转移到企业的那部分价值不再征税。这是增值税最本质的特征，也是其区别于其他间接税的一个显著特点。

（2）具有同一售价商品税负的一致性。增值税征收不因生产、流通环节的变化而影响税收负担，不同商品只要最后销售的总值相同，不论生产、经营环节有多少，税负都是一致的。

案例分析

甲商品和乙商品适用的增值税税率均为10%，其他条件见表2-3。

表2-3 商品概况

<table>
<tr><th>商品</th><th>环节</th><th>售价</th><th>增值额</th><th>税额</th><th>税额合计</th></tr>
<tr><td rowspan="2">甲</td><td>1</td><td>50</td><td>50</td><td>5</td><td rowspan="2">10</td></tr>
<tr><td>2</td><td>100</td><td>50</td><td>5</td></tr>
<tr><td rowspan="4">乙</td><td>1</td><td>20</td><td>20</td><td>2</td><td rowspan="4">10</td></tr>
<tr><td>2</td><td>50</td><td>30</td><td>3</td></tr>
<tr><td>3</td><td>80</td><td>30</td><td>3</td></tr>
<tr><td>4</td><td>100</td><td>20</td><td>2</td></tr>
</table>

甲商品从生产到消费经过两个环节，第一环节的销售价格是50单位，增值额是50单位；第二环节的销售价格（即最终销售价格）是100单位。由于增值税以增值额为计税依据，所以第一环节的税额是5单位（=50×10%），第二环节的税额是5单位（=50×10%），两个环节的税额共10单位。乙商品从生产到消费经过四个环节，第一环节的销售价格是20单位，增值额是20单位；第二环节的销售价格是50单位，增值额是30单位；第三环节的销售价格是80单位，增值额是30单位；第四环节的销售价格是100单位，即最终销售价格是100单位，增值额是20单位。由于增值税以增值额为计税依据，所以第一环节的税额是2单位（=20×10%），第二环节的税额是3单位（=30×10%），第三环节的税额是3单位（=30×10%），第四环节的税额是2单位（=20×10%），四个环节的税额共10单位。可见，甲、乙商品的最终销售额都是100单位，两商品无论经过两个环节还是四个环节，最终负担的税额都是一致的。

（3）具有征收上的广泛性和连续性。广泛性是指从生产经营的横向关系看，凡从事生产经营的企业，只要有增值额就征税，而不论这个企业经营性质、经营方式、经营规模、经营结果如何。连续性是指从生产经营的纵向关系看，增值税延伸到生产、流通各个环节，商品每经过一个环节都要就该环节的增值额征税。

2.1.5 增值税的作用

增值税的上述特点决定了增值税在促进专业化协作生产、保证财政收入的稳定增长以及促进对外贸易发展等方面具有积极的作用，具体表现为：

2.1.5.1 有利于促进企业生产经营结构的合理化

在发达的商品经济社会中，社会生产力发展本身要求企业采用专业化、协作化的生产组织形式。生产的专业化、协作化是在社会分工越来越细的基础上建立起来的同类生产的集中化，它是一种科学的、合理的、先进的生产组织形式。其最大特点是生产过程中分工很细，同一生产对象往往经过许多不同的生产部门、不同的企业来完成；其产品特点是经过的生产环节多，产品结构中外购件所占的比重大，反映在以商品全部价值为征税对象的商品劳务税上，随着流转环节的增加和产品结构中外购件的增加，商品的税负也不断增加，即按流转全额征税的税种对专业化、协作化生产方式的发展起阻碍作用。而增值税是按增值额征税，不同商品不论其流转环节有多少，只要商品最终的销售价格相同，税负就一致，这就使得增值税可以促进专业化、协作化生产方式的发展。

2.1.5.2 有利于财政收入的稳定增长

在实行按流转全额征税的税制情况下，企业为了少负担税款，往往采取“大而全、小而全”的全能厂方式，以减少销售环节，进而达到减少纳税环节、少缴纳税款的目的。可见，按流转全额征税，税收收入会受到流转环节的影响：流转环节多，税收收入就多；流转环节少，税收收入就少。而增值税是按增值额征税，v+m 对企业来说是增值额，对整个社会而言，是一个国家一定时期的国民收入，因此增值税收入会随着国民收入的增加而增长，不受流转环节多少的影响，税收收入稳定。

2.1.5.3 有利于促进对外贸易的发展

出口商品不含税是国际税收的惯例，一国对出口商品实行退税，是发展对外贸易的重要措施，它可以使出口商品以不含税的价格进入国际市场，增加出口商品在国际市场上的竞争力，扩大该国的出口规模。增值税按增值额征税，各环节增值额之和等于该产品的最终销售额，按商品的最终销售额计算退税，可以将该商品在生产、流通全过程缴纳的全部税款退给企业，既准确又彻底，可使该商品以完全不含税的价格进入国际市场，增加出口国商品的竞争力。

对进口商品征收增值税，是为了平衡国内商品和进口商品的税负，可以避免按流转全额征税造成的进口商品税负轻于国内商品税负的问题，避免使国内商品失去竞争力。根据进口商品的进口金额和增值税税率计算的增值税税额，相当于国内同种商品在生产、流通环节缴纳的全部增值税税额，可以做到平衡进口商品和国内商品的税负，有利于本国经济的发展。

税制改革动态

营业税改征增值税

自 2012 年 1 月 1 日在上海开展营业税改征增值税的工作以来，近几年该税制的改革工作逐步深入，营业税改征增值税的试点工作已从上海扩大到全国范围，而且试点的行业也在不断扩大。自 2016 年 5 月 1 日起，我国实现全面“营改增”。

一、改革背景

我国增值税与营业税并存（以下简称“两税并存”）的税制体系是在国家经济改革建

设中逐步演变形成的。两税并存对促进我国市场经济发展发挥了重要作用，但随着经济环境的变化，产业呈现出新的特征，两税并存无法适应新的环境形势，还引发了一系列问题：第一，营业税按营业收入全额征税，对每一个流转环节都征税，因而重复征税问题突出，不利于服务业的专业化分工和协作，违背了市场经济的内在要求。第二，由于两税并存，增值税的征收范围受到局限，导致增值税抵扣链条中断，制约了生产性服务业的发展；与此同时，对货物征收增值税、对劳务征收营业税会影响企业服务提供方式和组织形式的选择，不利于制造业和服务业二者的融合。第三，在出口方面，由于营业税未实行出口退税，使得出口型服务贸易无法享受零税率，削弱了我国服务贸易的国际竞争力，制约了我国贸易结构的优化升级。

在这一背景下，营业税改征增值税（以下简称“营改增”）作为一项重大税制改革被提上税制改革的议事日程。2010年10月18日中国共产党第十七届中央委员会第五次全体会议通过的《中共中央关于制定国民经济和社会发展第十二个五年规划的建议》中关于加快财税体制改革方面提到“改革和完善税收制度。扩大增值税征收范围，相应调减营业税等税收，合理调整消费税范围和税率结构，完善有利于产业结构升级和服务业发展的税收政策”，将扩大增值税征收范围确定为“十二五”时期财税改革的重点之一。在2013年11月12日通过的《中共中央关于全面深化改革若干重大问题的决定》中完善税制方面强调要推进增值税改革，适当简化税率。可见，“营改增”是我国“十二五”时期财税改革非常重要的部分。

按照税制改革规划，“营改增”分三步走：第一步，在部分行业、部分地区进行“营改增”试点。自2012年1月1日起，上海作为首个试点城市正式启动交通运输业和部分现代服务业开展营业税改征增值税。继上海率先启动“营改增”后，2012年7月31日，财政部、国家税务总局发布的《关于在北京等8个省市开展交通运输业和部分现代服务业营业税改征增值税试点的通知》确定将交通运输业和部分现代服务业营业税改征增值税试点范围从上海分批扩大到北京等8个省（直辖市），扩大了营业税改征增值税的试点地区。第二步，选择部分行业在全国范围内进行试点。2013年4月10日召开的国务院常务会议决定在2013年进一步扩大营业税改征增值税试点，将交通运输业和部分现代服务业“营改增”试点在全国范围内推开，并择机将铁路运输和邮电通信等行业纳入“营改增”。自2013年8月1日起，在全国范围内开展交通运输业和部分现代服务业营业税改征增值税试点。自此，“营改增”试点在全国范围内推开，同时将广播影视服务纳入“营改增”应税服务范围。2014年1月1日，我国又将铁路运输和邮政服务纳入“营改增”试点。2014年6月1日，电信业也被纳入“营改增”试点范围。第三步，在全国范围内实现“营改增”。自2016年5月1日起，在全国范围内全面推开营业税改征增值税试点，建筑业、房地产业、金融业、生活服务业等全部营业税的纳税人被纳入试点范围，由缴纳营业税改为缴纳增值税。

二、改革意义

按照建立健全有利于科学发展的财税制度的要求，基于“统筹设计、分步实施，规范税制、合理负担，全面协调、平稳过渡”的基本原则，将营业税改征增值税，其意义在于以下几个方面。

(一) 改革试点方案对完善我国税制的积极意义

(1) 有利于完善我国的商品劳务税制。增值税本身具有税收中性的特点，要充分发挥增值税税收中性的作用，就需要增值税具有尽可能广泛的税基，涉及所有的商品和劳务，但增值税与营业税并行，就会使得增值税的抵扣链条不完整，影响增值税税收中性效应的发挥。

(2) 有效解决了商品和劳务的重复征税问题。营业税是对商品和劳务的流转全额征税，存在多环节重复征税的问题，不仅增加了企业的税负，而且还不利于服务业的分工协作发展。在“营改增”后，增值税可以最大限度地减少重复征税。

(二) 改革试点方案对促进经济发展的积极意义

(1) 有利于促进产业结构的转型。我国在推进产业结构转型的过程中，遇到了许多体制、机制和税制因素的制约，其中营业税税制存在的重复征税问题就是其中一个十分突出的问题。“营改增”试点将第三产业中的交通运输业和部分现代服务业由营业税改征增值税，可以减轻这些行业的税收负担，可以消除税制在三次产业关联发展方面存在的体制性和机制性的障碍，从而有利于加快产业结构的转型。

(2) 有利于促进现代服务业的发展。服务业是国民经济的重要组成部分，服务业的发展水平是衡量现代社会经济发达程度的重要标志。加快发展服务业，使其成为国民经济的主导产业，是推进我国经济结构调整、加快转变经济增长方式的必由之路。此次税改方案将增值税链条延伸至现代服务业，降低了其税负，有利于现代服务业的分工协作，促进了现代服务业资源的优化配置。

(3) 有利于降低企业税负，提高企业竞争力。“营改增”自 2012 年 1 月 1 日在上海试点起至 2015 年 6 月底，全国被纳入“营改增”试点的纳税人共计 509 万户，已经累计减税 4 848 亿元。试点方案将税改的利好渗透到众多企业及其上下游企业，提高了产业链乃至社会的资金流转效率，可以带动整个社会生产效率的提升。

(4) 有利于提高服务贸易的竞争能力。我国作为世界第一大出口大国，制造业出口功不可没，其中离不开增值税出口退税政策的支持。但在服务贸易方面，我国则相对落后，致使出口结构不合理。改革试点方案规定对服务出口给予退税，有利于我国服务业的出口，可以推动我国服务贸易的发展，为我国出口结构的优化创造条件。

2.2 征收范围

根据国务院颁布的《中华人民共和国增值税暂行条例》和《关于全面推开营业税改征增值税试点的通知》的规定，在中华人民共和国境内销售货物、提供应税劳务、发生应税行为以及进口货物，属于增值税的征收范围。

2.2.1 征收范围的一般规定

2.2.1.1 销售或者进口货物

货物是指有形动产，包括电力、热力、气体在内。

销售货物是指有偿转让货物的所有权。有偿是指从购买方取得货币、货物或者其他经济利益。

进口货物是指直接从境外进口的货物，同时包括从境内保税工厂、保税仓库、保税区运往境内其他地区的货物。

2.2.1.2 提供加工、修理修配劳务

应税劳务是指纳税人提供的加工、修理修配劳务。

加工是指受托加工货物，即委托方提供原料及主要材料，受托方按照委托方的要求制造货物并收取加工费的业务。例如，卷烟厂委托烟丝加工厂加工烟丝。

修理修配是指受托对损伤或丧失功能的货物进行修复，使其恢复原状和功能的业务。例如，汽车修理厂修理汽车。

提供应税劳务是指有偿提供加工、修理修配劳务。单位或者个体工商户聘用的员工为本单位或者雇主提供加工、修理修配劳务不包括在内。

有偿是指从购买方取得货币、货物或者其他经济利益。

2.2.1.3 销售服务、无形资产或者不动产

销售服务、无形资产或者不动产是指有偿提供服务、有偿转让无形资产或者不动产。

有偿是指取得货币、货物或者其他经济利益，但属于下列非经营活动的情形除外：①行政单位收取的同时满足以下条件的政府性基金或者行政事业性收费。由国务院或者财政部批准设立的政府性基金，由国务院或者省级人民政府及其财政、价格主管部门批准设立的行政事业性收费；收取时开具省级以上（含省级）财政部门监（印）制的财政票据；所收款项全额上缴财政。②单位或者个体工商户聘用的员工为本单位或者雇主提供取得工资的服务。③单位或者个体工商户为聘用的员工提供服务。④财政部和国家税务总局规定的其他情形。

一、销售服务

销售服务是指提供交通运输服务、邮政服务、电信服务、建筑服务、金融服务、现代服务、生活服务。

（一）交通运输服务

交通运输服务是指利用运输工具将货物或者旅客送达目的地，使其空间位置得到转移的业务活动，包括陆路运输服务、水路运输服务、航空运输服务和管道运输服务。

1. 陆路运输服务

陆路运输服务是指通过陆路（地上或者地下）运送货物或者旅客的运输业务活动，包括铁路运输服务和其他陆路运输服务。

(1) 铁路运输服务是指通过铁路运送货物或者旅客的运输业务活动。

(2) 其他陆路运输服务是指铁路运输以外的陆路运输业务活动，包括公路运输、缆车运输、索道运输、地铁运输、城市轻轨运输等。

出租车公司向使用本公司自有出租车的出租车司机收取的管理费用，按照陆路运输服务缴纳增值税。

2. 水路运输服务

水路运输服务是指通过江、河、湖、川等天然、人工水道或者海洋航道运送货物或者旅客的运输业务活动。

水路运输的程租、期租业务属于水路运输服务。

程租业务是指运输企业为租船人完成某特定航次的运输任务并收取租赁费的业务。

期租业务是指运输企业将配备有操作人员的船舶承租给他人使用一定期限，承租期内听候承租方调遣，不论是否经营，均按天向承租方收取租赁费，发生的固定费用均由船东负担的业务。

3. 航空运输服务

航空运输服务是指通过空中航线运送货物或者旅客的运输业务活动。

航空运输的湿租业务属于航空运输服务。

湿租业务是指航空运输企业将配备有机组人员的飞机承租给他人使用一定期限，承租期内听候承租方调遣，不论是否经营，均按一定标准向承租方收取租赁费，发生的固定费用均由承租方承担的业务。

航天运输服务按照航空运输服务缴纳增值税。

航天运输服务是指利用火箭等载体将卫星、空间探测器等空间飞行器发射到空间轨道的业务活动。

4. 管道运输服务

管道运输服务是指通过管道设施输送气体、液体、固体物质的运输业务活动。无运输工具承运业务按照交通运输服务缴纳增值税。

无运输工具承运业务是指经营者以承运人身份与托运人签订运输服务合同，收取运费并承担承运人责任，然后委托实际承运人完成运输服务的经营活动。

(二) 邮政服务

邮政服务是指中国邮政集团公司及其所属邮政企业提供邮件寄递、邮政汇兑和机要通信等邮政基本服务的业务活动，包括邮政普遍服务、邮政特殊服务和其他邮政服务。

1. 邮政普遍服务

邮政普遍服务是指函件、包裹等邮件寄递，以及邮票发行、报刊发行和邮政汇兑等业务活动。

函件是指信函、印刷品、邮资封片卡、无名址函件和邮政小包等。

包裹是指按照封装上的名址递送给特定个人或者单位的独立封装的物品，其重量不超过五十千克，任何一边的尺寸不超过一百五十厘米，长、宽、高合计不超过三百厘米。

2. 邮政特殊服务

邮政特殊服务是指义务兵平常信函、机要通信、盲人读物和革命烈士遗物的寄递等

业务活动。

3. 其他邮政服务

其他邮政服务是指邮册等邮品销售、邮政代理等业务活动。

（三）电信服务

电信服务是指利用有线、无线的电磁系统或者光电系统等各种通信网络资源，提供语音通话服务，传送、发射、接收或者应用图像、短信等电子数据和信息的业务活动，包括基础电信服务和增值电信服务。

1. 基础电信服务

基础电信服务是指利用固网、移动网、卫星、互联网，提供语音通话服务的业务活动，以及出租或者出售带宽、波长等网络元素的业务活动。

2. 增值电信服务

增值电信服务是指利用固网、移动网、卫星、互联网、有线电视网络，提供短信和彩信服务、电子数据和信息的传输及应用服务、互联网接入服务等业务活动。

卫星电视信号落地转接服务按照增值电信服务缴纳增值税。

（四）建筑服务

建筑服务是指各类建筑物、构筑物及其附属设施的建造、修缮、装饰，线路、管道、设备、设施等的安装以及其他工程作业的业务活动，包括工程服务、安装服务、修缮服务、装饰服务和其他建筑服务。

1. 工程服务

工程服务是指新建、改建各种建筑物、构筑物的工程作业，包括与建筑物相连的各种设备或者支柱、操作平台的安装或者装设工程作业，以及各种窑炉和金属结构工程作业。

2. 安装服务

安装服务是指生产设备、动力设备、起重设备、运输设备、传动设备、医疗实验设备以及其他各种设备、设施的装配、安置工程作业，包括与被安装设备相连的工作台、梯子、栏杆的装设工程作业，以及被安装设备的绝缘、防腐、保温、油漆等工程作业。

固定电话、有线电视、宽带、水、电、燃气、暖气等经营者向用户收取的安装费、初装费、开户费、扩容费以及类似收费，按照安装服务缴纳增值税。

3. 修缮服务

修缮服务是指对建筑物、构筑物进行修补、加固、养护、改善，使之恢复原来的使用价值或者延长其使用期限的工程作业。

4. 装饰服务

装饰服务是指对建筑物、构筑物进行修饰装修，使之美观或者具有特定用途的工程作业。

5. 其他建筑服务

其他建筑服务是指上列工程作业之外的各种工程作业服务，如钻井（打井）、拆除建筑物或者构筑物、平整土地、园林绿化、疏浚（不包括航道疏浚）、建筑物平移、搭脚手架、爆破、矿山穿孔、表面附着物（包括岩层、土层、沙层等）剥离和清理等工程作业。

（五）金融服务

金融服务是指经营金融保险的业务活动，包括贷款服务、直接收费金融服务、保险服务和金融商品转让。

1. 贷款服务

贷款服务是指将资金借贷给他人使用并取得利息收入的业务活动。

各种占用、拆借资金取得的收入，包括金融商品持有期间（含到期）利息（保本收益、报酬、资金占用费、补偿金等）收入、信用卡透支利息收入、买入返售金融商品利息收入、融资融券收取的利息收入，以及融资性售后回租、押汇、罚息、票据贴现、转贷等业务取得的利息及利息性质的收入，按照贷款服务缴纳增值税。

融资性售后回租是指承租方以融资为目的，将资产出售给从事融资性售后回租业务的企业后，从事融资性售后回租业务的企业将该资产出租给承租方的业务活动。

以货币资金投资收取的固定利润或者保底利润，按照贷款服务缴纳增值税。

2. 直接收费金融服务

直接收费金融服务是指为货币资金融通及其他金融业务提供相关服务并且收取费用的业务活动，包括提供货币兑换、账户管理、电子银行、信用卡、信用证、财务担保、资产管理、信托管理、基金管理、金融交易场所（平台）管理、资金结算、资金清算、金融支付等服务。

3. 保险服务

保险服务是指投保人根据合同约定，向保险人支付保险费，保险人对于合同约定的可能发生的事故因其发生所造成的财产损失承担赔偿保险金责任，或者当被保险人死亡、伤残、患病或者达到合同约定的年龄、期限等条件时承担给付保险金责任的商业保险行为。保险服务包括人身保险服务和财产保险服务。

人身保险服务是指以人的寿命和身体为保险标的的保险业务活动。

财产保险服务是指以财产及其有关利益为保险标的的保险业务活动。

4. 金融商品转让

金融商品转让是指转让外汇、有价证券、非货物期货和其他金融商品所有权的业务活动。

其他金融商品转让包括基金、信托、理财产品等各类资产管理产品和各种金融衍生品的转让。

纳税人购入基金、信托、理财产品等各类资产管理产品和各种金融衍生品的转让。

（六）现代服务

现代服务是指围绕制造业、文化产业、现代物流产业等提供技术性、知识性服务的业务活动，包括研发和技术服务、信息技术服务、文化创意服务、物流辅助服务、租赁服务、鉴证咨询服务、广播影视服务、商务辅助服务和其他现代服务。

1. 研发和技术服务

研发和技术服务包括研发服务、合同能源管理服务、工程勘察勘探服务、专业技术服务。

（1）研发服务又称技术开发服务，是指就新技术、新产品、新工艺或者新材料及其系统进行研究与试验开发的业务活动。

（2）合同能源管理服务是指节能服务公司与用能单位以契约形式约定节能目标，节能服务公司提供必要的服务，用能单位以节能效果支付节能服务公司的投入及其合理报酬的业务活动。

（3）工程勘察勘探服务是指在采矿、工程施工前后，对地形、地质构造、地下资源蕴藏情况进行实地调查的业务活动。

（4）专业技术服务是指气象服务、地震服务、海洋服务、测绘服务、城市规划、环境与生态监测服务等专项技术服务。

2. 信息技术服务

信息技术服务是指利用计算机、通信网络等技术对信息进行生产、收集、处理、加工、存储、运输、检索和利用，并提供信息服务的业务活动，包括软件服务、电路设计及测试服务、信息系统服务、业务流程管理服务和信息系统增值服务。

（1）软件服务是指提供软件开发服务、软件维护服务、软件测试服务的业务活动。

（2）电路设计及测试服务是指提供集成电路和电子电路产品设计、测试及相关技术支持服务的业务活动。

（3）信息系统服务是指提供信息系统集成、网络管理、网站内容维护、桌面管理与维护、信息系统应用、基础信息技术管理平台整合、信息技术基础设施管理、数据中心、托管中心、信息安全服务、在线杀毒、虚拟主机等业务活动，包括网站对非自有的网络游戏提供的网络运营服务。

（4）业务流程管理服务是指依托信息技术提供的人力资源管理、财务经济管理、审计管理、税务管理、物流信息管理、经营信息管理和呼叫中心等服务的活动。

（5）信息系统增值服务是指利用信息系统资源为用户附加提供的信息技术服务，包括数据处理、数据分析和整合、数据库管理、数据备份、数据存储、容灾服务、电子商务平台等。

3. 文化创意服务

文化创意服务包括设计服务、知识产权服务、广告服务和会议展览服务。

（1）设计服务是指把计划、规划、设想通过文字、语言、图画、声音、视觉等形式传递出来的业务活动，包括工业设计、内部管理设计、业务运作设计、供应链设计、造型设计、服装设计、环境设计、平面设计、包装设计、动漫设计、网游设计、展示设计、网站设计、机械设计、工程设计、广告设计、创意策划、文印晒图等。

（2）知识产权服务是指处理知识产权事务的业务活动，包括对专利、商标、著作权、软件、集成电路布图设计的登记、鉴定、评估、认证、检索服务。

（3）广告服务是指利用图书、报纸、杂志、广播、电视、电影、幻灯、路牌、招贴、橱窗、霓虹灯、灯箱、互联网等各种形式为客户的商品、经营服务项目、文体节目或者通告、声明等委托事项进行宣传和提供相关服务的业务活动，包括广告代理和广告的发布、播映、宣传、展示等。

（4）会议展览服务是指为商品流通、促销、展示、经贸洽谈、民间交流、企业沟通、国际往来等举办或者组织安排的各类展览和会议的业务活动。

4. 物流辅助服务

物流辅助服务包括航空服务、港口码头服务、货运客运场站服务、打捞救助服务、装卸搬运服务、仓储服务和收派服务。

（1）航空服务包括航空地面服务和通用航空服务。

航空地面服务是指航空公司、飞机场、民航管理局、航站等向在境内航行或者在境内机场停留的境内外飞机或者其他飞行器提供的导航等劳务性地面服务的业务活动，包括旅客安全检查服务、停机坪管理服务、机场候机厅管理服务、飞机清洗消毒服务、空中飞行管理服务、飞机起降服务、飞行通信服务、地面信号服务、飞机安全服务、飞机跑道管理服务、空中交通管理服务等。

通用航空服务是指为专业工作提供飞行服务的业务活动，包括航空摄影、航空培训、航空测量、航空勘探、航空护林、航空吊挂播撒、航空降雨、航空气象探测、航空海洋监测、航空科学实验等。

（2）港口码头服务是指港务船舶调度服务、船舶通信服务、航道管理服务、航道疏浚服务、灯塔管理服务、航标管理服务、船舶引航服务、理货服务、系解缆服务、停泊和移泊服务、海上船舶溢油清除服务、水上交通管理服务、船只专业清洗消毒检测服务和防止船只漏油服务等为船只提供服务的业务活动。港口设施经营人收取的港口设施保安费按照港口码头服务缴纳增值税。

（3）货运客运场站服务是指货运客运场站提供货物配载服务、运输组织服务、中转换乘服务、车辆调度服务、票务服务、货物打包整理、铁路线路使用服务、加挂铁路客车服务、铁路行包专列发送服务、铁路到达和中转服务、铁路车辆编解服务、车辆挂运服务、铁路接触网服务、铁路机车牵引服务等业务活动。

（4）打捞救助服务是指提供船舶人员救助、船舶财产救助、水上救助和沉船沉物打捞服务的业务活动。

（5）装卸搬运服务是指使用装卸搬运工具或者人力、畜力将货物在运输工具之间、装卸现场之间或者运输工具与装卸现场之间进行装卸和搬运的业务活动。

（6）仓储服务是指利用仓库、货场或者其他场所代客贮放、保管货物的业务活动。

（7）收派服务是指接受寄件人委托，在承诺的时限内完成函件和包裹的收件、分拣、派送服务的业务活动。

收件服务是指从寄件人收取函件和包裹，并运送到服务提供方同城的集散中心的业务活动。

分拣服务是指服务提供方在其集散中心对函件和包裹进行归类、分发的业务活动。

派送服务是指服务提供方从其集散中心将函件和包裹送达同城的收件人的业务活动。

5. 租赁服务

租赁服务包括融资租赁服务和经营租赁服务。

（1）融资租赁服务是指具有融资性质和所有权转移特点的租赁活动，即出租人根据承租人所要求的规格、型号、性能等条件购入有形动产或者不动产租赁给承租人，合同期内租赁物的所有权属于出租人，承租人只拥有使用权，合同期满付清租金后，承租人有权按照残值购入租赁物，以拥有其所有权。不论出租人是否将租赁物销售给承租人，均属于融资租赁。

按照标的物的不同，融资租赁服务可分为有形动产融资租赁服务和不动产融资租赁服务。

融资性售后回租不按照本税目缴纳增值税。

(2) 经营租赁服务是指在约定时间内将有形动产或者不动产转让给他人使用且租赁物所有权不变更的业务活动。

按照标的物的不同，经营租赁服务可分为有形动产经营租赁服务和不动产经营租赁服务。

将建筑物、构筑物等不动产或者飞机、车辆等有形动产的广告位出租给其他单位或者个人用于发布广告，按照经营租赁服务缴纳增值税。

车辆停放服务、道路通行服务（包括过路费、过桥费、过闸费）等按照不动产经营租赁服务缴纳增值税。

水路运输的光租业务、航空运输的干租业务属于经营租赁。

光租业务是指运输企业将船舶在约定的时间内出租给他人使用，不配备操作人员，不承担运输过程中发生的各项费用，只收取固定租赁费的业务活动。

干租业务是指航空运输企业将飞机在约定的时间内出租给他人使用，不配备机组人员，不承担运输过程中发生的各项费用，只收取固定租赁费的业务活动。

6. 鉴证咨询服务

鉴证咨询服务包括认证服务、鉴证服务和咨询服务。

(1) 认证服务是指具有专业资质的单位利用检测、检验、计量等技术，证明产品、服务、管理体系符合相关技术规范、相关技术规范的强制性要求或者标准的业务活动。

(2) 鉴证服务是指具有专业资质的单位受托对相关事项进行鉴证，发表具有证明力的意见的业务活动，包括会计鉴证、税务鉴证、法律鉴证、职业技能鉴定、工程造价鉴证、工程监理、资产评估、环境评估、房地产土地评估、建筑图纸审核、医疗事故鉴定等。

(3) 咨询服务是指提供信息、建议、策划、顾问等服务的活动，包括金融、软件、技术、财务、税收、法律、内部管理、业务运作、流程管理、健康等方面的咨询。

翻译服务和市场调查服务按照咨询服务缴纳增值税。

7. 广播影视服务

广播影视服务包括广播影视节目（作品）的制作服务、发行服务和播映（含放映，下同）服务。

(1) 广播影视节目（作品）的制作服务是指进行专题（特别节目）、专栏、综艺、体育、动画片、广播剧、电视剧、电影等广播影视节目和作品制作的服务，具体包括与广播影视节目和作品相关的策划、采编、拍摄、录音、音视频文字图片素材制作、场景布置、后期的剪辑、翻译（编译）、字幕制作、片头制作、片尾制作、片花制作、特效制作、影片修复、编目和确权等业务活动。

(2) 广播影视节目（作品）的发行服务是指以分账、买断、委托等方式，向影院、电台、电视台、网站等单位和个人发行广播影视节目（作品）以及转让体育赛事等活动的报道及播映权的业务活动。

（3）广播影视节目（作品）的播映服务是指在影院、剧院、录像厅及其他场所播映广播影视节目（作品），以及通过电台、电视台、卫星通信、互联网、有线电视等无线或者有线装置播映广播影视节目（作品）的业务活动。

8. 商务辅助服务

商务辅助服务包括企业管理服务、经纪代理服务、人力资源服务、安全保护服务。

（1）企业管理服务是指提供总部管理、投资与资产管理、市场管理、物业管理、日常综合管理等服务的业务活动。

（2）经纪代理服务是指各类经纪、中介、代理服务，包括金融代理、知识产权代理、货物运输代理、代理报关、法律代理、房地产中介、职业中介、婚姻中介、代理记账、拍卖等。

货物运输代理服务是指接受货物收货人、发货人、船舶所有人、船舶承租人或者船舶经营人的委托，以委托人的名义，为委托人办理货物运输、装卸、仓储和船舶进出港口、引航、靠泊等相关手续的业务活动。

代理报关服务是指接受进出口货物的收、发货人委托，代为办理报关手续的业务活动。

（3）人力资源服务是指提供公共就业、劳务派遣、人才委托招聘、劳动力外包等服务的业务活动。

（4）安全保护服务是指提供保护人身安全和财产安全，维护社会治安等的业务活动，包括场所住宅保安、特种保安、安全系统监控以及其他安保服务。

9. 其他现代服务

其他现代服务是指除研发和技术服务、信息技术服务、文化创意服务、物流辅助服务、租赁服务、鉴证咨询服务、广播影视服务和商务辅助服务以外的现代服务。

（七）生活服务

生活服务是指为满足城乡居民日常生活需求提供的各类服务活动，包括文化体育服务、教育医疗服务、旅游娱乐服务、餐饮住宿服务、居民日常服务和其他生活服务。

1. 文化体育服务

文化体育服务包括文化服务和体育服务。

（1）文化服务是指为满足社会公众文化生活需求提供的各种服务，包括：文艺创作、文艺表演、文化比赛，图书馆的图书和资料借阅，档案馆的档案管理，文物及非物质遗产保护，组织举办宗教活动、科技活动、文化活动，提供游览场所。

（2）体育服务是指组织举办体育比赛、体育表演、体育活动，以及提供体育训练、体育指导、体育管理的业务活动。

2. 教育医疗服务

教育医疗服务包括教育服务和医疗服务。

（1）教育服务是指提供学历教育服务、非学历教育服务、教育辅助服务的业务活动。

学历教育服务是指根据教育行政管理部门确定或者认可的招生和教学计划组织教学，并颁发相应学历证书的业务活动，包括初等教育、初级中等教育、高级中等教育、高等教育等。

非学历教育服务包括学前教育、各类培训、演讲、讲座、报告会等。

教育辅助服务包括教育测评、考试、招生等服务。

(2) 医疗服务是指提供医学检查、诊断、治疗、康复、预防、保健、接生、计划生育、防疫服务等方面的服务，以及与这些服务有关的提供药品、医用材料器具、救护车、病房住宿和伙食的业务。

3. 旅游娱乐服务

旅游娱乐服务包括旅游服务和娱乐服务。

(1) 旅游服务是指根据旅游者的要求，组织安排交通、游览、住宿、餐饮、购物、文娱、商务等服务的业务活动。

(2) 娱乐服务是指为娱乐活动同时提供场所和服务的业务。

娱乐服务具体包括歌厅、舞厅、夜总会、酒吧、台球、高尔夫球、保龄球、游艺(包括射击、狩猎、跑马、游戏机、蹦极、卡丁车、热气球、动力伞、射箭、飞镖)。

4. 餐饮住宿服务

餐饮住宿服务包括餐饮服务和住宿服务。

(1) 餐饮服务是指通过同时提供饮食和饮食场所的方式为消费者提供饮食消费服务的业务活动。

(2) 住宿服务是指提供住宿场所及配套服务等的活动，包括宾馆、旅馆、旅社、度假村和其他经营性住宿场所提供的住宿服务。

5. 居民日常服务

居民日常服务是指主要为满足居民个人及其家庭日常生活需求提供的服务，包括市容市政管理、家政、婚庆、养老、殡葬、照料和护理、救助救济、美容美发、按摩、桑拿、氧吧、足疗、沐浴、洗染、摄影扩印等服务。

6. 其他生活服务

其他生活服务是指除文化体育服务、教育医疗服务、旅游娱乐服务、餐饮住宿服务和居民日常服务之外的生活服务。

二、销售无形资产

销售无形资产是指转让无形资产所有权或者使用权的业务活动。

无形资产是指不具有实物形态，但能带来经济利益的资产，包括技术、商标、著作权、商誉、自然资源使用权和其他权益性无形资产。

技术包括专利技术和非专利技术。

自然资源使用权包括土地使用权、海域使用权、探矿权、采矿权、取水权和其他自然资源使用权。

其他权益性无形资产包括基础设施资产经营权、公共事业特许权、配额、经营权(包括特许经营权、连锁经营权、其他经营权)、经销权、分销权、代理权、会员权、席位权、网络游戏虚拟道具、域名、名称权、肖像权、冠名权、转会费等。

三、销售不动产

销售不动产是指转让不动产所有权的业务活动。

不动产是指不能移动或者移动后会引起性质、形状改变的财产，包括建筑物、构筑物等。

建筑物包括住宅、商业营业用房、办公楼等可供居住、工作或者进行其他活动的建造物。

构筑物包括道路、桥梁、隧道、水坝等建造物。

转让建筑物有限产权或者永久使用权的，转让在建的建筑物或者构筑物所有权的，以及在转让建筑物或者构筑物时一并转让其所占土地的使用权的，按照销售不动产缴纳增值税。

2.2.2 征收范围的特殊规定

2.2.2.1 征税范围的特殊项目

(1) 货物期货（包括商品期货和贵金属期货），应当征收增值税，在期货的实物交割环节纳税。

(2) 银行销售金银的业务，应当征收增值税。

(3) 典当业的绝当物品销售业务和寄售业代委托人销售寄售物品的业务，均应征收增值税。

(4) 电力公司向发电企业收取的过网费，应当征收增值税。

2.2.2.2 视同销售货物行为

单位或者个体工商户的下列行为，视同销售货物：

(1) 将货物交付其他单位或者个人代销。

(2) 销售代销货物。

(3) 设有两个以上机构并实行统一核算的纳税人，将货物从一个机构移送至其他机构用于销售，但相关机构设在同一县（市）的除外。

(4) 将自产、委托加工的货物用于非增值税应税项目。

(5) 将自产、委托加工的货物用于集体福利或者个人消费。

(6) 将自产、委托加工或者购进的货物作为投资，提供给其他单位或者个体工商户。

(7) 将自产、委托加工或者购进的货物分配给股东或者投资者。

(8) 将自产、委托加工或者购进的货物无偿赠送其他单位或者个人。

(9)“营改增”试点规定的视同销售服务、无形资产或者不动产。

①单位和个体工商户向其他单位或者个人无偿提供服务，但以公益活动为目的或者以社会公众为对象的除外。

②单位或者个人向其他单位或者个人无偿转让无形资产或者不动产，但用于公益事业或者以社会公众为对象的除外。

③财政部和国家税务总局规定的其他情形。

上述行为应视同销售货物行为，征收增值税。

税法做出上述规定的目的是：①保证增值税税款抵扣制度的实行，避免由于纳税人发生上述行为，导致税款抵扣环节的中断。由于增值税实行凭发票抵扣税款的税款抵扣制度，发票将应税商品各个流转环节的生产者和经营者连接起来，形成一个有机的扣税链条，即销售方销售货物开具的增值税发票既是销售方计算销项税额的凭证，同时也是购买方据以抵扣进项税额的凭证。②避免由于纳税人发生上述行为，导致销售货物税收负担不平衡的问题。③体现增值税配比计算原则。已在购进环节进行进项税额抵扣的购进货物、应税劳务和应税服务，应该产生相应的销售额和销项税额，否则就会造成进项税额与销项税额不匹配的问题。

2.2.2.3 混合销售

如果一项销售行为既涉及货物又涉及服务，为混合销售。从事货物的生产、批发或者零售的单位和个体工商户的混合销售行为，按照销售货物缴纳增值税；其他单位和个体工商户的混合销售行为，按照销售服务缴纳增值税。

上述从事货物的生产、批发或者零售的单位和个体工商户，包括以从事货物的生产、批发或者零售为主，并兼营销售服务的单位和个体工商户。

案例分析

华永公司是一家生产塑钢窗的企业，2018 年 5 月向 A 公司销售了塑钢窗，而后进行了安装，取得销售货物收入 500 万元和安装服务收入 80 万元。

华永公司的上述销售行为，属于销售货物和服务同时发生在同一项销售行为中，且从同一个购买方取得价款。所以，其上述销售行为是增值税规定的混合销售行为。由于华永公司的经营主业是生产塑钢窗，故其发生的混合销售行为应按销售货物缴纳增值税，即其取得的销售货物和服务的收入 580 万元（=500+80）均按照销售货物缴纳增值税。

2.2.2.4 兼营行为

兼营非应税项目是指纳税人的经营范围既包括销售货物和加工、修理修配劳务，又包括销售服务、无形资产或者不动产，但销售货物，加工、修理修配劳务，服务，无形资产或者不动产不同时发生在同一项销售行为中。

纳税人销售货物，加工、修理修配劳务，服务，无形资产或者不动产适用不同税率或者征收率的，应当分别核算适用不同税率或者征收率的销售额，未分别核算销售额的，按照以下方法适用税率或者征收率：

（1）兼有不同税率的销售货物，加工、修理修配劳务，服务，无形资产或者不动产，从高适用税率。

（2）兼有不同征收率的销售货物，加工、修理修配劳务，服务，无形资产或者不动产，从高适用征收率。

（3）兼有不同税率和征收率的销售货物，加工、修理修配劳务，服务，无形资产或者不动产，从高适用税率。

案例分析

建新公司是一家销售建筑装饰材料的公司。在该公司的日常业务中，既有从事批发和零售建筑装饰材料的业务，又有对外承揽安装工程和装饰工程的业务。2018 年 7 月 1—31 日建新公司共对外销售建筑装饰材料 290 万元。7 月 20 日，建新公司承揽安阳公司委托的装饰工程业务，收取价款 20 万元。

建新公司在 7 月份开展的业务就属于税法规定的兼营行为，因为建新公司销售建筑装饰材料是税法规定的“销售货物”，其提供的装饰工程业务是税法规定的“建筑服务”，且两者没有直接的联系和从属关系，即建新公司向安阳公司提供的装饰工程劳务与其对外销售的建筑装饰材料的受让方并不是同一个企业。因此，建新公司对外销售建筑装饰材料所得的 290 万元和承揽装饰工程业务所得的 20 万元，应分别核算销售额。在分别核算销售额的情况下，建新公司销售建筑装饰材料所得的 290 万元适用 13%的税率，承揽装饰工程业务所得的 20 万元适用 9%的税率。在未分别核算的情况下，建新公司的这两项收入均适用 13%的增值税税率。

2.2.3 不征收增值税的项目

（1）基本建设单位和从事建筑安装业务的企业附设工厂、车间在建筑现场制造的预制构件，凡直接用于本单位或本企业建筑工程的。

（2）供应或开采未经加工的天然水。

（3）国家管理部门为行使其管理职能而发放执照、牌照和有关证书等取得的工本费收入。

（4）对计算机软件产品征收增值税问题。

纳税人销售软件产品并随同销售一并收取的软件安装费、维护费、培训费等收入，应按照增值税混合销售的有关规定征收增值税，并可享受软件产品增值税即征即退政策。

（5）与纳税人取得中央财政补贴有关的增值税问题。

1）纳税人取得的中央财政补贴，不属于增值税应税收入。

2）燃油电厂从政府财政专户取得的发电补贴不属于增值税规定的价外费用，不计入应税销售额。

（6）试点纳税人根据国家指令无偿提供的铁路运输服务、航空运输服务。

（7）存款利息。

（8）被保险人获得的保险赔付。

(9) 房地产主管部门或者其指定机构、公积金管理中心、开发企业以及物业管理单位代收的住宅专项维修资金。

2.3 纳税人

2.3.1 纳税人的一般规定

增值税纳税人是指在中国境内销售货物或者提供加工、修理修配劳务，进口货物，销售服务、无形资产或不动产的单位和个人。

在中国境内销售货物或者提供加工、修理修配劳务是指：①销售货物的起运地或者所在地在境内；②提供的应税劳务发生在境内；③应税服务提供方或者接受方在境内。

在境内销售服务、无形资产或者不动产是指：①服务（租赁不动产除外）或者无形资产（自然资源使用权除外）的销售方或者购买方在境内；②所销售或者租赁的不动产在境内；③所销售自然资源使用权的自然资源在境内；④财政部和国家税务总局规定的其他情形。

下列情形不属于在境内销售服务或者无形资产：①境外单位或者个人向境内单位或者个人销售完全在境外发生的服务。②境外单位或者个人向境内单位或者个人销售完全在境外使用的无形资产。③境外单位或者个人向境内单位或者个人出租完全在境外使用的有形动产。④财政部和国家税务总局规定的其他情形。

单位是指企业、行政单位、事业单位、军事单位、社会团体及其他单位。

个人是指个体工商户和其他个人。

对报关进口的货物，以进口货物的收货人或办理报关手续的单位和个人为纳税人。对代理进口货物，以海关开具的完税凭证上的纳税人为纳税人。也就是说，对报关进口的货物，凡是海关的完税凭证开给委托方的，对代理方不征收增值税；凡是海关的完税凭证开给代理方的，对代理方应按规定征收增值税。

2.3.2 纳税人的特殊规定

(1) 承包承租经营的纳税人。单位以承包、承租、挂靠方式经营的，承包人、承租人、挂靠人（以下统称“承包人”）以发包人、出租人、被挂靠人（以下统称“发包人”）名义对外经营并由发包人承担相关法律责任的，以该发包人为纳税人；否则，以承包人为纳税人。

(2) 扣缴义务人。境外的单位或个人在境内提供应税劳务，销售服务、无形资产或者不动产，在境内未设立经营机构的，以其境内代理人为扣缴义务人；在境内没有代理人的，以购买方为扣缴义务人。

案例分析

联利公司是一家国有企业，2017 年 3 月与德国 A 公司（在我国境内未设立经营机构，并且没有代理人）签订设备进口合同，进口一台专业仪器，合同约定设备保修期为一年。2017 年 10 月，该设备局部损坏，德国 A 公司派遣两名专业工程师前来维修，并取得修理费收入 32 万元人民币。按照《增值税暂行条例》的规定，德国 A 公司在中国境内提供修理修配劳务，其取得的劳务费收入 32 万元应向中国政府缴纳增值税，即其是增值税的纳税义务人，但由于其没有在我国境内设立经营机构，并且没有代理人，故其应纳税额由联利公司作为代扣代缴义务人，代扣代缴税款。

2.3.3 小规模纳税人和一般纳税人的认定及管理

由于增值税实行凭增值税专用发票抵扣税款的制度，上一环节纳税人缴纳的增值税，下一环节纳税人在缴纳增值税时可以抵扣。这就要求增值税纳税人的会计核算必须健全，并且能够准确核算增值税的销项税额、进项税额和应纳税额；否则，一旦下一环节纳税人多抵扣税款，就会造成国家税收收入的减少。目前，由于我国增值税纳税人的会计核算水平高低不一、差距较大，有些经营规模小、会计核算不健全的纳税人不能准确核算增值税的销项税额、进项税额和应纳税额，因此《增值税暂行条例》将纳税人按其会计核算是否健全以及经营规模的大小加以划分，分为增值税一般纳税人和小规模纳税人。

2.3.3.1 小规模纳税人的管理

1. 小规模纳税人的标准

小规模纳税人是指年应税销售额在税法规定标准以下，并且会计核算不健全，不能按规定报送有关税务资料的增值税纳税人。

会计核算不健全是指不能正确核算增值税的销项税额、进项税额和应纳税额。

小规模纳税人的认定标准：

（1）年应征增值税销售额在 500 万元及以下的。

（2）非企业性单位、不经常发生应税行为的企业可选择按小规模纳税人纳税。对于年应税销售额超过规定标准，但不经常发生应税行为的单位和个体工商户，以及非企业性单位、不经常发生应税行为的企业，可选择按照小规模纳税人纳税。

（3）年应税销售额超过小规模纳税人标准的其他个人按小规模纳税人纳税。

2. 小规模纳税人的管理

小规模纳税人实行简易计税办法缴纳增值税，一般不得使用增值税专用发票。

2.3.3.2 一般纳税人的登记管理

1. 一般纳税人的登记

（1）一般规定。一般纳税人是指年应税销售额超过财政部、国家税务总局规定的小规模纳税人标准的企业和企业性单位。

年应税销售额是指纳税人在连续不超过12个月或四个季度的经营期内累计的应征增值税销售额，包括纳税申报销售额、稽查查补销售额、纳税评估调整销售额。

经营期是指在纳税人存续期内的连续经营期间，含未取得销售收入的月份或季度。

纳税申报销售额是指纳税人自行申报的全部应征增值税的销售额，其中包括免税销售额和税务机关代开发票销售额。稽查查补销售额和纳税评估调整销售额计入查补税款申报当月（或当季）的销售额，不计入税款所属期的销售额。

（2）特殊规定。年应税销售额未超过规定标准的纳税人，如果会计核算健全，能够提供准确的税务资料，可以向主管税务机关办理一般纳税人登记。

会计核算健全是指能够按照国家统一的会计制度规定设置账簿，并根据合法、有效的凭证进行核算。

（3）下列纳税人不需要办理一般纳税人登记。

1）按照政策规定，选择按照小规模纳税人纳税的。

年应税销售额超过规定标准且符合上述规定的纳税人，应当向主管税务机关提交书面说明。

2）年应税销售额超过规定标准的其他个人。其他个人是指自然人。

2. 一般纳税人的管理

（1）办理一般纳税人登记程序。

1）纳税人向主管税务机关填报《增值税一般纳税人登记表》，如实填写固定生产经营场所等信息，并提供税务登记证件。

2）纳税人填报的内容与税务登记信息一致的，主管税务机关当场登记。

3）纳税人填报的内容与税务登记信息不一致或者不符合填列要求的，税务机关应当场告知纳税人需要补正的内容。

（2）办理一般纳税人登记的时限和地点。纳税人在年应税销售额超过规定标准的月份（或季度）所属申报期结束后15日内按照《国家税务总局关于增值税一般纳税人登记管理若干事项的公告》第六条或者第七条的规定办理相关手续；未按规定时限办理的，主管税务机关应当在规定时限结束后5日内制作《税务事项通知书》，告知纳税人应当在5日内向主管税务机关办理相关手续；逾期仍不办理的，次月起按销售额依照增值税税率计算应纳税额，不得抵扣进项税额，直至纳税人办理相关手续为止。

纳税人应当向机构所在地主管税务机关办理一般纳税人登记手续。

（3）其他规定。纳税人自一般纳税人登记生效之日起，按照增值税一般计税方法计算应纳税额，并可以按照规定领用增值税专用发票，财政部、国家税务总局另有规定的除外。生效之日是指纳税人办理登记的当月1日或者次月1日，由纳税人在办理登记手续时自行选择。

纳税人登记为一般纳税人后，不得转为小规模纳税人，国家税务总局另有规定的除外。

2.4 税率和征收率

从各国增值税的实践看，增值税税率的设计一般都遵循了减少税率档次的原则，这主要是与增值税为中性税种、发挥普遍调节作用以及增值税实行的税款抵扣制度有关。

我国现行增值税对一般纳税人实行13%的基本税率，9%和6%的低税率，以及出口零税率；对小规模纳税人实行3%（5%）的征收率。

2.4.1 税 率

2.4.1.1 税率的一般规定

1. 13%的基本税率

增值税一般纳税人销售或者进口货物，提供应税劳务（包括提供有形动产租赁服务），除低税率适用范围外，适用13%的基本税率。

2. 9%的低税率

提供交通运输业、邮政、基础电信、建筑、不动产租赁服务，销售不动产，转让土地使用权，税率为9%。

销售或进口下列货物的税率为9%：

（1）粮食、食用植物油。

（2）自来水、暖气、冷气、热水、煤气、石油液化气、天然气、沼气、居民用煤炭制品。

（3）图书、报纸、杂志。

（4）饲料、化肥、农药、农机、农膜。

（5）国务院及其有关部门规定的其他货物。

农产品是指种植业、养殖业、林业、牧业、水产业生产的各种植物、动物的初级产品，具体征税范围暂按《财政部、国家税务总局关于印发〈农业产品征税范围注释〉的通知》（财税字［1995］52号）及现行相关规定执行。

3. 6%的低税率

提供增值电信服务、金融服务、现代服务、生活服务和销售无形资产（转让土地使用权除外），税率为6%。

4. 零税率

境内单位和个人销售的下列服务及无形资产，适用增值税零税率：

(1) 国际运输服务。国际运输服务是指在境内载运旅客或者货物出境、在境外载运旅客或者货物入境以及在境外载运旅客或者货物。

(2) 航天运输服务。

(3) 向境外单位提供的完全在境外消费的下列服务：

1) 研发服务。

2) 合同能源管理服务。

3) 设计服务。

4) 广播影视节目（作品）的制作和发行服务。

5) 软件服务。

6) 电路设计及测试服务。

7) 信息系统服务。

8) 业务流程管理服务。

9) 离岸服务外包业务。

离岸服务外包业务包括信息技术外包服务（ITO）、技术性业务流程外包服务（BPO）、技术性知识流程外包服务（KPO），其所涉及的具体业务活动，按照《销售服务、无形资产、不动产注释》相对应的业务活动执行。

10) 转让技术。

(4) 财政部和国家税务总局规定的其他服务。

2.4.1.2 税率的特殊规定

纳税人销售货物，加工、修理修配劳务，服务，无形资产或者不动产适用不同税率或者征收率的，应当分别核算适用不同税率或者征收率的销售额，未分别核算销售额的，按照以下方法适用税率或者征收率：

(1) 兼有不同税率的销售货物，加工、修理修配劳务，服务，无形资产或者不动产，从高适用税率。

(2) 兼有不同征收率的销售货物，加工、修理修配劳务，服务，无形资产或者不动产，从高适用征收率。

(3) 兼有不同税率和征收率的销售货物，加工、修理修配劳务，服务，无形资产或者不动产，从高适用税率。

2.4.2 征收率

2.4.2.1 征收率的一般规定

考虑到小规模纳税人的经营规模小，并且会计核算不健全，难以按基本税率和低税率计税以及使用增值税专用发票抵扣进项税款，因而我国对小规模纳税人统一按3%的征收率计税。

知识库

小规模纳税人征收率的沿革

自1994年1月1日起实行的《增值税暂行条例》规定，小规模纳税人的征收率为6%。后经国务院批准，从1998年起将小规模纳税人划分为工业和商业两类，分别适用6%和4%的征收率。2009年1月1日实行的《增值税暂行条例》，基于平衡小规模纳税人与一般纳税人之间的税负水平（自2009年1月1日起，增值税一般纳税人的增值税由生产型转为消费型后，降低了一般纳税人的税负水平）、促进中小企业的发展和扩大就业以及便利征收与纳税的考虑，对小规模纳税人不再设置工业和商业两档征收率，将征收率统一降至3%。

在“营改增”后，又增加了5%的征收率。

2.4.2.2 3%征收率的适用范围

（1）小规模纳税人在我国境内销售货物、服务、无形资产、不动产，适用3%的征收率（适用5%征收率的除外）。

（2）小规模纳税人（除其他个人外）销售自己使用过的固定资产，按照3%的征收率减按2%征收。小规模纳税人（除其他个人外）销售自己使用过的除固定资产以外的物品，按照3%的征收率减按2%征收。

（3）纳税人销售旧货，按照简易计税办法依照3%的征收率减按2%征收。

（4）一般纳税人销售的特定货物和应税服务可以选择适用简易计税方法计税，征收率为3%。

2.4.2.3 5%征收率的适用范围

（1）一般纳税人销售不动产，选择适用简易计税方法的，征收率为5%。

（2）小规模纳税人销售不动产，适用5%的征收率。

（3）房地产开发企业的一般纳税人销售自行开发的房地产老项目，选择适用简易计税方法的，征收率为5%。

（4）一般纳税人出租其2016年4月30日前取得的不动产，选择适用简易计税方法的，征收率为5%。

（5）小规模纳税人出租不动产，适用5%的征收率。

（6）个人出租住房，按照5%的征收率减按1.5%征收。

（7）纳税人提供劳务派遣服务、安全保护服务，选择适用差额纳税的，征收率为5%。

（8）一般纳税人提供人力资源外包服务，选择适用简易计税方法的，征收率为5%。

2.5 应纳税额的计算

增值税的计税方法包括一般计税方法和简易计税方法。一般纳税人销售货物、提供应税劳务和应税服务适用一般计税方法计税。对于一些特定情形，一般纳税人可以选择按照简易计税方法计税，但一经选择，36个月内不得变更。小规模纳税人销售货物、提供应税劳务和应税服务，适用简易计税方法计税。

2.5.1 一般计税方法应纳税额的计算

增值税一般纳税人销售货物、提供应税劳务以及销售服务、无形资产和不动产，其应纳税额为当期销项税额抵扣当期进项税额后的余额。因此，增值税一般纳税人当期应纳增值税税额的大小，主要取决于当期销项税额和当期进项税额两个因素。

2.5.1.1 销项税额的计算

销项税额是指纳税人销售货物或者提供应税劳务和应税服务，按照销售额或提供应税劳务和应税服务收入与规定的适用税率计算并向购买方收取的增值税税额。销项税额的计算公式为：

销项税额＝销售额×适用税率

1. 一般销售方式下销售额的确定

销售额是指纳税人销售货物或者提供应税劳务和应税服务向购买方（承受应税劳务和应税服务也被视为购买方）收取的全部价款和价外费用。价外费用包括价外向购买方收取的手续费、补贴、基金、集资费、返还利润、奖励费、违约金、滞纳金、延期付款利息、赔偿金、代收款项、代垫款项、包装费、包装物租金、储备费、优质费、运输装卸费以及其他各种性质的价外收费，但下列项目不包括在内：

（1）受托加工应征消费税的消费品所代收代缴的消费税。

（2）同时符合以下条件的代垫运输费用：①承运部门的运输费用发票开具给购买方的；②纳税人将该项发票转交给购买方的。

（3）同时符合以下条件代为收取的政府性基金或者行政事业性收费：①由国务院或者财政部批准设立的政府性基金，由国务院或者省级人民政府及其财政、价格主管部门批准设立的行政事业性收费；②收取时开具省级以上财政部门印制的财政票据；③所收款项全额上缴财政。

（4）销售货物的同时因代办保险等而向购买方收取的保险费，以及向购买方收取的代购买方缴纳的车辆购置税、车辆牌照费。

2. 特殊销售方式下销售额的确定

纳税人在销售活动中会采用多种不同的销售方式，在不同的销售方式下如何确定计征增值税的销售额，税法对此做出了具体规定：

（1）采取折扣方式销售。折扣销售是指销货方在销售货物或提供应税劳务和应税服务时，因购买方购货数量较大等原因而给予购买方的价格优惠。

税法规定，纳税人销售货物并向购买方开具增值税专用发票后，由于购买方在一定时期内累计购买货物达到一定数量，或者由于市场价格下降等原因，销售方给予购买方相应的价格优惠或补偿等折扣、折让行为，销售方可按现行《增值税专用发票使用规定》的有关规定开具红字专用发票。

需要注意以下几点：①折扣销售不同于销售折扣。销售折扣是为了鼓励购买方及时偿还货款而给予的折扣优待。销售折扣发生在销售之后，是一种融资性质的理财费用（即财务费用），故其不得从销售额中减除。②折扣销售不同于销售折让。销售折让是指由于货物的品种或质量等原因引起销售额的减少，即销售方给予购买方未予退货状况下的价格折让。销售折让可以从销售额中减除。③折扣销售仅限于货物价格的折扣，如果销售方将自产、委托加工和购买的货物用于实物折扣，则该实物款额不能从货物销售额中减除，且该实物应按《增值税暂行条例》“视同销售货物”中的“赠送他人”计算征收增值税。

（2）采取以旧换新方式销售。以旧换新是指纳税人在销售货物时，有偿收回旧货物并以折价部分冲减货物价款的一种销售方式。税法规定，采取以旧换新方式销售货物，应按新货物的同期销售价格确定销售额，不得扣减旧货物的收购价格。另外，考虑到金银首饰以旧换新业务的特殊情况，对金银首饰以旧换新业务，可以按销售方实际收取的不含增值税的全部价款征收增值税。

案例分析

国祥商场是一家大型电器销售商场，2月份推出以旧换新的促销方式销售X型彩色电视机，该型号的电视机每台售价为2 300元，顾客在用旧电视机换购新彩电时，可以折价50元，即只支付2 250元就可买到该型号的彩电。然而，国祥商场在缴纳增值税时确认的计税销售额应是每台2 300元，而不是2 250元。

（3）采取还本销售方式销售。还本销售是指纳税人在售出货物后，按约定的期限由销售方一次或分次将购货款全部或部分退还给购买方的一种销售方式。税法规定，纳税人采取还本销售方式销售货物，其销售额就是货物的销售价格，不得从销售额中减除还本支出。

（4）采取以物易物方式销售。以物易物销售是指购销双方不是以货币结算，而是以同等价款的货物相互结算，实现货物购销的一种销售方式。税法规定，以物易物双方都应做购销处理，以各自发出的货物核算销售额并计算销项税额，以各自收到的货物按规定核算购货额并计算进项税额。税法的上述规定是为了保证增值税税款抵扣的链条不中断。需要注意的是，在以物易物销售方式下，购销双方均应开具合法的票据计算销项税额，同时以各自取得的增值税专用发票或者其他合法发票抵扣进项税额；如果收到的货物不能取得相应的增值税专用发票或者其他合法发票，不得抵扣进项税额。

（5）包装物押金的计税问题。税法规定，纳税人为销售货物而出租、出借包装物收取的押金，单独记账核算的，时间在1年以内又未过期的，不并入销售额征税；但对因逾期未收回包装物不退还的押金，应按所包装货物的适用税率计算销项税额。需要注意的几个问题是：①"逾期"是指按合同约定实际期限逾期或以1年为期限，对收取1年以上的押金，无论是否退还均应并入销售额征税。②包装物押金并入销售额征税时，要先将该押金换算为不含税价，再并入销售额征税。③包装物的适用税率为所包装货物的适用税率。

从1995年6月1日起，对销售除啤酒、黄酒外的其他酒类产品而收取的包装物押金，无论是否返还以及会计上如何核算，均应并入当期销售额征税。

（6）对纳税人价格明显偏低且无正当理由或者视同销售货物行为销售额的确定。纳税人价格明显偏低且无正当理由或者视同销售货物行为而无销售额者，按下列顺序确定销售额：

1）按纳税人最近时期同类货物的平均销售价格确定。

2）按其他纳税人最近时期同类货物的平均销售价格确定。

3）按组成计税价格确定。

组成计税价格的计算公式为：

$$组成计税价格=成本\times(1+成本利润率)$$

征收增值税的货物，同时又征收消费税的，其组成计税价格的公式为：

$$组成计税价格=成本\times(1+成本利润率)+消费税$$

或者

$$组成计税价格=成本\times(1+成本利润率)\div(1-消费税税率)$$

或者

$$\begin{matrix}组成计\\税价格\end{matrix}=\left[成本\times\left(1+\begin{matrix}成本\\利润率\end{matrix}\right)+\begin{matrix}征税\\数量\end{matrix}\times\begin{matrix}消费税\\定额税率\end{matrix}\right]\div\left(1-\begin{matrix}消费税\\比例税率\end{matrix}\right)$$

其中，公式中的成本是指销售自产货物的为实际生产成本，销售外购货物的为实际采购成本。成本利润率为10%。但属于应从价定率征收消费税的货物，其组成计税价格公式中的成本利润率为《消费税若干具体问题的规定》中规定的成本利润率。

（7）纳税人发生应税行为价格明显偏低或者偏高且不具有合理商业目的的，或者发生视同销售服务、无形资产或者不动产行为而无销售额的，主管税务机关有权按照下列顺序确定销售额：

1）按照纳税人最近时期销售同类应税服务、无形资产或者不动产的平均价格确定。

2）按照其他纳税人最近时期销售同类应税服务、无形资产或者不动产的平均价格确定。

3）按照组成计税价格确定。组成计税价格的公式为：

$$组成计税价格=成本\times(1+成本利润率)$$

成本利润率由国家税务总局确定。

不具有合理商业目的是指以谋取税收利益为主要目的，通过人为安排，减少、免除、推迟缴纳增值税税款，或者增加退还增值税税款。

［例 2-1］

方兴公司是增值税一般纳税人，10 月份将一批自产的帐篷捐赠给灾区，该批帐篷共计 20 000 个，每个帐篷的单位成本是 115 元。该公司无同类货物的销售价格，也无其他纳税人最近时期同类货物的平均销售价格。计算该批帐篷的计税销售额。

解析：

对外捐赠自产货物，视同销售，应缴纳增值税。由于该公司无同类货物的销售价格，也无其他纳税人最近时期同类货物的平均销售价格，因此应按组成计税价格计征增值税的销售额。

组成计税价格＝20 000×115×(1＋10％)＝2 530 000（元）

3. 含税销售额的换算

由于增值税是价外税，故其计税销售额是不含税销售额。但在现实生活中，经常会出现一般纳税人销售货物或者应税劳务和应税服务采用销售额和销项税额合并定价的情况，其销售额就是含税销售额。因此，一般纳税人销售货物或者提供应税劳务和应税服务取得的含税销售额在计算销项税额时，必须将其换算为不含税销售额。

一般纳税人销售货物或者提供应税劳务和应税服务，采用销售额和销项税额合并定价方法的，按下列公式计算销售额：

不含税销售额＝含税销售额÷(1＋增值税税率)

［例 2-2］

某百货商场为增值税一般纳税人，2019 年 10 月销售本月购进的钢琴两台，每台钢琴的零售价为 5.65 万元。

计算该百货商场 10 月份的计税销售额。

解析：

该百货商场 10 月份的计税销售额为：

不含税销售额＝5.65÷(1＋13％)×2＝10（万元）

2.5.1.2 进项税额的计算

进项税额是指纳税人购进货物，加工、修理修配劳务，服务，无形资产或者不动产，支付或者负担的增值税税额，即销售方收取的销项税额就是购买方支付的进项税额。这是因为在购销业务中，销售方在取得销货款的同时，收回销项税额；购买方在支付销货款的同时，支付进项税额。进项税额与销项税额是相对应的两个概念。对于任何一个增值税纳税人来说，在其生产经营过程中，既会发生销售货物或者提供应税劳务和应税服务，又会发生购进货物或者接受应税劳务和应税服务，因此每个增值税一般纳税人都会有收取的销项税额和支付的进项税额。

1. 准予从销项税额中抵扣的进项税额

允许抵扣的进项税额包括：增值税专用发票上注明的税额；从海关取得的进口完税凭证上注明的税额；允许抵扣进项税额的特殊情况。其中，在特殊情况下允许抵扣的进项税额是指不能直接凭销售方开具的增值税专用发票上注明的增值税税额和海关开具的完税凭证上注明的增值税税额得出的税额，而要根据购进货物或者接受应税劳务和应税服务的金额及法定的扣除率计算得出，具体包括：

（1）从销售方取得的增值税专用发票上注明的增值税税额。

（2）从海关取得的海关进口增值税专用缴款书上注明的增值税税额。

（3）购进农产品进项税额的扣除。

1）自 2019 年 4 月 1 日起，纳税人购进农产品，原适用 10%扣除率的，扣除率调整为 9%。纳税人购进用于生产销售或委托加工 13%税率货物的农产品，按照 10%的扣除率计算进项税额。

2）纳税人从批发、零售环节购进适用免征增值税的蔬菜、部分鲜活肉蛋而取得的普通发票，不得作为计算抵扣进项税额的凭证。

（4）自境外单位或个人购进劳务、服务、无形资产或者境内的不动产，从税务机关或者代扣代缴义务人取得的代扣代缴税款的完税凭证上注明的增值税税额。

（5）加计抵减。自 2019 年 4 月 1 日至 2021 年 12 月 31 日，允许生产、生活性服务业纳税人按照当期可抵扣进项税额加计 10%来抵减应纳税额。

1）生产、生活性服务业纳税人。生产、生活性服务业纳税人是指提供邮政服务、电信服务、现代服务、生活服务取得的销售额占全部销售额的比重超过 50%的纳税人。上述四项服务的具体范围按照《销售服务、无形资产、不动产注释》（财税［2016］36 号的附件）执行。

在 2019 年 3 月 31 日前设立的纳税人，自 2018 年 4 月至 2019 年 3 月的销售额（经营期不满 12 个月的，按照实际经营期的销售额）符合上述规定条件的，自 2019 年 4 月 1 日起适用加计抵减政策。在 2019 年 4 月 1 日后设立的纳税人，自设立之日起 3 个月的销售额符合上述规定条件的，自登记为一般纳税人之日起适用加计抵减政策。

2）加计抵减额。纳税人应按照当期可抵扣进项税额的 10%计提当期加计抵减额。按照现行规定不得从销项税额中抵扣的进项税额，不得计提加计抵减额；已计提加计抵减额的进项税额，按规定做进项税额转出的，应在进项税额转出当期，相应调减加计抵减额。相应的计算公式如下：

$$\text{当期计提加计抵减额}=\text{当期可抵扣进项税额}\times 10\%$$

$$\begin{matrix}\text{当期可抵减}\\\text{加计抵减额}\end{matrix}=\begin{matrix}\text{上期末加计}\\\text{抵减额余额}\end{matrix}+\begin{matrix}\text{当期计提}\\\text{加计抵减额}\end{matrix}-\begin{matrix}\text{当期调减}\\\text{加计抵减额}\end{matrix}$$

3）纳税人应按照现行规定计算一般计税方法下的应纳税额（以下简称“抵减前的应纳税额”）后，区分以下情形加计抵减：

①抵减前的应纳税额等于零的，当期可抵减加计抵减额全部结转下期抵减。

②抵减前的应纳税额大于零且大于当期可抵减加计抵减额的，当期可抵减加计抵减额全额从抵减前的应纳税额中抵减。

③抵减前的应纳税额大于零且小于或等于当期可抵减加计抵减额的，以当期可抵减加计抵减额抵减应纳税额至零，未抵减完的当期可抵减加计抵减额结转下期继续抵减。

4）纳税人出口货物和劳务、发生跨境应税行为不适用加计抵减政策的，其对应的进项税额不得计提加计抵减额。

纳税人兼营出口货物和劳务、发生跨境应税行为且无法划分不得计提加计抵减额的进项税额，按照以下公式计算：

$$\text{不得计提加计抵减额的进项税额}=\text{当期无法划分的全部进项税额}\times\text{当期出口货物和劳务、发生跨境应税行为的销售额}\div\text{当期全部销售额}$$

5）纳税人应单独核算加计抵减额的计提、抵减、调减、结余等变动情况。骗取适用加计抵减政策或虚增加计抵减额的，按照《税收征管法》等有关规定处理。

6）当加计抵减政策执行到期后，纳税人不再计提加计抵减额，结余的加计抵减额停止抵减。

[例 2-3]

富成机械制造厂为增值税一般纳税人，2019 年 7 月购进钢材一批，取得的增值税专用发票上注明的价款为 20 万元，另支付货物运输费用等杂费，其中增值税专用发票上注明的运费金额为 1.3 万元。

计算该企业 2019 年 7 月购进钢材应抵扣的进项税额。

解析：

$$20\times13\%+1.3\times9\%=2.717\text{（万元）}$$

---

2. 不准予从销项税额中抵扣的进项税额

税法规定，下列项目的进项税额不得从销项税额中抵扣：

（1）用于简易计税方法计税项目、免征增值税项目、集体福利或者个人消费的购进货物，加工、修理修配劳务，服务，无形资产和不动产。其中涉及的固定资产、无形资产、不动产，仅指专用于上述项目的固定资产、无形资产（不包括其他权益性无形资产）、不动产。

纳税人的交际应酬消费属于个人消费。

（2）非正常损失的购进货物，以及相关的加工、修理修配劳务和交通运输服务。

（3）非正常损失的在产品、产成品所耗用的购进货物（不包括固定资产），加工、修理修配劳务和交通运输服务。

（4）非正常损失的不动产，以及该不动产所耗用的购进货物、设计服务和建筑服务。

（5）非正常损失的不动产在建工程所耗用的购进货物、设计服务和建筑服务。

纳税人新建、改建、扩建、修缮、装饰不动产，均属于不动产在建工程。

（6）购进的贷款服务、餐饮服务、居民日常服务和娱乐服务。

（7）财政部和国家税务总局规定的其他情形。

上述第（4）项、第（5）项所称货物，是指构成不动产实体的材料和设备，包括建筑装饰材料和给排水、采暖、卫生、通风、照明、通信、煤气、消防、中央空调、电梯、电气、智能化楼宇设备及配套设施。

固定资产是指使用期限超过12个月的机器、机械、运输工具以及其他与生产经营有关的设备、工具、器具等有形动产。

非正常损失是指因管理不善造成货物被盗、丢失、霉烂变质，以及因违反法律法规造成货物或者不动产被依法没收、销毁、拆除的情形。

3. 适用一般计税方法的纳税人，兼营简易计税方法计税项目、免征增值税项目而无法划分不得抵扣的进项税额

在这种情况下，按照下列公式计算不得抵扣的进项税额：

$$\text{不得抵扣的进项税额}=\text{当期无法划分的全部进项税额}\times(\text{当期简易计税方法计税项目销售额}+\text{免征增值税项目销售额})\div\text{当期全部销售额}$$

主管税务机关可以按照上述公式依据年度数据对不得抵扣的进项税额进行清算。

2.5.1.3 应纳税额的计算

纳税人销售货物或应税劳务和应税服务，其应纳税额为当期销项税额抵扣当期进项税额后的余额。相应的计算公式为：

应纳税额＝当期销项税额－当期进项税额

1. 计算销项税额的时间确定

增值税纳税人销售货物或者提供应税劳务和应税服务后，什么时间确定销项税额，关系到纳税人当期应纳税额的多少。为此，税法做出了严格的规定。确定销项税额的时间的总原则是：销项税额的确定不得滞后，详见本章第2.9节“征收管理”中有关增值税纳税义务发生时间的内容。

2. 计算进项税额的抵扣时限

增值税纳税人在购进货物或者接受应税劳务和应税服务时，要负担增值税税额，即进项税额，纳税人进项税额抵扣时间的确定，直接关系到纳税人当期应纳税额的多少。为此，税法做出了严格的规定。确定进项税额抵扣时限的总原则是进项税额的抵扣不得提前。

（1）防伪税控系统开具的增值税专用发票进项税额的抵扣时限。根据国家税务总局《关于调整增值税扣税凭证抵扣期限有关问题的通知》的规定，增值税一般纳税人取得2010年1月1日以后开具的增值税专用发票、公路内河货物运输业统一发票（现为货物运输业增值税专用发票）和机动车销售统一发票，应在开具之日起180天内到税务机关办理认证，并在认证通过的次月申报期内，向主管税务机关申报抵扣进项税额。

（2）为了进一步加强海关进口增值税专用缴款书（以下简称“海关缴款书”）的增值税抵扣管理，税务总局、海关总署决定将前期在广东等地实行的海关缴款书“先比对、后抵扣”管理办法，在全国范围推广实行。其规定如下：

1）自2013年7月1日起，增值税一般纳税人（以下简称“纳税人”）进口货物取得的属于增值税抵扣范围的海关缴款书，须经税务机关稽核比对相符后，其增值税税额方能作为进项税额在销项税额中抵扣。

2）纳税人进口货物取得的属于增值税扣税范围的海关缴款书，应自开具之日起180天内向主管税务机关报送《海关完税凭证抵扣清单》(电子数据)，申请稽核比对，逾期未申请的，其进项税额不予抵扣。

(3) 纳税人适用一般计税方法计税的，因销售折让、中止或者退回而退还给购买方的增值税税额，应当从当期的销项税额中扣减；因销售折让、中止或者退回而收回的增值税税额，应当从当期的进项税额中扣减。

3. 进项税额不足抵扣的处理

当期销项税额大于当期进项税额，为应交税款；当期销项税额小于当期进项税额、不足抵扣时，不足抵扣的部分可以结转下期继续抵扣。

为推进增值税实质性减税，自2019年4月1日起，试行增值税期末留抵税额退税制度。

(1) 同时符合以下条件的纳税人，可以申请退还增量留抵税额：

1）自2019年4月税款所属期起，连续六个月（按季纳税的，连续两个季度）增量留抵税额均大于零，且第六个月增量留抵税额不低于50万元。

2）纳税信用等级为A级或者B级。

3）申请退税前36个月未发生骗取留抵退税、出口退税或虚开增值税专用发票情形的。

4）申请退税前36个月未因偷税被税务机关处罚两次及以上的。

5）自2019年4月1日起未享受即征即退、先征后返（退）政策的。

(2) 增量留抵税额，是指与2019年3月底相比新增加的期末留抵税额。

(3) 纳税人出口货物和劳务、发生跨境应税行为，适用免、抵、退税办法的，办理免、抵、退税后，仍符合规定条件的，可以申请退还留抵税额；适用免、退税办法的，相关进项税额不得用于退还留抵税额。

(4) 纳税人应在增值税纳税申报期内，向主管税务机关申请退还留抵税额。纳税人在取得退还的留抵税额后，应相应调减当期留抵税额。

4. 扣减发生期进项税额的规定

由于增值税实行以当期销项税额抵扣当期进项税额的“购进扣税法”，当期购进的货物或应税劳务和应税服务如果事先并未确定将用于非生产经营项目，其进项税额会在当期销项税额中予以抵扣。但已抵扣进项税额的购进货物或应税劳务和应税服务如果事后改变用途，比如用于简易计税方法计税项目、非应税项目、免征增值税项目、集体福利或个人消费、购进货物发生非正常损失、在产品或产成品发生非正常损失，应将该项购进货物或应税劳务和应税服务的进项税额从当期发生的进项税额中扣减，无法确定该项进项税额的，按当期实际成本计算应扣减的进项税额。

[例2-4]

某机械厂为增值税一般纳税人，采用直接收款结算方式销售货物，购销货物的增值税税率均为13%。2019年8月发生下列经济业务：

(1) 开出增值税专用发票销售甲产品50台，不含税单价为8 000元，并交予购买方。

(2) 将20台乙产品分配给投资者，单台成本为6 000元，没有同类产品的销售价格。

(3) 基本建设工程领用上月购进材料1 000千克，不含税单价为50元，计50 000元。

(4) 改、扩建职工食堂领用上月购进材料 200 千克，不含税单价为 50 元，计 10 000 元，改、扩建领用乙产品 1 台。

(5) 本月丢失钢材 8 吨，不含税单价为 2 000 元，作待处理财产损失处理。

(6) 本月外购货物取得的防伪税控系统开具的增值税专用发票上注明的增值税为 70 000元，支付运输费用 120 元，取得货物运输业增值税专用发票，且注明金额 120 元。两张增值税专用发票均已通过税务机关的认证。

计算该机械厂 8 月份的销项税额、进项税额转出额以及应缴纳的增值税税额。

解析：

(1) 销项税额＝8 000×50×13%＝52 000（元）。

(2) 销项税额＝6 000×20×(1＋10%)×13%＝17 160（元）。

(3) 进项税额转出额＝50 000×13%＝6 500（元）。

(4) 进项税额转出额＝10 000×13%＝1 300（元）。

销项税额＝6 000×(1＋10%)×13%＝858（元）。

(5) 进项税额转出额＝2 000×8×13%＝2 080（元）。

(6) 进项税额＝70 000＋120×9%＝70 010.8（元）。

本月销项税额＝52 000＋17 160＋858＝70 018（元）。

本月进项税额转出额＝6 500＋1 300＋2 080＝9 880（元）。

本月应交增值税＝70 018－70 010.8＋9 880＝9 887.2（元）。

2.5.2 简易计税方法应纳税额的计算

小规模纳税人销售货物或提供应税劳务和应税服务、无形资产、不动产，按简易计税方法计算应纳税额。

1. 应纳税额的计算公式

简易计税方法的应纳税额是指按照销售额和增值税征收率计算的应纳税额，不得抵扣进项税额。相应的计算公式为：

应纳税额＝销售额×征收率（3%）

公式中的销售额与一般纳税人销售额的规定一样，即销售货物或提供应税劳务和应税服务、无形资产、不动产，向购买方收取的全部价款和价外费用，不包括依 3%的征收率收取的增值税税额。

在按简易计税方法计算应纳税额时，纳税人不得抵扣进项税额。

2. 含税销售额的换算

因为增值税是价外税，小规模纳税人的销售额不包括其应纳税额。小规模纳税人在销售货物或者提供应税劳务和应税服务时，凡采用销售额和应纳税额合并定价方法的（即开具普通发票），必须将含税销售额换算成不含税的销售额后才能计算应纳税额。不含税销售额的换算公式为：

销售额＝含税销售额÷(1＋征收率 3%)

3. 主管税务机关为小规模纳税人代开发票的规定

（1）小规模纳税人销售货物或提供应税劳务和应税服务，不得自行开具增值税专用发票，可以申请由主管税务机关代开发票。主管税务机关为小规模纳税人代开发票，应在专用发票的“单价”栏和“金额”栏分别填写不含增值税税额的单价及销售额，因此其应纳税额按销售额依照征收率计算。

（2）主管税务机关为小规模纳税人代开专用发票后，发生退票的，可比照增值税一般纳税人开具专用发票后作废或开具红字发票的有关规定处理，由销售方到税务机关办理。对于重新开票的，应重新进行新开票税额与原开票税额的清算，多退少补；对无须重新开票的，退还其已征的税款或抵顶下期正常申报税款。

此外，增值税相关法规还对公共交通运输服务、建筑服务、金融服务、销售不动产、不动产租赁服务等，做出了一般纳税人可以按简易计税方法计税的规定。

[例 2-5]

佳坊日用品加工厂为增值税小规模纳税人，2019 年 9 月取得销售收入总额 20.60 万元。计算该日用品加工厂 9 月份应缴纳的增值税税额。

解析：

不含税销售额＝20.60÷(1＋3%)＝20（万元）

应纳增值税税额＝20×3%＝0.6（万元）

2.5.3 进口货物应纳税额的计算

对进口货物征税是国际上大多数国家的通常做法，目的是平衡进口商品与国内商品的税负。根据《增值税暂行条例》的规定，在中华人民共和国境内进口货物的单位和个人都应当依照规定缴纳增值税。

纳税人进口货物，按照组成计税价格和增值税税率计算应纳税额。

1. 组成计税价格的确定

按照《中华人民共和国海关法》（以下简称《海关法》）和《中华人民共和国进出口关税条例》（以下简称《进出口关税条例》）的规定，一般贸易项下进口货物的关税完税价格是指以海关审定的成交价格为基础的到岸价格。成交价格是指一般贸易项下进口货物的买方为购买该项货物向卖方实际支付或应当支付的价格。到岸价格是指货物价格加上货物运抵我国关境内输入地点起卸前的包装费、运费、保险费和其他劳务费的价格。特殊贸易下进口的货物，由于进口时没有“成交价格”可作依据，因而《进出口关税条例》对这些进口货物制定了确定其完税价格的具体办法。

进口货物增值税的组成计税价格中包括已纳关税税额。

组成计税价格的计算公式为：

组成计税价格＝关税完税价格＋关税

如果进口货物属于《消费税暂行条例》规定的应税消费品，该进口货物的组成计税价格中还要包括进口环节已纳的消费税税额，则组成计税价格的计算公式为：

组成计税价格＝关税完税价格＋关税＋消费税

或

组成计税价格＝(关税完税价格＋关税)÷(1－消费税税率)

2. 应纳税额的计算

纳税人进口货物，按照组成计税价格和《增值税暂行条例》规定的税率计算应纳税额，不得抵扣任何税额，即不得抵扣发生在我国境外的各种税金。

应纳税额＝组成计税价格×税率

[例 2－6]

某外贸公司 2019 年 11 月从国外进口货物 500 吨，海关审定的到岸价格是 220 万元。该货物的关税税率为 10%，增值税税率为 13%。

计算该外贸公司从国外进口该货物在进口环节缴纳的增值税。

解析：

组成计税价格＝关税完税价格＋关税＝220×(1＋10%)＝242（万元）

应纳税额＝组成计税价格×税率＝242×13%＝31.46（万元）

2.5.4 扣缴税额的计算

境外单位或者个人在境内发生应税行为，在境内未设有经营机构的，扣缴义务人按照下列公式计算应扣缴税额：

应扣缴税额＝购买方支付的价款÷(1＋税率)×税率

2.6 出口货物、劳务和服务的退（免）税

出口货物退（免）税是国际贸易中通常采用的、目的在于鼓励各国出口货物公平竞争的一种退还或免征间接税的税收措施。

我国的出口货物退（免）税是指在国际贸易业务中，对我国报关出口的货物退还或免征其在国内各生产环节和流转环节按税法规定缴纳的增值税和消费税或免征应缴纳的

增值税和消费税。

2.6.1 出口货物、劳务和服务退（免）税基本政策

为了提高出口货物在国际市场上的竞争力，鼓励和扩大本国产品出口，我国现行增值税法规定，实行出口货物退（免）税的政策。目前，我国的出口货物税收政策分为以下三种形式：

（1）出口免税并退税。出口免税是指货物在出口销售环节不征增值税；出口退税是指货物在出口前实际承担的税款，按规定的退税率给予退税。

（2）出口免税不退税。出口免税是指货物在出口销售环节不征增值税；出口不退税是指货物在出口销售环节以前的生产、销售或进口环节是免税的，该货物的价格中本身就不含税，也就无须退税。

（3）出口不免税也不退税。出口不免税是指对国家限制或禁止出口的某些货物的出口环节视同内销环节，照常征税。出口不退税是指不退还出口销售环节以前负担的税款。

2.6.2 出口货物、劳务和服务增值税退（免）税政策

2.6.2.1 适用范围

1. 出口企业出口货物

出口企业是指依法办理工商登记、税务登记、对外贸易经营者备案登记，自营或委托出口货物的单位或个体工商户，以及依法办理工商登记、税务登记但未办理对外贸易经营者备案登记，委托出口货物的生产企业。

出口货物是指向海关报关后实际离境并销售给境外单位或个人的货物，分为自营出口货物和委托出口货物两类。

生产企业是指具有生产能力（包括加工、修理修配能力）的单位或个体工商户。

2. 出口企业或其他单位视同出口货物

（1）出口企业对外援助、对外承包、境外投资的出口货物。

（2）出口企业经海关报关进入国家批准的出口加工区、保税物流园区、保税港区、综合保税区、珠澳跨境工业区（珠海园区）、中哈霍尔果斯国际边境合作中心（中方配套区域）、保税物流中心（B型）（以下统称“特殊区域”）并销售给特殊区域内单位或境外单位、个人的货物。

3. 出口企业对外提供加工、修理修配劳务

对外提供加工、修理修配劳务是指对进境复出口货物或从事国际运输的运输工具进行的加工、修理修配。

4. 一般纳税人提供适用增值税零税率的应税服务的退（免）税办法

（1）自2016年5月1日起，跨境应税行为适用增值税零税率。

（2）增值税零税率应税服务提供者是指提供适用增值税零税率应税服务，且认定为增值税一般纳税人，实行增值税一般计税方法的境内单位和个人。

（3）增值税零税率应税服务退（免）税办法包括免、抵、退税办法和免、退税办法，具体办法及计算公式按有关出口货物、劳务退（免）税办法的规定执行。

2.6.2.2 退（免）税办法

适用增值税退（免）税政策的出口货物、劳务及服务，按照下列规定实行增值税免、抵、退税或免、退税办法。

1. 免、抵、退税办法

生产企业出口自产货物、视同自产货物，对外提供加工、修理修配劳务以及《财政部、国家税务总局关于出口货物劳务增值税和消费税政策的通知》（财税［2012］39号）中附件5的列名生产企业出口非自产货物，免征增值税，相应的进项税额抵减应纳增值税税额（不包括适用增值税即征即退、先征后退政策的应纳增值税税额），未抵减完的部分予以退还。

2. 免、退税办法

不具有生产能力的出口企业（以下统称"外贸企业"）或其他单位出口货物、劳务，免征增值税，相应的进项税额予以退还。

3. 其他规定

（1）境内的单位和个人提供适用零税率的应税服务，如果属于适用增值税一般计税方法的，实行免、抵、退税办法，退税率为其适用的增值税税率；如果属于适用简易计税方法的，实行免征增值税办法。外贸企业兼营适用零税率应税服务的，统一实行免、退税办法。

（2）境内的单位和个人提供适用零税率应税服务的，可以放弃适用零税率，选择免税或按规定缴纳增值税。放弃适用零税率后，36个月内不得再申请适用零税率。

2.6.2.3 出口退税率

除财政部和国家税务总局根据国务院决定而明确的增值税出口退税率外，出口货物的退税率为其适用税率。

退税率有调整的，除另有规定外，其执行时间以货物（包括加工、修理修配的货物）的出口货物报关单（出口退税专用）上注明的出口日期为准。

自2019年4月1日起，原适用16%税率且出口退税率为16%的出口货物，出口退税率调整为13%。原适用10%税率且出口退税率为10%的出口货物、跨境应税行为，出口退税率调整为9%。

2.6.2.4 退（免）税计税依据

出口货物、劳务及应税服务的增值税退（免）税的计税依据，按出口货物、劳务及应税服务的出口发票（外销发票）、其他普通发票或购进出口货物、劳务及应税服务的增值税专用发票、海关进口增值税专用缴款书确定。

（1）生产企业出口货物、劳务（进料加工复出口货物除外）增值税退（免）税的计税依据，为出口货物、劳务的实际离岸价（FOB）。实际离岸价应以出口发票上的离岸价为准，但如果出口发票不能反映实际离岸价，主管税务机关有权予以核定。

（2）生产企业进料加工复出口货物增值税退（免）税的计税依据，按出口货物的离岸价（FOB）扣除出口货物所含的海关保税进口料件的金额后确定。

(3) 生产企业在国内购进无进项税额且不计提进项税额的免税原材料加工后出口的货物的计税依据，按出口货物的离岸价（FOB）扣除出口货物所含的国内购进免税原材料的金额后确定。

(4) 外贸企业出口货物（委托加工、修理修配货物除外）增值税退（免）税的计税依据，为购进出口货物的增值税专用发票上注明的金额或海关进口增值税专用缴款书上注明的完税价格。

2.6.2.5 免、抵、退税和免、退税的计算

1. 生产企业出口货物、劳务增值税免、抵、退税的计算公式

(1) 当期应纳税额的计算：

当期应纳税额＝当期销项税额－(当期进项税额－当期不得免征和抵扣税额)

当期不得免征和抵扣税额

＝当期出口货物离岸价×外汇人民币折合率×(出口货物适用税率－出口货物退税率)－当期不得免征和抵扣税额抵减额

当期不得免征和抵扣税额抵减额

＝当期免税购进原材料价格×(出口货物适用税率－出口货物退税率)

(2) 当期免、抵、退税额的计算：

当期免、抵、退税额

＝当期出口货物离岸价×外汇人民币折合率×出口货物退税率－当期免、抵、退税额抵减额

当期免、抵、退税额抵减额＝当期免税购进原材料价格×出口货物退税率

(3) 当期应退税额和免、抵税额的计算：

1) 当期期末留抵税额≤当期免、抵、退税额，则

当期应退税额＝当期期末留抵税额

当期免、抵税额＝当期免、抵、退税额－当期应退税额

2) 当期期末留抵税额＞当期免、抵、退税额，则

当期应退税额＝当期免、抵、退税额

当期免、抵税额＝0

当期期末留抵税额为当期增值税纳税申报表中的“期末留抵税额”。

2. 外贸企业出口货物、劳务增值税退（免）税的计算公式

(1) 外贸企业出口委托加工、修理修配货物以外的货物：

应退税额＝增值税退（免）税计税依据×出口货物退税率

(2) 外贸企业出口委托加工、修理修配货物：

应退税额＝委托加工、修理修配增值税退（免）税计税依据×出口货物退税率

2.6.3 出口货物、劳务和服务的增值税免税政策

1. 出口货物和劳务

适用增值税免税政策的出口货物和劳务，是指出口企业或其他单位出口规定的货物，具体包括：

（1）增值税小规模纳税人出口的货物。

（2）避孕药品和用具，古旧图书。

（3）软件产品。其具体范围是指海关税则号前四位为“9803”的货物。

（4）含黄金、铂金成分的货物，钻石及其饰品。

（5）国家计划内出口的卷烟。

（6）已使用过的设备。其具体范围是指购进时未取得增值税专用发票、海关进口增值税专用缴款书但其他相关单证齐全的已使用过的设备。

（7）非出口企业委托出口的货物。

（8）非列名生产企业出口的非视同自产货物。

（9）农业生产者自产农产品。

（10）油、花生果仁、黑大豆等财政部和国家税务总局规定的出口免税货物。

（11）外贸企业取得普通发票、废旧物资收购凭证、农产品收购发票、政府非税收入票据的货物。

（12）来料加工复出口的货物。

（13）特殊区域内的企业出口的特殊区域内的货物。

（14）以人民币现金作为结算方式的边境地区出口企业从所在省（自治区）的边境口岸出口到接壤国家的一般贸易和边境小额贸易出口货物。

（15）以旅游购物贸易方式报关出口的货物。

2. 出口服务和无形资产

境内单位和个人销售的下列服务及无形资产免征增值税，但财政部和国家税务总局规定适用增值税零税率的除外。

（1）境内单位和个人提供的国际运输服务。

（2）境内单位和个人向境外单位提供的研发服务和设计服务（不包括对境内不动产提供的设计服务）。

（3）境内单位和个人为出口货物提供的邮政服务、收派服务、保险服务（包括出口货物保险和出口信用保险）。

（4）境内单位和个人向境外单位提供的完全在境外消费的服务和无形资产，包括电信服务、知识产权服务、物流辅助服务（仓储服务、收派服务除外）、鉴证咨询服务、专业技术服务、商务辅助服务、广告投放地在境外的广告服务、无形资产。

（5）境内单位和个人为境外单位之间的货币资金融通及其他金融业务提供的直接收费金融服务，且该服务与境内的货物、无形资产和不动产无关。

（6）财政部和国家税务总局规定的其他服务。

2.6.4 出口货物、劳务增值税征税政策

下列出口货物、劳务不适用增值税退（免）税和免税政策，按下列规定及货物征税的其他规定征收增值税（以下简称“增值税征税”）：

1. 适用范围

适用增值税征税政策的出口货物、劳务为：

（1）出口企业出口或视同出口财政部和国家税务总局根据国务院决定已明确取消出口退（免）税的货物（不包括来料加工复出口货物、中标机电产品、列名原材料、输入特殊区域的水电气、海洋工程结构物）。

（2）出口企业或其他单位销售给特殊区域内的生活消费用品和交通运输工具。

（3）出口企业或其他单位因骗取出口退税被税务机关停止办理增值税退（免）税期间出口的货物。

（4）出口企业或其他单位提供虚假备案单证的货物。

（5）出口企业或其他单位增值税退（免）税凭证有伪造或内容不实的货物。

（6）出口企业或其他单位未在国家税务总局规定期限内申报免税核销以及经主管税务机关审核不予免税核销的出口卷烟。

（7）出口企业或其他单位具有以下情形之一的出口货物、劳务：

1）将空白的出口货物报关单、出口收汇核销单等退（免）税凭证交由除签有委托合同的货代公司、报关行，或由境外进口方指定的货代公司（提供合同约定或者其他相关证明）以外的其他单位或个人使用的。

2）以自营名义出口，其出口业务实质上是由本企业及其投资的企业以外的单位或个人借该出口企业的名义操作完成的。

3）以自营名义出口，其出口的同一批货物既签订购货合同，又签订代理出口合同（或协议）的。

4）出口货物在海关验放后，自己或委托货代、承运人对该批货物的海运提单或其他运输单据的品名、规格等进行修改，造成出口货物报关单与海运提单或其他运输单据有关内容不符的。

5）以自营名义出口，但不承担出口货物的质量、收款或退税风险之一的，即出口货物发生质量问题不承担购买方的索赔责任（合同中有约定质量责任承担者除外），不承担未按期收款导致不能核销的责任（合同中有约定收款责任承担者除外），不承担因申报出口退（免）税的资料、单证等出现问题造成不退税责任的。

6）未实质参与出口经营活动、接受并从事由中间人介绍的其他出口业务，但仍以自营名义出口的。

2. 应纳增值税的计算

（1）一般纳税人：

$$\text{销项税额}=\left(\text{出口货物离岸价}-\text{出口货物耗用的进料加工保税进口料件金额}\right)\div\left(1+\text{适用税率}\right)\times\text{适用税率}$$

（2）小规模纳税人：

应纳税额＝出口货物离岸价÷(1＋征收率)×征收率

2.7 跨境电子商务零售进口税收政策

为营造公平竞争的市场环境，促进跨境电子商务零售进口的健康发展，经国务院批准，自2016年4月8日起，对跨境电子商务零售（企业对消费者，即B2C）进口征收关税和进口环节增值税、消费税。

2.7.1 纳税人和代收代缴义务人

跨境电子商务零售进口商品按照货物征收关税和进口环节增值税、消费税，购买跨境电子商务零售进口商品的个人作为纳税义务人，电子商务企业、电子商务交易平台企业或物流企业可作为代收代缴义务人。

2.7.2 征税范围

跨境电子商务零售进口税收政策适用于从其他国家或地区进口的、《跨境电子商务零售进口商品清单（2018年版）》范围内的以下商品：

（1）所有通过与海关联网的电子商务交易平台交易，能够实现交易、支付、物流电子信息“三单”比对的跨境电子商务零售进口商品。

（2）未通过与海关联网的电子商务交易平台交易，但快递、邮政企业能够统一提供交易、支付、物流等电子信息，并承诺承担相应法律责任的跨境电子商务零售进口商品。

不属于跨境电子商务零售进口的个人物品以及无法提供交易、支付、物流等电子信息的跨境电子商务零售进口商品，按现行规定执行。

2.7.3 交易限值

跨境电子商务零售进口商品的单次交易限值为人民币2 000元，个人年度交易限值为人民币20 000元。

2.7.4 完税价格和税率

进口税收以实际交易价格（包括货物零售价格、运费和保险费）作为完税价格。

在限值以内进口的跨境电子商务零售进口商品，关税税率暂设为0%；进口环节增值税、消费税取消免征税额，暂按法定应纳税额的70%征收。超过单次限值、累加后超过个人年度限值的单次交易，以及完税价格超过2 000元限值的单个不可分割商品，均按照一般贸易方式全额征税。

2.7.5 退　税

跨境电子商务零售进口商品自海关放行之日起30日内退货的，可申请退税，并相应调整个人年度交易总额。

2.7.6 管　理

跨境电子商务零售进口商品购买人（订购人）的身份信息应进行认证；未进行认证的，购买人（订购人）的身份信息应与付款人一致。

2.8 税收优惠

由于增值税是发挥普遍调节作用的“中性”税种，加之链条抵扣的制度设计，因此增值税应较少做出税收优惠的规定。但我国现行增值税的优惠政策既包括法定的免税政策、财税主管部门规定的优惠政策，还包括“营改增”试点过渡优惠政策。下面主要介绍法定减免税、起征点、对小微企业的优惠政策和个人将购买的住房对外销售的优惠政策。

2.8.1 法定减免税

现行增值税的主要免征规定有：

（1）农业生产者销售的自产农产品。

（2）避孕药品和用具。

（3）古旧图书。

（4）直接用于科学研究、科学试验和教学的进口仪器、设备。

（5）外国政府、国际组织无偿援助的进口物资和设备。

（6）由残疾人组织直接进口供残疾人专用的物品。

（7）销售自己使用过的物品。

第（1）项所称的农业，是指种植业、养殖业、林业、牧业、水产业。农业生产者包括从事农业生产的单位和个人。农产品是指初级农产品，具体范围由财政部、国家税务总局确定。

第（3）项所称的古旧图书，是指向社会收购的古书和旧书。

第（7）项所称的自己使用过的物品，是指其他个人自己使用过的物品。

除前款规定外，增值税的免税、减税项目由国务院规定，任何地区、部门均不得规定免税、减税项目。

纳税人兼营免税、减税项目的，应当分别核算免税、减税项目的销售额；未分别核算销售额的，不得免税、减税。

纳税人销售货物或者应税劳务适用免税规定的，可以放弃免税，依照《增值税暂行条例》的规定缴纳增值税。放弃免税后，36 个月内不得再申请免税。

2.8.2 起征点

《增值税暂行条例》规定，增值税的起征点由国务院财政、税务主管部门规定。《中华人民共和国增值税暂行条例实施细则》（以下简称《增值税暂行条例实施细则》）规定，增值税起征点的适用范围限于个人，不适用登记为一般纳税人的个体工商户。

增值税起征点的幅度规定如下：

（1）销售货物的，为月销售额 5 000～20 000 元。

（2）销售应税劳务的，为月销售额 5 000～20 000 元。

（3）按次纳税的，为每次（日）销售额 300～500 元。

（4）应税服务的起征点：

第一，按期纳税的，为月销售额 5 000～20 000 元（含）。

第二，按次纳税的，为每次（日）销售额 300～500 元（含）。

其中，销售额是指小规模纳税人的销售额，即不含增值税的销售额。

起征点的调整由财政部和国家税务总局规定。省、自治区、直辖市财政厅（局）和主管税务机关应当在规定的幅度内，根据实际情况确定本地区适用的起征点，并报财政部和国家税务总局备案。

2.8.3 对小微企业的优惠政策

自 2019 年 1 月 1 日至 2021 年 12 月 31 日，对月销售额 10 万元以下（含 10 万元）的增值税小规模纳税人，免征增值税。

2.8.4 个人将购买的住房对外销售的优惠政策

（1）个人将购买不足 2 年的住房对外销售的，按照 5%的征收率全额缴纳增值税；个人将购买 2 年以上（含 2 年）的住房对外销售的，免征增值税。上述政策适用于北京市、上海市、广州市和深圳市之外的地区。

(2) 个人将购买不足2年的住房对外销售的，按照5%的征收率全额缴纳增值税；个人将购买2年以上（含2年）的非普通住房对外销售的，以销售收入减去购买住房价款后的差额按照5%的征收率缴纳增值税；个人将购买2年以上（含2年）的普通住房对外销售的，免征增值税。上述政策仅适用于北京市、上海市、广州市和深圳市。

背景知识

《财政部、国家税务总局关于暂免征收部分小微企业增值税和营业税的通知》（财税［2013］52号）规定：自2013年8月1日起，对增值税小规模纳税人中月销售额不超过2万元的企业或非企业性单位，暂免征收增值税；对营业税纳税人中月营业额不超过2万元的企业或非企业性单位，暂免征收营业税。

《财政部、国家税务总局关于进一步支持小微企业增值税和营业税政策的通知》（财税［2014］71号）规定：自2014年10月1日至2015年12月31日，对月销售额2万元（含本数，下同）至3万元的增值税小规模纳税人，免征增值税，对月营业额2万元至3万元的营业税纳税人，免征营业税。

《财政部、国家税务总局关于继续执行小微企业增值税和营业税政策的通知》（财税［2015］96号）规定：为继续支持小微企业发展、推动创业就业，经国务院批准，《财政部、国家税务总局关于进一步支持小微企业增值税和营业税政策的通知》（财税［2014］71号）规定的增值税和营业税政策继续执行至2017年12月31日。

《财政部、国家税务总局关于延续小微企业增值税政策的通知》（财税［2017］76号）规定：为支持小微企业发展，自2018年1月1日至2020年12月31日，继续对月销售额2万元（含本数）至3万元的增值税小规模纳税人，免征增值税。

2.9 征收管理

2.9.1 纳税义务发生时间

增值税的纳税义务发生时间是指增值税的纳税人发生应税行为应承担纳税义务的起始时间。纳税义务发生时间一经确定，纳税人必须按此时间计算应纳税款。《增值税暂行条例》的这一规定在增值税征收管理中是十分重要的。

由于增值税应税行为的发生与收入的取得在时间上不一致，因此明确增值税的纳税

义务发生时间，就能确定税务机关与纳税人之间的征纳关系和应尽职责，合理确定纳税期限，监督纳税人切实履行纳税义务，保证国家财政收入。

增值税纳税义务发生时间的具体规定为：

（1）销售货物、应税劳务，其纳税义务发生时间为收讫销售款项或者取得索取销售款项凭据的当天；先开具发票的，为开具发票的当天。

具体说来，可按销售结算方式的不同划分为：

第一，采取直接收款方式销售货物，不论货物是否发出，均为收到销售款或者取得索取销售款凭据的当天。先开具发票的，为开具发票的当天。

第二，采取托收承付和委托银行收款方式销售货物，为发出货物并办妥托收手续的当天。

第三，采取赊销和分期收款方式销售货物，为书面合同约定的收款日期的当天；无书面合同的或者书面合同没有约定收款日期的，为货物发出的当天。

第四，采取预收货款方式销售货物，为货物发出的当天，但生产销售生产工期超过12个月的大型机械设备、船舶、飞机等货物，为收到预收款或者书面合同约定的收款日期的当天。

第五，委托其他纳税人代销货物，为收到代销单位的代销清单或者收到全部或者部分货款的当天。未收到代销清单及货款的，为发出代销货物满180天的当天。

第六，销售应税劳务，为提供劳务同时收讫销售款或者取得索取销售款凭据的当天。

第七，纳税人视同销售货物行为的第三至八项，为货物移送的当天。

（2）进口货物为报关进口的当天。

（3）增值税的扣缴义务发生时间为纳税人增值税纳税义务发生的当天。

（4）发生应税行为的纳税义务发生时间：

1）纳税人提供应税服务并收讫销售款项或者取得索取销售款项凭据的当天；先开具发票的，为开具发票的当天。收讫销售款项是指纳税人提供应税服务过程中或者完成后收到款项。取得索取销售款项凭据的当天是指书面合同确定的付款日期；未签订书面合同或者书面合同未确定付款日期的，为应税服务完成的当天。

2）纳税人提供租赁服务采取预收款方式的，其纳税义务发生时间为收到预收款的当天。

3）纳税人从事金融商品转让的，为金融商品所有权转移的当天。

4）纳税人发生视同销售服务、无形资产和不动产的，其纳税义务发生时间为服务、无形资产转让完成的当天或者不动产权属变更的当天。

5）增值税的扣缴义务发生时间为纳税人增值税纳税义务发生的当天。

2.9.2 纳税期限

增值税的纳税期限分别为1日、3日、5日、10日、15日、1个月或者1个季度。纳税人的具体纳税期限，由主管税务机关根据纳税人应纳税额的大小分别核定；不能按照固定期限纳税的，可以按次纳税。

以 1 个季度为纳税期限的规定适用于小规模纳税人、银行、财务公司、信托投资公司、信用社，以及财政部和国家税务总局规定的其他纳税人。

纳税人以 1 个月或者 1 个季度为 1 个纳税期的，自期满之日起 15 日内申报纳税；以 1 日、3 日、5 日、10 日或者 15 日为 1 个纳税期的，自期满之日起 5 日内预缴税款，于次月 1 日起 15 日内申报纳税并结清上月应纳税款。

扣缴义务人解缴税款的期限，依照上述规定执行。

纳税人进口货物，应当自海关填发进口增值税专用缴款书之日起 15 日内缴纳税款。

2.9.3 纳税地点

增值税的纳税地点就是纳税人申报缴纳增值税的具体地点。

（1）固定业户。

1）固定业户应在其机构所在地主管税务机关申报纳税。总机构和分支机构不在同一县（市）的，应当分别向各自所在地的主管税务机关申报纳税；但在同一省（区，市）范围内的，经国务院财政、税务主管部门或者其授权的财政、税务机关批准，可以由总机构汇总后向总机构所在地主管税务机关申报纳税。

2）固定业户到外县（市）销售货物或者应税劳务，应当向其机构所在地主管税务机关报告外出经营事项，并向其机构所在地主管税务机关申报纳税；未报告的，应当向销售地或者劳务发生地的主管税务机关申报纳税；未向销售地或者劳务发生地的主管税务机关申报纳税的，由其机构所在地主管税务机关补征税款。

3）增值税一般纳税人的固定业户临时到外省、市销售货物的，必须向经营地税务机关出示《外出经营活动税收管理证明》，并回原地纳税。需要向购货方开具专用发票的，也需要回原地补开。

（2）非固定业户销售货物、应税劳务和发生应税行为，应当向销售地、劳务发生地或应税行为发生地主管税务机关申报纳税；未申报纳税的，由其机构所在地或者居住地的主管税务机关补征税款。

（3）按照现行规定应在建筑服务发生地预缴增值税的项目，当纳税人收到预收款时，应在建筑劳务发生地预缴增值税。按照现行规定无须在建筑服务发生地预缴增值税的项目，当纳税人收到预收款时，应在机构所在地预缴增值税。

（4）其他个人提供建筑服务，销售或者租赁不动产，转让自然资源使用权，应向建筑服务发生地、不动产所在地、自然资源所在地主管税务机关申报纳税。

（5）进口货物，应当向报关地海关申报纳税。

（6）扣缴义务人应当向其机构所在地或者居住地的主管税务机关申报缴纳其扣缴的税款。

2.10 增值税专用发票的使用和管理

2.10.1 专用发票的领购范围

采用扣税办法计算征收增值税的一般纳税人以及采用简易计税办法或选择采用简易计税办法计算征收增值税的一般纳税人，可以领购并自行开具增值税专用发票。

增值税专用发票只限于增值税一般纳税人领购使用，小规模纳税人和非增值税一般纳税人不得领购、使用增值税专用发票。一般纳税人有下列情形之一的，不得领购、开具专用发票：

（1）会计核算不健全，不能向税务机关准确提供增值税销项税额、进项税额、应纳税额的数据及其他有关增值税税务资料的。上列其他有关增值税税务资料的内容，由省、自治区、直辖市和计划单列市税务机关确定。

（2）有《税收征管法》规定的税收违法行为，拒不接受税务机关处理的。

（3）有下列行为之一，经税务机关责令限期改正而仍未改正的：

1）虚开增值税专用发票。

2）私自印制专用发票。

3）向税务机关以外的单位和个人买取专用发票。

4）借用他人专用发票。

5）未按规定开具专用发票。

6）未按规定保管专用发票和专用设备。

7）未按规定申请办理防伪税控系统变更发行。

8）未按规定接受税务机关检查。

有上列情形的，如已领购专用发票，主管税务机关应暂扣其结存的专用发票和IC卡。

（4）销售的货物全部属于免税项目者。

2.10.2 专用发票的开具范围

（1）一般纳税人销售货物或者提供应税劳务，应向购买方开具专用发票。

（2）“营改增”纳税人发生应税行为，应当向索取增值税专用发票的购买方开具增值税专用发票，并在增值税专用发票上分别注明销售额和销项税额。

（3）小规模纳税人发生应税行为，购买方索取增值税专用发票的，可以向主管税务机关申请代开。

（4）一般纳税人有下列销售情形，不得开具专用发票：

1）商业企业一般纳税人零售的烟、酒、食品、服装、鞋帽（不包括劳保专用部分）、化妆品等消费品不得开具专用发票。

2）销售免税货物或提供免征增值税的应税劳务和服务，不得开具专用发票，法律、法规和国家税务总局另有规定的除外。

3）销售报关出口的货物和在境外销售应税劳务。

4）将货物用于集体福利或个人消费。

5）将货物无偿赠送他人（如果受赠人为一般纳税人，可根据受赠人的要求开具增值税专用发票）。

6）向小规模纳税人销售应税项目，可以不开具增值税专用发票。

7）应税销售行为的购买方为消费者个人的。

8）城镇公共供水企业缴纳的水资源税对应的水费收入，不计征增值税，按“不征税自来水”项目开具普通发票。

2.10.3 专用发票的开具要求

专用发票应按下列要求开具：

（1）项目齐全，与实际交易相符。

（2）字迹清楚，不得压线、错格。

（3）发票联和抵扣联加盖发票专用章。

（4）按照增值税纳税义务的发生时间开具。

对不符合上列要求的专用发票，购买方有权拒收。

2.10.4 税务机关代开专用发票

1. 代开专用发票的范围

代开专用发票是指已办理税务登记的小规模纳税人（包括个体经营者）以及国家税务总局确定的其他可予代开增值税专用发票的纳税人，在发生增值税应税行为、需要开具专用发票时，主管税务机关为其代开专用发票。除税务机关外，其他单位和个人不得代开。

小规模纳税人销售自己使用过的固定资产，应开具普通发票，不得由税务机关代开专用发票。

纳税人销售旧货，应开具普通发票，不得自行开具或者由税务机关代开专用发票。

2. 代开专用发票的要求

（1）凡税务机关代开增值税专用发票必须通过防伪税控代开票系统开具，通过防伪税控报税子系统采集代开增值税专用发票开具信息。

（2）增值税纳税人申请代开专用发票时，应填写《代开增值税专用发票缴纳税款申报单》，连同税务登记证副本，到主管税务机关税款征收岗位按专用发票上注明的税额全额申报缴纳税款，同时缴纳专用发票工本费。

（3）税务机关代开专用发票时填写有误的，应及时在防伪税控代开票系统中作废，然后重新开具。代开专用发票后发生退票的，税务机关应按照增值税一般纳税人作废或开具负数专用发票的有关规定进行处理。对需要重新开票的，税务机关应同时进行新开票税额与原开票税额的清算，多退少补；对无须重新开票的，按有关规定退还增值税纳税人已缴的税款或抵顶下期正常申报税款。

（4）税务机关为小规模纳税人代开红字专用发票的，比照一般纳税人开具红字专用发票的处理办法。

综合例题

某市大型电器专卖公司为增值税一般纳税人，2019 年 11 月发生下列购销业务：

（1）销售给某宾馆 300 台空调机，开具的增值税专用发票上注明的每台不含税价格为 3 400 元，商场派人负责安装，每台另外收取安装费 200 元。

（2）采取买一送一方式销售电视机 100 台，每台电视机零售价格为 3 800 元，赠品为某品牌加湿器，市场零售价格为 200 元。

（3）购进空调 400 台，取得的增值税专用发票上注明的价款为 720 000 元，已通过税务机关的认证，货款已支付；另支付运输费 30 000 元，运输企业开具的增值税专用发票上注明的金额为30 000元。

（4）从国外进口原装液晶电视 50 台，关税完税价格为每台 6 200 元，关税税率为 20%。

（5）因质量问题，退回从某冰箱厂上期购进的电冰箱 20 台，每台出厂价价税合计 2 340 元，并取得厂家开具的红字发票和税务机关的证明单。

（6）经主管税务机关核准，购进税控收款机一台，取得的增值税专用发票上注明的金额为5 000元，税额为 650 元。

增值税税率均为 13%。

根据上述资料逐项计算该商场 11 月各项业务所涉及的税额，并计算当月应缴纳的增值税税额。

解析：

（1）$\frac{\text{该笔业务的}}{\text{增值税销项税额}}$=[3 400+200÷(1+13%)]×300×13%=139 502.65（元）。

（2）$\frac{\text{该笔业务的}}{\text{增值税销项税额}}$=(3 800+200)÷(1+13%)×100×13%=46 017.70（元）。

（3）$\frac{\text{该笔业务准予抵扣}}{\text{的增值税进项税额}}$=720 000×13%+30 000×9%=96 300（元）。

（4）进口应纳关税税额=6 200×50×20%=62 000（元）。

进口应纳增值税税额=(6 200×50+62 000)×13%=48 360（元）。

（5）进项税额转出=2 340÷(1+13%)×20×13%=5 384.07（元）。

（6）该笔业务准予扣除的进项税额=650（元）。

当月应缴纳的增值税税额 $=(139\,502.65+46\,017.70)-(96\,300+48\,360+650)+5\,384.07$

$=45\,594.42$(元)

讨论题

1. 简述在“营改增”后我国增值税如何体现中性税种的特征。
2. 如何完善我国现行的增值税优惠政策?

复习思考题

1. 如何理解理论增值额和法定增值额?
2. 增值税的特点是什么?
3. 增值税的作用是什么?
4. 增值税的类型有哪些?
5. 为什么增值税在税率档次的设计上应尽可能少?
6. 增值税纳税人中的一般纳税人和小规模纳税人是如何划分的?
7. 增值税的征收范围有哪些?
8. 增值税视同销售的规定是什么?
9. 不得从销项税额中抵扣的进项税额有哪些?
10. 什么是混合销售行为? 混合销售行为如何计税?
11. 什么是兼营行为? 兼营行为如何计税?
12. 我国出口货物退(免)税的税收政策是什么?
13. 我国出口货物退(免)税的两种计算方法是什么?
14. 增值税的纳税义务发生时间是什么?
15. 增值税的纳税地点是如何规定的?

第3章 消费税

[本章要点提示]

- 消费税的概念
- 消费税的特点
- 消费税的作用
- 消费税的征收范围
- 消费税的纳税人
- 消费税的税率
- 消费税销售额的确定
- 消费税准予扣除已纳税额的确定
- 消费税的纳税义务发生时间
- 消费税的纳税地点

3.1 消费税概述

3.1.1 消费税的概念

消费税是以特定消费品和消费行为的流转额为征税对象征收的一种税。世界各国普遍征收消费税，目前有 120 多个国家和地区征收消费税。

我国消费税是国家为了体现消费政策，对生产、委托加工和进口应税消费品的单位和个人取得的收入征收的一种税。消费税是 1994 年税制改革时新设立的一个税种，它和增值税共同构成了我国商品劳务税的双层次调节结构。新中国成立初期征收的货物税、20 世纪 50 年代征收的商品流通税、1958—1973 年征收的工商统一税、1973—1983 年征收的工商税中相当于货物税的部分以及 1983—1993 年征收的增值税和产品税，其中一部分具有消费税的性质，只是一直没有单独设立一个税种。1993 年 12 月 13 日，国务院颁布了《中华人民共和国消费税暂行条例》，自 1994 年 1 月 1 日起施行。现行消费税的基本规范是 2008 年 11 月 5 日国务院第 34 次常务会议修订通过的《中华人民共和国消费税暂行条例》（以下简称《消费税暂行条例》），以及 2008 年 12 月 15 日财政部、国家税务总局第 51 号令颁布的《中华人民共和国消费税暂行条例实施细则》（以下简称《消费税暂行条例实施细则》），自 2009 年 1 月 1 日起施行。

3.1.2 消费税的特点

目前，世界各国开征的消费税都是兼有财政收入职能和经济调节职能的一种商品劳务税。与此相适应，现代消费税一般具有如下基本特征：

1. 消费税具有特殊调节作用

消费税是国家运用税收杠杆对特定消费品和消费行为进行特殊调节的税种，即消费税与增值税相配合，根据国家的产业政策和消费政策，在对货物普遍征收增值税的基础上，选择特定的应税消费品和消费行为再进行一次特殊调节。同时，对选定的特殊应税消费品和消费行为制定高低不同的税率，对需要限制和控制的消费品及消费行为制定较高的税率水平，使其承担较重的税负。

2. 消费税具有较强的聚财功能

尽管消费税的征税范围较小，但纳入征税范围的消费品的消费量一般都比较大、使用面广，使得消费税税源充足。另外，有些纳入消费税征收范围的消费品本身就是具有重要财政意义的产品，因此消费税具有较强的聚财功能。

3. 消费税具有征税项目的选择性

我国消费税的应税消费品是根据我国的产业政策和消费政策所选择的包括高档消费品、奢侈品、高能耗消费品、不可再生资源消费品和限制消费的消费品等在内的消费品。对这些消费品征税，既不会影响人们的生活水平，又可以发挥限制有害消费品的使用、抑制不良消费行为、促进资源有效利用和缓解社会分配不公的作用。

4. 消费税具有征税环节的单一性

消费税选择在生产、流通或消费的某一环节一次性征收，其他环节不再征收，使得消费税的税源比较集中。这样的制度安排，一方面可以防止税款的流失，另一方面可以节约征收成本、提高征管效率。

3.1.3 消费税的作用

我国现行的消费税是对在我国境内生产、委托加工及进口应税消费品的单位和个人，以其应税消费品的销售额和销售数量为征税对象而征收的一种税。现阶段，我国征收消费税的意义主要体现在以下三个方面：

1. 贯彻国家的产业政策和消费政策，引导消费行为，调节消费结构

消费税对特定的消费品征税，税率一般都比较高，并且其税负最终由消费者负担，

这就使消费税具有一定的调节消费的作用。在消费环节征税的商品范围仅限于国家选择的少数商品，这些商品或者具有一定的财政意义，或者是属于国家控制或限制的特殊商品。对于这些商品的范围，国家还可根据一定时期的经济形势变化对之进行调整，分别确定高低不同的税率，以体现调节意图。由于税收负担的高低直接影响到价格的高低，进而关系到消费者的切身利益、影响到消费者的消费决策，因此通过一定时期对消费税征税范围及税率等的调整可以调节纳税人的经济利益，引导消费的方向和调节消费的结构，体现国家的消费政策。由于消费对生产的反作用，消费结构的变化对生产结构也会产生直接的影响，进而可以引导产业结构和产品结构的调整。消费税通过调节纳税人的经济利益，影响其经营活动的方向和内容，进而调节整个社会的消费结构，实现国家的消费政策。

2. 保证国家财政收入的稳定增长

消费税是在1994年税制改革的大背景下出台的，而此前的流转税主要是增值税、产品税，产品税的收入主要集中在卷烟、酒、石化产品、化工产品等几类产品上，税率高且档次多，组织收入的作用强。1994年的税制改革后，许多高税率产品改征增值税，而增值税又是中性税种，只设一档基本税率17%和一档低税率13%，税收收入减少很多，影响了国家的财政收入。为了确保税制改革尽量不减少财政收入，同时又不削弱税收对某些产品生产和消费的调节作用，就需要开征消费税。消费税的开征一方面保证了国家的财政收入，另一方面又发挥了税收的调节作用。

尽管消费税的征税范围较小，但它在取得财政收入方面具有重要意义。这是因为消费税的税源广泛、平均税率比较高以及以流转全额为计税依据、与企业的经营成本无关等，使得消费税可以稳定、及时、足额地聚集财政资金。

3. 缓解社会分配不公的矛盾

在我国当前以及今后相当长的一段时间里，居民的个人收入水平客观上还会存在较大的差异，在税收上除了通过征收个人所得税等有关税种缓解收入差距外，还可以通过消费税来加以调节。我国现阶段受多种因素制约，仅靠个人所得税不可能完全实现税收的公平分配目标。通过对某些奢侈品和高消费行为征收消费税，可以从调节个人支付能力的角度增加某些消费者的税收负担，从而达到调节高收入者的高消费、缓解社会分配不公矛盾的目的。

知识库

表3-1给出了1994—2016年我国消费税收入及其在税收总收入中的比重。

表3-1　1994—2016年我国消费税收入及其在税收总收入中的比重

年份	国内消费税（亿元）	税收收入总额（亿元）	国内消费税占税收收入总额的比重（%）
1994	487.40	5 126.88	9.51
1995	541.48	6 038.04	8.97
1996	620.23	6 909.82	8.98
1997	678.70	8 234.04	8.24
1998	814.93	9 262.80	8.80

续前表

年份	国内消费税（亿元）	税收收入总额（亿元）	国内消费税占税收收入总额的比重（%）
1999	820.66	10 682.58	7.68
2000	858.29	12 581.51	6.82
2001	929.99	15 301.38	6.08
2002	1 046.32	17 636.45	5.93
2003	1 182.26	20 017.31	5.91
2004	1 501.90	24 165.68	6.22
2005	1 633.81	28 778.54	5.68
2006	1 885.69	34 804.35	5.42
2007	2 206.83	45 621.97	4.84
2008	2 568.27	54 223.79	4.74
2009	4 761.22	59 521.59	8.00
2010	6 071.55	73 210.79	8.29
2011	6 936.21	89 738.39	7.73
2012	7 875.58	100 614.28	7.83
2013	8 231.32	110 530.70	7.45
2014	8 906.82	119 158.05	7.47
2015	10 542.16	124 922.20	8.44
2016	10 217.23	130 360.73	7.84

资料来源：根据国家统计局网站相关数据整理计算得出。

3.2 征收范围和纳税人

3.2.1 征收范围

消费税征收范围的确定要综合考虑我国的经济发展水平、国家在某一时期的消费政策和产业政策、城乡居民的生活水平、消费水平和消费结构等状况以及财政收入的稳定增长等因素，同时还要考虑我国现阶段商品劳务税的双层次调节结构，即纳入消费税征税范围的消费品，在普遍征收增值税的基础上，还要征收消费税。消费税的征税范围具有选择性，它只选择一部分消费品和消费行为征收，而不是对所有的消费品和消费行为都征收消费税。通过选择征收范围，消费税可以充分表现出其较强的灵活性和导向作用。消费税的征收范围并非一成不变，它会随着我国经济的发展，根据国家的宏观经济政策和消费结构的变化等适时进行调整。

我国现行消费税的征收范围是在中华人民共和国境内生产、委托加工和进口的应税消费品。

在种类繁多的消费品中，计入我国消费税征收范围的应税消费品并不多，现行应税的 15 个税目可以归纳为以下四类：①过度消费会对人身健康、生态环境和社会秩序造成危害的消费品，如烟、酒、鞭炮和焰火、电池、涂料；②非生活必需品，如化妆品、贵重首饰及珠宝玉石；③不可再生资源或再生过程缓慢的消费品，如成品油、木制一次性筷子、实木地板；④高能耗、高档消费品，如小汽车、摩托车、高尔夫球及球具、高档手表、游艇。

3.2.2 纳税人

消费税的纳税人是指在中华人民共和国境内生产、委托加工及进口应税消费品的单位和个人，以及国务院确定的销售应税消费品的其他单位和个人。

在中华人民共和国境内是指生产、委托加工及进口属于应当缴纳消费税的消费品的起运地或者所在地在境内。

单位是指企业、行政单位、事业单位、军事单位、社会团体及其他单位。

个人是指个体工商户及其他个人。

消费税的纳税人具体包括：

（1）生产应税消费品的单位和个人。

（2）进口应税消费品的单位和个人。其中，个人携带或者邮寄入境的应税消费品的消费税，连同关税一并计征，由携带入境者或者收件人缴纳消费税。

（3）委托加工应税消费品的单位和个人。其中，委托加工的应税消费品由受托方（受托方为个人除外）于委托方提货时代收代缴消费税；自产自用的应税消费品由自产自用单位和个人在移送使用时缴纳消费税。

（4）国务院确定的销售应税消费品的其他单位和个人。

3.3 税目和税率

3.3.1 税　目

消费税的税目主要是根据我国的消费政策、产业政策和经济发展水平，我国居民的生活水平、消费水平和消费结构等状况以及国家财政收入的稳定增长等因素来加以确定的。

根据《消费税暂行条例》的规定，在 2014 年 12 月调整后，征收消费税的税目有 15

个，即烟、酒、化妆品、贵重首饰及珠宝玉石、鞭炮和焰火、成品油、小汽车、摩托车、高尔夫球及球具、高档手表、游艇、木制一次性筷子、实木地板、电池、涂料。

背景知识

消费税税目的沿革

新中国成立后曾对部分商品开征具有消费税性质的货物税，对部分行业开征特种消费行为税，1989 年也曾对彩色电视机、小轿车等商品开征特别消费税，主要目的在于调节消费和取得财政收入。1994 年税制改革后，消费税设置了烟、酒、化妆品、护肤护发品、贵重首饰及珠宝玉石、鞭炮和焰火、汽油、柴油、汽车轮胎、摩托车、小汽车共 11 个税目。经国务院批准，金、银和金基、银基合金首饰以及金、银和金基、银基合金镶嵌首饰的税率减按 5%的税率征收。2001 年 1 月 1 日，对香皂停止征收消费税；对汽车轮胎税目中的子午线轮胎免征消费税，对翻新轮胎停止征收消费税。2006 年 3 月 21 日，财政部、国家税务总局联合发出通知，对消费税的税目、税率进行调整。此次政策调整是 1994 年税制改革以来消费税最大规模的一次调整，新增了成品油、高尔夫球及球具、高档手表、游艇、木制一次性筷子、实木地板等税目；取消了护肤护发品税目，将原属于护肤护发品征税范围的高档护肤类化妆品列入化妆品税目；同时对小汽车、摩托车、汽车轮胎、白酒几个税目的税率进行了调整。2008 年 11 月 5 日新修订的《消费税暂行条例》将汽油细分为含铅汽油和不含铅汽油两个子税目，分别适用不同的税率。为促进节能环保，经国务院批准，自 2015 年 2 月 1 日起对电池、涂料征收消费税。在 2015 年 12 月 31 日前，对铅蓄电池缓征消费税。自 2016 年 1 月 1 日起，对铅蓄电池按 4%的税率征收。自 2016 年 12 月 1 日起，对超豪华小汽车（每辆零售价格为 130 万元及以上的乘用车和中轻型商用客车），在生产（进口）环节按现行税率征收消费税的基础上，在零售环节加征消费税，税率为 10%。

3.3.2 税　率

由于消费税是为了贯彻国家的产业政策和消费政策，对特定消费品和消费行为征收的一种税，而税率作为税收制度组成要素的基本要素和税收制度的中心环节，可以较好地贯彻消费税的政策精神。消费税税率的制定主要包括两个方面的内容：一是正确确定合理的税负水平；二是选择合理的税率形式。

（1）制定高低不同的税率水平。我国现行商品劳务税的税制结构是增值税与消费税相互配合，一方面发挥增值税对商品的普遍调节作用，另一方面发挥消费税对特殊消费品的特殊调节作用。消费税通过对不同税目制定不同的税率水平以及对同一税目下的不同应税消费品制定不同的税率水平来贯彻国家的产业政策和消费政策，比如对既限制生产又限制消费的应税消费品（烟、酒、化妆品、鞭炮和焰火等）从高设计税率，对只限制消费不限制生产的应税消费品（摩托车）从低设计税率。与此同时，消费税还会根据我国的经济发展水平以及我国居民的生活水平、消费水平和消费结构等适时做出调整。例如，1994 年《消费税暂行条例》规定的护肤护发品的税率是 17%；1999 年 7 月 1 日，其税率调减为 8%；2006 年 4 月 1 日，取消护肤护发品税目，将原属于护肤护发品征收范围的高档护肤护发类化妆品列入化妆品税目。又如，自 2006 年 4 月 1 日起，在小汽车税目下分设的乘用车子目中，汽缸容量（排气量，下同）在 1.5 升（含，下同）以下的，税率为 3%；汽缸容量在 1.5 升以上至 2.0 升的，税率为 5%；汽缸容量在 2.0 升以上至 2.5 升的，税率为 9%；汽缸容量在 2.5 升以上至 3.0 升的，税率为 12%；汽缸容量在 3.0 升以上至 4.0 升的，税率为 15%；汽缸容量在 4.0 升以上的，税率为 20%。自 2009 年 1 月 1 日起，在小汽车税目下分设的乘用车子目中，汽缸容量（排气量，下同）在 1.0 升（含，下同）以下的，税率为 1%；汽缸容量在 1.0 升以上至 1.5 升的，税率为 3%；汽缸容量在 1.5 升以上至 2.0 升的，税率为 5%；汽缸容量在 2.0 升以上至 2.5 升的，税率为 9%；汽缸容量在 2.5 升以上至 3.0 升的，税率为 12%；汽缸容量在 3.0 升以上至 4.0 升的，税率为 25%；汽缸容量在 4.0 升以上的，税率为 40%。

(2) 选择不同的税率形式。消费税的税率一般有比例税率和定额税率两种基本形式。消费税的应税消费品选用何种税率形式，要依应税消费品的具体情况而定。一般来说，对供求矛盾较为突出、价格差异较大的应税消费品，采用比例税率；对供求关系较为平衡、价格差异较小的应税消费品，采用定额税率。

现行消费税的税率形式包括比例税率和定额税率，不同的应税消费品适用不同的税率形式。其中，卷烟、白酒两种应税消费品既适用比例税率，又适用定额税率，见表 3-2。

表 3-2　消费税税目税率表

税目	税率
一、烟	
1. 卷烟	
(1) 甲类卷烟	56%加 0.003 元/支
(2) 乙类卷烟	36%加 0.003 元/支
(3) 批发环节	11%加 0.005 元/支
2. 雪茄烟	36%
3. 烟丝	30%
二、酒	
1. 白酒	20%加 0.5 元/500 克（或者 500 毫升）
2. 黄酒	240 元/吨
3. 啤酒	
(1) 甲类啤酒	250 元/吨
(2) 乙类啤酒	220 元/吨
4. 其他酒	10%
三、化妆品	15%

续前表

税　目	税　率
四、贵重首饰及珠宝玉石	
1. 金银首饰、铂金首饰和钻石及钻石饰品	5%
2. 其他贵重首饰和珠宝玉石	10%
五、鞭炮和焰火	15%
六、成品油	
1. 无铅汽油	1.52 元/升
2. 柴油	1.2 元/升
3. 航空煤油	1.2 元/升
4. 石脑油	1.52 元/升
5. 溶剂油	1.52 元/升
6. 润滑油	1.52 元/升
7. 燃料油	1.2 元/升
七、摩托车	
1. 汽缸容量（排气量，下同）在 250 毫升以下的	3%
2. 汽缸容量在 250 毫升以上的	10%
八、小汽车	
1. 乘用车	
（1）汽缸容量（排气量，下同）在 1.0 升（含 1.0 升）以下的	1%
（2）汽缸容量在 1.0 升以上至 1.5 升（含 1.5 升）的	3%
（3）汽缸容量在 1.5 升以上至 2.0 升（含 2.0 升）的	5%
（4）汽缸容量在 2.0 升以上至 2.5 升（含 2.5 升）的	9%
（5）汽缸容量在 2.5 升以上至 3.0 升（含 3.0 升）的	12%
（6）汽缸容量在 3.0 升以上至 4.0 升（含 4.0 升）的	25%
（7）汽缸容量在 4.0 升以上的	40%
2. 中轻型商用客车	5%
3. 超豪华小汽车（零售环节）	10%
九、高尔夫球及球具	10%
十、高档手表	20%
十一、游艇	10%
十二、木制一次性筷子	5%
十三、实木地板	5%
十四、电池	4%
十五、涂料	4%

知识库

燃油消费税

2009 年 1 月 1 日我国开征燃油消费税。成品油消费税并不是一个独立的税种，而是对成品油征收的消费税，目前包括无铅汽油、柴油、航空煤油、石脑油、溶剂油、润滑油和燃料油 7 个子目。近年来，我国经济发展与资源环境的矛盾日益突出，节能减排工作面临艰巨任务。一方面，随着经济发展和人民生活水平的提高，我国对石油的需求不断增加。由于资源匮乏，我国从1993年起由石油净出口国变为石油净进口国，而且对外依存度逐年提高，目前已达到50%。另一方面，我国石油利用效率低、单耗水平高、浪费现象严重。1997年7月3日，全国人大常委会通过《中华人民共和国公路法》，首次提出以燃油附加费替代养路费，从1998年1月1日起实施。1999年10月31日，全国人大常委会通过了《中华人民共和国公路法修正案》，规定国家采用依法征税的办法筹集公路养护资金，具体实施办法和步骤由国务院规定。2000年10月22日，国务院将燃油税列入交通和车辆税费改革实施方案，拟在适当时机开征。但是，由于近年来国际油价居高不下等原因，燃油税一直没有开征。考虑到我国征收消费税就是为了调节产品结构、引导消费方向，根据宏观产业政策和消费政策的要求，有目的、有重点地选择一些消费品征收，可以适当限制某些特殊消费品的消费需求。此外，调整消费税，不涉及新设税种，税收立法和征纳成本不会有大的增加，既便于操作，又能起到简化税制、公平税负的作用，所以这次改革没有单独设置燃油税。

资料来源：成品油价税费改革若干问题问答．国家税务总局网站，2008-12-12.

背景知识

卷烟消费税税率的沿革

我国自1994年开始对卷烟征收消费税，而后卷烟消费税的税率经历了四次调整：①1994年税制改革时，对卷烟从征收产品税改为征收增值税和消费税，规定进口卷烟和一类卷烟的消费税税率是45%，雪茄烟和二类以下卷烟（含）的税率是40%。②1998年7月1日，国务院做出对卷烟消费税税率进行调整的决定，将消费税税率调整为三档，一类烟50%，二、三类烟40%，四、五类烟25%。③自2001年6月1日起，对卷烟消费税的计税方法和税率进行调整，实行从价与从量相结合的复合计税方法，从价计征由三档税率调整为两档，即每标准条（200支，下同）调拨价在50元（含）以上的卷烟税率为45%，在50元以下的税率为30%，同时对每标准箱（5万支，下同）卷烟计征150元的固定税额。④自2009年5月1日起，调拨价格在70元/条（含）以上为甲类卷烟，在70元/条以下为乙类卷烟；甲类卷烟的消费税税率调整为56%，乙类卷烟的消费税税率调整为36%，雪茄烟的消费税税率调整为36%；在卷烟批发环节加征一道从价税，税率为5%；从量税保持不变。自2015年5月10日起，卷烟批发环节的税率由5%提高到11%，并按0.005元/支加征从量税。

3.4 计税依据的确定

消费税计税依据的确定，主要从应税消费品的价格变化情况和便于征收管理的角度考虑，分别采用从价定率、从量定额以及从价定率和从量定额复合计税三种方法。

3.4.1 从价定率计税方法的计税依据

3.4.1.1 计税依据为销售额

消费税对雪茄烟、烟丝、其他酒、化妆品、贵重首饰及珠宝玉石、鞭炮和焰火、成品油、摩托车、小汽车、高尔夫球及球具、高档手表、游艇、木制一次性筷子、实木地板、电池、涂料实行比例税率。在从价定率计税方法下，计税依据是应税消费品的销售额。

由于增值税和消费税实行交叉征收，计征消费税的消费品还要征收增值税，而增值税实行价外税、消费税实行价内税，故实行从价定率征收消费税的应税消费品，其消费税的计税销售额与增值税的计税销售额是一致的，即两税的税基是一致的。

3.4.1.2 销售额的确定

1. 销售额的一般规定

销售额是指纳税人销售应税消费品向购买方收取的全部价款和价外费用，不包括应向购买方收取的增值税税款。价外费用是指价外向购买方收取的手续费、补贴、基金、集资费、返还利润、奖励费、违约金、滞纳金、延期付款利息、赔偿金、代收款项、代垫款项、包装费、包装物租金、储备费、优质费、运输装卸费以及其他各种性质的价外收费。但是，下列项目不包括在内：

（1）同时符合以下条件的代垫运输费用：

1）承运部门的运输费用发票开具给购买方的。

2）纳税人将该项发票转交给购买方的。

（2）同时符合以下条件代为收取的政府性基金或者行政事业性收费：

1）由国务院或者财政部批准设立的政府性基金，由国务院或者省级人民政府及其财政、价格主管部门批准设立的行政事业性收费。

2）收取时开具省级以上财政部门印制的财政票据。

3）所收款项全额上缴财政。

应税消费品连同包装物销售的，无论包装物是否单独计价以及在会计上如何核算，均应并入应税消费品的销售额中征收消费税。如果包装物不作价随同产品销售，而是收取押金，此项押金则不应并入应税消费品的销售额中征税。但是，对因逾期未收回的包装物不再退还的或者已收取的时间超过 12 个月的押金，应并入应税消费品的销售额，按照应税消费品的适用税率征收消费税。

对既作价随同应税消费品销售，又另外收取押金的包装物的押金，凡纳税人在规定的期限内没有退还的，均应并入应税消费品的销售额，按照应税消费品的适用税率缴纳消费税。

2. 含税销售额的换算

如果纳税人应税消费品的销售额中未扣除增值税税款或者因不得开具增值税专用发票而发生价款和增值税税款合并收取的，在计算消费税时，应当换算为不含增值税税款的销售额。其换算公式为：

应税消费品的销售额＝含增值税的销售额÷(1＋增值税税率或者征收率)

如果消费税的纳税人同时又是增值税一般纳税人，适用13％的增值税税率；如果消费税的纳税人是增值税小规模纳税人，适用3％的征收率。

3. 纳税人应税消费品的计税价格明显偏低且无正当理由的，由主管税务机关核定其计税价格

应税消费品计税价格的核定权限规定如下：

（1）卷烟、白酒和小汽车的计税价格由国家税务总局核定，送财政部备案。

（2）其他应税消费品的计税价格由省、自治区和直辖市主管税务机关核定。

（3）进口应税消费品的计税价格由海关核定。

纳税人销售的应税消费品，以人民币以外的货币结算销售额的，其销售额的人民币折合率可以选择结算当天或者当月1日的国家外汇牌价（原则上为中间价）。纳税人应在事先确定采用何种折合率，确定后1年内不得变更。

3.4.2 从量定额计税方法的计税依据

3.4.2.1 计税依据为销售量

消费税对黄酒、啤酒和成品油实行定额税率，在从量定额计税方法下，计税依据是应税消费品的销售数量。

3.4.2.2 销售数量的确定

销售数量是指应税消费品的数量，具体为：

（1）销售应税消费品的，为应税消费品的销售数量。

（2）自产自用应税消费品的，为应税消费品的移送使用数量。

（3）委托加工应税消费品的，为纳税人收回的应税消费品数量。

（4）进口应税消费品的，为海关核定的应税消费品进口征税数量。

3.4.2.3 计量单位的换算

消费税规定，黄酒、啤酒以吨为税额单位；汽油、柴油以升为税额单位。但是，考虑到在实际销售过程中，一些纳税人会把吨或升这两个计量单位混用，为了规范不同产品的计量单位，以准确计算应纳税额，吨与升两个计量单位的换算标准如下：

（1）黄酒：1吨＝962升。

（2）啤酒：1吨＝988升。

（3）汽油：1吨＝1 388升。

（4）柴油：1吨＝1 176升。

（5）航空煤油：1吨＝1 246升。

（6）石脑油：1吨＝1 385升。

（7）溶剂油：1吨=1 282升。

（8）润滑油：1吨=1 126升。

（9）燃料油：1吨=1 015升。

3.4.3 复合计税方法的计税依据

在现行的消费税征收范围中，采用复合计税方法的只有卷烟和白酒两种应税消费品。其计税依据包含了销售额和销售数量两个方面，其销售额和销售数量的确定方法，与从价定率、从量定额计税方法中销售额和销售数量的确定方法一致。

3.4.4 计税依据的特殊规定

3.4.4.1 自设非独立核算门市部的计税规定

纳税人通过自设非独立核算门市部销售的自产应税消费品，应当按照门市部对外销售额或者销售数量计算征收消费税。

3.4.4.2 应税消费品用于其他方面的规定

纳税人用于换取生产资料或消费资料、投资入股和抵偿债务等方面的应税消费品，应当将同类应税消费品的最高销售价格作为计税依据。

3.4.4.3 兼营不同税率应税消费品的规定

纳税人兼营不同税率应税消费品的，应当分别核算不同税率应税消费品的销售额、销售数量；未分别核算销售额、销售数量，或者将不同税率应税消费品组成成套消费品销售的，从高适用税率。

纳税人兼营不同税率应税消费品是指纳税人生产销售两种税率以上的应税消费品。从高适用税率就是对兼营高低不同税率的应税消费品，不能分别核算销售额、销售数量，或者将不同税率的应税消费品组成成套消费品销售的，就以应税消费品适用的高税率与混合在一起的销售额、销售数量相乘，得出应纳消费税税额。

[例3-1]

红都酒厂为增值税一般纳税人，8月份将该厂自产的500克一瓶的粮食白酒、300克一瓶的药酒组成礼品套装酒，当月售出5 000套，取得不含税收入23.5万元。其中，粮食白酒每瓶不含税售价为32元，药酒每瓶不含税售价为15元。

计算红都酒厂该笔业务应纳的消费税税额。

解析：

因为红都酒厂将不同税率的消费品（白酒20%，药酒10%）组成成套消费品销售，不论是否分别核算，粮食白酒和药酒均要从高适用税率，即计税价格和数量都要从高核算消费税。

应纳消费税=235 000×20%+(500+300)×5 000÷500×0.5=51 000（元）

3.5 应纳税额的计算

消费税应纳税额的计算，既包括直接对外销售、自产自用、委托加工和进口应税消费品应纳税额的计算，也包括外购、委托加工应税消费品已纳消费税的扣除。

3.5.1 生产销售应税消费品应纳税额的计算

3.5.1.1 直接对外销售应税消费品应纳税额的计算

1. 从价定率计算

应纳税额等于销售额乘以适用的比例税率，相应的计算公式为：

应纳税额=销售额×比例税率

[例 3-2]

某化妆品生产企业为增值税一般纳税人，7 月份生产销售化妆品套装 80 000 套，每套不含税销售额为 120 元。

计算该化妆品生产企业应纳的消费税税额。

解析：

应税销售额=120×80 000=9 600 000（元）

应纳消费税税额=9 600 000×15%=1 440 000（元）

2. 从量定额计算

应纳税额等于销售数量乘以适用的定额税率，相应的计算公式为：

应纳税额=销售数量×定额税率

[例 3-3]

某酒厂 9 月份销售黄酒 350 吨，每吨出厂价格为 3 200 元。黄酒的消费税税额为每吨 240 元。计算该酒厂 9 月份应纳的消费税税额。

解析：

应纳消费税税额＝350×240＝84 000（元）

3. 从价定率和从量定额复合计征的计算

在现行消费税的征税范围中，只有卷烟和白酒采用复合计税方法，相应的计算公式为：

应纳税额＝销售额×比例税率＋销售数量×定额税率

[例 3-4]

某白酒厂 10 月份生产销售粮食白酒共计 80 吨，每吨不含税销售价为 18 000 元。计算该酒厂 10 月份应纳的消费税税额。

解析：

应纳消费税税额＝18 000×80×20%＋80×2 000×0.5＝368 000（元）

3.5.1.2 自产自用应税消费品应纳税额的计算

自产自用就是纳税人生产应税消费品后，不是用于直接对外销售，而是用于自己连续生产应税消费品或用于其他方面。

1. 用于连续生产应税消费品的计税规定

纳税人将自产自用的应税消费品用于连续生产应税消费品的，不纳税。纳税人将自产自用的应税消费品用于连续生产应税消费品的，是指作为生产最终应税消费品的直接材料并构成最终产品实体的应税消费品。例如，卷烟厂生产出烟丝（此时，烟丝已是应税消费品），再用生产出的烟丝连续生产卷烟，则用于连续生产卷烟的烟丝就不缴纳消费税。卷烟厂只需要对生产的卷烟缴纳消费税。当然，如果卷烟厂将生产出的烟丝直接销售，则烟丝要缴纳消费税。税法规定，对自产自用的应税消费品用于连续生产应税消费品的不征税，体现了税不重征和计税简便的原则。

2. 用于其他方面的计税规定

对于纳税人自产自用的应税消费品，除用于连续生产应税消费品外，凡用于其他方面的，于移送使用时纳税。“用于其他方面”是指纳税人用于生产非应税消费品和在建工程，管理部门、非生产机构，提供劳务，以及馈赠、赞助、集资、广告、样品、职工福利、奖励等方面的应税消费品。“用于生产非应税消费品”是指把自产的应税消费品用于生产《消费税税目税率表》所列 15 类产品以外的产品。“用于在建工程”是指把自产的应税消费品用于本单位的各项建设工程。“用于管理部门、非生产机构”是指把自己生产的应税消费品用于与本单位有隶属关系的管理部门或非生产机构。“用于馈赠、赞助、集资、广告、样品、职工福利、奖励”是指把自己生产的应税消费品无偿赠送他人，或以资金的形式投资于外单位，或作为商品广告、经销样品，或以福利、奖励的形式发给职工。总之，虽然企业自产的应税消费品没有用于销售或连续生产应税消费品，但只要是用于税法规定的范围，都要视同销售，并依法缴纳消费税。

3. 应纳税额的计算

纳税人自产自用的应税消费品，按照纳税人生产的同类消费品的销售价格计算纳税；没有同类消费品销售价格的，按照组成计税价格计算纳税。

（1）实行从价定率计税方法计算纳税的组成计税价格计算公式为：

组成计税价格＝(成本＋利润)÷(1－比例税率)

（2）实行复合计税方法计算纳税的组成计税价格计算公式为：

组成计税价格＝(成本＋利润＋自产自用数量×定额税率)÷(1－比例税率)

“同类消费品的销售价格”是指纳税人或者代收代缴义务人当月销售的同类消费品的销售价格，如果当月同类消费品各期销售价格高低不同，应按销售数量加权平均计算。但是，销售的应税消费品有下列情况之一的，不得列入加权平均计算：

第一，销售价格明显偏低且无正当理由的。

第二，无销售价格的。

如果当月无销售或者当月未完结，应按照同类消费品上月或者最近月份的销售价格计算纳税。

上述公式中的成本是指应税消费品的产品生产成本。上述公式中的利润是指根据应税消费品的全国平均成本利润率计算的利润。应税消费品全国平均成本利润率由国家税务总局确定。

1993 年 12 月 28 日国家税务总局印发了《消费税若干具体问题的规定》，2006 年 3 月财政部、税务总局发布了《关于调整完善消费税政策的通知》（财税［2006］33 号），其中确定的应税消费品全国平均成本利润率见表 3－3。

表 3－3　应税消费品全国平均成本利润率

货物名称	平均成本利润率（%）	货物名称	平均成本利润率（%）
1. 甲类卷烟	10	11. 摩托车	6
2. 乙类卷烟	5	12. 高尔夫球及球具	10
3. 雪茄烟	5	13. 高档手表	20
4. 烟丝	5	14. 游艇	10
5. 粮食白酒	10	15. 木制一次性筷子	5
6. 薯类白酒	5	16. 实木地板	5
7. 其他酒	5	17. 乘用车	8
8. 化妆品	5	18. 中轻型商用客车	5
9. 鞭炮和焰火	5	19. 电池	4
10. 贵重首饰及珠宝玉石	6	20. 涂料	7

［例 3－5］

某日用化工厂 5 月份将自产的一批化妆品作为福利发放给职工，化妆品的成本为5 000元。该化妆品无同类产品的销售价格，已知化妆品的成本利润率为 5%，消费税税率为 15%。

计算该批化妆品应缴纳的消费税。

解析：

组成计税价格＝5 000×(1＋5%)÷(1－15%)＝6 176.47（元）

应纳消费税＝6 176.47×15%＝926.47（元）

[例 3-6]

某酒厂 2 月份将自己生产的某新品牌粮食白酒共计 500 斤赠送给客户。已知每斤该品牌粮食白酒的成本为 4.2 元，且无同类产品的市场价格。已知粮食白酒的成本利润率为 10%。计算该酒厂此项业务应纳的消费税税额。

解析：

组成计税价格＝[4.2×500×(1＋10%)＋0.5×500]÷(1－20%)
＝3 200（元）

应纳消费税税额＝3 200×20%＋500×0.5＝890（元）

3.5.1.3 委托加工应税消费品应纳税额的计算

1. 委托加工应税消费品的规定

委托加工应税消费品是指由委托方提供原料和主要材料，受托方只收取加工费和代垫部分辅助材料加工的应税消费品。对于由受托方提供原材料生产的应税消费品，或者受托方先将原材料卖给委托方，然后再接受加工的应税消费品，以及由受托方以委托方名义购进原材料生产的应税消费品，不论纳税人在财务上是否做销售处理，都不得作为委托加工应税消费品，而应当按照销售自制应税消费品缴纳消费税。由此可见，委托加工的应税消费品必须同时具备两个条件：①由委托方提供原材料和主要材料；②受托方只收取加工费和代垫部分辅助材料。无论是委托方还是受托方，凡不符合上述条件的，都不能按委托加工应税消费品进行税务处理，只能按照销售自制应税消费品缴纳消费税。税法做出上述规定的目的，是从源泉上控制税源，避免税款的流失。

《消费税暂行条例实施细则》规定，委托加工应税消费品直接出售的，不再缴纳消费税。该规定表明：委托方将收回的应税消费品以不高于受托方的计税价格出售的，为直接出售，不再缴纳消费税；委托方以高于受托方的计税价格出售的，不属于直接出售，需要按照规定申报缴纳消费税，在计税时准予扣除受托方已代收代缴的消费税。

2. 代收代缴税款的规定

对于委托加工的应税消费品，受托方在交货时已代收代缴消费税，因而委托方收回后直接出售的，不再缴纳消费税。

对于委托个人加工的应税消费品，由委托方收回后缴纳消费税。

委托加工的应税消费品，除受托方为个人外，由受托方向机构所在地或者居住地的主管税务机关解缴消费税税款。

3. 应纳税额的计算

委托加工的应税消费品按照受托方同类消费品的销售价格计算纳税；没有同类消费

品销售价格的，按照组成计税价格计算纳税。

(1) 实行从价定率计税方法计算纳税的组成计税价格计算公式为：

$$组成计税价格=(材料成本+加工费)\div(1-比例税率)$$

(2) 实行复合计税方法计算纳税的组成计税价格计算公式为：

$$组成计税价格=\frac{材料成本+加工费+委托加工数量\times定额税率}{1-比例税率}$$

“同类消费品的销售价格”是指纳税人或者代收代缴义务人当月销售的同类消费品的销售价格，如果当月同类消费品各期销售价格高低不同，应按销售数量加权平均计算。但是，销售的应税消费品有下列情况之一的，不得列入加权平均计算：

第一，销售价格明显偏低且无正当理由的。

第二，无销售价格的。

如果当月无销售或者当月未完结，应按照同类消费品上月或者最近月份的销售价格计算纳税。

上述公式中的材料成本是指委托方所提供加工材料的实际成本。委托加工应税消费品的纳税人必须在委托加工合同上如实注明（或者以其他方式提供）材料成本，凡未提供材料成本的，受托方主管税务机关有权核定其材料成本。

上述公式中的加工费是指受托方加工应税消费品向委托方收取的全部费用（包括代垫辅助材料的实际成本，不包括增值税税款）。

[例3-7]

嘉兴化妆品厂为增值税一般纳税人，2019年10月提供库存原材料20万元委托某日化厂加工S型号的口红，自受托方取得的增值税专用发票上注明的加工费为15万元（含代垫辅助材料3万元）、增值税税款为2.4万元，已收到受托方的消费税代收代缴完税凭证。嘉兴化妆品厂收回口红后当月全部售出，取得不含税销售收入90万元。

计算：(1) 嘉兴化妆品厂当月应纳的增值税税额。

(2) 该日化厂应代收代缴的消费税税额。

(3) 嘉兴化妆品厂当月销售口红应纳的消费税税额。

解析：

(1) 当月应纳的增值税税额=90×13%－2.4=9.3（万元）。

(2) 该日化厂应代收代缴的消费税税额=(20+15)÷(1－15%)×15%=6.18（万元）。

(3) 嘉兴化妆品厂收回的应税消费品应纳的消费税税款=90×15%－6.18=7.32（万元）。

3.5.1.4 进口应税消费品应纳税额的计算

1. 进口应税消费品的计税规定

进口应税消费品于报关进口时缴纳消费税，进口应税消费品的消费税由海关代征。

个人携带或者邮寄进境的应税消费品的消费税连同关税一并计征，具体办法由国务院关税税则委员会会同有关部门制定。

进口应税消费品应当向报关地海关申报纳税。

2. 进口应税消费品应纳税额的计算

进口应税消费品按照组成计税价格与消费税的适用税率计算纳税。

（1）实行从价定率计税方法应纳税额的计算：

组成计税价格=(关税完税价格+关税)÷(1−消费税比例税率)

应纳税额=组成计税价格×比例税率

（2）实行从量定额计税方法应纳税额的计算：

应纳税额=进口数量×定额税率

（3）实行复合计税方法应纳税额的计算：

$$组成计税价格=\frac{关税完税价格+关税+进口数量\times 消费税定额税率}{1-消费税比例税率}$$

应纳税额=组成计税价格×比例税率+进口数量×定额税率

上述公式中的关税完税价格是指海关核定的关税计税价格。

[例 3-8]

某外贸公司 10 月份从国外进口一批应税消费品，这批应税消费品的完税价格为 200 万元。假设这批应税消费品的关税税率为 20%，消费税税率为 10%。

计算该外贸公司进口环节应纳的消费税。

解析：

组成计税价格=200×(1+20%)÷(1−10%)=266.67（万元）

应纳消费税=266.67×10%=26.67（万元）

3.5.2 已纳消费税扣除的计算

3.5.2.1 外购已税消费品已纳消费税的规定

由于某些应税消费品是用外购已纳消费税的应税消费品连续生产出来的，在对这些连续生产出来的应税消费品计算征税时，税法规定按当期生产领用数量计算准予扣除外购的应税消费品已纳的消费税税款，其目的是避免重复征税。

1. 准予扣除的应税消费品

在应税消费品计征消费税时，对外购已税消费品已纳的消费税准予扣除的应税消费品为：

（1）以外购已税烟丝为原料生产的卷烟。

(2) 以外购已税化妆品为原料生产的化妆品。

(3) 以外购已税珠宝玉石为原料生产的贵重首饰及珠宝玉石。

(4) 以外购已税鞭炮和焰火为原料生产的鞭炮和焰火。

(5) 以外购已税摩托车连续生产的应税摩托车。

(6) 以外购已税杆头、杆身和握把为原料生产的高尔夫球杆。

(7) 以外购已税木制一次性筷子为原料生产的木制一次性筷子。

(8) 以外购已税实木地板为原料生产的实木地板。

(9) 以外购已税汽油、柴油、石脑油、燃料油、润滑油为原料生产的应税成品油。

2. 当期准予扣除税额的计算

当期准予扣除的外购应税消费品的已纳税额，按当期生产领用数量计算扣除。

$$\begin{matrix}\text{当期准予扣除的外购}\\\text{应税消费品的已纳税额}\end{matrix}=\begin{matrix}\text{当期准予扣除的外购}\\\text{应税消费品的买价}\end{matrix}\times\begin{matrix}\text{外购应税消费品}\\\text{适用税率}\end{matrix}$$

$$\begin{matrix}\text{当期准予扣除的外购}\\\text{应税消费品的买价}\end{matrix}=\begin{matrix}\text{期初库存的外购}\\\text{应税消费品的买价}\end{matrix}+\begin{matrix}\text{当期购进的}\\\text{应税消费品的买价}\end{matrix}-\begin{matrix}\text{期末库存的外购}\\\text{应税消费品的买价}\end{matrix}$$

3.5.2.2 委托加工收回已税消费品连续生产应税消费品的规定

由于某些应税消费品是用委托加工已纳消费税的应税消费品连续生产出来的，在对这些连续生产出来的应税消费品计算征税时，税法规定按当期生产领用数量计算准予扣除委托加工应税消费品已纳的消费税税款，其目的是避免重复征税。

1. 准予扣除的应税消费品

准予扣除的应税消费品为：

(1) 以委托加工收回的已税烟丝为原料生产的卷烟。

(2) 以委托加工收回的已税化妆品为原料生产的化妆品。

(3) 以委托加工收回的已税珠宝玉石为原料生产的贵重首饰及珠宝玉石。

(4) 以委托加工收回的已税鞭炮和焰火为原料生产的鞭炮和焰火。

(5) 以委托加工收回的已税摩托车连续生产的应税摩托车。

(6) 以委托加工收回的已税杆头、杆身和握把为原料生产的高尔夫球杆。

(7) 以委托加工收回的已税木制一次性筷子为原料生产的木制一次性筷子。

(8) 以委托加工收回的已税实木地板为原料生产的实木地板。

(9) 以委托加工收回的已税汽油、柴油、石脑油、燃料油、润滑油为原料生产的应税成品油。

2. 当期准予扣除税额的计算

当期准予扣除的委托加工应税消费品已纳税额，按当期生产领用数量计算扣除。

$$\begin{matrix}\text{当期准予扣除的委托加工}\\\text{应税消费品已纳税额}\end{matrix}$$

$$=\begin{matrix}\text{期初库存的委托加工}\\\text{应税消费品已纳税额}\end{matrix}+\begin{matrix}\text{当期收回的委托加工}\\\text{应税消费品已纳税额}\end{matrix}-\begin{matrix}\text{期末库存的委托加工}\\\text{应税消费品已纳税额}\end{matrix}$$

3.6 出口应税消费品退（免）税

纳税人出口应税消费品，国家给予退（免）税的税收优惠，相关政策基本与出口货物退（免）增值税的规定相同，下面仅对不同于出口货物退（免）增值税的规定进行介绍。

3.6.1 出口应税消费品退（免）税基本政策

出口应税消费品退（免）消费税的基本政策有以下三种情况：

1. 出口免税并退税

适用这个政策的是有出口经营权的外贸企业购进应税消费品直接出口以及外贸企业受其他外贸企业委托，代理出口应税消费品。

需要注意的是，外贸企业只有受其他外贸企业委托，代理出口应税消费品才可办理退税；外贸企业受其他企业（主要是非生产性商贸企业）委托，代理出口应税消费品是不予退（免）税的。

2. 出口免税不退税

适用这个政策的是有出口经营权的生产性企业自营出口或生产企业委托外贸企业代理出口自产的应税消费品，依据其实际出口数量免征消费税，不予办理退还消费税。在此，免征消费税是指对生产企业按其实际出口数量免征生产环节的消费税。不予办理退还消费税是指因已免征生产环节的消费税，故该应税消费品出口时已不含消费税，所以无须再办理退还消费税了。

3. 出口不免税也不退税

适用这个政策的是除生产企业、外贸企业以外的其他企业，即一般商贸企业委托外贸企业代理出口应税消费品，该应税消费品一律不予退（免）税。

3.6.2 出口货物退税率

计算出口应税消费品应退消费税的税率或单位税额，依据《消费税暂行条例》所附《消费税税目税率（税额）表》执行。

企业应将适用不同消费税税率的出口应税消费品分开核算和申报，凡划分不清适用税率的，一律从低适用税率计算应退消费税税额。

3.6.3 出口货物退税计算

外贸企业从生产企业购进货物直接出口或受其他外贸企业委托代理出口应税消费品

的应退消费税税款，分两种情况计算退税额。

（1）属于从价定率计征消费税的应税消费品，应依照外贸企业从工厂购进货物时征收消费税的价格计算应退消费税税款。相应的计算公式为：

应退消费税税款＝出口货物的工厂销售额×税率

上述公式中“出口货物的工厂销售额”不含增值税，对含增值税的价格应换算为不含增值税的销售额。

（2）属于从量定额计征消费税的应税消费品，应依货物购进和报关出口的数量计算应退消费税税款。相应的计算公式为：

应退消费税税款＝出口数量×单位税额

3.6.4 出口应税消费品办理退（免）税后的管理

出口应税消费品办理退税后发生退关或者国外退货，在进口时已予以免税的，报关出口者必须及时向其机构所在地或者居住地主管税务机关申报补缴已退的消费税税款。

纳税人直接出口的应税消费品办理免税后，发生退关或者国外退货，在进口时已予以免税的，经机构所在地或者居住地主管税务机关批准，可暂不办理补税，待其转为国内销售时再申报补缴消费税。

3.7 征收管理

3.7.1 纳税义务发生时间

消费税的纳税义务发生时间分为以下四种情况。

（1）纳税人销售应税消费品，其纳税义务发生时间如下：

1）采取赊销和分期收款结算方式的，为书面合同约定的收款日期的当天，书面合同没有约定收款日期或者无书面合同的，为发出应税消费品的当天。

2）纳税人采取预收货款结算方式的，为发出应税消费品的当天。

3）纳税人采取托收承付和委托银行收款方式销售的应税消费品，为发出应税消费品并办妥托收手续的当天。

4）纳税人采取其他结算方式的，为收讫销售款或者取得索取销售款凭据的当天。

（2）纳税人自产自用的应税消费品，其纳税义务发生时间为移送使用的当天。

（3）纳税人委托加工的应税消费品，其纳税义务发生时间为纳税人提货的当天。

（4）纳税人进口的应税消费品，其纳税义务发生时间为报关进口的当天。

3.7.2 纳税期限

消费税的纳税期限分别为1日、3日、5日、10日、15日、1个月或者1个季度。纳税人的具体纳税期限，由主管税务机关根据纳税人应纳税额的大小分别核定；不能按照固定期限纳税的，可以按次纳税。

纳税人以1个月或者1个季度为1个纳税期的，自期满之日起15日内申报纳税；以1日、3日、5日、10日或者15日为1个纳税期的，自期满之日起5日内预缴税款，于次月1日起15日内申报纳税并结清上月应纳税款。

纳税人进口应税消费品，应当自海关填发海关进口消费税专用缴款书之日起15日内缴纳税款。

3.7.3 纳税地点

消费税纳税人的纳税地点分为以下五种情况：

（1）纳税人销售的应税消费品以及自产自用的应税消费品，除国务院财政、税务主管部门另有规定外，应当向纳税人机构所在地或者居住地的主管税务机关申报纳税。

纳税人的总机构与分支机构不在同一县（市）的，应当分别向各自机构所在地的主管税务机关申报纳税；经财政部、国家税务总局或者其授权的财政、税务机关批准，可以由总机构汇总后向总机构所在地的主管税务机关申报纳税。

（2）委托加工的应税消费品，除受托方为个人外，由受托方向机构所在地或者居住地的主管税务机关解缴消费税税款。委托个人加工的应税消费品，由委托方向其机构所在地或者居住地主管税务机关申报纳税。

（3）进口的应税消费品，应当由进口人或者其代理人向报关地海关申报纳税。

（4）纳税人到外县（市）销售或者委托外县（市）代销自产应税消费品的，于应税消费品销售后，向机构所在地或者居住地主管税务机关申报纳税。

（5）纳税人销售的应税消费品，如因质量等原因由购买者退回时，经机构所在地或者居住地主管税务机关审核批准后，可退还已缴纳的消费税税款，但不能自行直接抵减应纳税额。

3.7.4 纳税环节

1. 生产环节

纳税人生产的应税消费品在销售时纳税。

对于纳税人自产自用的应税消费品，用于本企业连续生产应税消费品的，不纳税；用于其他方面的，于移送使用时纳税。

2. 委托加工环节

委托加工的应税消费品，除受托方为个人外，由受托方在向委托方交货时代收代缴

税款。

委托加工的应税消费品直接出售的（即委托方将收回的应税消费品以不高于受托方的计税价格出售的），不再缴纳消费税；对于委托加工的应税消费品，委托方用于连续生产应税消费品的，可以抵扣委托加工应税消费品的已纳税款。

3. 进口环节

进口应税消费品于报关进口时纳税。进口应税消费品的消费税由海关代征。

4. 零售环节

金银首饰和钻石及钻石饰品的消费税在零售环节纳税。

其中，在零售环节纳税的金银首饰包括金、银和金基、银基合金首饰，以及金、银和金基、银基合金的镶嵌首饰。

5. 批发环节

卷烟除在生产环节纳税外，还要在批发环节加征一道从价税。

综合例题

华丽化妆品厂为增值税一般纳税人，2019 年 6 月发生以下经济业务：

（1）购进 A 型化妆品原料一批，取得的增值税专用发票上注明的价款为 150 万元，增值税税额为 19.5 万元，支付运费并取得增值税一般纳税人开具的货物运输业增值税专用发票，运费金额为 6 万元。

（2）购进香水精，取得的增值税专用发票上注明的价款为 35 万元，增值税税额为 4.55 万元，另支付运费，并取得增值税一般纳税人开具的货物运输业增值税专用发票，运费金额为 4 万元。

（3）用本月购进的 15 万元香水精，委托盛装日化厂加工化妆品，当月收回并支付加工费及增值税税额，盛装日化厂开具了增值税专用发票，注明加工费 9 万元（含代垫辅料价款 2 万元），并代扣代缴了消费税。

（4）将收回化妆品的 90%直接销售给商场，专用发票已开出，注明价款 65 万元，化妆品已发出，并办妥银行托收手续。

（5）领用本月购进的 A 型化妆品原料 100 万元，加工成化妆品后销售，开具的增值税专用发票上注明的价款为 145 万元，货款已收到。

（以上增值税专用发票均经过税务机关的认证。）

计算：

（1）华丽化妆品厂 3 月份应纳的增值税税额。

（2）华丽化妆品厂 3 月份应纳的消费税税额。

（3）盛装日化厂受托加工应税消费品应代扣代缴的消费税税额。

解析：

（1）华丽化妆品厂 3 月份应纳的增值税税额：

$$
\begin{aligned}
\text{应纳税额} &= (65+145)\times 13\% - 19.5 - 4.55 - (4+6)\times 9\% - 9\times 13\% \\
&= 1.18\ (\text{万元})
\end{aligned}
$$

(2) 华丽化妆品厂3月份应纳的消费税税额：

应纳税额＝145×30％－150×30％×100÷150＝43.5－30＝13.5（万元）

(3) 盛装日化厂受托加工应税消费品应代扣代缴的消费税税额：

应纳税额＝(15＋9)÷(1－30％)×30％＝10.29（万元）

讨论题

试论“营改增”后，我国消费税应从哪些方面进行改革。

复习思考题

1. 消费税的特点是什么？
2. 消费税的作用是什么？
3. 消费税规定的应税消费品有哪些？
4. 制定消费税税目、税率时通常要遵循什么原则？
5. 自产自用应税消费品的计税销售额是如何规定的？
6. 委托加工应税消费品的计税销售额是如何规定的？
7. 进口应税消费品的计税销售额是如何规定的？
8. 消费税的纳税环节是如何规定的？

第4章 城市维护建设税和教育费附加

[本章要点提示]

- 城市维护建设税的概念
- 城市维护建设税的特点
- 城市维护建设税的纳税人
- 城市维护建设税的税率
- 城市维护建设税的计税依据
- 教育费附加和地方教育附加的征收范围
- 教育费附加和地方教育附加的计税比率

4.1 城市维护建设税

4.1.1 城市维护建设税概述

4.1.1.1 城市维护建设税的概念

城市维护建设税是对缴纳增值税、消费税的单位和个人，按其实际缴纳的增值税和消费税税额的一定比例征收，所筹资金专门用于城市维护建设的一种税。

城市维护建设税的前身是城市维护建设附加费，1985 年 2 月 8 日国务院发布了《中华人民共和国城市维护建设税暂行条例》，将城市维护建设附加费改为城市维护建设税，并从同年起在全国施行。自 2010 年 12 月 1 日起，我国开始对外商投资企业、外国企业及外籍个人征收城市维护建设税。

4.1.1.2 城市维护建设税的特点

1. 具有附加税性质

城市维护建设税以纳税人实际缴纳的增值税和消费税税额为税基，附加于增值税和消费税税额之上，是税上加税，本身并没有特定的、独立的征税对象。

2. 具有特定用途

城市维护建设税具有明确的征税目的，所筹资金专用于城市公用事业和公共设施的维护与建设。

4.1.1.3 征收城市维护建设税的意义

(1) 征收城市维护建设税，有利于扩大和稳定城市建设所需资金的来源，加速全国城市的维护建设。

(2) 促进新兴城市的开发和老城市的扩展及改造，迅速改变我国城市市政设施陈旧落后的状况，改善城镇居民生活环境，使城市的维护建设随经济的发展而不断发展，更好地发展生产、繁荣经济。

4.1.2 城市维护建设税的征收制度

4.1.2.1 征税对象

城市维护建设税的征税对象是纳税人所缴纳的增值税和消费税税额，但海关对进口产品代征的消费税、增值税不征收城市维护建设税。

4.1.2.2 纳税人

城市维护建设税以缴纳增值税与消费税的单位和个人为纳税人，具体包括国有企业、集体企业、私营企业、股份制企业、其他企业和行政单位、事业单位、军事单位、社会团体、其他单位以及个体工商户及其他个人。自2010年12月1日起，我国开始对外商投资企业、外国企业及外籍个人征收城市维护建设税。

4.1.2.3 税　率

城市维护建设税实行地区差别比例税率。纳税人所在地不同，适用的税率档次也不同，具体规定是：

(1) 纳税人所在地为市区的，税率为7%。

(2) 纳税人所在地为县城、建制镇的，税率为5%。

(3) 纳税人所在地不在市区、县城或建制镇的，税率为1%。

4.1.2.4 计税依据

城市维护建设税的计税依据是纳税人实际缴纳的增值税和消费税税额。纳税人违反

增值税和消费税有关税法规定而加收的滞纳金和罚金，不作为城市维护建设税的计税依据。纳税人在被查补增值税和消费税及被处以罚款时，应同时补征其偷漏的城市维护建设税，并征收滞纳金和罚金。

在免征或减征增值税和消费税时，应同时免征或减征城市维护建设税。

出口货物须退还增值税和消费税的，不退还已缴纳的城市维护建设税。

4.1.2.5 应纳税额的计算

纳税人应缴纳城市维护建设税税额的多少，由纳税人实际缴纳的增值税和消费税税额决定，相应的计算公式为：

应纳税额＝纳税人实际缴纳的增值税和消费税税额×适用税率

[例 4-1]

某市区一企业 10 月份缴纳增值税 24 万元，缴纳消费税 38 万元。

计算该企业 10 月份应缴纳的城市维护建设税税额。

解析：

应纳税额＝(24＋38)×7%＝4.34（万元）

4.1.2.6 税收优惠

城市维护建设税以增值税和消费税的实缴税额为税基并同时征收，故不应另行规定减免税。但个别纳税人确有困难的，可由省、自治区、直辖市人民政府酌情予以减免税照顾。

城市维护建设税的税收减免规定具体包括：

（1）城市维护建设税随增值税和消费税的减免而减免。

（2）对于减免增值税、消费税而发生的退税，同时退还已缴纳的城市维护建设税。

（3）海关对进口产品代征增值税、消费税的，不征收城市维护建设税。

（4）对增值税和消费税实行即征即退、先征后退、先征后返办法的，除另有规定外，对随增值税和消费税附征的城市维护建设税，一律不退还。

（5）对国家重大水利工程建设基金免征城市维护建设税。

4.1.2.7 征收管理

1. 纳税环节

城市维护建设税的纳税环节就是纳税人缴纳增值税和消费税的环节。纳税人只要发生增值税和消费税的纳税义务，就要在同样的环节计算缴纳城市维护建设税。

2. 纳税期限

由于城市维护建设税是由纳税人在缴纳增值税和消费税时同时缴纳的，所以其纳税期限与增值税和消费税的纳税期限一致。根据增值税法和消费税法的规定，增值税、消费税的纳税期限均分别为1日、3日、5日、10日、15日或者1个月。增值税、消费税纳税人的具体纳税期限，由主管税务机关根据纳税人应纳税额的大小分别核定；不能按照固定期限纳税的，可以按次纳税。

3. 纳税地点

城市维护建设税的纳税地点是纳税人缴纳增值税和消费税的地点。

但是，属于下列情况的，纳税地点的规定如下：

(1) 代扣代缴、代收代缴增值税与消费税的单位和个人，同时也是城市维护建设税的代扣代缴、代收代缴义务人，其城市维护建设税的纳税地点在代扣代收地。

(2) 跨省开采的油田，下属生产单位与核算单位不在一个省内的，其生产的原油在油井所在地缴纳增值税，其应纳税款由核算单位按照各油井的产量和规定税率，计算汇拨各油井缴纳。所以，各油井应纳的城市维护建设税应由核算单位计算，随同增值税一并汇拨油井所在地，由油井在缴纳增值税时，一并缴纳城市维护建设税。

(3) 流动经营等无固定纳税地点的单位和个人，应随同增值税和消费税在经营地按适用税率缴纳城市维护建设税。

4.2 教育费附加

4.2.1 教育费附加和地方教育附加的概念

教育费附加和地方教育附加是对缴纳增值税与消费税的单位和个人，以其实际缴纳的税额为计征依据征收的一种附加费。自2010年12月1日起对外商投资企业、外国企业及外籍个人征收教育费附加。

4.2.2 教育费附加和地方教育附加的征收范围及计征依据

教育费附加和地方教育附加对缴纳增值税与消费税的单位和个人征收，以其实际缴纳的增值税与消费税税额为计征依据。

4.2.3 教育费附加和地方教育附加的计征比率

教育费附加的计征比率为3%；地方教育附加的计征比率为2%。

4.2.4 教育费附加和地方教育附加的计算

教育费附加的计算公式为：

应纳税额＝实纳增值税、消费税税额×计征比率

4.2.5 教育费附加和地方教育附加的减免规定

（1）海关对进口产品代征增值税、消费税的，不征收教育费附加和地方教育附加。

（2）由于减免增值税、消费税而发生退税的，可同时退还已征收的教育费附加和地方教育附加。对出口产品退还增值税、消费税的，不退还已征的教育费附加和地方教育附加。

讨论题

城市维护建设税的改革方向是什么？

复习思考题

1. 城市维护建设税的纳税人是如何规定的？
2. 城市维护建设税的计税依据是什么？
3. 城市维护建设税的税率是如何规定的？
4. 城市维护建设税的纳税环节是什么？
5. 教育费附加的计税依据是什么？
6. 教育费附加的计税比率是多少？

第5章 关税

[本章要点提示]

- 关税的概念
- 关税的作用
- 关税的征税对象
- 关税的纳税人
- 关税的税则、税目、税率
- 原产地规定
- 关税的完税价格
- 行李和邮递物品进口税
- 关税的减免税优惠
- 关税征收管理
- 船舶吨税

5.1 关税概述

5.1.1 关税的概念与作用

5.1.1.1 关税的概念

关税是海关依法对进出关境的货物、物品征收的一种商品税。关境又称海关境域，是国家海关法全面实施的领域。在通常情况下，一国的关境与国境一致，但若不同国家组成关税同盟，形成统一的关境，实施统一的关税法令和对外税则，只对来自或运往其他国家的货物进出共同关境时征税，则这些国家的关境大于国境，如欧盟成员国。相反，当一国在境内设立自由贸易区或自由港时，其国境大于关境，如我国香港特别行政区和澳门特别行政区依据基本法的规定，保持自由港地位，属单独关税区。我国现行关税的基本规范是 2000 年 7 月全国人民代表大会修订颁布的《中华人民共和国海关法》以及 2003 年 11 月国务院发布的《中华人民共和国进出口关税条例》，国务院关税税则委员会审定并报国务院批准的《中华人民共和国海关进出口税则》和《中华人民共和国海关关于入境旅客行李物品和个人邮递物品征收进口税办法》。

5.1.1.2 关税的作用

1. 筹集国家财政资金

尽管从大多数发达国家的税制结构来看，关税收入在整个财政收入中的比重不大，并呈下降趋势，但对于一些发展中国家，尤其是对进出口依赖性较强的发展中国家，征收进出口关税仍是其取得财政收入的重要途径之一。自新中国成立以来，关税收入作为国家财政收入的组成部分，为我国经济建设积累了可观的财政资金。我国在加入 WTO 以后，根据“入世”承诺，开始分阶段削减关税，关税数额占财政收入的比重逐步下降，但随着我国对外贸易的不断扩大，关税在为国家筹集财政资金方面仍将发挥重要作用。

2. 调节产业结构和进出口贸易

关税是国家调节产业结构和进出口贸易的重要经济杠杆，国家通过设置高低不同的税率和减免关税，可以影响国内产业结构和进出口规模。一般对国内生产必需的先进技术和关键设备以及人民生活必需且国内生产供应不足的产品，可免征关税或实行低税率，以鼓励进口；对国内生产过剩的长线产品和奢侈品，则采取高税率，以限制进口。对于出口货物，大部分实行出口退税政策，以增强我国出口商品在国际市场上的竞争力；而对某些特殊出口货物则征收出口关税，以保护本国稀缺资源和满足国内需要。

3. 维护国家权益，促进对外经济贸易的发展

征税权本身就是一国行政权力的组成部分，对进出口货物征收关税，直接关系到国与国之间的主权和经济利益。在现代社会里，关税已成为各国政府维护本国政治、经济权益的重要武器之一。我国根据平等互利和对等原则，遵循世界贸易组织规则，通过关税复式税则的运用等方式，维护国家的经济权益，促进对外经济贸易的进一步发展。

5.1.2 关税的分类

5.1.2.1 按货物的流向不同，关税可分为进口关税、出口关税和过境关税

1. 进口关税

进口关税是指对国外转入本国的货物和物品征收的一种关税。

2. 出口关税

出口关税是指对从本国输往外国的货物和物品于出境时征收的一种关税。

3. 过境关税

过境关税是指对进入本国港口停留并转运他国的货物和物品征收的一种关税。

5.1.2.2 按征收目的不同，关税可分为保护性关税和财政性关税

1. 保护性关税

保护性关税是指以保护本国经济发展为首要目的而征收的关税。保护性关税主要体现在进口关税方面，一般设置较高的税率。

2. 财政性关税

财政性关税是指以增加财政收入为主要目的而征收的关税。

5.1.2.3 按对进口国的差别待遇不同，关税可分为加重关税和优惠关税

1. 加重关税

加重关税是指针对从某些输出国、生产国进口的货物，因某种原因（如歧视、报复、保护和经济方面的需要等），在征收一般进口关税之外又加征的一种临时进口附加税，主要包括反倾销关税、反补贴关税、报复性关税等。

（1）反倾销关税。反倾销关税是指针对倾销产品征收的进口附加税。倾销是指一国产品以低于正常价值的方式挤入另一国市场竞销，从而使该国已建立的某种工业出现重大损失或面对重大威胁的行为。

（2）反补贴关税。反补贴关税是指进口国对直接或间接接受出口津贴或补贴的外国货物在进口到本国时所征收的一种进口附加税。

（3）报复性关税。报复性关税是指一国在认为本国出口商品受到不公正的歧视性待遇时，对实施该歧视性待遇的国家向本国出口的商品征收的歧视性关税。

2. 优惠关税

优惠关税是指针对来自某些特定受惠国的货物使用比普通税率低的优惠税率而给予相关国家的优惠待遇，主要包括互惠关税、特惠关税、普惠关税和最惠国待遇。

（1）互惠关税。互惠关税是指两国间相互给予对方比其他国家更优惠税率的一种协定关税，其目的在于发展双方之间的贸易关系。

（2）特惠关税。特惠关税是指对有特殊关系的国家，单方面或相互间协定采用特别低的进口税率，甚至免税的一种关税。其优惠程度高于互惠关税。

（3）普惠关税。普惠关税是指在国际贸易中发达国家给予自发展中国家出口的货物（制成品和半成品）普遍的、非歧视的、非互惠的一种关税优惠制度。普遍是指对于包括制成品和半成品在内的源自发展中国家的进口产品实行关税优惠。非歧视是指所有发展中国家都不受歧视，无例外地享受普惠制的待遇。非互惠是指发达国家在给予发展中国家关税优惠的同时，不能要求发展中国家给予同样的关税优惠，其他发达国家也不能援引最惠国待遇原则要求同样适用优惠关税。

（4）最惠国待遇。最惠国待遇是指缔约国一方将现在和将来给予任何第三国的优惠待遇，无条件地给予其他各成员方。

知识库

反倾销关税案例

根据WTO《反倾销协议》的规定，当倾销行为确实存在时，进口国相关的企业和政府部门可以根据本国反倾销法规采取相应的反倾销措施。近年来，在WTO多边贸易谈判以及地区性自由贸易协议谈判的促进下，世界各国平均关税水平大幅下降，关税、进口配额等传统贸易壁垒的作用受到制约，反倾销逐渐由维护公平贸易的工具演变为各国使用范围最广、实施最频繁的一种贸易保护手段。

欧盟对华纺织品反倾销案例中影响最大的当属化纤布反倾销案。2004年，欧盟率先对来自中国的部分化纤产品发难。2004年6月17日，欧委会应国内产业申请，对中国出口的化纤布产品发起了反倾销调查，此次调查涉及5个欧盟海关税号的产品，案值4.87亿美元，共有942家中国化纤布出口企业涉案，是欧盟有史以来最大的反倾销案件。2005年1月，欧委会做出初裁：中国56家应诉企业中有25家企业获得市场经济地位，18家企业获得分别税率（即进口国认为非市场经济国家的应诉出口企业可证明在法律和事实上不受政府控制的可获得单独的税率）。获得市场经济地位的企业平均关税税率为20%，获得分别税率的企业关税税率为20%～74.8%，没有应诉的企业关税税率为85.3%。尽管欧盟方面裁定中国化纤布业倾销成立，但对中国45家应诉企业的终裁税率下降至14.1%～56.2%，而没有应诉的企业关税税率为85.3%。

资料来源：冯宗宪，向洪金．欧美对华反倾销措施的贸易效应：理论与经验研究．世界经济，2010（3）.

5.1.2.4 按计税标准不同，关税可分为从价关税、从量关税、复合关税、滑动关税和选择关税

1. 从价关税

从价关税是指以货物的价格作为计税依据而计算征收的关税。我国对进口商品基本上都实行从价税。

2. 从量关税

从量关税是指以货物的重量、长度、容量、面积等计量单位为计税依据而计算征收的关税。

3. 复合关税

复合关税是指对同一种进口货物同时使用从价和从量计征的一种关税。

4. 滑动关税

滑动关税又称滑准税，是指一种关税税率随进口货物的价格由高到低而由低到高设置计征关税的方法，可以使进口货物的价格越高，其进口关税税率越低，进口货物的价格越低，其进口关税税率越高。

5. 选择关税

选择关税是对一种进口商品同时定有从价税和从量税两种税率，但征税时选择税额

较高的一种征税。

5.1.3 我国的关税政策

关税政策是指国家在一定历史时期运用关税手段达到特定政治、经济目的的行为准则。不同国家在不同时期的关税政策是不一样的，这主要取决于该国的政治、经济以及产业政策等多方面因素。一般而言，关税政策可分为财政关税和保护关税，但两者很难截然分开，因此世界各国的关税政策通常是混合型关税政策，我国也不例外。我国的关税政策通过如下原则具体表现出来：对进口国家建设和人民生活所必需的，而且国内不能生产或者供应不足的动植物良种、肥料、饲料、药剂、精密仪器、仪表、关键机械设备和粮食等，予以免税或低税；原材料的进口税率一般比半成品、成品要低，特别是受自然条件制约、国内生产短期内不能迅速发展的原材料，其税率应更低；对于国内不能生产的机械设备和仪器、仪表的零件、部件，其税率应比整机低；对国内已能生产的非国计民生所必需的物品，应制定较高的税率；对国内需要进行保护的产品和国内外价差大的产品，应制定更高的税率；为了鼓励出口，对绝大多数出口商品不征收出口关税，但对在国际市场上容量有限而又竞争性强的商品，以及需要限制出口的极少数原料、材料和半制成品，必要时可征收适当的出口关税。

5.2 征税对象和纳税人

5.2.1 征税对象

关税的征税对象是中国准许进出境的货物和物品。货物是指贸易性商品；物品是指入境旅客随身携带的行李物品、个人邮递物品、各种运输工具上的服务人员携带进口的自用物品、馈赠物品以及以其他方式进境的个人物品。除国家另有规定的以外，应当由海关按照《中华人民共和国海关进出口税则》（以下简称《海关进出口税则》）征收进口税或者出口税。从境外采购进口的原产于中国境内的货物，海关依照《海关进出口税则》征收进口税。进境旅客的行李物品和个人邮递物品的征税办法，由国务院关税税则委员会另行制定。

5.2.2 纳税人

关税的纳税人有两种：

1. 贸易性进出口货物的纳税人

贸易性进出口货物的纳税人是进出口货物的收货人、发货人。进出口货物的收货人、发货人是依法取得对外贸易经营权，并进口或者出口货物的法人或者其他社会团体。

2. 非贸易性进出口货物的纳税人

非贸易性进出口货物的纳税人是进出境物品的所有人，包括该物品的所有人和推定为所有人的人。

（1）对于携带进境的物品，推定其携带人为所有人。

（2）对分离运输的行李，推定相应的进出境旅客为所有人。

（3）对以邮递方式进境的物品，推定其收件人为所有人。

（4）对以邮递或其他运输方式出境的物品，推定其寄件人或托运人为所有人。

5.3 税则、税目和税率

5.3.1 进出口税则概况

海关进出口税则是根据国家的关税政策制定的，通过一定的立法程序公布实施的进出口货物和物品应适用的关税税率表，海关凭此征收关税。进出口税则以税率表为主体，通常还包括实施税则的法令、使用税则的有关说明和附录等。我国现行税则包括《中华人民共和国进出口关税条例》（以下简称《进出口关税条例》）、《税率适用说明》、《中华人民共和国进口税则》、《中华人民共和国出口税则》及《进口商品从量税、复合税、滑准税税目税率表》、《进口商品关税配额税目税率表》、《进口商品税则暂定税率表》、《出口商品税则暂定税率表》、《非全税目信息技术产品税率表》等附录。

税率表作为税则主体，包括税则商品分类目录和税率栏两大部分。商品分类目录又分为税则号列和商品名称。税则号列是商品在税则中的分类编号，商品分类目录将种类繁多的商品加以综合，按其不同特点分门别类地将其简化成数量有限的商品类目，分别编号并按序排列，以形成税则号列，再逐号列出该号中应列入的商品名称。商品名称一般按自然属性和加工程度分类顺序排列。税率栏是按商品分类目录逐项确定的税率栏目。我国现行进口税则为四栏税率，出口税则为一栏。

我国是《商品名称及编码协调制度公约》（以下简称《公约》）的缔约国，按《公约》的要求，缔约国的进出口税则均以《公约》所制定的《商品名称及编码协调制度》（以下简称《协调制度》）为基础进行编排和修订。自 1992 年 1 月 1 日起，中国海关正式根据《协调制度》目录的分类原则和内容，实施海关进出口税则和统计商品目录。

目前，我国实施的税则中对商品的分类全部采用了《协调制度》目录中对商品的分类原则、结构和全部商品名称。《协调制度》是一个完整、系统、通用、准确的国际贸易商品分类体系，主要由品目和子目组成，即各种各样的商品、名称及其规格，共计 7 000 多个 8 位数商品号列，分布于 22 类、99 章，章下再分为目和子目。商品编码前 2 位数代表“章”，前4位数代表“目”，第5位、第6位数代表“子目”。所列商品名称的分类和编排是有一定规律的。从类来看，它基本上是按生产部类来分类的，即将同一生产部类的产品归在同一类里。从章来看，它基本上是按商品的属性或功能、用途来分类的。此外，每章中各品目的排列次序一般也是按动物、植物、矿物质产品顺序排列，而且较为明显的是原材料先于成品，加工程度低的产品先于加工程度高的产品，列名具体的品种先于列名一般的品种。

为了适应国际贸易及科学技术的发展，世界海关组织（WCO）每4～6年对《协调制度》进行一次修订。自2007年1月1日起，《公约》各缔约方执行新的《协调制度》，我国作为缔约方也以《协调制度》为基础对2006年税则做了重大的调整。新税则的调整共涉及1 600个本国8位税号的变化，占全部8位税号的20%以上，主要涉及机电产品、化工产品、纺织品、木制品、钢材和钢铁制品等大类，是近年来我国进出口税则最大的一次调整。由于我国从2006年4月1日起开始实施新的消费税税目税率，2007年版税则中涉及的相关内容也相应做出了调整。新税则在海关税则8位编码的基础上增改为10位编码，包括货品名称、进口税率（最惠国税率、中巴税率、普通税率）、增值税税率、出口退税率、计量单位、监管条件，以及准确规范的英文商品名称各栏，并加列了进口商品暂定税率表、从量税和复合税税率表、进口商品关税配额税率表、非全税目信息技术产品税率表、中国—东盟自由贸易区相关税率表、进口商品消费税税率表、特惠税目税率表、内地与香港及澳门优惠关税安排税目税率表等以及2007年出口税则和出口商品暂定税率表。

为了进一步落实有关税收和产业政策，适应科学技术进步和加强进出口管理的需要，在符合世界海关组织《商品名称及编码协调制度》列目原则的前提下，我国对2009年进出口税则中的税目进行了适当增减，其中增列的税目包括木糖醇、起酥油和鞋类等出口量逐年增大、需要加强进出口管理的产品，竹制品等支持农业和农村经济发展的产品，保护人类健康的抗艾滋病病毒药品以及焊锡、单晶硅棒等高新技术和有利于环境保护的产品税目。另外，此次调整还删除了个别产品的税目。经过调整，我国2009年进出口税则税目的总数由2008年的7 758个增至7 868个。

根据2012年版《协调制度》，国务院关税税则委员会发布《2013年关税实施方案》，主要涉及进口税率的调整。2013年，我国对780多种进口商品实施低于最惠国税率的年度进口暂定税率。其中，新增和进一步降低税率的产品分为五大类，主要涉及与人民群众密切相关的生活和医疗用品，汽车生产线机器人等促进装备制造业和战略性新兴产业发展的设备、零部件和原材料，钨、铁、锑等能源资源性产品，船舶、压载水处理设备用过滤器等有利于节能减排的环保产品，支农惠农产品及部分支持纺织行业发展的产品。税则税目经过2012年及2013年的调整已增加至8 238个。

《2015年关税实施方案》于2015年1月1日实施。为了促进外贸增长，《2015年关税实施方案》对进口商品税率、协定税率、特惠税率、出口商品税率和税则、税目等进行了调整，以积极鼓励先进技术设备、关键零部件和能源、原材料进口，适度支持一般消费品进口。其中，为了满足国内生产和人民群众的生活需要，我国降低了部分商品的进口关税，新增了17种商品实施较低的暂定税率，在2014年暂定税率的基础上进一步降低了11种商品的税率水平。调整后，2015年我国的税目数共计8 285个。

5.3.2 税率及运用

5.3.2.1 进口关税税率

1. 税率设置与适用

在加入世界贸易组织（WTO）之前，我国进口税则设有两栏税率，即普通税率和优惠税率。对原产于与我国未签订关税互惠协议的国家或者地区的进口货物，按照普通税率征税；对原产于与我国签订了关税互惠协议的国家或者地区的进口货物，按照优惠税率征税。在加入WTO后，为了履行我国在加入WTO关税减让谈判中承诺的有关义务，自2004年1月1日起，我国进口税则设有最惠国税率、协定税率、特惠税率、普通税率、关税配额税率等税率，而且对进口货物在一定期限内可以实行暂定税率。

最惠国税率适用于原产于与我国共同适用最惠国待遇条款的WTO成员的进口货物，或原产于与我国签订有相互给予最惠国待遇条款的双边贸易协定的国家或地区的进口货物，以及原产于我国境内的进口货物。

协定税率适用于原产于我国参加的含有关税优惠条款的区域性贸易协定有关缔约方的进口货物，对原产于韩国、印度、斯里兰卡和老挝的1 891个税目实施亚太贸易协定税率。

特惠税率适用于原产于与我国签订有特殊优惠关税协定的国家或地区的进口货物，目前对原产于孟加拉国和老挝的部分商品实施亚太贸易协定项下的特惠税率。

适用最惠国税率的进口货物有暂定税率的，应当适用暂定税率；适用协定税率、特惠税率的进口货物有暂定税率的，应当从低适用税率；适用普通税率的进口货物，不适用暂定税率。按照国家规定实行关税配额管理的进口货物，关税配额内的，适用关税配额税率；关税配额外的，按其适用税率的规定执行。

普通税率适用于原产于上述国家或地区以外的其他国家或地区的进口货物。按照普通税率征税的进口货物，经国务院关税税则委员会特别批准，可以适用最惠国税率。适用最惠国税率、协定税率、特惠税率的国家或者地区名单，由国务院关税税则委员会决定。

为促进进口和消费、更好地体现以人民为中心的发展理念、满足人民的美好生活需要，经国务院批准，国务院关税税则委员会决定：自2019年4月9日起，对进境物品进口税进行调整。调整后的《中华人民共和国进境物品进口税率表》见表5-1。

表5-1　　中华人民共和国进境物品进口税率表

税号	物品名称	税率（%）
1	书报、刊物、教育用影视资料；计算机、视频摄录一体机、数字照相机等信息技术产品；食品、饮料；金银；家具；玩具，游戏品、节日或其他娱乐用品；药品	13
2	运动用品（不含高尔夫球及球具）、钓鱼用品；纺织品及其制成品；电视摄像机及其他电器用具；自行车；税目1、3中未包含的其他商品	20
3	烟、酒；贵重首饰及珠宝玉石；高尔夫球及球具；高档手表；化妆品	50

说明：1. 税号1中对国家规定减按3%征收进口环节增值税的进口药品，按照货物税率征税。
2. 税号3所列商品的具体范围与消费税征收范围一致。

知识库

2009 年，关税在加强对外经贸合作方面采取了哪些措施?

在当前国际金融危机进一步蔓延、我国对外贸易遭受冲击的情况下，充分发挥关税促进和加强双边、多边经贸合作的作用，保持对外贸易稳定发展更显重要。2009 年，我国在与有关国家和地区签订的一系列自由贸易协定和关税优惠协定的基础上，进一步实施比最惠国税率更优惠的协定税率和特惠税率，促进与有关国家和地区的贸易合作，以实现互利共赢、共同发展。例如，继续对原产于东盟十国的部分税目商品实施中国-东盟自由贸易协定税率，并实施第三步正常降税。在降税后，实施协定税率的税目数约为 6 750 个，相对于最惠国税率，平均优惠幅度约为 80%；继续对原产于新西兰的部分商品实施中国-新西兰贸易协定税率，并实施第二步降税。在降税后，实施协定税率的税目为 6 989个，平均优惠幅度超过 40%；继续对原产于韩国、印度、斯里兰卡、孟加拉国和老挝的 1 751 个税目商品实施亚太贸易协定税率，其中个别税目商品的适用税率进一步下调，平均优惠幅度约为 23%；继续对原产于中国香港和澳门的产品实施零关税，根据目前原产地标准的制定情况，自 2009 年 1 月 1 日起，以零关税进入内地的港、澳产品税目数将分别达到 1 539 个和 681 个。

2. 税率水平与结构

1992 年我国关税总水平（优惠税率的算术平均水平）约为 42%，普通税率平均为 56%。此后，我国对关税总水平进行了几次较大幅度的调整。1992 年 12 月，降低至 40%；1994 年 1 月，降低至 36%；1996 年 4 月，降低至 23%；1997 年 10 月，降低至 17%。2002 年，我国关税总水平（最惠国税率的算术平均水平）由 15.3%降低到 12%，平均降幅为 21.6%。在 7 316 个税目中，有 5 332 个税目的税率有不同程度的降低，占 73%。其中，工业品的平均税率为 11.6%，农产品（包括水产品）的平均税率为 15.6%，比 2001 年分别降低了 23%和 17.5%。在降税后，农产品（不包括水产品）的平均税率为 15.8%，水产品为 14.3%，原油及成品油为 6.1%，木材、纸及其制品为 8.9%，纺织品和服装为 17.6%，化工产品为 7.9%，交通工具为 17.4%，机械产品为 9.6%，电子产品为 10.7%。普通税率的平均税率约为 57%。2004 年，中国关税总水平（算术平均税率）进一步降为 10.4%。

自 2009 年 1 月 1 日起，我国进一步降低了鲜草莓等 5 个税目商品的进口关税。由于涉及的降税商品范围和税率降幅较小，对关税总水平影响不大，2009 年的关税总水平与 2008 年相同，仍为 9.8%。其中，农产品的平均税率仍为 15.2%，工业品的平均税率仍为 8.9%。经过此次降税，除上述鲜草莓等 5 种商品还有 1 年的降税实施期外，我国已基本履行完毕加入世贸组织的降税承诺，关税总水平由加入世贸组织时的 15.3%降至 2009 年的 9.8%。其后，从 2010 年到 2015 年，我国的关税总水平一直维持在 9.8%不变。

进口商品的税率结构主要体现为产品加工程度越深，关税税率越高，即在不可再生性资源、一般资源性产品及原材料、半成品、制成品中，不可再生性资源的税率较低，制成品的税率较高。

5.3.2.2 出口关税税率

我国的出口税则为一栏税率，即出口税率。一般来说，我国鼓励商品出口，对大多数出口商品实行出口退税，仅对少数资源性产品及易于竞相杀价、需要规范出口秩序的半制成品等征收出口关税。

根据《2018 年关税调整方案》，对铬铁等 202 项出口商品征收出口关税或实行出口暂定税率。

5.3.2.3 特别关税税率

特别关税包括报复性关税、反倾销关税与反补贴关税、保障性关税三类。征收特别关税的货物、适用国别、税率、期限和征收办法，由国务院关税税则委员会决定，由海关总署负责实施。

(1) 报复性关税是指针对某国对本国出口商品的不公正、不平等待遇，对该国输入本国的商品加重征收的关税。任何国家或地区对原产于我国的货物征收歧视性关税或实施其他歧视性待遇的，我国对原产于该国或地区的进口货物征收报复性关税。目前，报复性关税是“贸易战”的手段之一。

(2) 反倾销关税与反补贴关税是指对外国的倾销商品，在征收正常进口关税的同时，附加征收的一种关税，其目的在于抵消他国的补贴。如果某国将产品以低于生产成本的价格向其他国家推销，就有可能构成倾销，进口国就可以对倾销产品征收数量不超过倾销差价的反倾销关税。

(3) 保障性关税是指当某类商品进口量激增，给本国相关产业带来巨大威胁或损害时，按照 WTO 的有关规则，可以启动一般保障措施，即在与相关国家或地区进行磋商后，在一定时期内提高该商品的进口关税或采取数量限制等措施，以保护国内相关产业不受损害。

5.4 原产地规定

在国际贸易不发达的时代，关税并未作为国与国之间进行经济斗争乃至政治斗争的工具，因此各国并不重视本国进口的商品原产于哪个国家。但随着国际贸易的不断发展和壮大，关税成为一些国家对产自另一些国家的商品进行控制的经济手段。20 世纪 70 年代初，在历经长期斗争后，发展中国家迫使发达国家对产自发展中国家的货物普遍给予优惠的关税待遇。为此，发达国家开始重视货物的原产地问题。许多国家在制定本国的原产地规则时，都参考了海关合作理事会于 1973 年制定的《关于简化和协调海关手续的国际公约》(俗称《京都公约》)。

原产地标准 (origin criterion) 是指一国 (地区) 用来衡量某种产品是否为本国 (地

区）生产或者制造的标准或尺度，是签发原产地证明的依据。凡符合原产地标准的产品就视为本国（地区）的产品。原产地标准是原产地规则的核心。由于对产自不同国家或地区的进口货物适用不同的关税税率，因而正确确定进境货物原产国是正确运用进口税则各栏税率、计算关税应纳税额的基础。我国的原产地标准基本上采用了“全部产地生产标准”和“实质性加工标准”两种国际通用的原产地标准。两个以上国家（地区）参与生产的货物，以最后完成实质性改变的国家（地区）为原产地。

5.4.1 全部产地生产标准

全部产地生产标准适用于完全在一个国家（地区）内生产或制造的货物，生产或制造国就是该货物的原产国。完全在一个国家（地区）生产或制造的货物包括：

（1）在该国领土或领海内开采的矿产品。

（2）在该国领土上收获或采集的植物产品。

（3）在该国领土上出生或由该国饲养的活动物及从其所得产品。

（4）在该国领土上狩猎或捕捞所得的产品。

（5）在该国的船只上卸下的海洋捕捞物，以及由该国船只在海上取得的其他产品。

（6）在该国加工船上加工上述第5项所列物品所得的产品。

（7）在该国收集的只适于进行再加工制造的废碎料和废旧物品。

（8）在该国完全使用上述（1）～（7）项所列产品加工成的制成品。

5.4.2 实质性加工标准

实质性加工标准适用于有两个或两个以上国家（地区）参与生产产品的原产国标准。实质性加工标准的含义是，经过几个国家加工制造的进口货物，以最后一个对货物进行经济上可以视为实质性加工的国家（地区）作为有关货物的原产国。“实质性加工”是指产品加工后，在进出口税则中四位数税号一级的税则归类已有了改变，或者加工增值部分占新产品总值的比例已达到30%及以上。

5.4.3 其　他

机器、仪器、器材或车辆所用零件、部件、配件、备件及工具，如果与主件同时进口且数量合理，其原产地按主件的原产地确定，分别进口的则按各自的原产地确定。

5.5 完税价格和应纳税额的计算

关税完税价格是海关计征关税所依据的价格，即关税的税基。关税的应纳税额是关税完税价格乘以关税税率。由此可见，在关税税率确定的前提下，关税完税价格的确定直接决定了一国关税税额的多少和关税作用的发挥。《中华人民共和国海关法》（以下简称《海关法》）规定：进出口货物的完税价格，由海关以该货物的成交价格为基础审查确定。当成交价格不能确定时，进口货物的完税价格由海关依法估定。自加入 WTO 以后，我国海关已全面实施《世界贸易组织估价协定》，遵循客观、公平、统一的估价原则，并依据《中华人民共和国海关审定进出口货物完税价格办法》审定进出口货物的完税价格。

5.5.1 进口货物的完税价格

5.5.1.1 货物的成交价格

1. 进口货物的成交价格

进口货物的成交价格是指卖方向中华人民共和国境内销售该货物时，买方为进口该货物向卖方实付、应付的并按照规定调整后的价款总额，包括直接支付的价款和间接支付的价款。

2. 进口货物的成交价格应当符合的条件

（1）对买方处置或者使用进口货物不予限制，但法律和行政法规规定实施的限制、对货物销售地域的限制和对货物价格无实质性影响的限制除外。有下列情形之一的，应当视为对买方处置或者使用进口货物进行了限制：

1）进口货物只能用于展示或者免费赠送的。

2）进口货物只能销售给指定第三方的。

3）进口货物加工为成品后只能销售给卖方或者指定第三方的。

4）其他经海关审查，认定买方对进口货物的处置或者使用受到限制的。

（2）进口货物的价格不得受到使该货物成交价格无法确定的条件或者因素的影响。有下列情形之一的，应当视为进口货物的价格受到了使该货物成交价格无法确定的条件或者因素的影响：

1）进口货物的价格是以买方向卖方购买一定数量的其他货物为条件而确定的。

2）进口货物的价格是以买方向卖方销售其他货物为条件而确定的。

3）其他经海关审查，认定进口货物的价格受到了使该货物成交价格无法确定的条件或者因素影响的。

4）卖方不得直接或者间接获得因买方销售、处置或者使用进口货物而产生的任何收益，或者虽然有收益但能够按照《中华人民共和国海关审定进出口货物完税价格办法》的规定做出调整。

（3）买卖双方之间没有特殊关系，或者虽然有特殊关系但未对成交价格产生影响。有下列情形之一的，应当认为买卖双方之间存在特殊关系：

1）买卖双方为同一家族成员的。

2）买卖双方互为商业上的高级职员或者董事的。

3）一方直接或者间接地受另一方控制的。

4）买卖双方都直接或者间接地受第三方控制的。

5）买卖双方共同直接或者间接地控制第三方的。

6）一方直接或者间接地拥有、控制或者持有对方5%以上（含5%）公开发行的有表决权的股票或者股份的。

7）一方是另一方的雇员、高级职员或者董事的。

8）买卖双方是同一合伙的成员的。

买卖双方在经营上相互有联系，一方是另一方的独家代理、独家经销或者独家受让人，如果符合前款的规定，也应当视为存在特殊关系。

5.5.1.2 进口货物完税价格确定的其他方法

海关在进行估价时，首先要使用进口货物的成交价格，但并不是所有进口货物都有成交价格。为此，海关在充分了解进口货物的实际情况和与纳税人进行价格磋商后，依次以下列价格估定该货物的完税价格。

（1）相同货物成交价格估价方法。相同货物成交价格估价方法是指海关以与进口货物同时或者大约同时向中华人民共和国境内销售的相同货物的成交价格为基础，审查确定进口货物完税价格的估价方法。

（2）类似货物成交价格估价方法。类似货物成交价格估价方法是指海关以与进口货物同时或者大约同时向中华人民共和国境内销售的类似货物的成交价格为基础，审查确定进口货物完税价格的估价方法。

（3）倒扣价格估价方法。倒扣价格估价方法是指海关以进口货物、相同或者类似进口货物在境内的销售价格为基础，扣除境内发生的有关费用后，审查确定进口货物完税价格的估价方法。

（4）计算价格估价方法。计算价格估价方法是指海关以下列各项的总和为基础，审查确定进口货物完税价格的估价方法：

1）生产该货物所使用的料件成本和加工费用。

2）向境内销售同等级或者同种类货物通常的利润和一般费用（包括直接费用和间接费用）。

3）该货物运抵境内输入地点起卸前的运输及相关费用、保险费。

（5）其他合理方法。其他合理方法是指当海关不能根据成交价格估价方法、相同货物成交价格估价方法、类似货物成交价格估价方法、倒扣价格估价方法和计算价格估价方法确定进口货物完税价格时，海关根据规定的原则，以客观量化的数据资料为基础审查确定进口货物完税价格的估价方法。

5.5.1.3 成交价格的调整项目

1. 未包括在该货物实付、应付价格中的下列费用或者价值应当计入完税价格

（1）由买方负担的下列费用：

1）除购货佣金以外的佣金和经纪费。

2）与该货物视为一体的容器费用。

3）包装材料费用和包装劳务费用。

(2) 与进口货物的生产和向中华人民共和国境内销售有关的，由买方以免费或者以低于成本的方式提供，并且可以按适当比例分摊的下列货物或者服务的价值：

1）进口货物包含的材料、部件、零件和类似货物。

2）在生产进口货物过程中使用的工具、模具和类似货物。

3）在生产进口货物过程中消耗的材料。

4）在境外进行的为生产进口货物所需的工程设计、技术研发、工艺及制图等相关服务。

(3) 买方需要向卖方或者有关方直接或间接支付的特许权使用费，但符合下列情形之一的除外：

1）特许权使用费与该货物无关。

2）特许权使用费的支付不构成该货物向中华人民共和国境内销售的条件。

(4) 卖方直接或者间接从买方对该货物进口后销售、处置或者使用所得中获得的收益。

2. 进口货物完税价格的计价方法

确定应当计入进口货物完税价格的货物价值时，应当按照下列方法计算有关费用：

(1) 由买方从与其无特殊关系的第三方购买的，应当计入的价值为购入价格。

(2) 由买方自行生产或者从与其有特殊关系的第三方获得的，应当计入的价值为生产成本。

(3) 由买方租赁获得的，应当计入的价值为买方承担的租赁成本。

(4) 在生产进口货物过程中使用的工具、模具和类似货物的价值，应当包括其工程设计、技术研发、工艺及制图等费用。

如果货物在被提供给买方前已经被卖方使用过，应当计入的价值为根据国内公认的会计原则对其进行折旧后的价值。

3. 进口货物的价款中单独列明的下列税收、费用，不计入该货物的完税价格

(1) 厂房、机械或者设备等货物进口后发生的建设、安装、装配、维修或者技术援助费用，但保修费用除外。

(2) 进口货物运抵中华人民共和国境内输入地点起卸后发生的运输及其相关费用、保险费。

(3) 进口关税、进口环节海关代征税及其他国内税。

(4) 为在境内复制进口货物而支付的费用。

(5) 境内外技术培训及境外考察费用。

(6) 同时符合下列条件的利息费用：利息费用是买方为购买进口货物而融资所产生的；有书面的融资协议；利息费用单独列明；纳税义务人可以证明有关利率不高于在融资当时、当地此类交易通常应当具有的利率水平，且没有融资安排的相同或者类似进口货物的价格与进口货物的实付、应付价格非常接近。

5.5.2 出口货物的完税价格

5.5.2.1 以成交价格为基础的完税价格

出口货物的完税价格是指由海关以该货物的成交价格为基础审查确定，并应当包括货物运至中国境内输出地点装载前的运输及其相关费用、保险费。出口货物的成交价格是指该货物出口销售到我国境外时卖方为出口该货物应当向买方直接和间接收取的价款总额。出口货物的成交价格中含有支付给境外的佣金的，如果单独列明，应当扣除。下列税收、费用不计入出口货物的完税价格：

（1）出口关税。

（2）在货物价款中单独列明的货物运至中华人民共和国境内输出地点装载后的运输及其相关费用、保险费。

（3）在货物价款中单独列明由卖方承担的佣金。

出口货物的完税价格计算公式为：

$$完税价格=\frac{离岸价格}{1+出口税率}$$

5.5.2.2 出口货物的海关估价方法

出口货物的成交价格不能确定的，由海关依次使用下列方法估定完税价格：

（1）与该货物同时或大约同时向同一国家或地区出口的相同货物的成交价格。

（2）与该货物同时或大约同时向同一国家或地区出口的类似货物的成交价格。

（3）根据境内生产相同或类似货物的成本、利润和一般费用以及境内发生的运输及相关费用、保险费计算的价格。

（4）以合理方法估定的价格。

5.5.3 关税应纳税额的计算

1. 从价税应纳税额的计算

从价计征的应纳税额=关税完税价格×适用税率

2. 从量税应纳税额的计算

从量计征的应纳税额=应税货物数量×单位税额

3. 复合税应纳税额的计算

关税税额=应税货物数量×单位税额+关税完税价格×适用税率

4. 滑准税应纳税额的计算

关税税额=关税完税价格×滑准税税率

［例 5－1］

某公司从德国进口一批钢材，以到岸价格（CIF）成交，成交价格折合人民币 1 800 万元，关税税率为 12%。经海关审核申报价格，符合“成交价格”条件。

计算其应纳的关税税额。

解析：

应纳关税税额＝关税完税价格×适用税率＝1 800×12%＝216（万元）

［例 5－2］

某公司从境外进口一批生产材料，材料价款折合人民币 20 万元，支付包装费 1 万元，向自己的采购代理人支付购货佣金 0.5 万元，该货物运抵我国境内输入地点起卸前发生运费 3 万元、保险费 0.8 万元；从海关运往企业所在地发生运费 0.2 万元。已知关税税率为 10%。

计算该批材料进口时应纳关税税额。

解析：

应纳关税税额＝(20＋1＋3＋0.8)×10%＝2.48（万元）

5.6 税收优惠和征收管理

5.6.1 税收优惠

关税减免是对某些纳税人及征税对象给予鼓励和照顾的一种特殊调节手段。我国的关税减免主要分为三种类型：法定减免、特定减免和临时减免。根据《海关法》的规定，除法定减免税外的其他减免税均由国务院决定。

5.6.1.1 法定减免

法定减免是指税法中明确列出的减税或免税。符合税法规定可予减免税的进出口货物，纳税人无须提出申请，海关可按规定直接予以减免税。海关对法定减免税项目一般不进行后续管理。

1. 免征关税

（1）关税税额在人民币 50 元以下的一票货物。

（2）无商业价值的广告品和货样。

(3) 外国政府、国际组织无偿赠送的物资。

(4) 在海关放行前遭受损坏或者损失的货物。

(5) 进出境运输工具装载的途中必需的燃料、物料和饮食用品。

2. 暂不缴纳关税

(1) 在展览会、交易会、会议及类似活动中展示或者使用的货物。

(2) 文化、体育交流活动中使用的表演、比赛用品。

(3) 进行新闻报道或者摄制电影、电视节目使用的仪器、设备及用品。

(4) 开展科研、教学、医疗活动使用的仪器、设备及用品。

(5) 在第(1)项至第(4)项所列活动中使用的交通工具及特种车辆。

(6) 货样。

(7) 供安装、调试、检测设备时使用的仪器、工具。

(8) 盛装货物的容器。

(9) 其他用于非商业目的的货物。

5.6.1.2 特定减免

特定减免是指在《海关法》和《进出口关税条例》所确定的法定减免以外，由国务院或由国务院授权的机关发布法规、规章特别规定的减免，又称特定或政策性减免税。特定减免税货物一般有地区、企业和用途的限制，海关需要进行后续管理和减免税统计，如对进口科技教育用品和残疾人专用品、扶贫捐赠物资减免关税等。

1. 扶贫、慈善性捐赠物资

为了促进公益事业的健康发展，经国务院批准，财政部、国家税务总局、海关总署发布了《扶贫、慈善性捐赠物资免征进口税收暂行办法》(以下简称《办法》)。对境外自然人、法人或者其他组织等境外捐赠人，无偿向经国务院主管部门依法批准成立的，以人道救助和发展扶贫、慈善事业为宗旨的社会团体以及国务院有关部门和各省、自治区、直辖市人民政府捐赠的，直接用于扶贫、慈善事业的物资，免征进口关税和进口环节增值税。扶贫、慈善事业是指非营利的扶贫济困、慈善救助等社会慈善和福利事业。《办法》对可以免税的捐赠物资种类和品名做出了明确规定。

2. 残疾人专用品

为了支持残疾人的康复工作，国务院制定了《残疾人专用品免征进口税收暂行规定》，对规定的残疾人个人专用品，免征进口关税和进口环节增值税、消费税；对康复、福利机构、假肢厂和荣誉军人康复医院进口国内不能生产的、《残疾人专用品免征进口税收暂行规定》明确的残疾人专用品，免征进口关税和进口环节增值税。《残疾人专用品免征进口税收暂行规定》对可以免税的残疾人专用品的种类和品名做出了明确规定。

3. 科教用品

为了促进我国科研、教育事业的发展，国务院制定了《科学研究和教学用品免征进口税收规定》，对科学研究机构和学校不以营利为目的，在合理数量范围内进口国内不能生产的科学研究和教学用品，直接用于科学研究或者教学的，免征进口关税和进口环节增值税、消费税。《科学研究和教学用品免征进口税收规定》对享受该优惠的科研机构和学校的资格、类别以及可以免税的物品都做出了明确规定。

4. 加工贸易货物

加工贸易是指经营企业进口全部或者部分原辅材料、零部件、元器件、包装物料，经过加工或者装配后，将制成品复出口的经营活动，包括来料加工和进料加工。

加工贸易项下进口料件实行保税监管的，在加工成品出口后，海关根据核定的实际加工复出口的数量予以核销。加工贸易项下进口料件按照规定在进口时先行征收税款的，在加工成品出口后，海关根据核定的实际加工复出口的数量退还已征收的税款。

加工贸易项下的出口产品属于应当征收出口关税的，海关按照有关规定征收出口关税。

5. 出口加工区进出口货物

为了加强与完善加工贸易管理，严格控制加工贸易产品内销，保护国内相关产业，并为出口加工企业提供更宽松的经营环境，带动国产原材料、零配件的出口，国家设立了出口加工区。出口加工区的主要关税优惠政策有：①从境外进入区内的生产性基础设施建设项目所需的机器、设备和建设生产厂房、仓储设施所需的基建物资，区内企业生产所需的机器、设备、模具及其维修用零配件，区内企业和行政管理机构自用的合理数量的办公用品，予以免征进口关税和进口环节税；②区内企业为加工出口产品所需的原材料、零部件、元器件、包装物料及消耗性材料，予以保税；③对加工区运往区外的货物，海关按照对进口货物的有关规定办理报关手续，并按照制成品征税；④对于从区外进入加工区的货物视同出口，可按规定办理出口退税。

6. 保税区进出口货物

为了创造完善的投资、运营环境，开展为出口贸易服务的加工整理、包装、运输、仓储、商品展出和转口贸易，国家在境内设立了保税区，即以与外界隔离的全封闭方式，在海关监控管理下进行存放和加工保税货物的特定区域。保税区的主要关税优惠政策有：①进口供保税区使用的机器、设备、基建物资、生产用车辆，为加工出口产品进口的原材料、零部件、元器件、包装物料，供储存的转口货物以及在保税区内加工运输出境的产品免征进口关税和进口环节税；②保税区内企业进口专为生产加工出口产品所需的原材料、零部件、包装物料以及转口货物，予以保税；③从保税区运往境外的货物，一般免征出口关税等。

7. 边境贸易进口物资

为了鼓励我国边境地区积极发展与我国毗邻国家间的边境贸易和经济合作，国家制定了有关扶持、鼓励边境贸易和边境地区发展对外经济合作的政策措施。边境贸易包括边民互市贸易和边境小额贸易两种形式。边民互市贸易是指边境地区边民在边境线 20 公里以内、经政府批准的开放点或指定的集市上进行的商品交换活动。边民通过互市贸易进口的生活用品，每人每日价值在人民币 8 000 元以下的，免征进口关税和进口环节税。边境小额贸易是指沿陆地边境线经国家批准对外开放的边境县（旗）、边境城市辖区内经批准有边境小额贸易经营权的企业，通过国家指定的陆地边境口岸，与毗邻国家边境地区的企业或其他贸易机构之间进行的贸易活动。边境小额贸易企业通过指定边境口岸进口原产于毗邻国家的商品，除烟、酒、化妆品以及国家规定必须照章征税的其他商品外，进口关税和进口环节增值税减半征收。

5.6.1.3 临时减免

临时减免是指除法定减免和特定减免以外，对某些纳税人由于特殊原因临时给予的减免，是一案一批、专文下达的减免，一般有单位、品种、数量、期限等限制，不能比照执行。为了统一税法、公平税负，目前我国已基本取消了临时减免税。

5.6.1.4 个人邮寄物品的减免税

自2010年9月1日起，个人邮寄物品应征进口税额在人民币50元（含50元）以下的，免税。

5.6.2 征收管理

5.6.2.1 关税的申报与缴纳

进口货物的纳税人应当自运输工具申报进境之日起14日内，出口货物的纳税人应当在货物运抵海关监管区后装货的24小时以前，向货物的进出境地海关申报。海关根据税则归类和完税价格计算应缴纳的关税以及在进口环节代征税款，并填发税款缴款书。纳税义务人应当自海关填发税款缴款书之日起15日内，向指定银行缴纳税款。关税的纳税人因不可抗力或在国家税收政策调整的情形下不能按期缴纳税款的，依法提供税款担保后，可以直接向海关办理延期缴纳税款手续，但最长不能超过6个月。

5.6.2.2 关税的强制执行

1. 征收关税滞纳金

纳税人应当自海关填发税款缴款书之日起15日内向指定银行缴纳税款。逾期缴纳税款的，由海关自缴款期限届满之日起至缴清税款之日止，按日加收滞纳税款0.5‰的滞纳金。

滞纳金的起征点为50元。

2. 强制征税

纳税人、担保人超过3个月仍未缴纳关税的，经直属海关关长或者其授权的隶属海关关长批准，海关可以采取下列强制措施：

（1）书面通知其开户银行或者其他金融机构从其存款中扣缴税款。

（2）将应税货物依法变卖，以变卖所得抵缴税款。

（3）扣留并依法变卖其价值相当于应纳税款的货物或者其他财产，以变卖所得抵缴税款。

（4）海关采取强制措施时，对前述所列的纳税人、担保人未缴纳的滞纳金同时强制执行。

5.6.2.3 关税的补征、追征和退还

对于在关税征收过程中出现的三种情况，《海关法》第六十二条、第六十三条中分别

做出了规定。

1. 补　征

在进出口货物、进出境物品放行后，海关发现少征或者漏征税款，应当自缴纳税款或者货物、物品放行之日起1年内，向纳税人补征。

2. 追　征

因纳税人违反规定而造成的少征或者漏征税款，海关可以在3年内进行追征，以征回这部分税款，并从缴纳税款之日起按日加收少征或漏征税款0.5‰的滞纳金。

3. 多征退还

多征退还是指如果海关多征了税款，海关发现后应当立即退还原纳税人；如果纳税人知道有多征情况的，则从缴纳税款之日起1年内，可以要求海关退还多征的税款。按《中华人民共和国货物进出口管理条例》的规定，有下列情形之一的，进出口货物的纳税人可以自缴纳税款之日起1年内，书面申明理由，连同原纳税收据向海关申请退税，逾期不予受理：①因海关误征，多纳税款的；②海关核准免验的进口货物，在完税后发现有短卸情况，经海关审查认可的；③已经缴纳出口关税的货物，因故未装运出口，申报退关，经海关查验属实的。对已征出口关税的出口货物和已征进口关税的进口货物，因货物品质或规格原因（非其他原因），原状复运进境或出境，经海关查验属实的，也应退还已征关税。海关应当自受理退税申请之日起30日内，做出书面答复并通知退税申请人。

5.6.2.4 纳税争议的解决

在关税的征收和缴纳过程中，纳税人与海关发生纳税争议时，《海关法》第六十四条的规定为：应当缴纳税款，并可以依法申请行政复议；税务当事人对复议决定仍不服的，可以依法向人民法院提起诉讼。纳税人自海关填发税款缴款书之日起30日内，向原征税海关的上一级海关书面申请复议。逾期申请复议的，海关不予受理。海关应当自收到复议申请之日起60日内做出复议决定，并以复议决定书的形式正式答复纳税人。纳税人对海关复议决定仍然不服的，可以自收到复议决定书之日起15日内，向人民法院提起诉讼。

5.7 船舶吨税

5.7.1 船舶吨税的概念

船舶吨税是我国海关对进出中国港口的国际航行船舶代为征收的一种税。

船舶吨税是一国船舶使用了另一国的助航设施而向该国缴纳的一种税费，专项用于海上航标的维护、建设和管理。根据《中华人民共和国海关船舶吨税暂行办法》和《船舶吨税征收管理作业规程》，船舶吨税由海关代交通部征收，海关征收后就地上缴中央国库，税款主要用于港口建设维护及海上干线公用航标的建设维护。

开征船舶吨税的基本法律依据是1952年9月29日中国海关总署发布的《中华人民共和国海关船舶吨税暂行办法》。2011年11月23日国务院第182次常务会议审议并通过了《中华人民共和国船舶吨税暂行条例》，自2012年1月1日起施行。

5.7.2 征收范围和税率

1. 征收范围

自中华人民共和国境外港口进入境内港口的船舶（以下简称“应税船舶”），应当缴纳船舶吨税。应税船舶具体包括非机动船舶，非机动驳船，捕捞、养殖渔船和拖船。其中，非机动船舶是指自身没有动力装置，依靠外力驱动的船舶。非机动驳船是指在船舶管理部门登记为驳船的非机动船舶。捕捞、养殖渔船是指在中华人民共和国渔业船舶管理部门登记为捕捞船或者养殖船的船舶。拖船是指专门用于拖（推）动运输船舶的专业作业船舶。拖船按照发动机功率每1千瓦折合净吨位0.67吨。

2. 税　率

船舶吨税的税率设置为优惠税率和普通税率两种。中华人民共和国籍的应税船舶，船籍国（地区）与中华人民共和国签订了含有相互给予船舶税费最惠国待遇条款的条约或者协定的应税船舶，适用优惠税率；其他应税船舶适用普通税率。

《船舶吨税税目税率表》见表5-2。《船舶吨税税目税率表》的调整，由国务院决定。

表5-2　　船舶吨税税目税率表

税目（按船舶净吨位划分）	税率（元/净吨）						备注
	普通税率（按执照期限划分）			优惠税率（按执照期限划分）			
	1年	90日	30日	1年	90日	30日	
不超过2 000净吨	12.6	4.2	2.1	9.0	3.0	1.5	拖船和非机动驳船分别按相同净吨位船舶税率的50%计征税款
超过2 000净吨，但不超过10 000净吨	24.0	8.0	4.0	17.4	5.8	2.9	
超过10 000净吨，但不超过50 000净吨	27.6	9.2	4.6	19.8	6.6	3.3	
超过50 000净吨	31.8	10.6	5.3	22.8	7.0	3.8	

5.7.3 应纳税额的计算

船舶吨税按照船舶净吨位和船舶吨税执照期限征收。应纳税额按照船舶净吨位乘以适用税率计算。净吨位是指由船籍国（地区）政府颁发的船舶吨位证明书上标明的净吨位。相应的计算公式为：

应纳税额=船舶净吨位×定额税率

应税船舶在进入港口办理入境手续时，应当向海关申报纳税并领取船舶吨税执照，或者交验船舶吨税执照。应税船舶负责人在每次申报纳税时，可以按照《船舶吨税税目税率表》选择申领一种期限的船舶吨税执照。应税船舶负责人缴纳船舶吨税或者提供担保后，海关按照其申领的执照期限填发船舶吨税执照。

应税船舶负责人申领船舶吨税执照时，应当向海关提供下列文件：船舶国籍证书或者海事部门签发的船舶国籍证书收存证明；船舶吨位证明。

应税船舶在船舶吨税执照期限内，因船舶吨税税目税率调整或者船籍改变而导致适用税率变化的，船舶吨税执照继续有效。应税船舶在船舶吨税执照期限内，因修理导致净吨位变化的，船舶吨税执照继续有效。

5.7.4 税收优惠

5.7.4.1 直接优惠

下列船舶免征吨税：

（1）应纳税额在人民币 50 元以下的船舶。

（2）自境外以购买、受赠、继承等方式取得船舶所有权的初次进口到港的空载船舶。

（3）吨税执照期满后 24 小时内不上下客货的船舶。

（4）非机动船舶（不包括非机动驳船）。

（5）捕捞、养殖渔船。

（6）避难、防疫隔离、修理、终止运营或者拆解，并不上下客货的船舶。

（7）军队、武装警察部队专用或者征用的船舶。

（8）依照法律规定应当予以免税的外国驻华使领馆、国际组织驻华代表机构及其有关人员的船舶。

（9）国务院规定的其他船舶。

5.7.4.2 延期优惠

在船舶吨税执照期限内，应税船舶发生下列情形之一的，海关按照实际发生的天数批注延长船舶吨税执照期限：

（1）避难、防疫隔离、修理，并不上下客货。

（2）军队、武装警察部队征用。

（3）应税船舶因不可抗力在未设立海关地点停泊的，船舶负责人应当立即向附近海关报告，并在不可抗力原因消除后，依照《中华人民共和国船舶吨税暂行条例》的规定向海关申报纳税。

5.7.5 征收管理

（1）征收机构。船舶吨税由海关负责征收。海关征收船舶吨税应当制发缴款凭证。

（2）纳税义务发生时间。船舶吨税的纳税义务发生时间为应税船舶进入港口的当日。

（3）纳税期限。应税船舶负责人应当自海关填发船舶吨税缴款凭证之日起 15 日内向指定银行缴清税款。未按期缴清税款的，自滞纳税款之日起，按日加收滞纳税款 0.5‰的滞纳金。

（4）税款的征收。应税船舶在船舶吨税执照期满后尚未离开港口的，应当申领新的船舶吨税执照，自上一次执照期满的次日起续缴船舶吨税。

应税船舶到达港口前，经海关核准先行申报并办结出入境手续的，应税船舶负责人应当向海关提供与其依法履行船舶吨税缴纳义务相适应的担保；应税船舶到达港口后，向海关申报纳税。

下列财产、权利可以用于担保：①人民币、可自由兑换货币；②汇票、本票、支票、债券、存单；③银行、非银行金融机构的保函；④海关依法认可的其他财产、权利。

因船籍改变而导致适用税率变化的，应税船舶在办理出入境手续时，应当提供船籍改变的证明文件。

船舶吨税执照在期满前毁损或者遗失的，应当向原发照海关书面申请核发船舶吨税执照副本，不再补税。

（5）船舶吨税的补征和追征。海关发现少征或者漏征税款的，应当自应税船舶应当缴纳税款之日起 1 年内补征税款。但因应税船舶违反规定造成少征或者漏征税款的，海关可以自应当缴纳税款之日起 3 年内追征税款，并自应当缴纳税款之日起按日加征少征或者漏征税款 0.5‰的滞纳金。

（6）船舶吨税的退还。海关发现多征税款的，应当立即通知应税船舶办理退还手续，并加算银行同期活期存款利息。应税船舶发现多缴税款的，可以自缴纳税款之日起 1 年内以书面形式要求海关退还多缴的税款并加算银行同期活期存款利息；海关应当自受理退税申请之日起 30 日内查实并通知应税船舶办理退还手续。

（7）船舶吨税的处罚。应税船舶有下列行为之一的，由海关责令限期改正，处2 000元以上 3 万元以下罚款；不缴或者少缴应纳税款的，处不缴或者少缴税款 50%以上 5 倍以下的罚款，但罚款不得低于2 000元：①未按照规定申报纳税、领取船舶吨税执照的；②未按照规定交验船舶吨税执照及其他证明文件的。

讨论题

在我国经济进入新常态后，政府应如何利用关税政策促进我国经济的发展？

复习思考题

1. 什么是关税？关税的主要作用是什么？
2. 我国的关税政策是通过哪些原则具体体现出来的？
3. 关税有哪些分类方式？
4. 我国关税的原产地标准是什么？
5. 一般进口货物的完税价格如何确定？

6. 当进口货物的成交价格不符合税法规定或成交价格不能确定时，海关应如何估定完税价格?

7. 关税的优惠政策有哪些?

8. 船舶吨税的应纳税额怎样计算?

9. 船舶吨税的税收优惠有哪些?

第6章

企业所得税

[本章要点提示]

- 企业所得税的特点
- 企业所得税的纳税人
- 企业所得税的征税对象
- 企业所得税的税率
- 收入总额的确定
- 扣除项目的范围
- 扣除标准的确定
- 境外所得已纳税额的扣除
- 应纳税额的计算
- 企业所得税的税收优惠
- 源泉扣缴
- 征收管理

6.1 企业所得税概述

6.1.1 企业所得税简介

6.1.1.1 企业所得税的概念

企业所得税是对我国境内的企业和其他取得收入的组织的生产经营所得及其他所得征收的一种税，它是国家参与企业利润分配的重要手段。

6.1.1.2 企业所得税的历史沿革

现行的企业所得税是由原内资企业所得税（以下简称“原企业所得税”）、外商投资企业和外国企业所得税合并而来的。原企业所得税由国营企业所得税、集体企业所得税和私营企业所得税三税于 1994 年合并组成。

1. 新中国成立后至改革开放前的企业所得税制度

1949 年首届全国税务会议通过了统一全国税收政策的基本方案，其中包括对企业所得和个人所得征税的办法。1950 年，政务院发布了《全国税政实施要则》，规定全国设置 14 种税收，其中涉及对所得征税的有工商业税（所得税部分）、存款利息所得税和薪给报酬所得税三种税收。

工商业税（所得税部分）自 1950 年开征以后，主要征税对象是私营企业、集体企业和个体工商户的应税所得。国营企业因政府有关部门直接参与经营和管理，其财务核算制度也与一般企业差异较大，所以国营企业实行利润上缴制度，而不缴纳所得税。这种制度的设计适应了当时中国高度集中的计划经济管理体制的需要。

1958 年和 1973 年我国进行了两次重大的税制改革，核心是简化税制，其中的工商业税（所得税部分）主要是对集体企业征收，国营企业只征一道工商税，不征所得税。1958 年社会主义改造后，私营企业不复存在。在这个阶段，各项税收收入占财政收入的比重有所提高，占 50%左右，但国营企业上缴的利润仍是国家财政收入的主要来源之一。在税收收入中，国内销售环节征收的货物税和劳务税是主体收入，占税收总额的比例在 70%以上，工商企业上缴的所得税收入占税收总额的比重较小。

2. 改革开放后的企业所得税制度

自 20 世纪 70 年代末开始，中国实行了改革开放政策，税制建设进入了一个新的发展时期，税收收入逐步成为政府财政收入的主要来源，同时税收成为国家宏观经济调控的重要手段。

第一，1978—1982 年的企业所得税制度。

在改革开放以后，为了适应引进国外资金、技术和人才，开展对外经济技术合作的需要，根据党中央统一部署，税制改革工作在“七五”计划期间逐步推开。1980 年 9 月，第五届全国人民代表大会第三次会议通过了《中华人民共和国中外合资经营企业所得税法》并公布施行。企业所得税的税率确定为 30%，另按应纳税所得额附征 10%的地方所得税。1981 年 12 月，第五届全国人民代表大会第四次会议通过了《中华人民共和国外国企业所得税法》，实行 20%～40%的 5 级超额累进税率，另按应纳税所得额附征 10%的地方所得税。上述改革标志着与中国社会主义有计划的市场经济体制相适应的所得税制度改革开始起步。

第二，1983—1990 年的企业所得税制度。

作为企业改革和城市改革的一项重大措施，1983 年国务院决定在全国试行国营企业“利改税”，即将新中国成立后实行了三十多年的国营企业向国家上缴利润的制度改为缴纳企业所得税的制度。

1984 年 9 月，国务院发布了《中华人民共和国国营企业所得税条例（草案）》和《国营企业调节税征收办法》，标志着国家与国营企业（1993 年《宪法》进行修改时，将“国营企业”改为“国有企业”）的分配关系以法律的形式确定下来。国营企业所得税的纳税人为实行独立经济核算的国营企业，大中型企业实行 55%的比例税率，小型企业等适用

10%～55%的8级超额累进税率。国营企业调节税的纳税人为大中型国营企业，税率由财税部门商企业主管部门核定。

1985年4月，国务院发布了《中华人民共和国集体企业所得税暂行条例》，实行10%～55%的8级超额累进税率，原来对集体企业征收的工商税（所得税部分）同时停止执行。

1988年6月，国务院发布了《中华人民共和国私营企业所得税暂行条例》，税率为35%。

国营企业"利改税"和集体企业、私营企业所得税制度的出台，重新确定了国家与企业的分配关系，使我国的企业所得税制度建设进入健康发展的新阶段。

第三，1991—1994年的企业所得税制度。

为了适应中国建立社会主义市场经济体制的新形势，进一步扩大改革开放，努力把国有企业推向市场，按照统一税法、简化税制、公平税负、促进竞争的原则，国家先后完成了外资企业所得税的统一和内资企业所得税的统一。

1991年4月，第七届全国人民代表大会将《中华人民共和国中外合资经营企业所得税法》与《中华人民共和国外国企业所得税法》合并，制定了《中华人民共和国外商投资企业和外国企业所得税法》，并自同年7月1日起施行。

1993年12月13日，国务院对《中华人民共和国国营企业所得税条例（草案）》、《国营企业调节税征收办法》、《中华人民共和国集体企业所得税暂行条例》和《中华人民共和国私营企业所得税暂行条例》进行整合，制定了《中华人民共和国企业所得税暂行条例》，自1994年1月1日起施行。上述改革标志着中国的所得税制度改革向着法制化、科学化和规范化的方向迈出了重要的步伐。

第四，1994—2007年的企业所得税制度。

1994年的企业所得税制度分为内资企业、外资企业（包括外商投资企业和外国企业）两套税制，在税制要素，包括纳税人、扣除项目、优惠政策等方面都存在一定的差异。

企业所得税适用于内资企业，纳税人为中国境内的国有企业、集体企业、私营企业、联营企业、股份制企业和其他组织。企业所得税的征税对象为纳税人来源于中国境内外的生产经营所得和其他所得。纳税人每个纳税年度的收入总额减去准予扣除项目金额以后的余额为应纳税所得额。企业在工资性支出、公益性捐赠、广告费、职工教育经费、职工福利费和职工工会经费等方面实行限额内或标准内税前扣除。法定的企业所得税基准税率为33%，年度应纳税所得额在3万元以下的企业以及3万元至10万元以下的企业分别适用18%和27%的照顾性税率。

外资企业所得税适用于外资企业，纳税人为外商投资企业和外国企业。外资企业所得税的征税对象是外商投资企业和外国企业的生产经营所得和其他所得。纳税人每个纳税年度的收入总额减去准予扣除项目金额以后的余额为应纳税所得额。企业基本上实行成本、费用税前据实扣除的办法。外资企业所得税实行30%的比例税率，另按应纳税所得额征收3%的地方所得税，综合税率亦为33%。为了加大吸引外商投资的政策力度，国家实施了一系列税收优惠政策，主要包括生产性外商投资企业享受企业所得税"两免三减半"的优惠，投资港口、码头和能源类的外资企业享受企业所得税

“五免五减半”的优惠，对设在经济特区、经济技术开发区等地区的生产性外资企业实行15%、24%的低税率优惠等。

2007年3月16日第十届全国人民代表大会第五次全体会议通过了《中华人民共和国企业所得税法》，2007年11月28日国务院第197次会议通过了《中华人民共和国企业所得税法实施条例》，两者皆于2008年1月1日施行。

背景知识

为什么要合并“两税”?

随着我国经济的发展，“两税并存”的矛盾日益突出，主要表现为内外资企业所得税在税制构成要素规定上的不统一。

(1) 内外资企业所得税的税基不统一。其主要表现是，与外资企业相比，内资企业普遍存在成本、费用补偿不足问题。税法允许外资企业的成本、费用在税前全部扣除，而内资企业固定资产折旧率明显偏低，这就意味着资本消耗得不到足额补偿；内资企业的工资不能全额抵扣，要按规定的计税工资额进行税前扣除，而外资企业并无计税工资的说法，导致内资企业劳动力消耗的补偿不足；此外，内资企业的业务招待费、捐赠支出等的税前扣除比例远低于外资企业，也存在营业费用的补偿不足问题。

(2) 内外资企业的税率不统一。虽然内外资企业所得税的名义税率（法定税率）都是33%，但由于税收优惠等政策因素的影响，其实际税率远低于名义税率，而且内外资企业之间的实际税率差别很大。据测算，实际上，我国外资企业的平均所得税税率只有15%，而一般内资企业的平均税率达到了25%，国有大中型企业的税率更是高达30%。这说明我国内外资企业面临一个严重不公平的税收环境。

(3) 内外资企业的税收优惠政策不统一。在税收优惠方面，外资企业比内资企业享受的优惠面更广、数额更大，从而实际税负更轻。

从以上分析可知，“两税并存”直接导致了内外资企业所得税税收负担的不统一，从而违背了市场经济所内含的公平竞争原则，也有损于经济效益的提高。首先，税收政策的差异阻碍了内资企业产品研发、技术创新和人力资本提升的进程，从而大大影响了内资企业创新能力和竞争能力的提高，不利于我国民族产业和幼稚产业的发展。其次，“两税并存”使得企业所得税制度复杂化，从而带来了征收管理上的不规范，助长了外资企业的偷逃税行为，也给一些“假独资”“假合资”现象提供了制度上的激励，导致国家财政收入的流失。因此，“两税并存”在扭曲了经济主体行为的同时，对税收的征管效率也造成了损害，进而影响了市场机制的健康运行和资源的有效配置。

6.1.2 企业所得税的特点

企业所得税是规范和处理国家与企业分配关系的重要形式，具有与商品劳务税不同的性质。其特点主要有以下四个方面。

6.1.2.1 将企业划分为居民企业和非居民企业

现行企业所得税将企业划分为居民企业和非居民企业两大类。居民企业负无限纳税义务，即其来源于中国境内外的所得都要向中国政府缴纳所得税。非居民企业负有限纳税义务，即其来源于中国境内的所得要向中国政府缴纳所得税。

6.1.2.2 征税对象为应纳税所得额

企业所得税以应纳税所得额为征税对象，应纳税所得额按照《企业所得税法》的规定，为企业在一个纳税年度内的应税收入总额扣除各项成本、费用、税金和损失后的余额，而不是依据会计制度的规定计算出来的利润总额。

6.1.2.3 征税以量能负担为原则

企业所得税以企业的生产经营所得和其他所得为征税对象，所得多的多缴税，所得少的少缴税，没有所得的不缴税，充分体现税收的公平负担原则，而不是像商品劳务税那样只要取得收入就缴税，不管盈利还是亏损。

6.1.2.4 实行按年计征、分期预缴的办法

企业所得税以企业一个纳税年度的应纳税所得额为计税依据，一般采取分月或分季预缴，年度终了后进行汇算清缴，多退少补。

6.1.3 企业所得税的立法原则

企业所得税是处理国家和企业分配关系的重要形式。税收制度设计得合理与否，不仅影响到企业的负担大小和国家的财政收入，还关系到国家整体经济的持续发展。因此，企业所得税法规在制定过程中应遵循以下原则。

6.1.3.1 税负公平原则

公平原则是人类社会的永恒原则，企业所得税是处理政府与企业分配关系的主要税种之一，如何分配企业创造的新价值，税负公平就显得十分重要。从宏观角度而言，既有保证政府财政收入的必要，又有适应政府利用税收调节经济的必要；也就是说，既要保证政府的财政收入，又不能影响企业生产经营的积极性。从微观角度而言，企业与企业要公平，行业与行业要公平，除特殊规定外，所有的企业税负都要相等。因此，新的《企业所得税法》统一了税率，统一了税前扣除标准，统一了税收优惠政策。

6.1.3.2 科学发展观原则

科学发展观关系到人类生存的大计，征收企业所得税不仅要理顺政府与企业的分配

关系，更重要的是要有利于国家整体经济长时期的持续发展。因此，企业所得税法规的制定要有利于资源的合理运用，有利于生态平衡，有利于环境保护。

6.1.3.3 发挥调控作用原则

税收是调节经济的重要杠杆之一，如何利用企业所得税的规定来调节经济，是非常值得研究的重要问题。由于我国地域广阔，同时经济发展很不平衡，所以地区间差距大、行业间差距大、经济结构不合理、技术进步迟缓等都需要企业所得税法规给予调节。

6.1.3.4 参照国际惯例原则

企业所得税是国际上普遍征收的一个税种，虽然各国对该税种的命名有所不同，但本质上没有太大的差别。随着我国对外开放政策的不断扩大和世界经济一体化的快速发展，向我国政府缴纳企业所得税的主体不只是国内企业，还将涉及诸多外国企业。因此，我国在制定企业所得税法规时，就必须考虑国际上的普遍做法。

6.1.3.5 有利于征管原则

企业所得税是所有税种中计算最复杂的税种，它涉及企业一个纳税年度内的所有收入、成本和费用，以及除企业缴纳的企业所得税和准许抵扣的增值税以外的所有税款的扣除。在企业所得税的征管过程中，稍有不慎就可能发生错误。因此，我国在制定企业所得税法规时，要尽量做到简单、易懂、利于操作和执行。

6.1.4 企业所得税的作用

企业所得税作为调节国家与企业之间利益分配关系的一个重要杠杆，其作用主要表现在以下两个方面：

1. 广泛筹集财政资金

企业所得税的征收面比较广，只要是取得所得的企业，无论是内资企业还是外资企业，都要缴纳企业所得税，因此它组织收入的作用较强。特别是随着我国国民经济的快速发展以及企业经济效益的不断提高，企业所得税组织收入的作用将更加突出。

2. 有效实施税收调控

企业所得税作为国家宏观调控的重要手段之一，在组织收入的同时，可以有效地贯彻国家的产业政策和社会政策。例如，我们可以通过实施一系列税收优惠政策来促进我国产业结构的调整等。

知识库

表 6－1 给出了 1994—2016 年我国企业所得税收入及其在税收总收入中的比重。

表 6－1　　1994—2016 年我国企业所得税收入及其在税收总收入中的比重

年份	企业所得税收入的构成及总额（亿元）			税收总收入（亿元）	企业所得税收入总额在税收总收入中的比重（%）
	企业所得税（原内资企业所得税）	外商投资企业和外国企业所得税	合计		
1994	639.7	48.1	687.8	5 070.8	13.6
1995	753.1	74.2	827.3	5 973.7	13.8
1996	811.5	104.4	915.9	7 050.6	13.0
1997	931.7	143.1	1 074.8	8 225.5	13.1
1998	856.3	182.5	1 038.8	9 093.0	11.4
1999	1 009.4	217.8	1 227.2	10 315.0	11.9
2000	1 444.6	326.1	1 770.7	12 665.8	14.0
2001	2 121.9	512.6	2 634.5	15 165.5	17.4
2002	1 972.6	616.0	2 588.6	16 996.6	15.2
2003	2 342.2	705.4	3 047.6	20 466.1	14.9
2004	3 142.5	932.5	4 075.0	25 723.5	15.8
2005	4 363.6	1 147.7	5 511.3	30 867.0	17.9
2006	5 545.9	1 534.8	7 080.7	37 637.0	18.8
2007	7 723.7	1 951.2	9 674.9	49 451.8	19.6
2008	—	—	12 195.2	57 861.8	21.1
2009	—	—	12 156.3	63 103.6	19.3
2010	—	—	14 548.9	77 394.4	18.8
2011	—	—	19 602.8	95 729.5	20.5
2012	—	—	22 007.9	110 764.0	19.9
2013	—	—	23 879.6	119 959.9	19.9
2014	—	—	24 642.2	119 175.3	20.7
2015	—	—	27 133.9	124 922.2	21.7
2016	—	—	28 851.4	130 360.7	22.1

资料来源：根据国家统计局网站相关数据整理计算得出。

知识库

表 6－2 给出了部分国家和地区 2006 年的企业所得税状况。

表 6－2　　部分国家和地区 2006 年企业所得税（公司所得税）收入总额及其在税收总收入中的比重

国别	单位	企业所得税	税收总收入	比重（%）
澳大利亚	百万澳大利亚元	69 585.00	320 287.00	21.73

续前表

国别	单位	企业所得税	税收总收入	比重（%）
加拿大	百万加拿大元	53 810.00	489 346.00	11.00
德国	百万欧元	48 802.00	826 328.00	5.91
日本	百万日元	24 250.00	142 917.00	16.97
韩国	百万韩元	32 563.00	227 017.00	14.34
瑞典	百万瑞典克朗	107 131.00	1 423 162.00	7.53
英国	百万英镑	46 331.00	484 032.00	9.57
美国	百万美元	435 514.00	3 677 546.00	11.84

资料来源：OECD Revenue Statistics 1965—2007.

6.2 纳税人和征税对象

6.2.1 纳税人

企业所得税的纳税人是指在中华人民共和国境内的企业和其他取得收入的组织。《中华人民共和国企业所得税法》第一条规定，除个人独资企业、合伙企业不适用《企业所得税法》外，凡在我国境内的企业和其他取得收入的组织（以下统称“企业”）均为企业所得税的纳税人，依照《企业所得税法》的规定缴纳企业所得税。

6.2.1.1 居民企业

居民企业是指依法在中国境内成立，或者依照外国（地区）法律成立但实际管理机构在中国境内的企业。这里的企业包括国有企业、集体企业、私营企业、联营企业、股份制企业、外商投资企业、外国企业，以及有生产经营所得和其他所得的其他组织。其中，有生产经营所得和其他所得的其他组织，是指经国家有关部门批准，依法注册、登记的事业单位、社会团体等组织。由于我国的一些社会团体组织、事业单位在完成国家事业计划的过程中，开展了多种经营和有偿服务活动，取得了除财政部门各项拨款、财政部和国家价格主管部门批准的各项规费收入以外的经营收入，具有经营的特点，应当视同企业并纳入征税范围。

实际管理机构是指对企业的生产经营、人员、账务、财产等实施实质性全面管理和控制的机构，要同时符合以下三个方面的条件：第一，为对企业有实质性管理和控制的机构；第二，为对企业实行全面的管理和控制的机构；第三，管理和控制的内容是企业的生产经营、人员、账务、财产等。

案例分析

在日本注册成立的一家汽车制造公司在中国境内设立了一条配件生产线，为该品牌汽车生产某型号的配件。由于中国境内的生产机构只是对该企业的一部分生产经营活动（某型号配件的生产）进行影响和控制，因而不被认定为实际管理机构，不构成中国居民企业。只有对企业整体或者主要的生产经营活动有实际管理控制、对企业的生产经营活动负总体责任的管理控制机构，才符合实际管理机构标准。

6.2.1.2 非居民企业

非居民企业是指依照外国（地区）法律成立且实际管理机构不在中国境内，但在中国境内设立机构、场所的，或者在中国境内未设立机构、场所，但有来源于中国境内所得的企业。

上述所称机构、场所是指在中国境内从事生产经营活动的机构、场所，包括：

（1）管理机构、营业机构、办事机构。

（2）工厂、农场、开采自然资源的场所。

（3）提供劳务的场所。

（4）从事建筑、安装、装配、修理、勘探等工程作业的场所。

（5）其他从事生产经营活动的机构、场所。

非居民企业委托营业代理人在中国境内从事生产经营活动的，包括委托单位或者个人经常代其签订合同，或者储存、交付货物等，该营业代理人视为非居民企业在中国境内设立的机构、场所。例如，某公司是依照美国法律在美国注册成立的企业，该公司的实际管理机构在美国，该公司为销售的便利，在上海和广州设立了办事机构。该公司就属于中国的非居民企业。

居民企业应就来源于中国境内外的所得缴纳企业所得税；非居民企业仅就来源于中国境内的所得缴纳企业所得税。

知识库

纳税人及其纳税义务

企业所得税的纳税人分为居民企业和非居民企业，这是根据企业纳税义务范围的宽窄进行的分类。不同类型的企业在向中国政府缴纳所得税时，纳税义务不同。把企业分为居民企业和非居民企业，是为了更好地保障我国税收管辖权的有效行使。税收管辖权是一国政府在征税方面的主权，是国家主权的重要组成部分。根据国际上的通行做法，我国选择了地域管辖权和居民管辖权的双重管辖权标准，用以最大限度地维护我国的税收利益。

6.2.2 征税对象

企业所得税的征税对象是指企业的生产经营所得、其他所得和清算所得。

6.2.2.1 居民企业的征税对象

居民企业应以来源于中国境内外的所得作为征税对象。所得包括销售货物所得、提供劳务所得、转让财产所得、股息红利等权益性投资所得，以及利息所得、租金所得、特许权使用费所得、接受捐赠所得和其他所得。

案例分析

甲公司是依照加拿大的法律在加拿大注册成立的。由于甲公司的主要业务均在中国以及环中国地区，因此在2017年1月，该公司将其实际管理机构移到上海。2017年，甲公司来源于中国境内的所得为1 000万元，来源于韩国的所得为200万元，来源于印度的所得为800万元，来源于老挝的所得为100万元。

由于甲公司的实际管理机构在中国，因此它属于中国的居民企业。居民企业应当就其来源于中国境内外的所得向中国纳税，因而该公司2017年度的全部所得都应向中国纳税。甲公司在中国的应纳税所得额为：

1 000＋200＋800＋100＝2 100（万元）

6.2.2.2 非居民企业的征税对象

非居民企业在中国境内设立机构、场所的，应当就其所设机构、场所取得的来源于中国境内的所得，以及发生在中国境外但与其所设机构、场所有实际联系的所得缴纳企业所得税。非居民企业在中国境内未设立机构、场所的，或者虽设立机构、场所但取得的所得与其所设机构、场所没有实际联系的，应当就其来源于中国境内的所得缴纳企业所得税。

上述所称实际联系是指非居民企业在中国境内设立机构、场所拥有的据以取得所得的股权、债权，以及拥有、管理和控制据以取得所得的财产。

案例分析

乙公司是在德国注册成立的企业。在2017年度，该公司来源于中国境内的所得为100万元，来源于日本的所得为20万元。

该公司不是依照中国的法律在中国成立的，其实际管理机构也不在中国，因此它属于中国的非居民企业。该公司来源于中国境内的所得应当在中国纳税，来源于日本的所得20万元则不用在中国纳税。因此，2017年度该公司在中国的应纳税所得额为100万元。

案例分析

丙公司是在英国注册成立的一家咨询公司，2017年9月在北京设立了办事处，负责亚洲区市场业务的开发与拓展。2017年，该办事处向日本境内的某公司提供咨询服务，取得所得200万元。由于丙公司不是依照中国的法律在中国成立的，其实际管理机构也不在中国，故属于中国的非居民企业。然而，丙公司在中国境内设立了办事机构，应当就其所设机构取得的来源于中国境内的所得以及发生在中国境外但与其所设机构、场所有实际联系的所得缴纳企业所得税，因此，2017年丙公司在中国的应纳税所得额为200万元。

6.2.2.3 所得来源的确定

(1) 销售货物所得，按照交易活动发生地确定。

(2) 提供劳务所得，按照劳务发生地确定。

(3) 转让财产所得，有如下三种情形：

第一，不动产转让所得按照不动产所在地确定。

第二，动产转让所得按照转让动产的企业或者机构、场所所在地确定。

第三，权益性投资资产转让所得按照被投资企业所在地确定。

(4) 股息、红利等权益性投资所得，按照分配所得的企业所在地确定。

(5) 利息所得、租金所得、特许权使用费所得，按照负担、支付所得的企业或者机构、场所所在地确定，或者按照负担、支付所得的个人的住所所在地确定。

(6) 其他所得，由国务院财政、税务主管部门确定。

6.3 税 率

企业所得税实行比例税率。

(1) 基本税率为25%，适用于居民企业和在中国境内设有机构、场所且所得与机构、场所有实际联系的非居民企业。

(2) 低税率为20%，适用于在中国境内未设有机构、场所的，或者虽设立机构、场所但取得的收入与其所设机构、场所没有实际联系的非居民企业。在实际征税时，对符

合这两项条件的非居民企业适用10%的税率（参见税收优惠的相关内容）。

（3）优惠税率。除基本税率和低税率外，国家还对某些特定的企业实行优惠的征收办法，比如对小微企业减按20%征收企业所得税，对国家需要重点扶持的重点高新技术企业减按15%征收企业所得税（见第6.8节“税收优惠”）。

背景知识

企业所得税基本税率确定为25%考虑的因素

从税率水平上看，25%的税率较2009年1月1日前33%的税率降低了8个百分点，不仅从纳税人和财政的角度考虑比较适宜，也符合世界性减税的潮流。首先，从税制改革的趋势看，自20世纪80年代中期开始的世界性税制改革的重要内容是公司（企业）所得税的税率下调。2005年全球43个国家的综合税率为29.49%。比较主要发达国家和我国周边国家企业所得税的基准税率，目前主要发达国家——美、法、德、英、意的企业所得税基准税率分别为35%、33.33%、25%、30%、33%，而我国周边国家——日本、韩国、越南、印度尼西亚、马来西亚的企业所得税基准税率分别为30%、27.5%、28%、30%、28%。因此，25%的税率在保证我国企业国际竞争力的同时，也充分考虑了国际税率水平，仍具有对外资的吸引力。

6.4 计税依据的确定

所得税是对纯所得课征的税。收入的多少不能完全反映纳税人纳税能力的大小，只有对纯所得课征才能实现量能课税，并体现公平。应纳税所得额是企业所得税的计税依据，确定应税所得是所得税法的重要内容。按照《企业所得税法》的规定，应纳税所得额为企业每一个纳税年度的收入总额，减除不征税收入、免税收入、各项扣除以及允许弥补的以前年度亏损后的余额。相应的计算公式为：

应纳税所得额
=收入总额－不征税收入－免税收入－各项扣除－允许弥补的以前年度亏损

企业应纳税所得额的计算以权责发生制为原则。权责发生制是指属于当期的收入和费用，不论款项是否收付，均作为当期的收入和费用；不属于当期的收入和费用，即使款项已经在当期收付，均不能作为当期的收入和费用（国务院财政、税务主管部门另有规定的除外）。权责发生制原则是从时间上规定会计确认的基础，其核心是根据权责关系实际产生的影响期间来确认企业单位的收入和费用。根据权责发生制原则进行收入和成本、费用的核算，能够更准确地反映各个会计期间真实的财务状况和经营成果。《企业所得税法》对应纳税所得额的计算做了明确的规定，主要内容包括收入总额、扣除范围和标准、资产的税务处理、亏损弥补等。

6.4.1 收入总额

企业的收入总额包括以货币形式和非货币形式从各种来源渠道取得的收入，具体包括：销售货物收入，提供劳务收入，转让财产收入，股息、红利等权益性投资收益，利息收入，租金收入，特许权使用费收入，接受捐赠收入，其他收入。

企业取得收入的货币形式，包括现金、存款、应收账款、应收票据、准备持有至到期的债券投资以及债务的豁免等。纳税人以非货币形式取得的收入，包括固定资产、生物资产、无形资产、股权投资、存货、不准备持有至到期的债券投资、劳务以及有关权益等。这些非货币资产应当按照公允价值确定收入额。公允价值是指按照市场价格确定的价值。收入的具体构成如下：

6.4.1.1 一般收入的确认

（1）销售货物收入，是指企业销售商品、产品、原材料、包装物、低值易耗品以及其他存货取得的收入。

（2）提供劳务收入，是指企业从事建筑安装、修理修配、交通运输、仓储租赁、金融保险、邮电通信、咨询经纪、文化体育、科学研究、技术服务、教育培训、餐饮住宿、中介代理、卫生保健、社区服务、旅游、娱乐、加工以及其他劳务服务活动取得的收入。

（3）转让财产收入，是指企业转让固定资产、生物资产、无形资产、股权、债权等财产取得的收入。

（4）股息、红利等权益性投资收益，是指企业因权益性投资从被投资方取得的收入。对于股息、红利等权益性投资收益，除国务院财政、税务主管部门另有规定外，按照被投资方做出利润分配决定的日期确认收入的实现。

（5）利息收入，是指企业将资金提供给他人使用但不构成权益性投资，或因他人占用本企业资金取得的收入，包括存款利息、贷款利息、债券利息、欠款利息等收入。

（6）租金收入，是指企业提供固定资产、包装物或其他有形资产的使用权取得的收入。

（7）特许权使用费收入，是指企业提供专利权、非专利技术、商标权、著作权以及其他特许权的使用权取得的收入。对于特许权使用费收入，应按照合同约定的特许权使用人应付特许权使用费的日期确认收入的实现。

（8）接受捐赠收入，是指企业接受的来自其他企业、组织或者个人无偿给予的货币性资产、非货币性资产。接受捐赠收入应按照实际收到捐赠资产的日期确认收入的实现。

（9）其他收入，是指企业取得的除以上收入外的其他收入，包括企业资产溢余收入、逾期未退包装物押金收入、确实无法偿付的应付款项、已做坏账损失处理后又收回的应收款项、债务重组收入、补贴收入、违约金收入、汇兑收益等。

6.4.1.2 特殊收入的确认

(1) 以分期收款方式销售货物的，按照合同约定的收款日期确认收入的实现。

(2) 企业受托加工制造大型机械设备、船舶、飞机，以及从事建筑、安装、装配工程业务或者提供其他劳务等，持续时间超过 12 个月的，按照纳税年度内的完工进度或者完成的工作量确认收入的实现。

(3) 采取产品分成方式取得收入的，按照企业分得产品的日期确认收入的实现，其收入额按照产品的公允价值确定。

(4) 企业发生非货币性资产交换，以及将货物、财产、劳务用于捐赠、偿债、赞助、集资、广告、样品、职工福利或者利润分配等用途的，应当视同销售货物、转让财产或者提供劳务，但国务院财政、税务主管部门另有规定的除外。

6.4.2 不征税收入和免税收入

国家为了扶持和鼓励某些特殊的纳税人和特定的项目，或者避免因征税影响企业的正常经营，对企业取得的某些收入予以不征税或免税的特殊政策，以减轻企业的负担，促进经济的协调发展。例如，国家准予抵扣应纳税所得额，或者是将具有专项用途的资金作为非税收入处理，以减轻企业的税负，增加企业的可用资金。

6.4.2.1 不征税收入

1. 财政拨款

财政拨款是指各级人民政府对纳入预算管理的事业单位、社会团体等组织拨付的财政资金，但国务院和国务院财政、税务主管部门另有规定的除外。

2. 行政事业性收费

行政事业性收费是指依照法律法规等有关规定，按照国务院规定程序批准，在实施社会公共管理以及在向公民、法人或者其他组织提供特定公共服务的过程中，向特定对象收取并纳入财政管理的费用。

3. 政府性基金

政府性基金是指企业依照法律、行政法规等有关规定，代政府收取的具有专项用途的财政资金。

4. 国务院规定的其他不征税收入

国务院规定的其他不征税收入是指企业取得的，由国务院财政、税务主管部门规定了专项用途并经国务院批准的财政性资金。

6.4.2.2 免税收入

(1) 国债利息收入。为了鼓励企业积极购买国债、支援国家建设，税法规定：企业因购买国债所得的利息收入，免征企业所得税。

(2) 符合条件的居民企业之间的股息、红利等权益性收益。这是指居民企业直接投资于其他居民企业取得的投资收益。

(3) 在中国境内设立机构、场所的非居民企业从居民企业取得的与该机构、场所有实际联系的股息、红利等权益性投资收益。该收益不包括连续持有居民企业公开发行并上市流通的股票不足12个月取得的投资收益。

案例分析

2017年，B公司获得了如下收入：销售货物收入5 000万元，转让财产收入3万元，租金收入70万元，财政拨款收入40万元，国债利息收入5万元，从符合条件的居民企业获得股息、红利收入30万元，则该公司的应纳税收入为企业的收入总额减去不征税收入，再减去免税收入。2017年，该公司的不征税收入为财政拨款收入40万元，免税收入为国债利息收入5万元以及从符合条件的居民企业获得的股息、红利收入30万元。因此，2017年该公司的应纳税收入为：

5 000+3+70=5 073（万元）

(4) 符合条件的非营利组织的收入。

知识库

不征税收入与免税收入

现行《企业所得税法》首次提出了不征税收入的概念，并规定了何为免税收入。不征税收入，从性质和根源上看不属于企业营利性活动带来的经济利益，不负有纳税义务，永久不列为征税范围；而免税收入属于政府根据经济政策目标的需要，在一定时间免予征税，而在一定时期又可能恢复征税的收入，属于税收优惠。从理论上看，国家与纳税人之间已形成税收之债，免税属于纳税义务的消灭，“对法定应纳税额不予征收”是国家单方面免除其与纳税人之间的债权债务关系。《企业所得税法》对两者进行了准确的界定，纠正了长期执法实践中对两者的混淆。

6.4.3 准予扣除项目

6.4.3.1 税前扣除项目的原则

企业申报的扣除项目和金额要真实、合法。真实是指能证明有关支出确实已经实际发生；合法是指符合国家税法的规定，若其他法规的规定与税收法规的规定不一致，应以税收法规的规定为标准。除税收法规另有规定外，税前扣除一般应遵循以下原则：

(1) 权责发生制原则，是指企业费用应在发生的所属期扣除，而不是在实际支付时

确认扣除。

（2）配比原则，是指企业发生的费用应当与收入配比扣除。除特殊规定外，企业发生的费用不得提前或滞后申报扣除。

（3）相关性原则，企业可扣除的费用从性质和根源上必须与企业取得的应税收入直接相关。

（4）确定性原则，即企业可扣除的费用不论何时支付，其金额必须是确定的。

（5）合理性原则，即可扣除的费用是符合生产经营活动的常规，应当计入当期损益或者有关资产成本的必要和正常的支出。

6.4.3.2 准予扣除项目的范围

《企业所得税法》规定，企业实际发生的与取得收入有关的、合理的支出，包括成本、费用、税金、损失和其他支出，准予在计算应纳税所得额时扣除。

1. 成　本

成本是指企业在生产经营活动中发生的销售成本、业务支出以及其他耗费，即企业销售商品（产品、材料、下脚料、废料、废旧物资等）、提供劳务、转让固定资产及无形资产（包括技术转让）的成本。

2. 费　用

费用是指企业在每一个纳税年度为生产经营商品和提供劳务等所发生的销售（经营）费用、管理费用和财务费用，已经计入成本的有关费用除外。

销售费用是指应由企业负担的为销售商品而发生的费用，包括广告费、运输费、装卸费、包装费、展览费、保险费、销售佣金（能直接认定的进口佣金可调整商品进价成本）、代销手续费、经营性租赁费及销售部门发生的差旅费、工资、福利费等费用。

管理费用是指企业的行政管理部门为管理组织经营活动、提供各项支援性服务而发生的费用。

财务费用是指企业筹集经营性资金而发生的费用，包括利息净支出、汇兑净损失、金融机构手续费以及其他非资本化支出。

3. 税　金

税金是指企业发生的除企业所得税和允许抵扣的增值税以外的企业缴纳的各项税金及其附加，即企业按规定缴纳的消费税、城市维护建设税、关税、资源税、土地增值税、房产税、车船税、土地使用税、印花税、教育费附加等产品销售税金及附加。

4. 损　失

损失是指企业在生产经营活动中发生的固定资产和存货的盘亏、毁损、报废损失，转让财产损失，呆账损失，坏账损失，自然灾害等不可抗力因素造成的损失以及其他损失。

企业发生的损失减除责任人赔偿和保险赔款后的余额，依照国务院财政、税务主管部门的规定扣除。

企业已经作为损失处理的资产，在以后纳税年度又全部收回或者部分收回时，应当计入当期收入。

5. 其他支出

其他支出是指除成本、费用、税金、损失外，企业在生产经营活动中发生的与生产经营活动有关的、合理的支出。

6.4.3.3 扣除项目的标准

1. 工资、薪金支出

企业发生的合理的工资、薪金支出准予据实扣除。工资、薪金支出是指企业每一纳税年度支付给在本企业任职或者受雇的员工的所有现金形式或者非现金形式的劳动报酬，包括基本工资、奖金、津贴、补贴、年终加薪、加班工资以及与员工任职或者受雇有关的其他支出。

合理的工资、薪金是指企业按照股东大会、董事会、薪酬委员会或相关管理机构制定的工资、薪金制度规定实际发放给员工的工资、薪金。税务机关在对工资、薪金进行合理性确认时，可按以下原则掌握：①企业制定了较为规范的员工工资、薪金制度；②企业所制定的工资、薪金制度符合行业及地区水平；③企业在一定时期内所发放的工资、薪金是相对固定的，工资、薪金的调整是有序进行的；④企业对实际发放的工资、薪金，已依法履行了代扣代缴个人所得税义务；⑤ 有关工资、薪金的安排，不以减少或逃避税款为目的。

[例 6-1]

2017 年，S 公司发生了以下支出：

(1) 工人工资 200 万元。

(2) 年终奖金 80 万元。

(3) 劳动补贴 40 万元。

(4) 广告费 300 万元。

(5) 加班工资 40 万元。

(6) 财务费用 150 万元。

计算 2017 年该公司发生的允许税前扣除的工资、薪金支出总额。

解析：

企业实际发生的与取得收入有关的、合理的支出，包括成本、费用、税金、损失和其他支出，准予在计算应纳税所得额时扣除。企业发生的合理的工资、薪金支出，准予扣除。工资、薪金是指企业每一纳税年度支付给在本企业任职或者受雇的员工的所有现金形式或者非现金形式的劳动报酬，包括基本工资、奖金、津贴、补贴、年终加薪、加班工资以及与员工任职或者受雇有关的其他支出。2017 年在 S 公司发生的上述支出中，属于工资、薪金支出的包括第 (1)、(2)、(3)、(5) 项，因此 2017 年该公司发生的允许税前扣除的工资、薪金支出总额为：

200＋80＋40＋40＝360（万元）

2. 职工福利费、工会经费和职工教育经费

企业发生的职工福利费、工会经费、职工教育经费按标准扣除，未超过标准的按实际数扣除，超过标准的只能按标准扣除。

第一，企业发生的职工福利费支出，不超过工资、薪金总额 14％的部分准予扣除。

第二，企业拨缴的工会经费，不超过工资、薪金总额2%的部分准予扣除。

第三，除国务院财政、税务主管部门另有规定外，企业发生的职工教育经费支出不超过工资、薪金总额8%的部分准予扣除，超过部分准予结转以后纳税年度扣除。

[例6-2]

2017年，S公司的职工工资、薪金总额为360万元，实际发生职工福利费支出60万元，计算该公司允许税前扣除的职工福利费金额。

解析：

企业发生的职工福利费支出，不超过工资、薪金总额14%的部分准予扣除。

准予扣除的职工福利费支出限额为：

360×14%=50.4（万元）

由于企业实际发生支出60万元，超过限额标准9.6万元，因而2017年S公司准予税前扣除的职工福利费支出金额为50.4万元。

3. 社会保险费

第一，企业依照国务院有关主管部门或者省级人民政府规定的范围和标准为职工缴纳的“五险一金”，即基本养老保险费、基本医疗保险费、失业保险费、工伤保险费、生育保险费和住房公积金，准予扣除。

第二，企业为投资者或者职工支付的补充养老保险费、补充医疗保险费，在国务院财政、税务主管部门规定的范围和标准内，准予扣除。企业依照国家有关规定为特殊工种职工支付的人身安全保险费和符合国务院财政、税务主管部门规定可以扣除的商业保险费，准予扣除。

第三，企业为投资者或者职工支付的商业保险费，不得扣除。

4. 利息费用

企业在生产经营活动中发生的利息费用，按下列规定扣除：

第一，非金融企业向金融企业借款的利息支出、金融企业的各项存款利息支出和同业拆借利息支出、企业经批准发行债券的利息支出可据实扣除。

第二，非金融企业向非金融企业借款的利息支出，不超过按照金融企业同期同类贷款利率计算的数额部分可据实扣除，超过部分不允许扣除。

[例6-3]

2017年，N公司向非金融机构借款200万元用于日常经营性开支，年利率为5%。已知金融企业同期同类贷款利率为年利率4%，计算可以税前扣除的利息费用金额。

解析：

2017年，N企业向非金融企业借款的利息支出金额为：

200×5%=10（万元）

根据税法的规定，企业向非金融企业的借款利息支出不超过按照金融企业同期同类贷款利率计算的数额部分可据实扣除，因此N企业可以税前扣除的利息支出限额为：

200×4%=8（万元）

由于N企业的实际利息支出10万元超过了限额8万元，因此只允许税前扣除金额8万元。

5. 借款费用

第一，企业在生产经营活动中发生的不需要资本化的合理借款费用，准予扣除。

第二，企业为购置、建造固定资产、无形资产和经过12个月以上的建造才能达到预定可销售状态的存货发生借款的，在有关资产购置、建造期间发生的合理的借款费用，应予以资本化，作为资本性支出计入有关资产的成本；有关资产交付使用后发生的借款利息，可在发生当期扣除。

6. 汇兑损失

企业在货币交易中以及纳税年度终了时将人民币以外的货币性资产、负债按照期末即期人民币汇率中间价折算为人民币时产生的汇兑损失，除已经计入有关资产成本以及与向所有者进行利润分配相关的部分外，准予扣除。

7. 业务招待费

企业发生的与生产经营活动有关的业务招待费支出，按照发生额的60%扣除，但最高不得超过当年销售（营业）收入的5‰。

对从事股权投资业务的企业（包括集团公司总部、创业投资企业等）来说，其从被投资企业所分配的股息、红利以及股权转让收入，可以按规定的比例计算业务招待费扣除限额。

企业在筹建期间发生的与筹办活动有关的业务招待费支出，可按实际发生额的60%计入企业筹办费，并按有关规定在税前扣除。

[例6-4]

2017年，L企业的销售收入总额为2 000万元，实际发生业务招待费20万元。计算可以税前扣除的业务招待费金额。

解析：

企业发生的业务招待费，按照发生额的60%扣除，如果60%的部分大于年销售收入的5‰，则只能扣除年销售收入5‰的金额；如果60%的部分小于年销售收入5‰，则只能扣除业务招待费的60%。

业务招待费实际发生额的60%为：

20×60%=12（万元）

当年销售收入的5‰为：

2 000×5‰=10（万元）

因此，2017年L企业可以税前扣除的业务招待费金额为10万元。

8. 广告费和业务宣传费

企业发生的符合条件的广告费和业务宣传费支出，除国务院财政、税务主管部门另有规定外，不超过当年销售（营业）收入15%的部分，准予扣除；超过部分，准予结转以后纳税年度扣除。

企业在筹建期间发生的广告费和业务宣传费，可按实际发生额计入企业筹办费，并按有关规定在税前扣除。

企业申报扣除的广告费支出应与赞助支出严格区分。企业申报扣除的广告费支出必须符合下列条件：广告是通过工商部门批准的专门机构制作的；已实际支付费用，并已取得相应发票；通过一定的媒体传播。

［例6－5］

2017年，W公司的销售收入为1 500万元，实际发生的符合条件的广告费和业务宣传费支出为300万元。计算该公司可以税前扣除的广告费和业务宣传费金额。

解析：

企业发生的符合条件的广告费和业务宣传费支出，除国务院财政、税务主管部门另有规定外，不超过当年销售（营业）收入15%的部分，准予扣除；超过部分准予在以后纳税年度结转扣除。2017年，该公司的销售收入为1 500万元，当年广告费和业务宣传费支出的扣除限额为：

1 500×15%＝225（万元）

2017年，该公司实际发生的符合条件的广告费和业务宣传费支出为300万元，其中225万元可以在2017年度扣除，其余75万元可以结转到以后年度扣除。

9. 环境保护专项资金

企业依照法律、行政法规有关规定提取的用于环境保护、生态恢复等方面的专项资金，准予扣除。上述专项资金提取后改变用途的，不得扣除。

10. 保险费

企业参加财产保险，按照规定缴纳的保险费，准予扣除。

11. 租赁费

企业根据生产经营活动的需要租入固定资产支付的租赁费，按照以下方法扣除：

第一，以经营租赁方式租入固定资产发生的租赁费支出，按照租赁期限均匀扣除。经营租赁是指所有权不转移的租赁。

第二，以融资租赁方式租入固定资产发生的租赁费支出，按照规定，构成融资租入固定资产价值的部分应当提取折旧费用，分期扣除。融资租赁是指在实质上转移与一项资产所有权有关的全部风险和报酬的一种租赁。

12. 劳动保护费

企业发生的合理的劳动保护费支出准予扣除。劳动保护费通常是指为职工配备的工作服、手套、安全保护用品、防暑降温用品等所发生的支出，即以企业发放劳保实物为前提，企业以现金形式发放的则不能在税前扣除。

13. 公益性捐赠支出

企业发生公益性捐赠支出，在年度利润总额12%以内的部分，准予在计算应纳税所得额时扣除；超过年度利润总额12%的部分，准予结转以后三年内在计算应纳税所得额时扣除。

公益性捐赠是指企业通过公益性社会团体或者县级（含县级）以上人民政府及其部门，用于《中华人民共和国公益事业捐赠法》规定的公益事业的捐赠。

[例6-6]

2017年，Y公司的会计利润为3 000万元。该公司在2017年通过某县民政局向贫困地区捐赠了400万元。计算2017年Y公司准予税前扣除的捐赠金额。

解析：

企业发生的公益性捐赠支出，在年度利润总额12%以内的部分，准予在计算应纳税所得额时扣除。

捐赠扣除限额为：

3 000×12%=360（万元）

该公司的公益性捐赠超过了捐赠扣除限额，只能扣除360万元。

14. 有关资产的费用

企业转让各类固定资产发生的费用，允许扣除。企业按规定计算的固定资产折旧费、无形资产和递延资产的摊销费，准予扣除。

15. 总机构分摊的费用

非居民企业在中国境内设立的机构、场所，就其中国境外总机构发生的与该机构、场所生产经营有关的费用，能够提供总机构出具的费用汇集范围、定额、分配依据和方法等证明文件并合理分摊的，准予扣除。

16. 资产损失

企业当期发生的固定资产和流动资产盘亏、毁损净损失，由其提供清查盘存资料，经主管税务机关审核后，准予扣除；企业因存货盘亏、毁损、报废等原因不得从销项税额中抵扣的进项税额，应视同企业财产损失，准予与存货损失一起在所得税前按规定扣除。

17. 依照有关法律、行政法规和国家有关税法规定准予扣除的其他项目

这些项目包括会员费、合理的会议费、差旅费、违约金、诉讼费用等。

6.4.4 不得扣除的项目

在计算应纳税所得额时，下列支出不得扣除：

(1) 向投资者支付的股息、红利等权益性投资收益款项。

(2) 企业所得税税款。

(3) 税收滞纳金，是指纳税人违反税收法规，被税务机关处以的滞纳金。

(4) 罚金、罚款和被没收财物的损失，是指纳税人违反国家有关法律、法规规定，被有关部门处以的罚款以及被司法机关处以的罚金和被没收的财物。

(5) 超过规定标准的捐赠支出。

(6) 赞助支出，是指企业发生的与生产经营活动无关的各种非广告性质的支出。

(7) 未经核定的准备金支出，是指不符合国务院财政、税务主管部门规定的各项资产减值准备、风险准备等准备金支出。

(8) 企业之间支付的管理费、企业内营业机构之间支付的租金和特许权使用费以及非银行企业内营业机构之间支付的利息。

(9) 与取得收入无关的其他支出。

6.4.5 亏损弥补

企业在某纳税年度发生的亏损可以用下一年度的所得弥补，下一年度的所得不足以弥补的，可以逐年递延弥补，但最长不得超过5年，该项弥补应逐年依序连续计算。另外，企业在汇总计算缴纳企业所得税时，其境外营业机构的亏损不得抵减境内营业机构的盈利。

亏损是指企业依照《企业所得税法》和暂行条例的规定，将每一纳税年度的收入总额减除不征税收入、免税收入和各项扣除后小于零的数额。

企业开始生产经营的年度为开始计算企业损益的年度。企业从事生产经营之前在筹办活动期间发生的筹办费用支出，不得计算为当期亏损，可以在开始经营的当年一次性扣除，也可以按照新税法有关长期待摊费用的处理规定处理，但一经选定，不得改变。

自2018年1月1日起，将高新技术企业和科技型中小企业的亏损结转年限由5年延长至10年。

[例6-7]

2011—2017年Z企业的盈亏情况如下表所示：

年度	2011	2012	2013	2014	2015	2016	2017
应纳税所得额（万元）	−150	−50	20	30	40	40	120

计算2017年度该企业可以弥补的亏损金额。

解析：

该企业可申请用2012—2016年的所得弥补2011年的亏损，尽管2012年也发生了亏损，但它仍要作为弥补2011年亏损的第一年。因此，2011年的150万元亏损实际上是用2013—2016年的所得130万元弥补的。当2016年结束时，2011年的150万元亏损只弥补了130万元，剩余20万元亏损不能再结转弥补。2012年亏损的50万元应以2013—2017年的所得弥补。由于2013—2016年的所得已用于弥补2011年的亏损，因而2012年的亏损只能用2017年的所得弥补。2017年，企业有所得120万元，因而可用其中的50万元弥补2012年的亏损。

6.5 资产的税务处理

资产是由于资本投资而形成的财产，对于资本性支出以及无形资产受让、开办、开发费用，不允许作为成本、费用从纳税人的收入总额中做一次性扣除，只能采取分次计提折旧或分次摊销的方式予以扣除，即纳税人经营活动中使用的固定资产的折旧费用、无形资产和长期待摊费用的摊销费用可以扣除。税法规定，纳入税务处理范围的资产形式主要有固定资产、生物资产、无形资产、长期待摊费用、存货、投资资产等，均以历史成本为计税基础。历史成本是指企业取得该资产时实际发生的支出。企业持有各资产期间发生资产增值或者减值，除国务院财政、税务主管部门规定可以确认损益外，不得调整该资产的计税基础。

6.5.1 固定资产的税务处理

固定资产是指企业为生产产品、提供劳务、出租或者经营管理而持有的，使用时间超过 12 个月的非货币性资产，包括房屋、建筑物、机器、机械、运输工具，以及其他与生产经营活动有关的设备、器具、工具等。

1. 固定资产的计税基础

固定资产的计税基础一般应以原价为准。具体规定如下：

（1）外购的固定资产，以购买价款和支付的相关税费以及直接归属于使该资产达到预定用途发生的其他支出为计税基础。

（2）自行建造的固定资产，以竣工结算前发生的支出为计税基础。

（3）融资租入的固定资产，以租赁合同约定的付款总额和承租人在签订租赁合同过程中发生的相关费用为计税基础，租赁合同未约定付款总额的，以该资产的公允价值和承租人在签订租赁合同过程中发生的相关费用为计税基础。

（4）盘盈的固定资产，以同类固定资产的重置完全价值为计税基础。

（5）通过捐赠、投资、非货币性资产交换、债务重组等方式取得的固定资产，以该资产的公允价值和支付的相关税费为计税基础。

（6）改建的固定资产，除已足额提取折旧的固定资产和租入的固定资产以外的其他固定资产，以改建过程中发生的改建支出增加计税基础。

2. 固定资产折旧的范围

在计算应纳税所得额时，企业按照规定计算的固定资产折旧，准予扣除，但下列固定资产不得计算折旧扣除：

（1）房屋、建筑物以外未投入使用的固定资产。

（2）以经营租赁方式租入的固定资产。

(3) 以融资租赁方式租出的固定资产。

(4) 已足额提取折旧但仍继续使用的固定资产。

(5) 与经营活动无关的固定资产。

(6) 单独估价的作为固定资产入账的土地。

(7) 其他不得计算折旧扣除的固定资产。

3. 固定资产折旧的计提方法

(1) 企业应当自固定资产投入使用月份的次月起计算折旧;停止使用的固定资产,应当自停止使用月份的次月起停止计算折旧。

(2) 企业应当根据固定资产的性质和使用情况,合理确定固定资产的预计净残值。固定资产的预计净残值一经确定,不得变更。

(3) 固定资产按照直线法计算的折旧准予扣除。

[例 6-8]

S公司建造一栋房屋,2017 年 3 月 10 日完工,4 月 1 日投入使用,建造成本为 1 000 万元。该房屋预计可以使用 25 年,预计残值为 60 万元。该公司每月应当就该房屋提取多少折旧?从哪个月开始提取折旧?

解析:

固定资产按照直线法计算的折旧,准予扣除。企业应当自固定资产投入使用月份的次月起计算折旧;停止使用的固定资产,应当自停止使用月份的次月起停止计算折旧。企业应当根据固定资产的性质和使用情况,合理确定固定资产的预计净残值。固定资产的预计净残值一经确定,不得变更。

S公司每月应当就该房屋提取的折旧额为:

$$(1\,000-60)\div25\div12=3.13\ (\text{万元})$$

S公司应当从 2017 年 5 月开始计提折旧。

---

4. 固定资产折旧的计提年限

除国务院财政、税务主管部门另有规定外,固定资产计算折旧的最低年限如下:

(1) 房屋、建筑物,为 20 年。

(2) 飞机、火车、轮船、机器、机械和其他生产设备,为 10 年。

(3) 与生产经营活动有关的器具、工具、家具等,为 5 年。

(4) 飞机、火车、轮船以外的运输工具,为 4 年。

(5) 电子设备,为 3 年。

5. 矿产资源企业计提折旧方法

从事石油、天然气等矿产资源开采的企业,在开始商业性生产前发生的费用和有关固定资产的折耗、折旧方法,由国务院财政、税务主管部门另行规定。

6.5.2 生物资产的税务处理

生物资产是指有生命的动物和植物。生物资产分为消耗性生物资产、生产性生物资产和公益性生物资产。消耗性生物资产是指为出售而持有的，或在将来收获为农产品的生物资产，包括生长中的农田作物、蔬菜、用材林以及存栏待售的牲畜等。生产性生物资产是指为产出农产品、提供劳务或出租等目的而持有的生物资产，包括经济林、薪炭林、产畜和役畜等。公益性生物资产是指以防护、环境保护为主要目的的生物资产，包括防风固沙林、水土保持林和水源涵养林等。

1. 生物资产的计税基础

生产性生物资产按照以下方法确定计税基础：

(1) 外购的生产性生物资产，以购买价款和支付的相关税费为计税基础。

(2) 通过捐赠、投资、非货币性资产交换、债务重组等方式取得的生产性生物资产，以该资产的公允价值和支付的相关税费为计税基础。

2. 生物资产的折旧方法和折旧年限

生产性生物资产按照直线法计算的折旧，准予扣除。企业应当自生产性生物资产投入使用月份的次月起计算折旧；停止使用的生产性生物资产，应当自停止使用月份的次月起停止计算折旧。

企业应当根据生产性生物资产的性质和使用情况，合理确定生产性生物资产的预计净残值。生产性生物资产的预计净残值一经确定，不得变更。

生产性生物资产计算折旧的最低年限为：林木类生产性生物资产，为 10 年；畜类生产性生物资产，为 3 年。

6.5.3 无形资产的税务处理

无形资产是指企业长期使用但没有实物形态的资产，包括专利权、商标权、著作权、土地使用权、非专利技术、商誉等。

1. 无形资产的计税基础

无形资产按照以下方法确定计税基础：

(1) 外购的无形资产，以购买价款和支付的相关税费以及直接归属于使该资产达到预定用途发生的其他支出为计税基础。

(2) 自行开发的无形资产，以开发过程中该资产符合资本化条件后至达到预定用途前发生的支出为计税基础。

(3) 通过捐赠、投资、非货币性资产交换、债务重组等方式取得的无形资产，以该资产的公允价值和支付的相关税费为计税基础。

2. 无形资产摊销的范围

在计算应纳税所得额时，企业按照规定计算的无形资产摊销费用，准予扣除。

下列无形资产不得计算摊销费用扣除：

（1）自行开发的、支出已在计算应纳税所得额时扣除的无形资产。

（2）自创商誉。

（3）与经营活动无关的无形资产。

（4）其他不得计算摊销费用扣除的无形资产。

3. 无形资产的摊销方法及年限

无形资产的摊销采取直线法计算。无形资产的摊销年限不得低于10年。作为投资或者受让的无形资产，有关法律规定或者合同约定了使用年限的，可以按照规定或者约定的使用年限分期摊销。外购商誉的支出，在企业整体转让或者清算时准予扣除。

企业外购的软件，凡符合固定资产或无形资产确认条件的，可以按照固定资产或无形资产进行核算，其折旧或摊销年限可以适当缩短，最短可为2年（含）。

［例6-9］

S公司外购一专利权，使用期限为8年，该公司为此支付价款和税费800万元。同时，该公司自行开发一商标权，开发费为400万元。计算该公司每年应当摊销的专利权和商标权的支出费用。

解析：

无形资产按照直线法计算的摊销费用，准予扣除。无形资产的摊销年限不得低于10年。作为投资或者受让的无形资产，有关法律规定或者合同约定了使用年限的，可以按照规定或者约定的使用年限分期摊销。因此，该专利权所支付的费用应当在8年内采取直线法摊销。该公司应当每年摊销的费用为：

800÷8＝100（万元）

该商标权所支付的费用应当在10年内采取直线法摊销。该公司应当每年摊销的费用为：

400÷10＝40（万元）

6.5.4 长期待摊费用的税务处理

长期待摊费用是指企业发生的应在一个年度以上进行摊销的费用。在计算应纳税所得额时，企业发生的下列支出作为长期待摊费用，按照规定摊销的，准予扣除。

（1）已足额提取折旧的固定资产的改建支出。

（2）租入固定资产的改建支出。

（3）固定资产的大修理支出。

（4）其他应当作为长期待摊费用的支出。

固定资产的改建支出是指改变房屋或者建筑物结构、延长使用年限等发生的支出。已足额提取折旧的固定资产的改建支出，按照固定资产预计尚可使用年限分期摊销；租入固定资产的改建支出，按照合同约定的剩余租赁期限分期摊销；改建的固定资产延长使用年限的，除已足额提取折旧的固定资产、租入固定资产的改建支出外，其他的固定资产发生改建支出，应当适当延长折旧年限。

大修理支出，按照固定资产尚可使用年限分期摊销。

《企业所得税法》所指固定资产的大修理支出，是指同时符合下列条件的支出：

第一，修理支出达到取得固定资产时的计税基础 50%以上。

第二，修理后固定资产的使用年限延长 2 年以上。

其他应当作为长期待摊费用的支出，自支出发生月份的次月起分期摊销，摊销年限不得低于 3 年。

案例分析

2018 年 1 月 12 日，丽华公司对其拥有的某固定资产进行修理。该固定资产的计税基础为 1 500 万元，发生的修理支出为 800 万元。在修理后，该固定资产的使用寿命延长了 3 年，修理后的固定资产生产的产品性能得到实质性改进，能够为企业带来经济利益的增加。该公司对拥有的固定资产所进行的修理满足以下两个条件：

(1) 修理支出达到取得固定资产时的计税基础 50%以上。

(2) 修理后固定资产的使用年限延长 2 年以上。

因此，这笔修理支出属于固定资产的大修理支出，按照固定资产尚可使用的年限分期摊销。

6.5.5 存货的税务处理

存货是指企业持有的以备出售的产品或者商品、处在生产过程中的在产品、在生产或者提供劳务过程中耗用的材料和物料等。

1. 存货的计税基础

存货按照以下方法确定成本：

(1) 通过支付现金方式取得的存货，以购买价款和支付的相关税费为成本。

(2) 通过支付现金以外的方式取得的存货，以该存货的公允价值和支付的相关税费为成本。

(3) 生产性生物资产收获的农产品，以产出或者采收过程中发生的材料费、人工费和分摊的间接费用等必要支出为成本。

2. 存货的成本计算方法

企业使用或者销售存货的成本计算方法，可以在先进先出法、加权平均法、个别计价法中选用一种。计价方法一经选用，不得随意变更。

企业转让以上资产，在计算企业应纳税所得额时，资产的净值允许扣除。其中，资产的净值是指有关资产、财产的计税基础减除已经按照规定扣除的折旧、折耗、摊销、准备金等后的余额。

除国务院财政、税务主管部门另有规定外，企业在重组过程中，应当在交易发生时确认有关资产的转让所得或者损失，相关资产应当按照交易价格重新确定计税基础。

6.5.6 投资资产的税务处理

投资资产是指企业对外进行权益性投资和债权性投资形成的资产。

1. 投资资产的成本

投资资产按以下方法确定投资成本：

(1) 通过支付现金方式取得的投资资产，以购买价款为成本。

(2) 通过支付现金以外的方式取得的投资资产，以该资产的公允价值和支付的相关税费为成本。

2. 投资资产成本的扣除方法

企业对外投资期间，投资资产的成本在计算应纳税所得额时不得扣除，企业在转让或者处置投资资产时，投资资产的成本准予扣除。

6.6 特别纳税调整

特别纳税调整是指税务机关出于反避税目的而对纳税人特定纳税事项所做的税务调整，包括针对纳税人转让定价、资本弱化、避税港避税以及其他避税情况所进行的税务调整。特别纳税调整是相对于一般纳税调整而言的。一般纳税调整是基于企业的日常经营，而特别纳税调整则是基于企业存在关联交易、违背独立交易原则的“特别情况”。

6.6.1 关联交易及其税务处理

1. 关联交易的类型

(1) 有形资产使用权或者所有权的转让。有形资产包括商品、产品、房屋、建筑物、交通工具、机器设备、工具器具等。

(2) 金融资产的转让。金融资产包括应收账款、应收票据、其他应收款项、股权投资、债权投资和衍生金融工具形成的资产等。

(3) 无形资产使用权或者所有权的转让。无形资产包括专利权、非专利技术、商业秘密、商标权、品牌、客户名单、销售渠道、特许经营权、政府许可、著作权等。

（4）资金融通。资金包括各类长短期借贷资金（含集团资金池）、担保费、各类应计息预付款和延期收付款等。

（5）劳务交易。劳务包括市场调查、营销策划、代理、设计、咨询、行政管理、技术服务、合约研发、维修、法律服务、财务管理、审计、招聘、培训、集中采购等。

2. 独立交易原则

企业与其关联方之间的业务往来，不符合独立交易原则而减少企业或者其关联方应纳税收入或者所得额的，税务机关有权按照合理方法调整。

上述关联方是指与企业有下列关联关系之一的企业、其他组织或者个人，具体是指：

（1）在资金、经营、购销等方面存在直接或者间接的控制关系。

（2）直接或者间接地同为第三者控制。

（3）在利益上具有相关联的其他关系。

独立交易原则是指没有关联关系的交易各方，按照公平成交价格和营业常规进行业务往来需要遵循的原则。

3. 部分关联交易的税务处理

（1）受控外国企业管理。由居民企业或者由居民企业和中国居民控制的设立在实际税负明显低于25%税率水平的国家（地区）的企业，并非由于合理的经营需要而对利润不做分配或者减少分配的，上述利润中应归属于该居民企业的部分，应当计入该居民企业的当期收入。

实际税负明显偏低是指实际税负明显低于企业所得税法规定的25%税率的50%。

（2）资本弱化管理。企业从其关联方接受的债权性投资与权益性投资的比例超过规定标准而发生的利息支出，不得在计算应纳税所得额时扣除。

（3）母子公司间提供服务、支付服务费用有关企业所得税处理：

1）母公司为其子公司（以下简称“子公司”）提供各种服务而发生的费用，应按照独立企业之间的公平交易原则确定服务的价格，并将其作为企业正常的劳务费用进行税务处理。

母子公司未按照独立企业之间的业务往来收取价款的，税务机关有权予以调整。

2）母公司向其多个子公司提供同类服务，其服务费的收取可以采取分项签订合同或协议的方式，也可以采取服务分摊协议的方式。

3）母公司以管理费形式向子公司提取费用，子公司因此支付给母公司的管理费，不得在税前扣除。

4）如果子公司向母公司支付的服务费用申报税前扣除，应向主管税务机关提供与母公司签订的服务合同或者协议等与税前扣除该项费用相关的材料。不能提供相关材料的，支付的服务费用不得税前扣除。

6.6.2 关联申报管理

（1）实行查账征收的居民企业和在中国境内设立机构、场所并据实申报缴纳企业所得税的非居民企业向税务机关报送年度企业所得税纳税申报表时，应当就其与关联方之间的业务往来进行关联申报。

(2) 关联关系是指企业与其他企业、组织或个人具有下列关系之一:

1) 一方直接或者间接持有另一方的股份总和达到25%以上;双方直接或者间接同为第三方所持有的股份达到25%以上。

如果一方通过中间方对另一方间接持有股份,只要其对中间方的持股比例达到25%以上,则其对另一方的持股比例按照中间方对另一方的持股比例计算。

两个以上具有夫妻、直系血亲、兄弟姐妹以及其他抚养、赡养关系的自然人共同持股同一企业,在判定关联关系时,他们的持股比例合并计算。

2) 双方存在持股关系或者同为第三方持股,虽然持股比例未达到上述第1)项规定,但双方之间借贷资金总额占任一方实收资本的比例达到50%以上,或者一方全部借贷资金总额的10%以上由另一方担保(与独立金融机构之间的借贷或者担保除外)。

$$\text{借贷资金总额占实收资本比例}=\text{年度加权平均借贷资金}/\text{年度加权平均实收资本}$$

其中,

$$\begin{array}{c}\text{年度加权}\\\text{平均借贷资金}\end{array}=\begin{array}{c}i\text{ 笔借入或者贷出}\\\text{资金账面金额}\end{array}\times\begin{array}{c}i\text{ 笔借入或者贷出}\\\text{资金年度实际占用天数}\end{array}/365$$

$$\begin{array}{c}\text{年度加权}\\\text{平均实收资本}\end{array}=\begin{array}{c}i\text{ 笔实收资本}\\\text{账面金额}\end{array}\times\begin{array}{c}i\text{ 笔实收资本}\\\text{年度实际占用天数}\end{array}/365$$

3) 双方存在持股关系或者同为第三方持股,虽然持股比例未达到上述第1)项规定,但一方的生产经营活动必须由另一方提供专利权、非专利技术、商标权、著作权等特许权才能正常进行。

4) 双方存在持股关系或者同为第三方持股,虽然持股比例未达到上面第1)项规定,但一方的购买、销售、接受劳务、提供劳务等经营活动由另一方控制。

控制是指一方有权决定另一方的财务和经营政策,并能据以从另一方的经营活动中获取利益。

5) 一方半数以上董事或者半数以上高级管理人员(包括上市公司董事会秘书、经理、副经理、财务负责人和公司章程规定的其他人员)由另一方任命或者委派,或者同时担任另一方的董事或者高级管理人员,或者双方各自半数以上董事或半数以上高级管理人员同为第三方任命或者委派。

6) 具有夫妻、直系血亲、兄弟姐妹以及其他抚养、赡养关系的两个自然人分别与双方具有上述第1)项至第5)项关系之一。

7) 双方在实质上具有其他共同利益。

除上述第2)项规定外,上述关联关系在年度内发生变化的,该关联关系按照实际存续期间认定。

6.6.3 同期资料管理

企业应当依据《中华人民共和国企业所得税法实施条例》的规定,按纳税年度准备并按税务机关要求提供其关联交易的同期资料。同期资料包括主体文档、本地文档和特殊事项文档。

6.6.3.1 主体文档

（1）符合下列条件之一的企业，应当准备主体文档：

1）本年度发生跨境关联交易，且合并该企业财务报表的最终控股企业所属企业集团已准备主体文档。

2）年度关联交易总额超过10亿元。

（2）主体文档主要披露最终控股企业所属企业集团的全球业务整体情况，包括以下内容：

1）组织架构。以图表形式说明企业集团的全球组织架构、股权结构和所有成员实体的地理分布。成员实体是指企业集团内任一营运实体，包括公司制企业、合伙企业和常设机构等。

2）企业集团业务。企业集团业务描述，包括利润的重要价值贡献因素；企业集团营业收入前五位以及占营业收入超过5%的产品或者劳务的供应链及其主要市场分布情况。供应链情况可以采用图表形式进行说明。企业集团除研发外的重要关联劳务及简要说明，包括主要劳务提供方提供劳务的胜任能力、分配劳务的成本以及确定关联劳务价格的转让定价政策；企业集团内各成员实体主要价值贡献分析，包括执行的关键功能、承担的重大风险以及使用的重要资产；企业集团会计年度内发生的业务重组，产业结构调整，企业集团内企业功能、风险或者资产的转移；企业集团会计年度内发生的企业法律形式改变、债务重组、股权收购、资产收购、合并、分立等。

3）无形资产。企业集团开发、应用无形资产及确定无形资产所有权归属的整体战略，包括主要研发机构所在地和研发管理活动发生地及其主要功能、风险、资产和人员情况；企业集团内对转让定价安排有显著影响的无形资产或者无形资产组合，以及对应的无形资产所有权人；企业集团内各成员实体与其关联方的无形资产重要协议清单，重要协议包括成本分摊协议、主要研发服务协议和许可协议等；企业集团内与研发活动及无形资产相关的转让定价政策；企业集团会计年度内重要无形资产所有权和使用权的关联转让情况，包括转让涉及的企业、国家以及转让价格等。

4）融资活动。企业集团内各关联方之间的融资安排以及与非关联方的主要融资安排；企业集团内提供集中融资功能的成员情况，包括其注册地和实际管理机构所在地；企业集团内各关联方之间融资安排的总体转让定价政策。

5）财务与税务状况。企业集团最近一个会计年度的合并财务报表；企业集团内各成员实体签订的单边预约定价安排、双边预约定价安排以及涉及国家之间所得分配的其他税收裁定的清单及简要说明；报送国别报告的企业名称及其所在地。

6.6.3.2 本地文档

（1）年度关联交易金额符合下列条件之一的企业，应当准备本地文档：

1）有形资产所有权转让金额（来料加工业务按照年度进出口报关价格计算）超过2亿元。

2）金融资产转让金额超过1亿元。

3）无形资产所有权转让金额超过 1 亿元。

4）其他关联交易金额合计超过 4 000 万元。

（2）本地文档主要披露企业关联交易的详细信息，包括企业概况、关联关系、关联交易、可比性分析以及转让定价方法的选择和使用。

6.6.3.3 特殊事项文档

（1）特殊事项文档包括成本分摊协议特殊事项文档和资本弱化特殊事项文档。

企业签订或者执行成本分摊协议的，应当准备成本分摊协议特殊事项文档。

企业关联债资比例超过标准比例需要说明符合独立交易原则的，应当准备资本弱化特殊事项文档。

（2）成本分摊协议特殊事项文档包括以下内容：

1）成本分摊协议副本。

2）各参与方之间达成的为实施成本分摊协议的其他协议。

3）使用协议成果的情况、支付的金额和形式，以及支付金额在参与方之间的分配方式。

4）本年度成本分摊协议的参与方加入或者退出的情况，包括加入或者退出的参与方名称、所在国家和关联关系，加入支付或者退出补偿的金额及形式。

5）分摊协议的变更或者终止情况，包括变更或者终止的原因、对已形成协议成果的处理或者分配。

6）本年度按照成本分摊协议发生的成本总额及构成情况。

7）本年度各参与方成本分摊的情况，包括成本支付的金额、形式和对象，做出或者接受补偿支付的金额、形式和对象。

8）本年度协议预期收益与实际收益的比较以及由此做出的调整。

9）预期收益的计算，包括计量参数的选取、计算方法和改变理由。

（3）资本弱化特殊事项文档包括以下内容：

1）企业偿债能力和举债能力分析。

2）企业集团举债能力及融资结构情况分析。

3）企业注册资本等权益投资的变动情况说明。

4）关联债权投资的性质、目的及取得时的市场状况。

5）关联债权投资的货币种类、金额、利率、期限及融资条件。

6）非关联方是否能够并且愿意接受上述融资条件、融资金额及利率。

7）企业为取得债权性投资而提供的抵押品情况及条件。

8）担保人的状况及担保条件。

9）同期同类贷款的利率情况及融资条件。

10）可转换公司债券的转换条件。

11）其他能够证明符合独立交易原则的资料。

6.6.4 转让定价管理

转让定价管理是指税务机关按照《企业所得税法》和《税收征管法》的有关规定，对企业与其关联方之间的业务往来是否符合独立交易原则进行审核评估和调查调整等工作的总称。

6.6.4.1 转让定价方法

转让定价方法包括可比非受控价格法、再销售价格法、成本加成法、交易净利润法、利润分割法和其他符合独立交易原则的方法。选用合理的转让定价方法应进行可比性分析。可比性分析主要包括以下五个方面：交易资产或劳务的特性；交易各方的功能和风险；合同条款；经济环境；经营策略。

(1) 可比非受控价格法是以非关联方之间进行的与关联交易相同或类似的业务活动所收取的价格作为关联交易的公平成交价格。

可比性分析应特别考察关联交易与非关联交易在交易资产或劳务上的特性以及在合同条款及经济环境上的差异。按照不同的交易类型，具体包括如下内容：①有形资产的购销或转让；②有形资产的使用；③无形资产的转让和使用；④融通资金，包括融资的金额、币种、期限、担保、融资人的资信、还款方式、计息方法；⑤提供劳务，包括业务性质、技术要求、专业水准、承担责任、付款条件和方式、直接和间接成本等。

关联交易与非关联交易之间在以上方面存在重大差异的，应就该差异对价格的影响进行合理调整；无法合理调整的，应选择其他合理的转让定价方法。

可比非受控价格法可用于所有类型的关联交易。

(2) 再销售价格法以关联方购进商品再销售给非关联方的价格减去可比非关联交易毛利后的金额作为关联方购进商品的公平成交价格。相应的计算公式为：

$$\text{公平成交价格}=\text{再销售给非关联方的价格}\times(1-\text{可比非关联交易毛利率})$$

$$\text{可比非关联交易毛利率}=\frac{\text{可比非关联交易毛利}}{\text{可比非关联交易收入净额}}\times 100\%$$

可比性分析应特别考察关联交易与非关联交易在功能、风险及合同条款上的差异以及影响毛利率的其他因素，具体包括销售、广告及服务功能，存货风险，机器、设备的价值及使用年限，无形资产的使用及价值，批发或零售环节，商业经验，会计处理及管理效率等。

关联交易与非关联交易之间在以上方面存在重大差异的，应就该差异对毛利率的影响进行合理调整；无法合理调整的，应选择其他合理的转让定价方法。

再销售价格法通常适用于再销售者未对商品进行改变外形、性能、结构或更换商标等实质性增值加工的简单加工或单纯购销业务。

(3) 成本加成法以关联交易发生的合理成本加上可比非关联交易毛利作为关联交易的公平成交价格。相应的计算公式为：

$$公平成交价格=关联交易的合理成本\times(1+可比非关联交易成本加成率)$$

$$可比非关联交易成本加成率=\frac{可比非关联交易毛利}{可比非关联交易成本}\times 100\%$$

可比性分析应特别考察关联交易与非关联交易在功能、风险及合同条款上的差异以及影响成本加成率的其他因素，具体包括制造、加工、安装及测试功能，市场及汇兑风险，机器、设备的价值及使用年限，无形资产的使用及价值，商业经验，会计处理及管理效率等。

关联交易与非关联交易在以上方面存在重大差异的，应就该差异对成本加成率的影响进行合理调整；无法合理调整的，应选择其他合理的转让定价方法。

成本加成法通常适用于有形资产的购销、转让和使用以及劳务提供或资金融通的关联交易。

（4）交易净利润法以可比非关联交易的利润率指标确定关联交易的净利润。利润率指标包括资产收益率、销售利润率、完全成本加成率、贝里比率等。

可比性分析应特别考察关联交易与非关联交易之间在功能、风险及经济环境上的差异以及影响营业利润的其他因素，具体包括执行的功能、承担的风险和使用的资产，行业和市场情况，经营规模，经济周期和产品生命周期，成本、费用、所得和资产在各交易间的分摊，会计处理及经营管理效率等。

关联交易与非关联交易在以上方面存在重大差异的，应就该差异对营业利润的影响进行合理调整；无法合理调整的，应选择其他合理的转让定价方法。

交易净利润法通常适用于有形资产的购销、转让和使用，无形资产的转让和使用以及劳务提供等关联交易。

（5）利润分割法根据企业与其关联方对关联交易合并利润的贡献计算各自应该分配的利润额。利润分割法分为一般利润分割法和剩余利润分割法。

一般利润分割法根据关联交易各参与方所执行的功能、承担的风险以及使用的资产，确定各自应取得的利润。

剩余利润分割法将关联交易各参与方的合并利润减去分配给各方的常规利润后的余额作为剩余利润，再根据各方对剩余利润的贡献程度进行分配。

可比性分析应特别考察交易各方执行的功能、承担的风险和使用的资产，成本、费用、所得和资产在各交易方之间的分摊，会计处理，确定交易各方对剩余利润贡献所使用信息和假设条件的可靠性等。

利润分割法通常适用于各参与方的关联交易高度整合且难以单独评估各方交易结果的情况。

6.6.4.2 转让定价调查及调整管理

税务机关有权依据《税收征管法》及其实施细则中有关税务检查的规定来确定调查企业，进行转让定价调查、调整。被调查企业必须据实报告其关联交易情况，并提供相关资料，不得拒绝或隐瞒。

1. 转让定价调查

(1) 转让定价调查的重点选择。

转让定价调查应重点选择以下企业:

1) 关联交易数额较大或类型较多的企业。

2) 长期亏损、微利或跳跃性盈利的企业。

3) 低于同行业利润水平的企业。

4) 利润水平与其所承担的功能、风险明显不匹配的企业。

5) 与避税港关联方发生业务往来的企业。

6) 未按规定进行关联申报或准备同期资料的企业。

7) 其他明显违背独立交易原则的企业。

(2) 实际税负相同的境内关联方之间的交易,只要该交易没有直接或间接导致国家总体税收收入的减少,原则上不做转让定价调查、调整。

2. 跟踪管理

税务机关对企业实施转让定价纳税调整后,应自企业被调整的最后年度的下一年度起5年内实施跟踪管理。在跟踪管理期内,企业应在跟踪年度的次年6月20日之前向税务机关提供跟踪年度的同期资料。

6.6.5 预约定价安排管理

预约定价安排管理是指税务机关按照《企业所得税法》和《税收征管法》的规定,对企业提出的未来年度关联交易的定价原则和计算方法进行审核评估,并与企业协商达成预约定价安排等工作的总称。

1. 预约定价安排

预约定价安排是指纳税人与其关联方在关联交易发生之前,向税务机关提出申请,与税务机关按照独立交易原则进行协商达成的协议。预约定价安排是国际上通行的一种转让定价调整方法。

预约定价安排的谈签与执行通常经过预备会谈、正式申请、审核评估、磋商、签订安排和监控执行6个阶段。预约定价安排包括单边、双边和多边3种类型。

2. 预约定价安排的适用范围

预约定价安排适用于主管税务机关向企业送达接收其谈签意向的《税务事项通知书》之日所属纳税年度起3～5个年度的关联交易。

企业以前年度的关联交易与预约定价安排适用年度相同或者类似的,经企业申请,税务机关可以将预约定价安排确定的定价原则和计算方法追溯适用于以前年度该关联交易的评估和调整。追溯期最长为10年。

预约定价安排一般适用于主管税务机关向企业送达接收其谈签意向的《税务事项通知书》之日所属纳税年度前3个年度每年度发生的关联交易金额在4 000万元人民币以上的企业。

3. 预约定价安排管理

(1) 企业有谈签预约定价安排意向的，应当向税务机关书面提出预备会谈申请。税务机关可以与企业开展预备会谈。

(2) 税务机关和企业在预备会谈期间达成一致意见的，主管税务机关向企业送达同意其提交谈签意向的《税务事项通知书》。企业收到《税务事项通知书》后向税务机关提出谈签意向。

(3) 企业提交谈签意向后，税务机关应当分析预约定价安排申请草案的内容，评估其是否符合独立交易原则。根据分析评估的具体情况，税务机关可以要求企业补充提供有关资料。

(4) 分析评估阶段，税务机关可以与企业就预约定价安排申请草案进行讨论。税务机关可以进行功能和风险实地访谈。税务机关认为预约定价安排申请草案不符合独立交易原则的，企业应当与税务机关协商，并进行调整；税务机关认为预约定价安排申请草案符合独立交易原则的，主管税务机关向企业送达同意其提交正式申请的《税务事项通知书》，企业收到通知后，可以向税务机关提交《预约定价安排正式申请书》，并附送预约定价安排正式申请报告。

(5) 税务机关应当在分析评估的基础上形成协商方案，并据此开展协商工作。

(6) 税务机关应当监控预约定价安排的执行情况。

(7) 预约定价安排执行期满后自动失效。企业申请续签的，应当在预约定价安排执行期满之日前90日内向税务机关提出续签申请，报送《预约定价安排续签申请书》，并提供执行现行预约定价安排情况的报告、现行预约定价安排所述事实和经营环境是否发生实质性变化的说明材料以及续签预约定价安排年度的预测情况等相关资料。

6.6.6 成本分摊协议管理

成本分摊协议管理是指税务机关按照《企业所得税法》的有关规定，对企业与其关联方签署的成本分摊协议是否符合独立交易原则进行审核评估和调查调整等工作的总称。

1. 成本分摊协议

成本分摊协议是指企业之间就其共同开发、受让无形资产，或者共同提供、接受劳务发生的成本进行分摊而签订的一种契约性协议，在该协议中的签约各方通常约定在研发或劳务活动中共摊成本、共担风险，并按照成本与预期相配比的原则合理分享收益。

2. 成本分摊协议管理

(1) 参与方使用成本分摊协议所开发或受让的无形资产无须另行支付特许权使用费。

(2) 企业对成本分摊协议所涉及无形资产或劳务的受益权应有合理的、可计量的预期收益，并以合理的商业假设和营业常规为基础。

(3) 涉及劳务的成本分摊协议一般适用于集团采购和集团营销策划。

(4) 成本分摊协议主要包括以下内容：①参与方的名称、所在国家（地区）、关联关系、在协议中的权利和义务；②成本分摊协议所涉及的无形资产或劳务的内容、范围，成本分摊协议所涉及研发或劳务活动的具体承担者及其职责、任务；③协议期；④参与方预期收益的计算方法和假设；⑤参与方初始投入和后续成本支付的金额、形式、价值确认的方法以及符合独立交易原则的说明；⑥参与方会计方法的运用及变更说明；⑦参与方加入或退出协议的程序及处理规定；⑧参与方之间补偿支付的条件及处理规定；⑨协议变更或终止的条件及处理规定；⑩非参与方使用协议成果的规定。

（5）已经执行并形成一定资产的成本分摊协议，若参与方发生变更或协议终止执行，应根据独立交易原则做如下处理：

1）加入支付，即新参与方为获得已有协议成果的受益权应做出合理的支付。

2）退出补偿，即原参与方退出协议安排，将已有协议成果的受益权转让给其他参与方应获得合理的补偿。

3）在参与方变更后，应对各方受益和成本分摊的情况做出相应调整。

4）当协议终止时，各参与方应对已有协议成果做出合理分配。

（6）企业可采取预约定价安排的方式达成成本分摊协议。

（7）企业与其关联方签署成本分摊协议，有下列情形之一的，其自行分摊的成本不得税前扣除：

1）不具有合理商业目的和经济实质。

2）不符合独立交易原则。

3）没有遵循成本与收益配比原则。

4）未按有关规定备案或准备、保存和提供有关成本分摊协议的同期资料。

5）自签署成本分摊协议之日起经营期限少于 20 年。

6.6.7 受控外国企业管理

受控外国企业管理是指税务机关按照《企业所得税法》的有关规定，对受控外国企业不做利润分配或减少分配进行审核评估和调查，并对归属于中国居民企业的所得进行调整等工作的总称。

1. 受控外国企业

受控外国企业是指由居民企业或者由居民企业和中国居民控制的设立在实际税负明显低于 25%税率水平的国家（地区），并非由于合理的经营需要而对利润不做分配或者减少分配的外国企业。

控制是指在股份、资金、经营、购销等方面对该外国企业构成实质控制。其中，股份控制是指中国居民股东在纳税年度任何一天单层直接或多层间接单一持有外国企业 10%以上有表决权股份，且由其共同持有该外国企业 50%以上股份。实际税负明显低于 25%税率水平是指实际税负明显低于《企业所得税法》规定的 25%税率水平的 50%。

2. 受控外国企业管理

（1）中国居民企业股东应在年度企业所得税纳税申报时提供对外投资信息，附送《对外投资情况表》。

（2）税务机关应汇总、审核中国居民企业股东申报的对外投资信息，向受控外国企业的中国居民企业股东送达《受控外国企业中国居民股东确认通知书》。中国居民企业股东符合《企业所得税法》第四十五条征税条件的，按照有关规定征税。

(3) 计入中国居民企业股东当期的视同受控外国企业股息分配的所得，应按以下公式计算：

$$\text{中国居民企业股东当期所得}=\text{视同股息分配额}\times\text{实际持股天数}\div\text{受控外国企业纳税年度天数}\times\text{股东持股比例}$$

中国居民企业股东多层间接持有股份的，股东持股比例按各层持股比例相乘计算。

(4) 受控外国企业与中国居民企业股东纳税年度存在差异的，应将视同股息分配所得计入受控外国企业纳税年度终止日所属的中国居民企业股东的纳税年度。

(5) 计入中国居民企业股东当期所得已在境外缴纳的企业所得税税款，可按照《企业所得税法》或税收协定的有关规定抵免。

(6) 受控外国企业实际分配的利润已根据《企业所得税法》第四十五条规定征税的，不再计入中国居民企业股东的当期所得。

(7) 中国居民企业股东能够提供资料证明其控制的外国企业满足以下条件之一的，可免于将外国企业不做分配或减少分配的利润视同股息分配额，计入中国居民企业股东的当期所得：

1) 设立在国家税务总局指定的非低税率国家（地区）。

2) 主要取得积极经营活动所得。

3) 年度利润总额低于500万元人民币。

6.6.8 资本弱化管理

资本弱化管理是指税务机关按照《企业所得税法》的有关规定，对企业接受关联方债权性投资与企业接受的权益性投资的比例是否符合规定比例或独立交易原则进行审核评估和调查、调整等工作的总称。

(1) 资本弱化。资本弱化是指企业通过加大借贷款（债权性融资）而减少股份资本（权益性融资）比例的方式增加税前扣除，以降低企业税负的一种行为。

(2) 资本弱化管理。企业从其关联方接受的债权性投资与权益性投资的比例超过规定标准而发生的利息支出，不得在计算应纳税所得额时扣除。

不得扣除的利息支出应按以下公式计算：

$$\text{不得扣除的利息支出}=\text{年度实际支付的全部关联方利息}\times\left(1-\frac{\text{标准比例}}{\text{关联债资比例}}\right)$$

其中，标准比例是指金融企业5∶1，其他企业2∶1。关联债资比例是指企业从其全部关联方接受的债权性投资（以下简称“关联债权投资”）占企业接受的权益性投资（以下简称“权益投资”）的比例，关联债权投资包括关联方以各种形式提供担保的债权性投资。

$$\text{关联债资比例}=\frac{\text{年度各月平均关联债权投资之和}}{\text{年度各月平均权益投资之和}}$$

其中，

$$\text{年度各月平均关联债权投资}=\frac{\text{关联债权投资月初账面余额}+\text{关联债权投资月末账面余额}}{2}$$

$$\text{年度各月平均权益投资}=\frac{\text{权益投资月初账面余额}+\text{权益投资月末账面余额}}{2}$$

权益投资为企业资产负债表所列示的所有者权益金额。如果所有者权益小于实收资本（股本）与资本公积之和，则权益投资为实收资本（股本）与资本公积之和；如果实收资本（股本）与资本公积之和小于实收资本（股本）金额，则权益投资为实收资本（股本）金额。

6.6.9 一般反避税规定

一般反避税管理是指税务机关按照《企业所得税法》的有关规定，对企业实施其他不具有合理商业目的的安排而减少其应纳税收入或所得额进行审核评估和调查、调整等工作的总称。

1. 一般反避税规定及其特征

（1）税法规定，对企业实施的不具有合理商业目的但能获取税收利益的避税安排，实施特别纳税调整。其中，税收利益是指减少、免除或者推迟缴纳企业所得税应纳税额。

下列情况不适用一般反避税规定：①与跨境交易或者支付无关的安排；②涉嫌逃避缴纳税款、逃避追缴欠税、骗税、抗税以及虚开发票等税收违法行为。

（2）避税安排具有的特征：

1）以获取税收利益为唯一目的或者主要目的。

2）以符合税法规定的形式，但与其经济实质不符的方式获取税收利益。

2. 一般反避税的调整方法

税务机关应当以具有合理商业目的和经济实质的类似安排为基准，按照实质重于形式的原则实施特别纳税调整。调整方法包括：

（1）对安排的全部或者部分交易重新定性。

（2）在税收上否定交易方的存在，或者将该交易方与其他交易方视为同一实体。

（3）对相关所得、扣除、税收优惠、境外税收抵免等重新定性或者在交易各方间重新分配。

（4）其他合理方法。

3. 一般反避税管理

（1）反避税立案。主管税务机关发现企业存在避税嫌疑的，层报省、自治区、直辖市和计划单列市税务机关复核同意后，报税务总局申请立案。省税务机关应当将税务总局形成的立案申请审核意见转发主管税务机关。税务总局同意立案的，主管税务机关实施一般反避税调查。

（2）反避税调查。当主管税务机关实施一般反避税调查时，应当向被调查企业送达《税务检查通知书》。被调查企业认为其安排不属于一般反避税管理办法所称避税安排的，应当自收到《税务检查通知书》之日起60日内提供包括安排的背景资料、安排的商业目的说明文件等资料。

（3）反避税结案。主管税务机关根据调查过程中获得的相关资料，自税务总局同意立案之日起9个月内进行审核，综合判断企业是否存在避税安排，形成案件不予调整或者初步调整方案的意见和理由，层报省税务机关复核同意后，报税务总局申请结案。

（4）反避税争议处理。被调查企业对主管税务机关做出的一般反避税调整决定不服的，可以按照有关法律法规的规定申请法律救济。

6.7 应纳税额的计算

6.7.1 居民企业应纳税额的计算

居民企业应纳税额等于应纳税所得额乘以适用税率，基本计算公式为：

居民企业应纳税额＝应纳税所得额×适用税率－减免税额－抵免税额

根据计算公式可以看出，居民企业应纳税额的多少，取决于应纳税所得额和适用税率两个因素。在实际过程中，应纳税所得额的计算一般有两种方法。

1. 直接计算法

在直接计算法下，居民企业每一纳税年度的收入总额减除不征税收入、免税收入、各项扣除以及允许弥补的以前年度亏损后的余额为应纳税所得额。其计算公式与前述相同，即

应纳税所得额＝收入总额－不征税收入－免税收入－各项扣除金额－允许弥补的亏损

2. 间接计算法

在间接计算法下，通过在会计利润总额的基础上加上或减去按照税法规定调整的项目金额后，即为应纳税所得额。相应的计算公式为：

应纳税所得额＝会计利润总额±纳税调整项目金额

纳税调整项目金额包括两方面的内容：一是企业的财务会计处理与税法规定不一致的情形下应予调整的金额；二是企业按照税法规定准予扣除的税收金额。

6.7.2 境外所得抵扣税额的计算

6.7.2.1 境外所得税额抵免的适用范围

居民企业以及非居民企业在中国境内设立的机构、场所（以下统称“企业”）依照

《企业所得税法》的有关规定，应在其应纳税额中抵免在境外缴纳的所得税税额。

居民企业（包括按境外法律设立但实际管理机构在中国，被判定为中国税收居民的企业）可以就其取得的境外所得直接缴纳和间接负担的境外企业所得税性质的税额进行抵免。非居民企业（外国企业）在中国境内设立的机构（场所）可以就其取得的发生在境外，但与其有实际联系的所得直接缴纳的境外企业所得税性质的税额进行抵免。

6.7.2.2 境外所得税抵免计算的基本项目

企业应按照《企业所得税法》及其实施条例、税收协定以及通知的规定，准确计算下列与抵免境外所得税有关的项目后，确定当期实际可抵免分国（地区）别的境外所得税税额和抵免限额：

（1）境内所得的应纳税所得额（以下简称“境内应纳税所得额”）和分国（地区）别的境外所得的应纳税所得额（以下简称“境外应纳税所得额”）。

（2）分国（地区）别的可抵免境外所得税税额。

（3）分国（地区）别的境外所得税的抵免限额。

企业不能准确计算上述项目实际可抵免分国（地区）别的境外所得税税额的，在相应国家（地区）缴纳的税收均不得在该企业当期应纳税额中抵免，也不得结转以后年度抵免。

6.7.2.3 境外应纳税所得额的计算

企业应就其按照《企业所得税法实施条例》第七条规定确定的中国境外所得（境外税前所得），按以下规定计算《企业所得税法实施条例》规定的境外应纳税所得额。

（1）居民企业在境外投资设立不具有独立纳税地位的分支机构，其来源于境外的所得，以境外收入总额扣除与取得境外收入有关的各项合理支出后的余额为应纳税所得额。各项收入、支出按《企业所得税法》及其实施条例的有关规定确定。

居民企业在境外设立不具有独立纳税地位的分支机构取得的各项境外所得，无论是否汇回中国境内，均应计入该企业所属纳税年度的境外应纳税所得额。

（2）居民企业应就其来源于境外的股息、红利等权益性投资收益，以及利息、租金、特许权使用费、转让财产等收入，扣除按照《企业所得税法》及其实施条例等规定计算的与取得该项收入有关的各项合理支出后的余额为应纳税所得额。来源于境外的股息、红利等权益性投资收益，应按被投资方做出利润分配决定的日期确认收入实现；来源于境外的利息、租金、特许权使用费、转让财产等收入，应按有关合同约定应付交易对价款的日期确认收入实现。

（3）非居民企业在境内设立机构、场所的，应就其发生在境外但与境内所设机构、场所有实际联系的各项应税所得，比照上述第（2）项规定计算相应的应纳税所得额。

（4）在计算境外应纳税所得额时，企业为取得境内外所得而在境内外发生的共同支出，与取得境外应税所得有关的、合理的部分，应在境内外［分国（地区）别，下同］应税所得之间，按照合理比例进行分摊后扣除。

（5）在汇总计算境外应纳税所得额时，企业在境外同一国家（地区）设立不具有独立纳税地位的分支机构，按照《企业所得税法》及其实施条例的有关规定计算的亏损，不得抵减其境内或他国（地区）的应纳税所得额，但可以用同一国家（地区）其他项目或以后年度的所得按规定弥补。

6.7.2.4 可抵免境外所得税税额的确认

可抵免境外所得税税额是指企业来源于中国境外的所得依照中国境外税收法律以及相关规定应当缴纳并已实际缴纳的企业所得税性质的税款，但不包括：

（1）按照境外所得税法律及相关规定属于错缴或错征的境外所得税税款。

（2）按照税收协定规定不应征收的境外所得税税款。

（3）因少缴或迟缴境外所得税而追加的利息、滞纳金或罚款。

（4）境外所得税纳税人或者其利害关系人从境外征税主体得到实际返还或补偿的境外所得税税款。

（5）按照《企业所得税法》及其实施条例的规定，已经免征我国企业所得税的境外所得负担的境外所得税税款。

（6）按照国务院财政、税务主管部门的有关规定，已经从企业境外应纳税所得额中扣除的境外所得税税款。

6.7.2.5 境外所得间接负担税额的计算

居民企业在按照《企业所得税法》的有关规定用境外所得间接负担的税额进行税收抵免时，其取得的境外投资收益实际间接负担的税额，是指根据直接或者间接持股方式合计持股20%以上（含20%，下同）的规定层级的外国企业股份，由此应分得的股息、红利等权益性投资收益中，从最低一层外国企业起逐层计算的属于由上一层企业负担的税额，相应的计算公式如下：

$$\text{本层企业所纳税额属于由一家上一层企业负担的税额}=\left(\text{本层企业就利润和投资收益所实际缴纳的税额}+\text{符合规定的由本层企业间接负担的税额}\right)\times\frac{\text{本层企业向一家上一层企业分配的股息（红利）}}{\text{本层企业所得税后利润额}}$$

6.7.2.6 适用间接抵免的外国企业持股比例的计算

除国务院财政、税务主管部门另有规定外，按照《企业所得税法实施条例》第八十条的规定，由居民企业直接或者间接持有20%以上股份的外国企业，限于符合以下持股方式的三层外国企业。

第一层：单一居民企业直接持有20%以上股份的外国企业。

第二层：单一第一层外国企业直接持有20%以上股份，且由单一居民企业直接持有或通过一个或多个符合持股条件的外国企业间接持有总和达到20%以上股份的外国企业。

第三层：单一第二层外国企业直接持有20%以上股份，且由单一居民企业直接持有或通过一个或多个符合持股条件的外国企业间接持有总和达到20%以上股份的外国企业。

6.7.2.7 税收饶让抵免的应纳税额的确定

居民企业从与我国政府订立了税收协定（或安排）的国家（地区）取得的所得，按照该国（地区）税收法律享受了免税或减税待遇，且该免税或减税的数额按照税收协定的规定应视同已缴税额在中国的应纳税额中进行抵免的，该免税或减税数额可作为企业实际缴纳的境外所得税税额用于办理税收抵免。

6.7.2.8 抵免限额的计算

企业应按照《企业所得税法》及其实施条例和相关规定分国（地区）别计算境外税额的抵免限额。

$$\begin{array}{c}\text{某国（地区）}\\\text{所得税抵免限额}\end{array}=\begin{array}{c}\text{中国境内外所得依照《企业所得税法》}\\\text{及其实施条例的规定计算的应纳税总额}\end{array}\times\frac{\begin{array}{c}\text{来源于某国（地区）}\\\text{的应纳税所得额}\end{array}}{\begin{array}{c}\text{中国境内外}\\\text{应纳税所得总额}\end{array}}$$

据以计算上式中“中国境内外所得依照《企业所得税法》及其实施条例的规定计算的应纳税总额”的税率，除国务院财政、税务主管部门另有规定外，应为《企业所得税法》规定的25%的适用税率。

企业按照《企业所得税法》等有关规定计算的当期境内外应纳税所得总额小于零的，应以零计算当期境内外应纳税所得总额，其当期境外所得税的抵免限额也为零。

6.7.2.9 实际抵免境外税额的计算

在计算实际应抵免的境外已缴纳和间接负担的所得税税额时，企业在境外一国（地区）当年缴纳和间接负担的符合规定的所得税税额低于所计算的该国（地区）抵免限额的，应以该项税额作为境外所得税抵免额，然后从企业应纳税总额中据实抵免；超过抵免限额的，当年应以抵免限额作为境外所得税抵免额进行抵免，超过抵免限额的余额允许从次年起的连续五个纳税年度内，用每年度抵免限额抵免当年应抵税额后的余额进行抵补。

6.7.2.10 境外所得税抵免时应纳所得税税额的计算

企业抵免境外所得税税额后应纳所得税税额的计算公式为：

$$\text{应纳所得税税额}=\begin{array}{c}\text{企业境内外所得}\\\text{应纳税总额}\end{array}-\begin{array}{c}\text{企业所得税减免、}\\\text{抵免优惠税额}\end{array}-\begin{array}{c}\text{境外所得税}\\\text{抵免额}\end{array}$$

[例6-10]

正邦公司是中国居民企业，该公司在韩国和日本设立了机构。2017年，该公司来源

于韩国的所得为100万元，来源于日本的所得为80万元。该公司在韩国缴纳了30万元的所得税，在日本缴纳了16万元的所得税。2017年，正邦公司的境内应纳税所得额为200万元。计算该公司2017年度境外所得的抵免限额。

解析：

抵免限额是指企业来源于中国境外的所得，依照《企业所得税法》及其实施条例的规定计算的应纳税额。除国务院财政、税务主管部门另有规定外，该抵免限额应当分国（地区）不分项计算，相应的计算公式为：

$$\text{抵免限额}=\begin{array}{c}\text{中国境内外所得依照《企业所得税法》}\\\text{及其实施条例的规定计算的应纳税总额}\end{array}\times\frac{\begin{array}{c}\text{来源于某国（地区）}\\\text{的应纳税所得额}\end{array}}{\begin{array}{c}\text{中国境内外}\\\text{应纳税所得总额}\end{array}}$$

因此，该公司2017年度来源于韩国的抵免限额为：

$$(200+100+80)\times25\%\times\frac{100}{200+100+80}=25\text{（万元）}$$

该公司2017年度来源于日本的抵免限额为：

$$(200+100+80)\times25\%\times\frac{80}{200+100+80}=20\text{（万元）}$$

6.7.3 非居民企业应纳税额的计算

对于在中国境内未设立机构、场所的，或者虽设立机构、场所但取得的所得与其所设机构、场所没有实际联系的非居民企业的所得，按照下列方法计算应纳税所得额：

（1）股息、红利等权益性投资收益和利息、租金、特许权使用费所得，以收入全额为应纳税所得额。

（2）转让财产所得，以收入全额减除财产净值后的余额为应纳税所得额。

（3）其他所得，参照前两项规定的方法计算应纳税所得额。

财产净值是指财产的计税基础减除已按照规定扣除的折旧、折耗、摊销、准备金等后的余额。

该类企业的企业所得税应纳税额的计算公式为：

企业所得税应纳税额＝应纳税所得额×实际征收率

[例6-11]

美国某公司在中国境内没有设立机构（场所），2017年从中国境内取得垫付款利息所得8万元；将一项专利权提供给中国企业A公司使用，获得使用费10万元，还为A公司提供了货物运输担保，A公司向其支付担保费15万元。计算该美国公司2017年应缴纳的企业所得税税额。

解答:

2017年应缴纳的企业所得税税额＝（8＋10＋15）×10%＝3.3（万元）

6.8 税收优惠

税收优惠是对部分特定纳税人和征税对象给予税收上的鼓励及照顾，是财政政策的重要手段。政府通过税收优惠能够引导企业从事国家鼓励发展的产业，鼓励和引导社会投资，从而增加就业、优化经济结构和资源配置、调节收入分配、促进经济发展，最终实现国家的宏观经济目标和经济社会的整体协调发展。

6.8.1 减征、免征优惠

企业的下列所得可以免征、减征企业所得税，但如果企业从事国家限制和禁止发展的项目，不得享受企业所得税优惠。

1. 从事农、林、牧、渔业项目的所得

企业从事农、林、牧、渔业项目的所得，可以免征、减征企业所得税。

2. 从事国家重点扶持的公共基础设施项目投资经营的所得

《企业所得税法》所称国家重点扶持的公共基础设施项目，是指《公共基础设施项目企业所得税优惠目录》规定的港口码头、机场、铁路、公路、电力、水利等项目。

企业从事国家重点扶持的公共基础设施项目投资经营的所得，自项目取得第一笔生产经营收入所属纳税年度起，第一年至第三年免征企业所得税，第四年至第六年减半征收企业所得税。

企业承包经营、承包建设和内部自建自用该条规定的项目，不得享受该条规定的企业所得税优惠。

3. 从事符合条件的环境保护、节能节水项目的所得

环境保护、节能节水项目的所得，自项目取得第一笔生产经营收入所属纳税年度起，第一年至第三年免征企业所得税，第四年至第六年减半征收企业所得税。

符合条件的环境保护、节能节水项目包括公共污水处理、公共垃圾处理、沼气综合开发利用、节能减排技术改造、海水淡化等。项目的具体条件和范围由国务院财政、税务主管部门会同国务院有关部门制定，报国务院批准后公布施行。

但是，按照以上规定享受减免税优惠的项目，在减免税期限内转让的，受让方自受让之日起，可以在剩余期限内享受规定的减免税优惠；减免税期限届满后转让的，受让方不得就该项目重复享受减免税优惠。

4. 符合条件的技术转让所得

《企业所得税法》所称符合条件的技术转让所得免征、减征企业所得税，是指一个纳税年度内，居民企业转让技术所有权所得不超过500万元的部分，免征企业所得税；超过500万元的部分，减半征收企业所得税。

6.8.2 高新技术企业优惠

国家需要重点扶持的高新技术企业减按15%的所得税税率征收企业所得税。国家需要重点扶持的高新技术企业是指拥有核心自主知识产权，同时符合下列条件的企业。

要认定为高新技术企业必须同时满足以下条件：

（1）企业申请认定时须注册成立一年以上。

（2）企业通过自主研发、受让、受赠、并购等方式，获得对其主要产品（服务）在技术上发挥核心支持作用的知识产权的所有权。

（3）对企业主要产品（服务）发挥核心支持作用的技术属于《国家重点支持的高新技术领域》规定的范围。

（4）企业从事研发和相关技术创新活动的科技人员占企业当年职工总数的比例不低于10%。

（5）企业近三个会计年度（实际经营期不满三年的按实际经营时间计算，下同）的研发费用总额占同期销售收入总额的比例符合如下要求：

1）最近一年销售收入小于5 000万元（含）的企业，比例不低于5%。

2）最近一年销售收入在5 000万元至2亿元（含）的企业，比例不低于4%。

3）最近一年销售收入在2亿元以上的企业，比例不低于3%。

其中，企业在中国境内发生的研发费用总额占全部研发费用总额的比例不低于60%。

（6）近一年高新技术产品（服务）收入占企业同期总收入的比例不低于60%。

（7）企业创新能力评价应达到相应要求。

（8）企业申请认定前一年内未发生重大安全事故、重大质量事故或严重环境违法行为。

知识库

国家重点支持的高新技术领域包括电子信息技术、生物与新医药技术、航空航天技术、新材料技术、高技术服务业、新能源及节能技术、资源与环境技术、高新技术改造传统产业。

6.8.3 小型微利企业优惠

对小型微利企业减按20%的所得税税率征收企业所得税。小型微利企业的条件如下：

（1）工业企业，年度应纳税所得额不超过30万元，从业人数不超过100人，资产总额不超过3 000万元。

（2）其他企业，年度应纳税所得额不超过30万元，从业人数不超过80人，资产总额不超过1 000万元。

背景知识

促进小型微利企业发展的企业所得税优惠政策

为了巩固和扩大应对国际金融危机冲击的成果，发挥小企业在促进经济发展、增加就业等方面的积极作用，2011年1月27日财政部、国家税务总局颁发的《关于继续实施小型微利企业所得税优惠政策的通知》（财税［2011］4号）规定："自2011年1月1日至2011年12月31日，对年应纳税所得额低于3万元（含3万元）的小型微利企业，其所得减按50%计入应纳税所得额，按20%的税率缴纳企业所得税。"同年11月29日，财政部、国家税务总局颁发的《关于小型微利企业所得税优惠政策有关问题的通知》（财税［2011］117号）规定："自2012年1月1日至2015年12月31日，对年应纳税所得额低于6万元（含6万元）的小型微利企业，其所得减按50%计入应纳税所得额，按20%的税率缴纳企业所得税。"

自2015年1月1日至2017年12月31日，对年应纳税所得额低于20万元（含20万元）的小型微利企业，其所得减按50%计入应纳税所得额，按20%的税率缴纳企业所得税。

自2015年10月1日至2017年12月31日，对年应纳税所得额在20万元到30万元（含30万元）之间的小型微利企业，其所得减按50%计入应纳税所得额，按20%的税率缴纳企业所得税。

自2017年1月1日至2019年12月31日，将小型微利企业的年应纳税所得额上限由30万元提高至50万元，对年应纳税所得额低于50万元（含50万元）的小型微利企业，其所得减按50%计入应纳税所得额，按20%的税率缴纳企业所得税。

自2018年1月1日至2020年12月31日，将享受减半征收企业所得税优惠政策的小型微利企业年应纳税所得额上限从50万元提高到100万元。

自2019年1月1日至2021年12月31日，对小型微利企业年应纳税所得额不超过100万元的部分，减按25%计入应纳税所得额，按20%的税率缴纳企业所得税；对年应纳税所得额超过100万元但不超过300万元的部分，减按50%计入应纳税所得额，按20%的税率缴纳企业所得税。

上述小型微利企业是指从事国家非限制和禁止行业，且同时符合年度应纳税所得额不超过 300 万元、从业人数不超过 300 人、资产总额不超过 5 000 万元三个条件的企业。

6.8.4 加计扣除优惠

加计扣除优惠包括以下两项内容：

（1）研究开发费用是指企业为开发新技术、新产品、新工艺发生的研究开发支出。未形成无形资产计入当期损益的，在按照规定据实扣除的基础上，按照研究开发费用的 50%加计扣除；形成无形资产的，按照无形资产成本的 150%摊销。

为了推动经济结构调整，自 2016 年 1 月 1 日起，在对研究开发费用加计扣除的管理中：①除规定不宜适用加计扣除的活动和行业外，企业发生的研发支出均可享受加计扣除优惠。不适用税前加计扣除政策的行业有烟草制造业、住宿和餐饮业、批发和零售业、房地产业、租赁和商务服务业、娱乐业及财政部和国家税务总局规定的其他行业。②扩大费用范围，在原有基础上，外聘研发人员劳务费、试制产品检验费、专家咨询费及合作或委托研发发生的费用等可按规定纳入加计扣除。③简化对研究开发费用的归集和核算管理，用辅助账代替专用账。④允许企业追溯过去 3 年应扣未扣的研究开发费用并加计扣除。⑤减少审核程序，对加计扣除实行事后备案管理。

科技型中小企业开展研发活动中实际发生的研究开发费用，未形成无形资产计入当期损益的，在按规定据实扣除的基础上，在 2017 年 1 月 1 日至 2019 年 12 月 31 日期间，再按照实际发生额的 75%在税前加计扣除；形成无形资产的，在上述期间按照无形资产成本的 175%在税前摊销。

[例 6-12]

2017 年，联合公司开发新技术、新产品、新工艺发生的研究开发费用为 400 万元。该公司为开发新技术、新产品、新工艺发生的研究开发费用，未形成无形资产计入当期损益，该公司在没有考虑加计扣除的情况下所计算的应纳税所得额为 600 万元。计算该公司 2017 年度的应纳税额。

解析：

该公司 2017 年度开发新技术、新产品、新工艺发生的研究开发费用可以享受加计扣除 50%的优惠政策。因此，该公司 2017 年度的应纳税额为：

(600－400×50%)×25%＝100（万元）

（2）企业安置残疾人员所支付工资的加计扣除，是指企业安置残疾人员的，在按照支付给残疾职工工资据实扣除的基础上，按照支付给残疾职工工资的 100%加计扣除。残疾人员的范围适用《中华人民共和国残疾人保障法》的有关规定。企业安置国家鼓励安置的其他就业人员所支付工资的加计扣除办法，由国务院另行规定。

[例 6-13]

灵力公司安置 20 名残疾人员，每月支付给 20 名残疾人员的工资总计 4 万元。2017 年，该公司在没有考虑加计扣除优惠政策下所计算的应纳税所得额为 600 万元。计算该公司 2017 年度的应纳税额。

解析：

因为该公司可以享受按实际支付给残疾职工工资的 100%加计扣除的优惠政策，所以该公司 2017 年度的应纳税额为：

(600－4×12×100%)×25%＝138（万元）

6.8.5 创业投资企业优惠

创业投资企业从事国家需要重点扶持和鼓励的创业投资，可以按投资额的一定比例抵扣应纳税所得额。抵扣应纳税所得额是指创业投资企业采取股权投资方式投资于未上市的中小高新技术企业 2 年以上的，可以按照其投资额的 70%在股权持有满 2 年的当年抵扣该创业投资企业的应纳税所得额；当年不足抵扣的，可以在以后纳税年度结转抵扣。

自 2015 年 10 月 1 日起，全国范围内的有限合伙制创业投资企业采取股权投资方式投资于未上市的中小高新技术企业满 2 年（24 个月）的，该有限合伙制创业投资企业的法人合伙人可按照其对未上市中小高新技术企业投资额的 70%抵扣该法人合伙人从该有限合伙制创业投资企业分得的应纳税所得额；当年不足抵扣的，可以在以后纳税年度结转抵扣。

[例 6-14]

W 公司是创业投资企业，R 公司是未上市的中小高新技术企业。2015 年 1 月 1 日，W 公司以股权投资方式向 R 公司投资 1 000 万元。2015—2017 年 W 公司的应纳税所得额分别为 100 万元、500 万元、1 000 万元。计算 2015—2017 年 W 公司的应纳税额。

解析：

W 公司属于创业投资企业，R 公司属于未上市的中小高新技术企业，W 公司以股权投资的方式投资于 R 公司满 2 年以后可以享受抵扣应纳税所得额的优惠政策。

2015 年，W 公司不能享受税收优惠政策，应纳税额为：

100×25%＝25（万元）

2016 年，W 公司股权持有已满 2 年，可以享受抵扣投资额 70%的优惠政策，应纳税所得额为：

500－1 000×70%＝－200（万元）

因此，W 公司不需要缴纳企业所得税。

2016 年的应纳税所得额不足抵扣，可以继续抵扣 2017 年的应纳税所得额。2017 年，W 公司的应纳税额为：

(1 000－200)×25%＝200（万元）

6.8.6 加速折旧优惠

1. 一般规定

企业的固定资产由于技术进步等原因，确需加速折旧的，可以采取缩短折旧年限或者加速折旧的方法。可以采取缩短折旧年限或者加速折旧方法的固定资产，包括：

（1）由于技术进步，产品更新换代较快的固定资产。

（2）常年处于强振动、高腐蚀状态的固定资产。

2. 对四个领域重点行业的规定

自 2015 年 1 月 1 日起，对轻工、纺织、机械、汽车四个领域重点行业的企业 2015 年 1 月 1 日后新购进的固定资产（包括自行建造），可由企业选择采取缩短折旧年限或加速折旧的方法；对这些行业的小型微利企业 2015 年 1 月 1 日后新购进的研发和生产经营共用的仪器、设备，单位价值不超过 100 万元的，允许一次性计入当期成本、费用，在计算应纳税所得额时扣除，不再分年度计算折旧；单位价值超过 100 万元的，可由企业选择采取缩短折旧年限或加速折旧的方法。

采取缩短折旧年限方法的，最低折旧年限不得低于规定折旧年限的 60%；采取加速折旧方法的，可以采取双倍余额递减法或者年数总和法。

3. 对生物药品制造业等 6 个行业的规定

对生物药品制造业，专用设备制造业，铁路、船舶、航空航天和其他运输设备制造业，计算机、通信和其他电子设备制造业，仪器仪表制造业，信息传输、软件和信息技术服务业 6 个行业的企业在 2014 年 1 月 1 日后新购进的固定资产，可采取缩短折旧年限或加速折旧的方法。

对上述 6 个行业的小型微利企业在 2014 年 1 月 1 日后新购进的研发和生产经营共用的仪器、设备，单位价值不超过 100 万元的，允许一次性计入当期成本费用在计算应纳税所得额时扣除，不再分年度计算折旧；单位价值超过 100 万元的，可采取缩短折旧年限或加速折旧的方法。

4. 对购进的专门用于研发的仪器、设备的规定

对所有行业企业在 2014 年 1 月 1 日后新购进的专门用于研发的仪器、设备，单位价值不超过 100 万元的，允许一次性计入当期成本费用在计算应纳税所得额时扣除，不再分年度计算折旧；单位价值超过 100 万元的，可采取缩短折旧年限或加速折旧的方法。

自 2018 年 1 月 1 日至 2020 年 12 月 31 日，上述规定的单位价值由 100 万元提高到 500 万元。

6.8.7 减计收入优惠

减计收入优惠是指企业综合利用资源，生产符合国家产业政策规定的产品所取得的收入，可以在计算应纳税所得额时减计收入。

综合利用资源是指企业以《资源综合利用企业所得税优惠目录》规定的资源作为主要原材料，生产国家非限制和禁止并符合国家及行业相关标准的产品取得的收入，减按 90%计入收入总额。

上述所称原材料占生产产品材料的比例不得低于《资源综合利用企业所得税优惠目录》规定的标准。

6.8.8 税额抵免优惠

税额抵免是指企业购置并实际使用《环境保护专用设备企业所得税优惠目录》、《节能节水专用设备企业所得税优惠目录》和《安全生产专用设备企业所得税优惠目录》规定的环境保护、节能节水、安全生产等专用设备的，该专用设备投资额的 10%可以从企业当年的应纳税额中抵免；当年不足抵免的，可以在以后 5 个纳税年度结转抵免。

享受前款规定的企业所得税优惠的企业，应当实际购置并自身实际投入使用前款规定的专用设备；企业购置上述专用设备在 5 年内转让、出租的，应当停止享受企业所得税优惠，并补缴已经抵免的企业所得税税款。

企业所得税优惠目录由国务院财政、税务主管部门商国务院有关部门制定，报国务院批准后公布实行。

企业同时从事适用不同企业所得税待遇的项目的，其优惠项目应当单独计算所得，并合理分摊企业的期间费用；没有单独计算的，不得享受企业所得税优惠。

[例 6－15]

2016 年，H 公司购置了《环境保护专用设备企业所得税优惠目录》内的设备，该设备价值 300 万元，该年度的应纳税所得额为 100 万元，2017 年度的应纳税所得额为 150 万元。计算 A 公司 2016 年度和 2017 年度的应纳税额。

解析：

H 公司可以享受抵免投资额 10%的优惠政策。

2016 年度可以抵免的数额为：

300×10%＝30（万元）

2016 年度的应纳税额＝100×25％－30＝－5（万元）

即不用缴纳税额；尚未抵扣完的 5 万元（＝30－25）可以结转到以后 5 年继续抵扣。

2017 年度的应纳税额＝150×25％－5＝32.5（万元）

6.8.9 民族自治地方的优惠

民族自治地方的自治机关对民族自治地方的企业所缴纳的企业所得税属于地方分享的部分，可以决定减征或者免征，自治州和自治县决定减征或者免征的，须报所在地的省、自治区、直辖市人民政府批准。

民族自治地方是指依照《中华人民共和国民族区域自治法》的规定，实行民族区域自治的自治区、自治州、自治县。但是，对民族自治地方内国家限制和禁止行业的企业，不得减征或者免征企业所得税。

6.8.10 非居民企业优惠

非居民企业减按 10％的税率征收企业所得税，但下列所得可以免征企业所得税：

（1）外国政府向中国政府提供贷款取得的利息所得。

（2）国际金融组织向中国政府和居民企业提供优惠贷款取得的利息所得。

（3）经国务院批准的其他所得。

6.8.11 西部大开发税收优惠

自 2011 年 1 月 1 日至 2020 年 12 月 31 日，对设在西部地区的鼓励类产业企业减按 15％的税率征收企业所得税。上述鼓励类产业企业是指以《西部地区鼓励类产业目录》中规定的产业项目为主营业务，并且其主营业务收入占企业收入总额 70％以上的企业。

西部地区包括重庆市、四川省、贵州省、云南省、西藏自治区、陕西省、甘肃省、宁夏回族自治区、青海省、新疆维吾尔自治区、新疆生产建设兵团、内蒙古自治区和广西壮族自治区。湖南省湘西土家族苗族自治州、湖北省恩施土家族苗族自治州、吉林省延边朝鲜族自治州，可以比照西部地区的税收政策执行。

对西部地区 2010 年 12 月 31 日前新办的、根据《财政部、国家税务总局、海关总署关于西部大开发税收优惠政策问题的通知》（财税［2001］202 号）第二条第三款的规定可以享受企业所得税“两免三减半”优惠的交通、电力、水利、邮政、广播电视企业，其享受的企业所得税“两免三减半”优惠可以继续享受到期满为止。

6.9 源泉扣缴

源泉扣缴是指按照有关法律法规或者合同约定，对非居民企业直接负有支付相关款项义务的单位和个人，依照《企业所得税法》相关规定对其应缴纳的企业所得税进行扣缴管理的一种征收方法。

实行源泉扣缴的主要目的是有效保护税源、保证国家财政收入、防止偷漏税及简化纳税手续。对此类所得征税是国际上通行的做法，统称预提税或预提所得税。预提所得税不是一个独立的税种，而是企业所得税的重要组成部分，它是企业所得税源泉扣缴的方式。

6.9.1 源泉扣缴的范围

对非居民企业取得的来源于中国境内的股息、红利等权益性投资所得，利息、租金、特许权使用费所得，财产转让所得和其他所得，实行源泉扣缴企业所得税管理。

6.9.2 扣缴义务人

（1）对非居民企业在中国境内未设立机构、场所的，或者虽设立机构、场所但取得的所得与其所设机构、场所没有实际联系的所得应缴纳的企业所得税，实行源泉扣缴，以支付人为扣缴义务人。税款由扣缴义务人在每次支付或者到期应支付时，从支付或者到期应支付的款项中扣缴。

支付人是指依照有关法律规定或者合同约定对非居民企业直接负有支付相关款项义务的单位或者个人。

支付包括现金支付、汇拨支付、转账支付和权益兑价支付等货币支付和非货币支付。

到期应支付的款项是指支付人按照权责发生制原则应当计入相关成本、费用的应付款项。

（2）对非居民企业在中国境内取得工程作业和劳务所得应缴纳的所得税，税务机关可以指定工程价款或者劳务费的支付人为扣缴义务人。

6.9.3 扣缴方法

（1）扣缴义务人在扣缴税款时，按前述非居民企业的企业所得税计算方法计算税款。

（2）应当扣缴的所得税，扣缴义务人未依法扣缴或者无法履行扣缴义务的，由企业在所得发生地缴纳。企业未依法缴纳的，税务机关可以从该企业在中国境内其他收入项目的支付人应付的款项中，追缴该企业的应纳税款。

所得发生地是指依照《企业所得税法实施条例》第七条规定的原则确定的所得发生

地。在中国境内存在多处所得发生地的，由企业选择其中之一申报缴纳企业所得税。

该企业在中国境内的其他收入是指该企业在中国境内取得的其他各种来源的收入。

(3) 税务机关在追缴该企业应纳税款时，应当将追缴理由、追缴数额、缴纳期限和缴纳方式等告知该企业。

(4) 扣缴义务人每次代扣的税款，应当自代扣之日起7日内缴入国库，并向所在地的税务机关报送扣缴企业所得税报告表。

6.10 征收管理

6.10.1 纳税地点

(1) 除税收法律、行政法规另有规定外，居民企业以企业登记注册地为纳税地点；登记注册地在境外的，以实际管理机构所在地为纳税地点。企业登记注册地是指企业依照国家有关规定登记注册的住所地。

(2) 居民企业在中国境内设立不具有法人资格的营业机构的，应当汇总计算并缴纳企业所得税。企业汇总计算并缴纳企业所得税时，应当统一核算应纳税所得额，具体办法由国务院财政、税务主管部门另行制定。

(3) 非居民企业在中国境内设立机构、场所的，应当就其所设机构、场所取得的来源于中国境内的所得，以及发生在中国境外但与其所设机构、场所有实际联系的所得，以机构、场所所在地为纳税地点。非居民企业在中国境内设立两个或者两个以上机构、场所的，经税务机关审核批准，可以选择由其主要机构、场所汇总缴纳企业所得税。《企业所得税法实施条例》规定：“非居民企业经批准汇总缴纳企业所得税后，需要增设、合并、迁移、关闭机构、场所或者停止机构、场所业务的，应当事先由负责汇总申报缴纳企业所得税的主要机构、场所向其所在地税务机关报告；需要变更汇总缴纳企业所得税的主要机构、场所的，依照前款规定办理。”

案例分析

ABC公司是非居民企业，并在北京、上海和广州分别设立了机构、场所。其中，ABC公司设在北京的机构、场所对其他两个机构、场所负有监督管理责任，该机构、场所设有完整的账簿、凭证，能够准确反映该机构、场所的收入、成本、费用和盈亏情况。可以看出，在北京的机构、场所属于ABC公司在中国的主要机构、场所，因此应当由在北京的机构、场所汇总缴纳企业所得税。

(4) 非居民企业在中国境内未设立机构、场所的，或者虽设立机构、场所但取得的所得与其所设机构、场所没有实际联系的所得，以扣缴义务人所在地为纳税地点。

(5) 除国务院另有规定外，企业之间不得合并缴纳企业所得税。

6.10.2 纳税期限

企业所得税按年计征，分月或者分季预缴，年终汇算清缴，多退少补。企业所得税的纳税年度，自公历1月1日起至12月31日止。企业在一个纳税年度的中间开业，或者由于合并、关闭等原因终止经营活动，使该纳税年度的实际经营期不足12个月的，应当以其实际经营期为一个纳税年度。企业清算时，应当以清算期间作为一个纳税年度。

自年度终了之日起5个月内，企业应向税务机关报送年度企业所得税纳税申报表，并汇算清缴，结清应缴应退税款。

企业在年度中间终止经营活动的，应当自实际经营终止之日起60日内，向税务机关办理当期企业所得税汇算清缴。

综合例题1

红方工业企业为居民企业，拥有职工80人，资产总额为1 000万元。假定2017年的经营业务如下：产品销售收入560万元，产品销售成本400万元；其他业务收入80万元，其他业务成本66万元；固定资产出租收入6万元；非增值税销售税金25万元，城市维护建设税和教育费附加2.5万元；当期发生的管理费用86万元，其中新技术研发费用30万元，当年未形成无形资产；财务费用20万元；营业外收入10万元，营业外支出25万元（其中含公益性捐赠18万元）。

计算该企业2017年度应缴纳的企业所得税。

解析：

(1) 会计利润＝560＋80＋6＋10－400－66－2.5－86－20－25＝56.5（万元）。

(2) 技术开发费调减所得额＝30×50%＝15（万元）。

(3) 捐赠扣除标准＝56.5×12%＝6.78（万元）＜18万元。

(4) 捐赠额应调增所得额＝18－6.78＝11.22（万元）。

(5) 应纳税所得额＝56.5－15＋11.22＝52.72（万元）。

(6) 应纳税额＝52.72×25%＝13.18（万元）。

综合例题2

剑南企业为居民企业，2017年的经营业务如下：

(1) 取得销售收入2 500万元。

(2) 发生销售成本1 100万元。

(3) 发生销售费用 670 万元（其中广告费 450 万元），管理费用 480 万元（其中业务招待费 15 万元），财务费用 60 万元。

(4) 增值税 96 万元，城市维护建设税和教育费附加 9.6 万元。

(5) 营业外收入 70 万元，营业外支出 50 万元（含通过公益性社会团体向贫困山区捐款 30 万元，支付税收滞纳金 6 万元）。

(6) 计入成本、费用中的实发工资总额 150 万元（符合税法规定的合理的工资、薪金支出）、拨缴职工工会经费 3 万元、支出职工福利费 25 万元和职工教育经费 14 万元。

(7) 该企业 2017 年四个季度已分别预缴所得税税款 10 万元、20 万元、15 万元和 18 万元。

计算该企业 2017 年度实际应纳的企业所得税税款及年终汇算清缴应补缴的税款。

解析：

(1) 会计利润总额＝2 500＋70－1 100－670－480－60－9.6－50＝200.40（万元）。

(2) 广告费和业务宣传费允许税前扣除的限额＝2 500×15%＝375（万元）。

广告费和业务宣传费纳税调增＝450－375＝75（万元）

(3) 业务招待费允许税前扣除的限额：

15×60%＝9（万元）

2 500×5‰＝12.5（万元）

可以税前扣除的限额为 9 万元。

业务招待费纳税调增＝15－9＝6（万元）

(4) 捐赠支出允许税前扣除的限额＝200.40×12%＝24.05（万元）。

捐赠支出纳税调增＝30－24.05＝5.95（万元）。

(5) 税收滞纳金 6 万元不允许税前扣除。

(6) 职工福利费税前扣除的限额＝150×14%＝21（万元）。

职工福利费纳税调增＝25－21＝4（万元）

(7) 职工工会经费税前扣除的限额＝150×2%＝3（万元）。

(8) 职工教育经费税前扣除的限额＝150×8%＝12（万元）。

职工教育经费纳税调增＝14－12＝2（万元）

(9) 应纳税所得额＝200.40＋75＋6＋5.95＋6＋4＋2＝299.35（万元）。

(10) 2017 年度全年应缴企业所得税＝299.35×25%＝74.84（万元）。

(11) 年终汇算清缴应补缴所得税＝74.84－10－20－15－18＝11.84（万元）。

讨论题

1. 企业所得税税前扣除项目标准还有哪些有待完善？

2. 请对企业所得税的税收优惠政策做出评析。

复习思考题

1. 企业所得税有哪些特点?
2. 企业所得税的税前扣除项目有哪些?
3. 企业所得税的税前扣除项目标准是如何规定的?
4. 不征税收入包括哪些内容?
5. 免税收入包括哪些内容?
6. 境外所得已纳税额如何抵免?
7. 年度亏损如何进行弥补?
8. 企业所得税税收优惠政策包括哪些内容?
9. 企业所得税的纳税期限是如何规定的?

第7章 个人所得税

[本章要点提示]

- 个人所得税的概念
- 个人所得税的作用
- 个人所得税的应税所得项目
- 应纳税所得额的确定
- 征收管理
- 个人所得税的特点
- 个人所得税的纳税人
- 个人所得税的税率
- 个人所得税的税收优惠

7.1 个人所得税概述

7.1.1 个人所得税的概念及沿革

个人所得税是对个人（自然人）取得的各项应税所得征收的一种税，它体现了国家与个人之间的分配关系。

在新中国成立初期，政务院于1950年初颁布的《全国税政实施要则》明确规定了对个人所得征收两税，即薪给报酬所得税和存款利息所得税。由于我国当时实行的是低工资制度，居民工薪收入低，同时居民个人很少有存款，因此薪给报酬所得税始终未开征，而存款利息所得税虽于1950年开征，但在1959年取消。

党的十一届三中全会以后，我国实行了对外开放政策，到我国工作的外籍人员日益增多，根据国际惯例以及为了维护我国的税收权益，我国于1980年9月10日第五届全国人民代表大会第三次会议上颁布并实施了《中华人民共和国个人所得税法》。为了更好地调节个体工商户的收入水平、保护其合法权益，国务院于1986年1月7日颁布并实施了《中华人民共和国城乡个体工商业户所得税暂行条例》，改变了自新中国成立以后一直对个体工商业户的生产、经营所得征收工商所得税的做法。1987年，随着国内人民生活水平的不断提高，考虑到1980年制定的《个人所得税法》已基本上不适应我国公民的实际收入水平，为了使社会成员间的收入水平不至于过分悬殊，国务院于1986年9月25日颁布并于1987年1月1日实施了《中华人民共和国个人收入调节税暂行条例》。至此，我国对个人所得的征税制度就形成了"三税并存"的格局。随着经济形势的发展，对个人所得征税三税并存，逐渐暴露出税收征收制度的不规范和执行中体现的税负不公等问题，影响了税收职能和作用的充分发挥。《中华人民共和国个人所得税法》根据1993年10月31日第八届全国人民代表大会常务委员会第四次会议《关于修改〈中华人民共和国个人所得税法〉的决定》进行了第一次修正；根据1999年8月30日第九届全国人民代表大会常务委员会第十一次会议《关于修改〈中华人民共和国个人所得税法〉的决定》进行了第二次修正；根据2005年10月27日第十届全国人民代表大会常务委员会第十八次会议《关于修改〈中华人民共和国个人所得税法〉的决定》进行了第三次修正；根据2007年6月29日第十届全国人民代表大会常务委员会第二十八次会议《关于修改〈中华人民共和国个人所得税法〉的决定》进行了第四次修正；根据2007年12月29日第十届全国人民代表大会常务委员会第三十一次会议《关于修改〈中华人民共和国个人所得税法〉的决定》进行了第五次修正；根据2011年6月30日第十一届全国人民代表大会常务委员会第二十一次会议《关于修改〈中华人民共和国个人所得税法〉的决定》进行了第六次修正，进而构成了现行个人所得税的征收制度；根据2018年8月31日第十三届全国人民代表大会常务委员会第五次会议《关于修改〈中华人民共和国个人所得税法〉的决定》进行了第七次修正。

7.1.2 个人所得税的特点

我国现行个人所得税主要具有以下特点：

1. 实行分类与综合相结合的课征制

世界各国的个人所得税课征制度主要分为分类所得税制、综合所得税制和分类与综合相结合的所得税制（混合所得税制）三种类型。我国现行个人所得税实行的是分类与综合相结合的所得税制，其中，工资薪金所得、劳务报酬所得、稿酬所得和特许权使用费所得四项所得实行综合课征，经营所得，利息、股息、红利所得，财产租赁所得，财产转让所得和偶然所得实行分类课征。这种制度设计既可以使社会分配公平，又可以从源泉上控制税款，保证国家的财政收入。

2. 多种税率形式并用

现行个人所得税在税率上实行多种税率形式并用，即根据不同的应税所得分别实行累进税率和比例税率。对综合所得和经营所得实行超额累进税率，对利息、股息、红利所得，财产租赁所得，财产转让所得和偶然所得实行比例税率。通过多种税率形式，可以实现对个人收入差距的合理调节。

3. 多种费用扣除方式并用

现行个人所得税在征收时按分类与综合相结合的所得税制的要求，就不同应税所得采用不同的费用扣除方式，具体包括费用扣除、专项扣除、专项附加扣除和依法确定的其他扣除。

4. 自行纳税申报和代扣代缴申报方式并用

在申报方式上，现行的个人所得税分别实行由纳税人自行纳税申报和由支付单位预扣预缴（代扣代缴）两种方法。对居民的综合所得，实行预扣预缴、年终汇算清缴；对非居民的工薪、劳务报酬、稿酬和特许权使用费所得实行代扣代缴；对财产租赁，财产转让，利息、股息、红利所得，偶然所得，则不区分居民个人和非居民个人，一律实行代扣代缴。

知识库

综合所得税制

综合所得税模式产生于19世纪中叶的德国，此后迅速发展并被越来越多的国家所接受，目前美国、英国等发达国家大多采取这一模式。该税制模式以分类为基础，对纳税人全年各种不同来源的所得（包括以现金、财产或劳务等各种形式取得的收入）先归类，各类所得经过各种扣除后汇总计算征收所得税。

综合所得税模式的突出特征是无论纳税人的收入来源于什么渠道，也无论其收入采取何种形式，都将其各种来源和各种形式的收入加总求和，统一计算课征所得税。这种模式可以全面考虑纳税人的情况进行项目扣除，如在美国，家庭住房按揭、慈善捐赠、被抚养人的数量以及教育费用支出和子女看护费用等在税前都可纳入扣除项目考虑。这种模式的主要优点为：一是能体现纳税人的实际负担水平，符合支付能力原则；二是可以作为调节社会经济的“自动调节器”，有利于调节个人之间的收入差距。这种模式的缺点是手续较复杂，要求纳税人具有较高的法制意识，要求社会具有健全的财务会计制度，同时要求税务部门具有先进的税收管理制度。

7.1.3 个人所得税的作用

我国现行个人所得税在以下三个方面发挥作用：

1. 调节个人收入分配差距，促进社会分配公平

自改革开放以来，特别是随着社会主义市场经济体制的确立，我国个人之间的收入差距正在不断扩大，地区之间、行业之间、城乡之间以及居民个人之间的收入分配差距越来越悬殊，而这种差距有很大一部分是由经济转轨时期体制不完善造成的。征收个人所得税，本着公平税负的原则，能够把高收入者的一部分收入转为国家所有，这在客观上有利于缓和社会分配不公的矛盾。与此同时，个人所得税在费用扣除标准及税率等方面做出的相关规定，既不会挫伤高收入者从事生产经营和工作的积极性，又可以维持低

收入者的基本生活需要。

2. 为国家建设筹集建设资金

目前，一些西方发达国家实行以所得税为主体的税制结构，个人所得税的规模和比重都比较大，个人所得税的调节作用也比较强，而我国个人所得税收入占财政收入的比重还比较低，远远达不到发达国家的水平，但随着我国社会主义经济体制的不断完善以及我国经济的不断发展，我国居民个人的收入水平将进一步提高，加上个人所得税制的不断完善，个人所得税收入将会逐步增长，其聚财功能和调节功能必将上升到重要地位。

3. 维护国家权益，促进对外经济交往的发展

税收是维护国家权益的重要工具。征税权是国家主权的重要组成部分，任何一个主权国家都应该行使这个权力。对在我国取得收入的外籍人员及我国在境外工作的人员开征个人所得税，是我国根据对等原则行使税收管辖权的表现，这不仅起到了维护国家主权、推动对外经济技术合作与交流的作用，还可以防止我国经济利益外溢。

知识库

表 7-1 给出了 1994—2016 年我国个人所得税收入及其在税收总收入中的比重。

表 7-1　　1994—2016 年我国个人所得税收入及其在税收总收入中的比重

年份	个人所得税（亿元）	税收总收入（亿元）	个人所得税占税收总收入的比重（%）
1994	72.70	5 126.88	1.42
1995	131.30	6 038.04	2.17
1996	193.20	6 909.82	2.80
1997	259.90	8 234.04	3.16
1998	338.60	9 262.80	3.66
1999	413.66	10 682.58	3.87
2000	659.64	12 581.51	5.24
2001	995.26	15 301.38	6.50
2002	1 211.78	17 636.45	6.87
2003	1 418.03	20 017.31	7.08
2004	1 737.06	24 165.68	7.19
2005	2 094.91	28 778.54	7.28
2006	2 453.71	34 804.35	7.05
2007	3 185.58	45 621.97	6.98
2008	3 722.31	54 223.79	6.86
2009	3 949.35	59 521.59	6.64
2010	4 837.27	73 210.79	6.61
2011	6 054.11	89 738.39	6.75
2012	5 820.28	100 614.28	5.78
2013	6 531.53	110 530.70	5.91
2014	7 376.61	119 175.31	6.19
2015	8 617.27	124 922.20	6.90
2016	10 088.98	130 360.73	7.74

资料来源：根据国家统计局网站相关数据整理计算得出。

7.2 纳税人

个人所得税的纳税人是指在中国境内有住所，或者无住所而一个纳税年度内在中国境内居住满183天并从中国境内和境外取得所得，以及在中国境内无住所又不居住，或者无住所而一个纳税年度内居住累计不满183天但有从中国境内取得所得的个人，包括中国公民、个体工商户、外籍个人以及香港、澳门、台湾同胞等。

其中，纳税年度是指公历1月1日至12月31日止。境内和境外取得的所得，分别是指来源于中国境内的所得和来源于中国境外的所得。

根据国务院的决定，从2000年1月1日起，个人独资企业不再缴纳企业所得税，只对投资者个人取得的生产、经营所得征收个人所得税。合伙企业的合伙人是自然人的，缴纳个人所得税；合伙人是法人和其他组织的，缴纳企业所得税。

由于个人所得税的纳税人是自然人，而在实际生活中，自然人的情况通常较为复杂，用什么样的标准来确定他们的纳税人身份及其应当承担的纳税义务，这是各国个人所得税法不能回避的问题。

7.2.1 居民纳税人和非居民纳税人的判定

为了有效地行使税收管辖权，我国对居民纳税人和非居民纳税人的划分，采用了国际上通常使用的住所标准和居住时间标准。

7.2.1.1 居民纳税人和非居民纳税人的判定标准

税法规定的住所标准和居住时间标准是判定居民身份的两个并列标准，个人只要符合或达到任何一个标准，就可以被认定为居民纳税人。

1. 住所标准

在中国境内有住所的个人是指因户籍、家庭、经济利益关系而在中国境内习惯性居住的个人。目前，我国采取的住所标准实际上是习惯性住所标准。“习惯性居住”是指个人因学习、工作、探亲等原因消除之后，没有理由在其他地方继续居留时所要回到的地方，而不是指实际居住地或在某个特定时期内的居住地。它是判定纳税义务人是属于居民纳税人还是非居民纳税人的一个重要依据。税法所说的“住所”概念与我们通常所说的住所是有区别的。

2. 居住时间标准

居住时间是指个人在一国境内实际居住的天数。在现实生活中，有相当多的个人在一国并无住所或经常性居住地，却在该国停留了较长的时间，并且取得了收入。该国应视其为居民个人，对其行使税收管辖权。在各国个人所得税的税收实践中形成了以个人的居住时间长短作为衡量居民个人与非居民个人的居住时间标准，我国的《个人所得税法》也采用了这一标准。

在境内居住累计满183天是指在一个纳税年度内，在中国境内居住满183天，达到这一标准的即为居民纳税人。在计算居住天数时，对临时离境应视同在华居住，不扣减其在华居住的天数。这里所说的临时离境是指在一个纳税年度内，一次不超过30天或者多次累计不超过90天的离境。

7.2.1.2 居民纳税人和非居民纳税人

根据上述两个判断标准，我国的居民纳税人和非居民纳税人分别是：

1. 居民纳税人

居民纳税人是指在中国境内有住所，或者无住所而在中国境内居住满183天的个人。具体包括以下两类：

(1) 在中国境内定居的中国公民和外国侨民。但不包括虽具有中国国籍，却没有在中国内地（大陆）定居，而是侨居海外的华侨和居住在香港、澳门、台湾地区的同胞。

(2) 从公历1月1日起至12月31日止，居住在中国境内的外国人、海外侨胞和香港、澳门、台湾同胞。

(3) 个人独资企业和合伙企业投资者。自2000年1月1日起，个人独资企业和合伙企业投资者也为个人所得税的纳税人。

2. 非居民纳税人

非居民纳税人是指在中国境内无住所又不居住，或者无住所而在境内居住不满183天的个人。也就是说，非居民纳税人是指习惯性居住地不在中国境内，而且不在中国居住，或者在一个纳税年度内在中国境内居住不满183天的个人。

需要注意的是，在我国境内无住所的个人自2004年7月1日起，在境内居住的天数和在境内实际工作期间以下述规定为准：

第一，判定纳税义务及计算在中国境内居住的天数。对在中国境内无住所的个人，需要计算确定其在中国境内的居住天数，以便依照税法和协定或安排的规定判定其在华负有何种纳税义务时，均应以该个人实际在华逗留天数计算。上述个人入境、离境、往返或多次往返境内外的当日，均按1天计算其在华实际逗留天数。

第二，对个人入境、离境当日如何计算在中国境内实际工作期间。对在中国境内、境外机构同时担任职务或仅在境外机构任职的境内无住所个人，对其入境、离境、往返或多次往返境内外的当日，均按半天计算在华实际工作天数。

案例分析

1994年1月1日至2018年12月31日，我国个人所得税规定的时间标准是365天。自2019年1月1日起，时间标准改为183天。

例如，罗杰（Roger）是一名美籍工程技术人员，2006年9月1日受聘来中国境内的

公司任职，直至2007年3月24日离境回美国总公司述职，同年4月10日回到中国；2007年12月20日至12月26日回美国探亲；而后一直在华居住，直到2008年11月18日被调回美国总公司。按时间标准来判断，2006年罗杰在华居住时间不足365天，故为中国非居民纳税人；2007年离境两次，但两次累计离境不超过90天，应视为临时离境，不扣减其在华天数，因此2007年其在华居住满365天，应为中国居民纳税人；2008年，罗杰在中国境内居住不满365天，应为中国非居民纳税人。

7.2.2 居民、非居民纳税人应履行的纳税义务

7.2.2.1 居民纳税人

居民纳税人负无限纳税义务，其取得的应税所得，无论是来源于中国境内还是中国境外，都要在中国缴纳个人所得税。

7.2.2.2 非居民纳税人

非居民纳税人负有限纳税义务，其取得的应税所得，仅就来源于中国境内的所得向中国缴纳个人所得税。

现行税法中关于“中国境内”的概念，是指中国内地或中国大陆地区，目前不包括香港、澳门和台湾地区。

7.2.3 所得来源地的确定

7.2.3.1 所得来源地的判定

判断所得来源地是确定对该项所得是否应该征收个人所得税的重要依据。由于居民纳税人要承担无限纳税义务，所以其所得来源地的判断问题相对好界定。但对于非居民纳税人而言，由于其只就来源于中国境内的所得纳税，因此判断其所得来源地就显得十分重要。

除国务院财政、税务主管部门另有规定外，下列所得（不论支付地点是否在中国境内）均为来源于中国境内的所得：

（1）因任职、受雇、履约等在中国境内提供劳务取得的所得。

（2）将财产出租给承租人在中国境内使用而取得的所得。

（3）许可各种特许权在中国境内使用而取得的所得。

（4）转让中国境内的不动产等财产或者在中国境内转让其他财产取得的所得。

（5）从中国境内企业、事业单位、其他组织以及居民个人取得的利息、股息、红利所得。

需要注意的是，所得来源地与所得支付地不是同一个概念，两者有时是一致的，有

时是不一致的。

7.2.3.2 来源于中国境内的所得

中国个人所得税所得来源地的判断以是否反映经济活动的实质为依据，同时要遵循税务机关征管便利的原则，具体规定如下：

(1) 在中国境内的公司、企业、事业单位、机关、社会团体、部队、学校等单位或经济组织中任职、受雇而取得的工资、薪金所得。

(2) 在中国境内提供各种劳务而取得的劳务报酬所得。

(3) 在中国境内从事生产经营活动而取得的所得。

(4) 个人出租的财产，被承租人在中国境内使用而取得的财产租赁所得。

(5) 转让中国境内的房屋、建筑物、土地使用权以及在中国境内转让其他财产而取得的财产转让所得。

(6) 提供在中国境内使用的专利权、专有技术、商标权、著作权以及其他各种特许权利而取得的特许权使用费所得。

(7) 因持有中国的各种债券、股票、股权而从中国境内的公司、企业或其他经济组织以及个人取得的利息、股息、红利所得。

7.2.4 居民、非居民纳税义务的宽免规定

税法针对在中国境内无住所，但在一个纳税年度中在中国境内累计居住的个人，对其纳税义务做出了如下宽免规定。

7.2.4.1 居住累计不超过 90 天的纳税义务

在中国境内无住所的个人，在一个纳税年度内在中国境内居住累计不超过 90 天的，其来源于中国境内的所得，由境外雇主支付并且不由该雇主在中国境内的机构、场所负担的部分，免予缴纳个人所得税。

税法的上述规定，是对非居民纳税人给予的宽免规定，又称“90 天规则”。该类个人仅就其实际在中国境内工作期间由中国境内企业或个人雇主支付或者由中国境内机构负担的工资、薪金所得纳税。

7.2.4.2 居住累计超过 90 天但不满 183 天的纳税义务

在中国境内无住所的个人，在一个纳税年度内在中国境内居住累计超过 90 天但不满 183 天的，其来源于中国境内的所得，无论是由中国境内企业或个人雇主支付，还是由境外企业或个人雇主支付，均应缴纳个人所得税。至于个人在中国境外取得的工资、薪金所得，除担任中国境内企业董事或高级管理人员，在境外履行职务并由境内企业支付的董事费或工资、薪金所得之外，不缴纳个人所得税。担任中国境内企业董事或高级管理人员取得的由中国境内企业支付的董事费或工资、薪金所得，不论个人是否在中国境外履行职务，均应申报缴纳个人所得税。

7.2.4.3 居住累计满 183 天的年度连续不满 6 年的纳税义务

在中国境内无住所的个人，在中国境内居住累计满 183 天的年度连续不满六年的，经向主管税务机关备案，其来源于中国境外且由境外单位或者个人支付的所得，免予缴纳个人所得税；在中国境内居住累计满 183 天的任一年度中有一次离境超过 30 天的，其在中国境内居住累计满 183 天的年度的连续年限重新起算。

7.2.4.4 居住累计超过 6 年的纳税义务

在中国境内无住所的个人，在中国境内居住超过 6 年的，从第 7 年起的以后年度中，凡在境内居住满 1 年的，应当就其来源于中国境内外的所得申报纳税；凡在境内居住不满 1 年的，仅就其来源于中国境内的所得申报纳税。

7.3 应税所得项目

我国个人所得税实行综合与分类相结合的课征制。个人所得税的应税所得包括工资、薪金所得，劳务报酬所得，稿酬所得，特许权使用费所得，经营所得，利息、股息、红利所得，财产租赁所得，财产转让所得和偶然所得九项。其中，工资、薪金所得，劳务报酬所得，稿酬所得和特许权使用费所得四项所得称为“综合所得”。居民个人取得综合所得时，按纳税年度合并计算个人所得税；非居民个人取得综合所得时，按月或者按次分项计算个人所得税。纳税人取得经营所得，利息、股息、红利所得，财产租赁所得，财产转让所得和偶然所得时，分别计算个人所得税。

7.3.1 工资、薪金所得

工资、薪金所得是指个人因任职或者受雇而取得的工资、薪金、奖金、年终加薪、劳动分红、津贴、补贴以及与任职或者受雇有关的其他所得。

一般来说，工资、薪金所得属于非独立个人劳动所得。非独立个人劳动是指个人所从事的是由他人指定、安排并接受管理的劳动，工作或服务于公司、工厂、行政或事业单位的人员（私营企业主除外）均为非独立劳动者，他们从上述单位取得的劳动报酬是以工资、薪金的形式体现的。在这类报酬中，工资和薪金的收入主体略有差异。在通常情况下，把直接从事生产经营或服务的劳动者（工人）的收入称为工资，即“蓝领阶层”所得；而将从事社会公职或管理活动的劳动者（公职人员）的收入称为薪金，即“白领阶层”所得。在实际立法过程中，各国都从简便易行的角度考虑，将工资、薪金合并为一个项目计征个人所得税。

除工资、薪金以外，奖金、年终加薪、劳动分红、津贴、补贴也被确定为工资、薪金范畴。其中，年终加薪、劳动分红不分种类和取得情况，一律按工资、薪金所得课税；津贴、补贴等则有例外。

税法对于一些不属于工资、薪金性质的补贴、津贴或者不属于纳税人本人工资、薪金所得项目的收入，不予征税。这些项目包括：

（1）独生子女补贴。

（2）执行公务员工资制度，未纳入基本工资总额的补贴、津贴差额和家属成员的副食品补贴。

（3）托儿补助费。

（4）差旅费津贴、误餐补助。其中，误餐补助是指按照财政部规定，个人因公在城区、郊区工作，不能在工作单位或返回就餐的，根据实际误餐顿数，按规定的标准领取的误餐费。单位以误餐补助名义发给职工的补助、津贴不能包括在内。

奖金是指所有具有工资性质的奖金，免税奖金的范围在税法中另有规定。

出租汽车经营单位对出租车驾驶员采取单车承包或承租方式运营，出租车驾驶员从事客货运营取得的收入，按工资、薪金所得征税。

（5）经营所得。

经营所得是指：

1）个体工商户从事生产经营活动取得的所得，个人独资企业投资人、合伙企业的个人合伙人来源于境内注册的个人独资企业、合伙企业生产经营的所得。

2）个人依法从事办学、医疗、咨询以及其他有偿服务活动取得的所得。

3）个人对企业、事业单位承包经营、承租经营以及转包、转租取得的所得。

4）个人从事其他生产经营活动取得的所得。

自 2000 年 1 月 1 日起，对个人独资企业和合伙企业停止征收企业所得税，对其投资者的生产经营所得征收个人所得税。

个人独资企业以投资者为纳税人，合伙企业以每一个合伙人为纳税人。

个人独资企业和合伙企业每一纳税年度的收入总额减除成本、费用以及损失后的余额，作为投资者个人的生产经营所得。其中，收入总额是指企业从事生产经营以及与生产经营有关的活动所取得的各项收入，包括商品（产品）销售收入、营运收入、劳务服务收入、工程价款收入、财产出租或转让收入、利息收入、其他业务收入和营业外收入。

7.3.2 劳务报酬所得

劳务报酬所得是指个人独立从事各种非雇用的劳务所取得的所得。这些劳务具体包括：

（1）设计，是指按照客户的要求，代为制定工程、工艺等各类设计业务。

（2）装潢，是指接受委托，对物体进行装饰、修饰，使之美观或具有特定用途的作业。

（3）安装，是指按照客户的要求，对各种机器、设备的装配、安置，以及与机器、设备相连的附属设施的装设和被安装机器设备的绝缘、防腐、保温、油漆等工程作业。

（4）制图，是指受托按实物或设想物体的形象，依体积、面积、距离等，用一定比例绘制成平面图、立体图、透视图等业务。

（5）化验，是指受托用物理或化学的方法，检验物质的成分和性质等业务。

（6）测试，是指利用仪器仪表或其他手段代客对物品的性能和质量进行检测试验的业务。

（7）医疗，是指从事各种病情诊断、治疗等医护业务。

（8）法律，是指受托担任辩护律师、法律顾问，撰写辩护词、起诉书等法律文书的业务。

（9）会计，是指受托从事会计核算的业务。

（10）咨询，是指对客户提出的政治、经济、科技、法律、会计、文化等方面的问题进行解答、说明的业务。

（11）讲学，是指应邀（聘）进行讲课、做报告、介绍情况等业务。

（12）翻译，是指受托从事中、外语言或文字的翻译（包括笔译和口译）的业务。

（13）审稿，是指对文字作品或图形作品进行审查、核对的业务。

（14）书画，是指按客户的要求，或自行从事书法、绘画、题词等业务。

（15）雕刻，是指代客镌刻图章、牌匾、碑、玉器、雕塑等业务。

（16）影视，是指应邀或应聘在电影、电视节目中出任演员，或担任导演、音响、化妆、道具、制作、摄影等与拍摄影视节目有关的业务。

（17）录音，是指用录音器械代客录制各种音响带的业务，或者应邀演讲、演唱、采访而被录音的服务。

（18）录像，是指用录像器械代客录制各种图像、节目的业务，或者应邀表演、采访被录像的业务。

（19）演出，是指参加戏剧、音乐、舞蹈、曲艺等文艺演出活动的业务。

（20）表演，是指从事杂技、体育、武术、健美、时装、气功以及其他技巧性表演活动的业务。

（21）广告，是指利用图书、报纸、杂志、广播、电视、电影、招贴、路牌、橱窗、霓虹灯、灯箱、墙面及其他载体，为介绍商品、经营服务项目、文体节目或通告、声明等事项所做的宣传和提供相关服务的业务。

（22）展览，是指举办或参加书画展、影展、盆景展、邮展、个人收藏品展、花鸟虫鱼展等各种展示活动的业务。

（23）技术服务，是指利用一技之长而进行技术指导、提供技术帮助的业务。

（24）介绍服务，是指介绍供求双方商谈，或者介绍产品、经营服务项目等服务的业务。

（25）经纪服务，是指经纪人通过居间介绍，促成各种交易和提供劳务等服务的业务。

（26）代办服务。

（27）其他劳务，是指上述列举的 26 项劳务项目之外的各种劳务。

7.3.3 稿酬所得

稿酬所得是指个人因其作品以图书、报刊形式出版、发表而取得的所得。

将稿酬所得与作为劳务报酬所得项目的翻译、审稿、书画所得区分开，单独作为一个应税所得项目，给予较轻的税负，主要是基于以下考虑：稿酬所得是一种依靠较高智力创作的精神产品；稿酬所得的报酬相对于劳务报酬来说偏低。

7.3.4 特许权使用费所得

特许权使用费所得是指个人提供专利权、商标权、著作权、非专利技术以及其他特许权的使用权取得的所得。提供著作权的使用权取得的所得，不包括稿酬所得。

专利权是指由国家专利主管机关依法授予专利申请人或其权利继承人在一定期间内实施其发明创造的专有权。对于专利权，许多国家只将提供他人使用取得的所得列入特许权使用费，而将转让专利权所得列为资本利得税的征税对象。由于我国没有开征资本利得税，因而将个人提供和转让专利权取得的所得都列入了特许权使用费所得并征收个人所得税。

商标权是指商标注册人享有的商标专用权。著作权（即版权）是作者依法对文学、艺术和科学作品享有的专有权。个人提供或转让商标权、著作权、专有技术或技术秘密、技术诀窍取得的所得，应当依法缴纳个人所得税。

7.3.5 经营所得

经营所得是指：

（1）个体工商户从事生产经营活动取得的所得，比如个人独资企业投资人、合伙企业的个人合伙人来源于境内注册的个人独资企业、合伙企业的生产经营所得。

（2）个人依法从事办学、医疗、咨询以及其他有偿服务活动取得的所得。

（3）个人对企业、事业单位承包经营、承租经营以及转包、转租取得的所得。

（4）个人从事其他生产经营活动取得的所得。

7.3.6 利息、股息、红利所得

利息、股息、红利所得是指个人拥有债权、股权而取得的利息、股息、红利所得。

利息是指个人拥有债权而取得的利息，包括存款利息、贷款利息和各种债券的利息。个人取得的利息所得，除国债和国家发行的金融债券利息外，应当缴纳个人所得税。对储蓄存款利息所得开征、减征、停征个人所得税及其具体办法，由国务院规定，并报全国人民代表大会常务委员会备案。

股息、红利是指个人拥有股权取得的股息、红利。除另有规定外，股息、红利所得都应当缴纳个人所得税。

除个人独资企业、合伙企业以外的其他企业的个人投资者，以企业资金为本人、家庭成员及其相关人员支付与企业生产经营无关的消费性支出以及购买汽车、住房等财产性支出，视为企业对个人投资者的红利分配，依照“利息、股息、红利所得”项目计征个人所得税。企业的上述支出不允许在所得税前扣除。

7.3.7 财产租赁所得

财产租赁所得是指个人出租不动产、机器设备、车船以及其他财产取得的所得。

个人取得的财产转租收入属于“财产租赁所得”的征税范围，由财产转租人缴纳个人所得税。在确认纳税义务人时，应以产权凭证为依据；对无产权凭证的，由主管税务机关根据实际情况确定。产权所有人死亡，在未办理产权继承手续期间，该财产出租而有租金收入的，以领取租金的个人为纳税人。

7.3.8 财产转让所得

财产转让所得是指个人转让有价证券、股权、合伙企业中的财产份额、不动产、机器设备、车船以及其他财产取得的所得。

7.3.8.1 个人出售自有住房

(1) 根据《个人所得税法》的规定，个人出售自有住房取得的所得应按照“财产转让所得”项目征收个人所得税。

(2) 个人出售自有住房的应纳税所得额，按下列原则确定：

第一，个人出售除已购公有住房以外的其他自有住房，其应纳税所得额按照《个人所得税法》的有关规定确定。

第二，个人出售已购公有住房，其应纳税所得额为个人出售已购公有住房的销售价，减除住房面积标准的经济适用房价款、原支付超过住房面积标准的房价款、向财政或原产权单位缴纳的所得收益以及税法规定的合理费用后的余额。

已购公有住房是指城镇职工根据国家和县级（含县级）以上人民政府有关城镇住房制度改革政策的规定，按照成本价（或标准价）购买的公有住房。

经济适用住房价格按县级（含县级）以上地方人民政府规定的标准确定。

第三，职工以成本价（或标准价）出资的集资合作建房、安居工程住房、经济适用住房以及拆迁安置住房，比照已购公有住房确定应纳税所得额。

(3) 对个人转让自用5年以上并且是家庭唯一生活用房取得的所得，继续免征个人所得税。

(4) 自2010年10月1日起，对出售自有住房并在1年内重新购房的纳税人，不再减免个人所得税。

7.3.8.2 股票转让所得

根据《个人所得税法实施条例》的规定，对股票所得征收个人所得税的办法，由国务院另行规定，并报全国人民代表大会常务委员会备案。目前，国务院决定，对股票转让所得暂不征收个人所得税。

7.3.8.3 量化资产股份转让

集体所有制企业在改制为股份合作制企业时，对职工个人以股份形式取得的拥有所有权的企业量化资产，暂缓征收个人所得税；待个人将股份转让时，就其转让收入额，减除个人取得该股份时实际支付的费用支出和合理转让费用后的余额，按“财产转让所得”项目计征个人所得税。

7.3.8.4 非货币性资产投资

对个人转让非货币性资产的所得，应按照“财产转让所得”项目，依法计算缴纳个人所得税。个人以非货币性资产投资，应按评估后的公允价值确认非货币性资产转让收入。非货币性资产收入减除该资产原值及合理税费后的余额为应纳税所得额。

7.3.9 偶然所得

偶然所得是指个人得奖、中奖、中彩以及其他偶然性质的所得。得奖是指参加各种有奖竞赛活动，取得名次得到的奖金。中奖、中彩是指参加各种有奖活动，如有奖销售、有奖储蓄或者购买彩票，经过规定程序，抽中、摇中号码而取得的奖金。偶然所得应缴纳的个人所得税税款，一律由发奖单位或机构代扣代缴。

个人取得的所得，难以界定应纳税所得项目的，由国务院税务主管部门确定。

7.4 税　率

个人所得税的税率根据应税所得项目和预扣预缴规定的不同，分别规定了不同的税率和预扣率。基本税率形式是超额累进税率和20%的比例税率，此外还有按月换算后的综合所得月度税率和20%的预扣率。

7.4.1 综合所得适用税率

居民个人的综合所得适用3%～45%的七级超额累进税率，见表7－2。

此外，以下四种情形也适用综合所得税率：①符合条件的股权激励；②解除劳动关系取得的一次性补偿收入超过当地上年职工平均工资3倍数额的部分；③提前退休取得的一次性补贴收入；④个人因出境定居而一次性领取的年金个人账户资金，或个人死亡后，其指定的受益人或法定继承人一次性领取的年金个人账户余额。

表 7-2 综合所得税率表

级数	全年应纳税所得额	税率（%）	速算扣除数（元）
1	不超过 36 000 元的	3	0
2	超过 36 000 元至 144 000 元的部分	10	2 520
3	超过 144 000 元至 300 000 元的部分	20	16 920
4	超过 300 000 元至 420 000 元的部分	25	31 920
5	超过 420 000 元至 660 000 元的部分	30	52 920
6	超过 660 000 元至 960 000 元的部分	35	85 920
7	超过 960 000 元的部分	45	181 920

表中所称的全年应纳税所得额，是指居民个人取得综合所得以每一纳税年度收入额减除费用 60 000 元以及专项扣除、专项附加扣除和依法确定的其他扣除后的余额。

7.4.2 经营所得适用税率

经营所得适用 5%～35%的五级超额累进税率，见表 7-3。

表 7-3 经营所得税率表

级数	全年应纳税所得额	税率（%）	速算扣除数（元）
1	不超过 30 000 元的	5	0
2	超过 30 000 元至 90 000 元的部分	10	1 500
3	超过 90 000 元至 300 000 元的部分	20	10 500
4	超过 300 000 元至 500 000 元的部分	30	40 500
5	超过 500 000 元的部分	35	65 500

表中所称的全年应纳税所得额，是指纳税人以每一纳税年度的收入总额减除成本、费用以及损失后的余额。

7.4.3 综合所得月度税率

税法规定，非居民个人在取得工资、薪金所得，劳务报酬所得，稿酬所得和特许权使用费所得时，由支付上述所得的单位和个人在支付时预先扣除税款，并代为缴纳税款。因此，非居民个人的工资、薪金所得，劳务报酬所得，稿酬所得和特许权使用费所得适用 3%～45%的按月换算后的《综合所得月度税率表》，见表 7-4。

此外，以下四种情形也适用综合所得月度税率：①居民个人单独计算的全年一次性奖金；②居民个人按月和按季领取及非特殊原因一次性领取的企业年金和职业年金；③居民个人办理内部退养手续而取得的一次性补贴收入；④单位低价向职工售房。

表 7-4 综合所得月度税率表

级数	应纳税所得额	税率（%）	速算扣除数（元）
1	不超过 3 000 元的	3	0
2	超过 3 000 元至 12 000 元的部分	10	210

续前表

级数	应纳税所得额	税率（%）	速算扣除数（元）
3	超过 12 000 元至 25 000 元的部分	20	1 410
4	超过 25 000 元至 35 000 元的部分	25	2 660
5	超过 35 000 元至 55 000 元的部分	30	4 410
6	超过 55 000 元至 80 000 元的部分	35	7 160
7	超过 80 000 元的部分	45	15 160

表中所称的应纳税所得额，如果是非居民个人的工资、薪金所得，则为每月收入额减除费用 5 000 元后的余额；如果是非居民个人的劳务报酬所得、稿酬所得和特许权使用费所得，则为每次收入减除 20%费用后的余额。

7.4.4 20%的比例税率

纳税人取得的利息、股息、红利所得，财产租赁所得，财产转让所得和偶然所得适用比例税率，税率为 20%。

上述四项所得不区分居民个人和非居民个人，也不需要预扣预缴税款，直接由支付所得的扣缴义务人扣缴税款。

自 2008 年 3 月 1 日起，个人出租住房取得的所得减按 10%的税率征收个人所得税。

自 2008 年 10 月 9 日起，对储蓄存款利息所得暂免征收个人所得税。自 2008 年 10 月 9 日起，对证券市场个人投资者的证券交易结算资金在 2008 年 10 月 9 日后（含 10 月 9 日）孳生的利息所得，暂免征收个人所得税。

知识库

利息税税率的调整

居民储蓄存款在 1999 年 10 月 31 日前孳生的利息，不征收个人所得税；1999 年 11 月 1 日至 2007 年 8 月 14 日孳生的利息，按照 20%的税率征税；2007 年 8 月 15 日至 2008 年 10 月 8 日孳生的利息，按照 5%的税率征税；自 2008 年 10 月 9 日起孳生的利息，暂免征收个人所得税。

7.4.5 居民个人工资、薪金所得预扣率

税法规定，居民个人在取得工资、薪金所得时，由支付所得的单位和个人在支付时预先扣除税款，并代为缴纳税款。所以，居民个人工资、薪金所得预扣预缴适用 3%～45%的七级超额累进预扣率，见表 7－5。

此外，保险营销员、证券经纪人佣金收入的扣缴也适用表 7－5。

表 7-5　居民个人工资、薪金所得预扣率表

级数	累计预扣预缴应纳税所得额	预扣率（%）	速算扣除数（元）
1	不超过 36 000 元的部分	3	0
2	超过 36 000 元至 144 000 元的部分	10	2 520
3	超过 144 000 元至 300 000 元的部分	20	16 920
4	超过 300 000 元至 420 000 元的部分	25	31 920
5	超过 420 000 元至 660 000 元的部分	30	52 920
6	超过 660 000 元至 960 000 元的部分	35	85 920
7	超过 960 000 元的部分	45	181 920

表中所称的累计预扣预缴应纳税所得额，是指纳税人在本单位截至当前月份工资、薪金所得累计收入减除累计免税收入、累计减除费用、累计专项扣除、累计专项附加扣除和累计依法确定的其他扣除后的余额。

7.4.6 居民个人劳务报酬所得预扣率

税法规定，居民个人在取得劳务报酬所得时，由支付所得的单位和个人在支付时预先扣除税款，并代为缴纳税款。因此，居民个人劳务报酬所得预扣预缴适用 20%～40% 的三级超额累进预扣率，见表 7-6。

表 7-6　居民个人劳务报酬所得预扣率表

级数	累计预扣预缴应纳税所得额	预扣率（%）	速算扣除数（元）
1	不超过 20 000 元的部分	20	0
2	超过 20 000 元至 50 000 元的部分	30	2 000
3	超过 50 000 元的部分	40	7 000

表中所称的预扣预缴应纳税所得额，是指劳务报酬所得的每次收入额。

7.4.7 20%的预扣率

居民个人取得的稿酬所得和特许权使用费所得适用 20%的预扣率。

需要说明的是，只有居民个人的综合所得才会使用预扣率，这是源于税法做出的预扣预缴的规定。预扣预缴的规定，主要是基于源泉控制税款的考虑。年终，居民个人在办理年度综合所得汇算清缴时，应当依法计算当年度的工资、薪金所得，劳务报酬所得，稿酬所得和特许权使用费所得的收入额，并入年度综合所得，依综合所得税率计算应纳税款，税款多退少补。

7.5 计税依据的确定

个人所得税的计税依据是应纳税所得额，税法对应纳税所得额的规定是正确计算个人所得税税额的前提和基础。

7.5.1 应纳税所得额的一般规定

由于个人所得税是对个人的纯所得征税，所以个人所得税的应纳税所得额是个人取得的应税收入减除税法规定的扣除项目或扣除金额后的余额。

1. 收入的形式

收入的形式是指个人所得的形式，包括现金、实物、有价证券和其他形式的经济利益。

所得为实物的，应当按照取得的凭证上所注明的价格计算应纳税所得额，无凭证的实物或者凭证上注明的价格明显偏低的，参照市场价格核定应纳税所得额。

所得为有价证券的，根据票面价格和市场价格核定应纳税所得额。

所得为其他形式经济利益的，参照市场价格核定应纳税所得额。

2. 费用扣除方法

考虑到在对个人征收个人所得税时，不应对其在取得收入时所支付的成本和费用征税，因此在确定个人所得税的应纳税所得额时，应该减除必要的成本和费用。我国个人所得税采用分类与综合相结合的课征制度，根据纳税人所得的不同情况，分别规定了定额、定率和会计核算三种费用扣除方法。例如，对居民个人综合所得中的费用扣除采用定额扣除 60 000 元；对非居民个人的劳务报酬所得采用定率扣除 20%；对经营所得采用会计核算方法，即扣除成本、费用和损失。

背景知识

工资、薪金费用扣除额的历次调整

党的十一届三中全会以后，我国实行对外开放政策，进入我国工作的外籍人员日益增多，根据国际惯例以及为了维护我国的税收权益，我国于 1980 年 9 月 10 日第五届全国人民代表大会第三次会议颁布并实施了《中华人民共和国个人所得税法》，将中国公民和外籍个人工资、薪金所得的费用扣除标准定为 800 元。考虑到 1980 年制定的个人所得税基本上不适应我国公民的实际收入水平，为了使社会成员间的收入水平不至于过分悬殊，国务院于 1986 年 9 月 25 日颁布并于 1987 年 1 月 1 日实施了《中华人民共和国个人收入调节税暂行条例》，将中国公民工资、薪金所得的费用扣除标准由800元改为400元。1993年10月31日第八届全国人民代表大会常务委员会第四次会议通过了《关于修改〈中华人民共和国个人所得税法〉的决定》，将1980年颁布的《中华人民共和国个人所得税法》、1986年颁布的《中华人民共和国城乡个体工商业户所得税暂行条例》和1987年颁布的《中华人民共和国个人收入调节税暂行条例》合并为《中华人民共和国个人所得税法》，将中外籍个人工资、薪金所得的费用扣除标准统一为800元。第十届全国人民代表大会常务委员会第十八次会议于2005年10月27日通过了《关于修改〈中华人民共和国个人所得税法〉的决定》，决定自2006年1月1日起，将中外籍个人工资、薪金所得的费用扣除标准由800元提高到1 600元。第十届全国人民代表大会常务委员会第三十一次会议于2007年12月29日通过了《关于修改〈中华人民共和国个人所得税法〉的决定》，决定自2008年3月1日起，将工资、薪金所得的费用扣除标准由每月1 600元提高到2 000元。2011年6月30日第十一届全国人民代表大会常务委员会第二十一次会议通过了《关于修改〈中华人民共和国个人所得税法〉的决定》，决定自2011年9月1日起，将工资、薪金所得的费用扣除标准由每月2 000元提高到3 500元。2018年8月31日第十三届全国人民代表大会常务委员会第五次会议通过了《关于修改〈中华人民共和国个人所得税法〉的决定》，决定自2018年9月1日起，将居民个人综合所得的费用减除标准改为每年60 000元（月标准由2011年9月1日的每月3 500元提高到5 000元），将非居民个人的工资、薪金所得的费用减除标准由每月3 500元提高到5 000元。

背景知识

外籍个人附加扣除费用的沿革

1994年1月1日至2005年12月31日前为每月800元；2006年1月1日至2008年3月1日前为每月3 200元；2008年3月1日至2011年9月1日前为每月2 800元；2011年9月1日至2018年9月1日前为每月1 300元。自2018年9月1日起，取消对外籍个人附加扣除的规定。

7.5.2 应纳税所得额的特殊规定

个人将其所得对教育、扶贫、济困等公益慈善事业进行捐赠，捐赠额未超过纳税人申报的应纳税所得额30%的部分，可以从其应纳税所得额中扣除；国务院规定对公益慈善事业捐赠实行全额税前扣除的，从其规定。

个人将其所得对教育、扶贫、济困等公益慈善事业进行捐赠，是指个人将其所得通过中国境内的公益性社会组织、国家机关向教育、扶贫、济困等公益慈善事业的捐赠；应纳税所得额是指计算扣除捐赠额之前的应纳税所得额。

(1) 对个人通过非营利的社会团体和国家机关向农村义务教育的捐赠，准予在缴纳个人所得税前的所得额中全额扣除。农村义务教育的范围是政府和社会力量举办的农村乡镇（不含县和县级市政府所在地的镇）、村的小学和初中以及属于这一阶段的特殊教育学校。纳税人对农村义务教育与高中在一起的学校的捐赠，也享受此项所得税前扣除。

(2) 对个人通过非营利的社会团体和国家机关向红十字会的捐赠，在计算缴纳个人所得税时，准予在税前的所得额中全额扣除。

(3) 对个人通过非营利性的社会团体和政府部门向福利性、非营利性的老年服务机构的捐赠，在缴纳企业所得税和个人所得税前准予全额扣除。老年服务机构是指专门为老年人提供生活照料、文化、护理、健身等多方面服务的福利性、非营利性的机构，主要包括老年社会福利院、敬老院（养老院）、老年服务中心、老年公寓（含老年护理院、康复中心、托老所）等。

(4) 对个人通过非营利性的社会团体和国家机关对公益性青少年活动场所（其中包括新建）的捐赠，在缴纳企业所得税和个人所得税前准予全额扣除。公益性青少年活动场所是指专门为青少年学生提供科技、文化、德育、爱国主义教育、体育活动的青少年宫、青少年活动中心等校外活动的公益性场所。

7.6 应纳税额的计算

现行个人所得税实行综合与分类相结合的课征制度，各项所得的收入确认和费用扣除不尽相同，因而应纳税额的计算也不尽相同。下面分别从七个方面介绍应纳税额的计算：居民个人的综合所得；经营所得；非居民个人的工资、薪金所得，劳务报酬所得，稿酬所得，特许权使用费所得；财产租赁所得；财产转让所得；利息、股息、红利所得；偶然所得。本节最后介绍计算应纳税额的特殊规定。

7.6.1 居民个人的综合所得应纳税额的计算

居民个人取得综合所得的，按年计算个人所得税。有扣缴义务人的，按月或者按次预扣预缴税额，年终汇算清缴。

7.6.1.1 应纳税所得额

居民个人的综合所得以每一纳税年度的收入额减除费用 60 000 元以及专项扣除、专项附加扣除和依法确定的其他扣除后的余额，为应纳税所得额。

1. 收入的确认

居民个人的工资、薪金所得需要每月预扣的，按每月的应税收入额确认；需要全年汇算清缴的，按每一纳税年度的收入额确认。

2. 费用扣除项目和标准

居民个人综合所得的费用扣除项目包括费用扣除、专项扣除、专项附加扣除和依法确定的其他扣除。具体扣除项目如下：

（1）费用扣除。居民个人的综合所得在每一纳税年度汇算清缴时，扣除费用 60 000 元。扣缴义务人每月预扣税款时，每月定额扣除 5 000（=60 000/12）元。

（2）专项扣除。专项扣除包括居民个人按照国家规定的范围和标准缴纳的基本养老保险、基本医疗保险、失业保险等社会保险费和住房公积金等。

（3）专项附加扣除。专项附加扣除应在居民个人的工资、薪金所得按月预扣预缴税款时予以扣除。专项附加扣除包括子女教育、继续教育、大病医疗、住房贷款利息、住房租金、赡养老人六项支出。

1）子女教育。纳税人的子女接受全日制学历教育的相关支出，按照每个子女每月 1 000 元的标准定额扣除。

学历教育包括义务教育（小学、初中教育）、高中阶段教育（普通高中、中等职业、技工教育）、高等教育（大学专科、大学本科、硕士研究生、博士研究生教育）。

年满 3 岁至小学入学前处于学前教育阶段的子女，按照每个子女每月 1 000 元的标准定额扣除。

学历教育期间包含因病或其他非主观原因休学但学籍继续保留的休学期间以及施教机构按规定组织实施的寒暑假等假期。

扣除方规定：父母可以选择由其中一方按扣除标准的 100%扣除，也可以选择由双方分别按扣除标准的 50%扣除，具体扣除方式在一个纳税年度内不能变更。

扣除的计算时间：学前教育阶段为子女年满 3 周岁当月至小学入学前一月，学历教育阶段为子女接受全日制学历教育入学的当月至全日制学历教育结束的当月。

2）继续教育。纳税人在中国境内接受学历（学位）继续教育的支出，在学历（学位）教育期间按照每月 400 元定额扣除。同一学历（学位）继续教育的扣除期限不能超过 48 个月。纳税人接受技能人员职业资格继续教育、专业技术人员职业资格继续教育的支出，在取得相关证书的当年，按照 3 600 元定额扣除。

学历（学位）继续教育期间包含因病或其他非主观原因休学但学籍继续保留的休学期间以及施教机构按规定组织实施的寒暑假等假期。

扣除方规定：个人接受本科及以下学历（学位）继续教育，符合本办法规定扣除条件的，可以选择由其父母扣除，也可以选择由本人扣除。

扣除的计算时间：学历（学位）继续教育为在中国境内接受学历（学位）继续教育入学的当月至学历（学位）继续教育结束的当月，同一学历（学位）继续教育的扣除期限最长不得超过 48 个月。技能人员职业资格继续教育、专业技术人员职业资格继续教育，为取得相关证书的当年。

3）大病医疗。在一个纳税年度内，纳税人发生的与基本医保相关的医药费用支出，扣除医保报销后个人负担（指医保目录范围内的自付部分）累计超过 15 000 元的部分，由纳税人在办理年度汇算清缴时，在 80 000 元限额内据实扣除。纳税人及其配偶、未成年子女发生的医药费用支出，按本规定分别计算扣除额。

扣除方规定：纳税人发生的医药费用支出可以选择由本人或者其配偶扣除；未成年子女发生的医药费用支出可以选择由其父母一方扣除。

纳税人及其配偶、未成年子女发生的医药费用支出，按扣除医保报销后个人负担（指医保目录范围内的自付部分）累计超过15 000元的部分，在80 000元限额内分别据实计算扣除额。

扣除的计算时间：为医疗保障信息系统记录的医药费用实际支出的当年。

4）住房贷款利息。纳税人本人或配偶单独或者共同使用商业银行或住房公积金个人住房贷款为本人或配偶购买中国境内住房，发生的首套住房贷款利息支出，在实际发生贷款利息的年度，按照每月1 000元的标准定额扣除，扣除期限最长不超过240个月。纳税人只能享受一次首套住房贷款的利息扣除。首套住房贷款是指购买住房享受首套住房贷款利率的住房贷款。

扣除方规定：经夫妻双方约定，可以选择由其中一方扣除，具体扣除方式在一个纳税年度内不能变更。夫妻双方婚前分别购买住房发生的首套住房贷款，其贷款利息支出，在婚后可以选择其中一套购买的住房，由购买方按扣除标准的100%扣除，也可以由夫妻双方对各自购买的住房分别按扣除标准的50%扣除，具体扣除方式在一个纳税年度内不能变更。

扣除的计算时间：为贷款合同约定开始还款的当月至贷款全部归还或贷款合同终止的当月，扣除期限最长不得超过240个月。

5）住房租金。纳税人在主要工作城市没有自有住房而发生的住房租金支出，可以按照以下标准定额扣除：

①直辖市、省会（首府）城市、计划单列市以及国务院确定的其他城市，扣除标准为每月1 500元。

②除第一项所列城市以外，市辖区户籍人口超过100万的城市，扣除标准为每月1 100元；市辖区户籍人口不超过100万的城市，扣除标准为每月800元。

纳税人的配偶在纳税人的主要工作城市有自有住房的，视同纳税人在主要工作城市有自有住房。

市辖区户籍人口以国家统计局公布的数据为准。

主要工作城市是指纳税人任职受雇的直辖市、计划单列市、副省级城市、地级市（地区、州、盟）全部行政区域范围；纳税人无任职受雇单位的，为受理其综合所得汇算清缴的税务机关所在城市。

扣除方规定：住房租金支出由签订租赁住房合同的承租人扣除。

夫妻双方主要工作城市相同的，只能由一方扣除住房租金支出。

纳税人及其配偶在一个纳税年度内不能同时分别享受住房贷款利息和住房租金专项附加扣除。

扣除的计算时间：为租赁合同（协议）约定的房屋租赁期开始的当月至租赁期结束的当月。提前终止合同（协议）的，以实际租赁期限为准。

6）赡养老人。纳税人赡养一位及以上被赡养人的赡养支出，按照统一标准定额扣除。被赡养人是指年满60岁的父母，以及子女均已去世的年满60岁的祖父母、外祖父母。

扣除方规定：纳税人为独生子女的，按照每月 2 000 元的标准定额扣除；纳税人为非独生子女的，由其与兄弟姐妹分摊每月 2 000 元的扣除额度，每人分摊的额度不能超过每月 1 000 元。可以由赡养人均摊或者约定分摊，也可以由被赡养人指定分摊。约定或者指定分摊的须签订书面分摊协议，指定分摊优先于约定分摊。具体分摊方式和额度在一个纳税年度内不能变更。

扣除的计算时间：为被赡养人年满 60 周岁的当月至赡养义务终止的年末。

(4) 其他扣除。其他扣除包括个人缴付符合国家规定的企业年金、职业年金，个人购买符合国家规定的商业健康保险、税收递延型商业养老保险的支出以及国务院规定可以扣除的其他项目。

需要注意的是，专项扣除、专项附加扣除和依法确定的其他扣除，以居民个人一个纳税年度的应纳税所得额为限额；一个纳税年度扣除不完的，不结转以后年度扣除。

7.6.1.2 工资、薪金所得预扣预缴

扣缴义务人向居民个人支付工资、薪金所得时，应当按照累计预扣法计算预扣税款，并按月办理扣缴申报。

1. 累计预扣预缴应纳税所得额的确定

扣缴义务人在一个纳税年度内预扣预缴税款时，以纳税人在本单位截至当前月份工资、薪金所得累计收入减除累计免税收入、累计减除费用、累计专项扣除、累计专项附加扣除和累计依法确定的其他扣除后的余额为累计预扣预缴应纳税所得额。相应的计算公式为：

$$\begin{aligned}&\text{累计预扣预缴应纳税所得额}\\=&\text{累计收入}-\text{累计免税收入}-\text{累计减除费用}-\text{累计专项扣除}-\text{累计专项附加扣除}\\&-\text{累计依法确定的其他扣除}\end{aligned}$$

其中，累计减除费用按照 5 000 元/月乘以纳税人当年截至本月在本单位的任职受雇月份数计算。

2. 本期预扣预缴税额的计算

居民个人工资、薪金所得的应纳税额，适用居民个人工资、薪金所得预扣率表（见表 7-5）计算累计应预扣预缴税额，再减除累计减免税额和累计已预扣预缴税额，其余额为本期应预扣预缴税额。相应的计算公式为：

$$\begin{matrix}\text{本期应预扣}\\\text{预缴税额}\end{matrix}=\left(\begin{matrix}\text{累计预扣预缴}\\\text{应纳税所得额}\end{matrix}\times\text{预扣率}-\begin{matrix}\text{速算}\\\text{扣除数}\end{matrix}\right)-\begin{matrix}\text{累计减}\\\text{免税额}\end{matrix}-\begin{matrix}\text{累计已预扣}\\\text{预缴税额}\end{matrix}$$

当本期应预扣预缴税额为负值时，暂不退税。在纳税年度终了后本期应预扣预缴税额仍为负值时，由纳税人办理综合所得年度汇算清缴，税款多退少补。

[例 7-1]

王女士（居民个人）2019 年 1—3 月每月取得工资收入 20 000 元，无免税收入，2019 年 3 月取得季度奖金 10 000 元；每月的专项扣除和专项附加扣除共计 2 000 元，无其他扣除。2019 年 1—2 月累计预扣税款 780 元。

计算扣缴义务人 2019 年 3 月应预扣预缴的王女士工资、薪金所得的个人所得税税额。

解析：

1—3 月累计收入＝20 000×3＋10 000＝70 000（元）

1—3 月累计费用扣除、专项扣除和专项附加扣除＝5 000×3＋2 000×3
＝21 000（元）

1—3 月累计预扣预缴应纳税所得额＝70 000－21 000＝49 000（元）

3 月累计预扣预缴的工资、薪金所得税税额＝49 000×10%－2 520＝2 380（元）

3 月应预扣预缴的工资、薪金所得税税额＝2 380－780＝1 600（元）

7.6.1.3 劳务报酬所得预扣预缴

扣缴义务人向居民个人支付劳务报酬所得时，应当按次或者按月预扣预缴税款。

1. 预扣预缴应纳税所得额的确定

劳务报酬所得以每次收入额为预扣预缴应纳税所得额。

居民个人的劳务报酬所得以收入减除费用后的余额为收入额。

其中，劳务报酬所得属于一次性收入的，以取得该项收入为一次；属于同一项目连续性收入的，以一个月内取得的收入为一次。

减除费用是指在预扣预缴税款时，每次收入不超过 4 000 元的，减除费用 800 元；每次收入在 4 000 元以上的，减除费用 20%（按收入计算）。

2. 预扣预缴税额的计算

居民个人劳务报酬所得的应纳税额适用居民个人劳务报酬所得预扣率（见表 7-6）来计算应预扣预缴税额。

（1）每次收入不足 4 000 元的。

预扣预缴税额＝预扣预缴应纳税所得额×适用预扣率
＝(每次收入－800)×20%

（2）每次收入超过 4 000 元的。

预扣预缴税额＝预扣预缴应纳税所得额×适用预扣率－速算扣除数
＝每次收入×(1－20%)×适用预扣率－速算扣除数

[例 7-2]

王女士（居民个人）2019 年 4 月和 9 月分别取得劳务报酬所得 3 600 元和 35 000 元。

计算扣缴义务人 2019 年 4 月和 9 月应预扣预缴的王女士劳务报酬所得的个人所得税税额。

解析：

4 月应预扣预缴的劳务报酬所得的税额＝(3 600－800)×20％＝560（元）

9 月应预扣预缴的劳务报酬所得的税额＝35 000×(1－20％)×30％－2 000
＝6 400（元）

7.6.1.4 稿酬所得和特许权使用费所得预扣预缴

扣缴义务人向居民个人支付稿酬所得和特许权使用费所得时，应当按次预扣预缴税款。

1. 预扣预缴应纳税所得额的确定

稿酬所得和特许权使用费所得以每次收入额为预扣预缴应纳税所得额。

居民个人的稿酬所得和特许权使用费所得以收入减除费用后的余额为收入额。稿酬所得的收入额减按 70％计算。

其中，稿酬所得和特许权使用费所得属于一次性收入的，以取得该项收入为一次；属于同一项目连续性收入的，以一个月内取得的收入为一次。

减除费用是指预扣预缴税款时，每次收入不超过 4 000 元的，减除费用 800 元；每次收入在 4 000 元以上的，减除费用 20％（按收入计算）。

2. 预扣预缴税额的计算

居民个人的稿酬所得和特许权使用费所得的应纳税额适用 20％的比例预扣率来计算应预扣预缴税额，相应的计算公式如下：

预扣预缴税额＝预扣预缴应纳税所得额×20％的预扣率

[例 7－3]

王女士（居民个人）2019 年 6 月和 10 月分别取得稿酬所得与特许权使用费所得 20 000 元和 30 000 元。

计算扣缴义务人 2019 年 6 月和 10 月应预扣预缴的王女士稿酬所得与特许权使用费所得的个人所得税税额。

解析：

6 月应预扣预缴的稿酬所得的税额＝20 000×(1－20％)×70％×20％
＝2 240（元）

10 月应预扣预缴的特许权使用费所得的税额＝30 000×(1－20％)×20％
＝4 800（元）

7.6.1.5 年终汇算清缴

在居民个人办理年度综合所得汇算清缴时，应当依法计算工资、薪金所得，劳务报酬所得，稿酬所得和特许权使用费所得的收入额，并入年度综合所得计算应纳税款，税款多退少补。

1. 综合所得年度收入额的确定

（1）工资、薪金所得的收入额。在全年汇算清缴时，居民个人的工资、薪金所得的收入额为每一纳税年度的收入额。

（2）劳务报酬所得、稿酬所得、特许权使用费所得的收入额。劳务报酬所得、稿酬所得、特许权使用费所得以收入减除20%费用后的余额为收入额。稿酬所得的收入额减按70%计算。

2. 综合所得应纳税所得额的确定

居民个人的综合所得以每一纳税年度的收入额减除费用60 000元以及专项扣除、专项附加扣除和依法确定的其他扣除后的余额为应纳税所得额。相应的计算公式如下：

应纳税所得额＝综合所得年度收入额－年度准予扣除额

年度准予扣除额＝基本扣除费用（60 000元）＋专项扣除＋专项附加扣除＋依法确定的其他扣除

3. 综合所得应纳税额的计算

居民个人的综合所得以每一纳税年度的应纳税所得额依《综合所得税率表》（见表7-2）计算应纳税额。相应的计算公式如下：

应纳税额＝应纳税所得额×适用税率－速算扣除数

4. 应缴（退）税额

在居民个人办理年度综合所得汇算清缴时，将工资、薪金所得，劳务报酬所得，稿酬所得和特许权使用费所得四项所得合并计算全年应纳税额，然后与本纳税年度累计已预扣预缴的税额相比较。全年累计已预扣预缴的税额大于全年应纳税额，则办理税款退库（“多退”）；全年累计已预扣预缴的税额小于全年应纳税额，则补缴税款（“少补”）。

[例7-4]

接[例7-1]、[例7-2]和[例7-3]，王女士（居民个人）2019年1—12月每月取得工资收入20 000元，无免税收入，每季度末取得季度奖金10 000元；每月的专项扣除和专项附加扣除共计2 000元，无其他扣除。4月取得劳务报酬所得3 600元。6月取得稿酬所得20 000元，9月取得劳务报酬所得35 000元，10月取得特许权使用费所得30 000元。

计算王女士2019年汇算清缴应缴（退）的个人所得税税额。

解析：

1. 已预扣预缴税款

由[例7-1]得知：

3月累计预扣预缴的工资、薪金所得税额＝49 000×10%－2 520＝2 380（元）

依此类推，王女士1—12月各月应预扣预缴的工资、薪金所得税额见表7-7。

表 7-7　　王女士 1—12 月各月应预扣预缴的工资、薪金所得税额　　单位：元

月份	当月预扣预缴税额	月份	当月预扣预缴税额
1	390	7	1 300
2	390	8	1 300
3	1 600	9	2 600
4	1 300	10	2 600
5	1 300	11	2 600
6	2 300	12	4 600
全年累计预扣预缴税额			22 280

工资、薪金所得全年累计预扣预缴税款为 22 280 元。

由［例 7-2］得知，劳务报酬所得预扣预缴税款为 6 960（＝560＋6 400）元。

由［例 7-3］得知，稿酬所得预扣预缴税款为 2 240 元。

由［例 7-3］得知，特许权使用费所得预扣预缴税款为 4 800 元。

全年累计预扣预缴税款共计 36 280（＝22 280＋6 960＋2 240＋4 800）元。

2. 汇算清缴应缴（退）税额

（1）综合所得的收入额。

工资、薪金所得的收入额＝20 000×12＋10 000×4＝280 000（元）

劳务报酬所得的收入额＝(3 600＋35 000)×(1－20％)＝30 880（元）

稿酬所得的收入额＝20 000×(1－20％)×70％＝11 200（元）

特许权使用费所得的收入额＝30 000×(1－20％)＝24 000（元）

综合所得的收入额＝280 000＋30 880＋11 200＋24 000＝346 080（元）

（2）应纳税所得额。

应纳税所得额＝346 080－60 000－2 000×12＝262 080（元）

（3）应纳税额。

应纳税额＝262 080×20％－16 920＝35 496（元）

（4）应退税额。

应退税额＝36 280－35 496＝784（元）

7.6.2 经营所得应纳税额的计算

经营所得应纳税额的计算分为查账征收和核定征收两种方法。

1. 应纳税所得额的确定

经营所得适用于查账征收的，才涉及应纳税所得额的确定。

（1）应纳税所得额的计算公式。经营所得以每一纳税年度的收入总额减除成本、费

用以及损失后的余额为应纳税所得额。相应的计算公式如下：

应纳税所得额=每一纳税年度的收入总额−成本−费用−损失

个人取得的经营所得在计算应纳税所得额时减除的成本、费用是指生产经营活动中发生的各项直接支出和分配计入成本的间接费用以及销售费用、管理费用、财务费用；扣除的损失是指生产经营活动中发生的固定资产和存货的盘亏、毁损、报废损失，转让财产损失，坏账损失，自然灾害等不可抗力因素造成的损失以及其他损失。

（2）扣除项目和标准。

①经营者向其从业人员实际支付的合理的工资、薪金支出，允许在税前据实扣除。

②经营者按照国务院有关主管部门或者省（自治区、直辖市）人民政府规定的范围和标准为其本人及从业人员缴纳的基本养老保险费、基本医疗保险费、失业保险费、生育保险费、工伤保险费和住房公积金，准予扣除。

经营者为从业人员缴纳的补充养老保险费、补充医疗保险费，分别在不超过从业人员工资总额5%标准内的部分据实扣除；超过部分，不得扣除。

经营者本人缴纳的补充养老保险费、补充医疗保险费，以当地（地市级）上一年度社会平均工资的3倍为计算基数，分别在不超过该计算基数5%标准内的部分据实扣除；超过部分，不得扣除。

③经营者拨缴的工会经费、发生的职工福利费、职工教育经费支出分别在工资、薪金总额2%、14%、2.5%的标准内据实扣除。

④经营者每一纳税年度发生的广告费和业务宣传费用不超过当年销售（营业）收入15%的部分，可据实扣除；超过部分，准予在以后纳税年度结转扣除。

⑤经营者每一纳税年度发生的与其生产经营业务直接相关的业务招待费支出，按照发生额的60%扣除，但最高不得超过当年销售（营业）收入的5‰。

⑥经营者通过公益性社会团体或者县级以上人民政府及其部门，用于《中华人民共和国公益事业捐赠法》规定的公益事业的捐赠，捐赠额不超过其应纳税所得额30%的部分可以据实扣除。个体工商户直接对受益人的捐赠不得扣除。

⑦经营者在生产经营活动中，应当分别核算生产经营费用和个人、家庭费用。对于生产经营费用与个人、家庭费用混用且难以分清的，其中40%视为生产经营有关费用，准予扣除。

（3）下列支出不得扣除：

1）个人所得税税款。

2）税收滞纳金。

3）罚金、罚款和被没收财物的损失。

4）不符合扣除规定的捐赠支出。

5）赞助支出。

6）用于个人和家庭的支出。

7）与取得经营所得无关的其他支出。

8）国家税务总局规定不准扣除的支出。

2. 应纳税额的计算

(1) 查账征收。经营所得应纳税额的计算公式为:

应纳税额=应纳税所得额×适用税率－速算扣除数

若取得经营所得的个人没有综合所得,则在计算其每一纳税年度的应纳税所得额时,应当减除费用(每一纳税年度为6万元)、专项扣除、专项附加扣除以及依法确定的其他扣除。其中,专项附加扣除在办理汇算清缴时减除。

纳税人在取得经营所得后,应按年计算个人所得税,由纳税人在月度或者季度终了后十五日内预缴税款。在纳税人预缴税款时,应将月度或者季度的应纳税所得额换算为全年的应纳税所得额,使用经营所得税率(见表7-3)计算出全年税额后,再折算为月度或者季度的应纳税额。

(2) 核定征收。对于从事生产经营活动,但未提供完整、准确的纳税资料,且不能正确计算应纳税所得额的,可由主管税务机关核定应纳税所得额或者应纳税额。

核定征收方式包括定额征收、核定应税所得率征收以及其他合理的征收方式。

实行核定应税所得率征收方式的,应纳税额的计算公式为:

应纳税额=应纳税所得额×适用税率

应纳税所得额=收入总额×应税所得率

=成本、费用支出额÷(1－应税所得率)×应税所得率

对于上述公式中的应税所得率,国家针对不同行业分别做出了规定(见表7-8)。

表7-8　个人所得税应税所得率表

行业	应税所得率(%)
工业、交通运输业、商业	5～20
建筑业、房地产开发业	7～20
饮食服务业	7～25
娱乐业	20～40
其他行业	10～30

[例7-5]

王先生为个体工商户,2019年1月取得销售收入100 000元,成本支出为50 000元,费用支出为10 000元,缴纳税费合计5 500元。另外,支付给3名雇员的工资共计9 000元。

计算王先生2019年1月应缴纳的个人所得税税额。

解析:

2019年1月应纳税所得额=100 000－50 000－10 000－5 500－9 000－5 000

=20 500(元)

换算为全年应纳税所得额=20 500×12=246 000(元)

全年应纳税额=246 000×20%－16 920=32 280(元)

2019年1月应纳税额=32 280÷12=2 690(元)

7.6.3 非居民个人的工资、薪金所得，劳务报酬所得，稿酬所得和特许权使用费所得应纳税额的计算

1. 非居民个人的工资、薪金所得

(1) 应纳税所得额的确定。非居民个人的工资、薪金所得以每月收入额减除费用5 000元后的余额为应纳税所得额。相应的计算公式如下：

应纳税所得额＝月度收入额－月度准予扣除额（5 000元）

(2) 应纳税额的计算。非居民个人的工资、薪金所得应纳税额以应纳税所得额乘以适用的综合所得月度税率（见表7-4）来计算。相应的计算公式如下：

应纳税额＝应纳税所得额×适用税率－速算扣除数

[例7-6]

约翰（非居民个人）2019年1月取得工资、薪金收入35 000元。

计算约翰先生2019年1月应缴纳的工资、薪金收入的个人所得税税额。

解析：

应纳税所得额＝35 000－5 000＝30 000（元）

应纳税额＝30 000×25%－2 660＝4 840（元）

2. 非居民个人的劳务报酬所得

(1) 应纳税所得额的确定。非居民个人的劳务报酬所得，以每次收入额为应纳税所得额。其中，收入额为收入减除20%费用后的余额。

劳务报酬所得属于一次性收入的，以取得该项收入为一次；属于同一项目连续性收入的，以一个月内取得的收入为一次。

应纳税所得额的计算公式如下：

应纳税所得额＝每次收入额

每次收入额＝每次收入×(1－20%)

(2) 应纳税额的计算。非居民个人劳务报酬所得应纳税额的计算以其应纳税所得额乘以适用的综合所得月度税率（见表7-4）来计算。相应的计算公式如下：

应纳税额＝应纳税所得额×适用税率－速算扣除数

[例7-7]

约翰（非居民个人）2019年2月取得劳务报酬收入35 000元。

计算约翰先生2019年2月应缴纳的劳务报酬个人所得税税额。

解析：

应纳税所得额＝35 000×(1－20％)＝28 000（元）

应纳税额＝28 000×25％－2 660＝4 340（元）

3. 非居民个人的稿酬所得

（1）应纳税所得额的确定。非居民个人的稿酬所得以每次收入额为应纳税所得额。其中，收入额为收入减除20％费用后的余额。稿酬所得的收入额减按70％计算。

稿酬所得属于一次性收入的，以取得该项收入为一次；属于同一项目连续性收入的，以一个月内取得的收入为一次。

应纳税所得额的计算公式如下：

应纳税所得额＝每次收入额

每次收入额＝每次收入×(1－20％)×70％

（2）应纳税额的计算。非居民个人稿酬所得的应纳税额以其应纳税所得额乘以适用的综合所得月度税率（见表7-4）来计算。相应的计算公式如下：

应纳税额＝应纳税所得额×适用税率－速算扣除数

［例7-8］

约翰（非居民个人）2019年1月取得稿酬收入35 000元。

计算约翰先生2019年1月应缴纳的稿酬收入个人所得税税额。

解析：

应纳税所得额＝35 000×(1－20％)×70％＝19 600（元）

应纳税额＝19 600×20％－1 410＝2 510（元）

4. 非居民个人的特许权使用费所得

（1）应纳税所得额的确定。非居民个人的特许权使用费所得以每次收入额为应纳税所得额。其中，收入额为收入减除20％费用后的余额。

特许权使用费所得属于一次性收入的，以取得该项收入为一次；属于同一项目连续性收入的，以一个月内取得的收入为一次。

应纳税所得额的计算公式如下：

应纳税所得额＝每次收入额

每次收入额＝每次收入×(1－20％)

（2）应纳税额的计算。非居民个人特许权使用费所得的应纳税额以其应纳税所得额乘以适用的综合所得月度税率（见表7-4）来计算。相应的计算公式如下：

应纳税额＝应纳税所得额×适用税率－速算扣除数

[例7-9]

约翰（非居民个人）2019年1月取得特许权使用费收入35 000元。

计算约翰先生2019年1月获得的特许权使用费收入应缴纳的个人所得税税额。

解析：

应纳税所得额=35 000×(1-20%)=28 000（元）

应纳税额=28 000×25%-2 660=4 340（元）

7.6.4 财产租赁所得应纳税额的计算

财产租赁所得实行分类课征，其应纳税额的计算不区分居民个人和非居民个人。与此同时，由于财产租赁所得只由支付所得的扣缴义务人代扣代缴税款，年终不汇算清缴，所以适用20%的比例税率。

（1）应纳税所得额的确定。财产租赁所得每次收入不超过4 000元的，减除费用800元；在4 000元以上的，减除20%的费用，其余额为应纳税所得额。财产租赁所得以一个月内取得的收入为一次。

应纳税所得额按照每次租赁收入的大小依照不同情况分别计算。

1）每次收入不超过4 000元的：

应纳税所得额=每次收入-800

2）每次收入在4 000元以上的：

应纳税所得额=每次收入×(1-20%)

在确定财产租赁的应纳税所得额时，纳税人在出租财产过程中缴纳的税金和教育费附加，可持完税（缴款）凭证，从其财产租赁收入中扣除。准予扣除的项目除了规定的费用和有关税、费外，还包括能够提供有效、准确凭证，证明由纳税人负担的该出租财产实际开支的修缮费用。允许扣除的修缮费用，以每次800元为限，一次扣除不完的，准予在下一次继续扣除，直到扣完为止。

个人出租财产取得的财产租赁收入，在计算缴纳个人所得税时，应依次扣除以下费用：

第一，财产租赁过程中缴纳的税费。

第二，由纳税人负担的该出租财产实际开支的修缮费用。

第三，税法规定的费用扣除标准。

应纳税所得额的计算公式为：

1）每次（月）收入不超过4 000元的：

应纳税所得额

=每次(月)收入-缴纳的税费-修缮费用(以800元为限)-800元

2）每次（月）收入超过 4 000 元的：

应纳税所得额
=[每次(月)收入-缴纳的税额-修缮费用(以 800 元为限)]×(1-20%)

应纳税额的计算公式为：

应纳税额=应纳税所得额×适用税率
=应纳税所得额×20%（或 10%）

（2）应纳税额的计算。财产租赁所得应纳税额以其应纳税所得额乘以 20%（自 2008 年 3 月 1 日起，对个人出租住房取得的所得减按 10%的税率征收个人所得税）的比例税率来计算。相应的计算公式如下：

应纳税额=应纳税所得额×适用税率（20%）

[例 7-10]

2019 年 1 月，王先生一次取得 2019 年全年出租房屋的租金收入 120 000 元。当月，发生由王先生负担的房屋修缮费用 1 500 元，并取得有效凭证。

计算 2019 年各月王先生获得的房屋租金收入应缴纳的个人所得税税额。

解析：

2019 年每月的租金收入=120 000÷12=10 000（元）
（未达到增值税起征点，无须缴纳增值税。）
每月房产税税额=10 000×4%=400（元）
1 月份应纳税所得额=(10 000-400-800)×(1-20%)=7 040（元）
1 月应纳税额=7 040×10%=704（元）
2 月份应纳税所得额=(10 000-400-700)×(1-20%)=7 120（元）
2 月应纳税额=7 120×10%=712（元）
3—12 月各月应纳税所得额=(10 000-400)×(1-20%)=7 680（元）
3—12 月各月应纳税额=7 680×10%=768（元）

7.6.5 财产转让所得应纳税额的计算

财产转让所得实行分类课征，其应纳税额的计算不区分居民个人和非居民个人。与此同时，由于财产转让所得只由支付所得的扣缴义务人代扣代缴税款，年终不汇算清缴，所以适用 20%的比例税率。

（1）应纳税所得额的确定。财产转让所得以转让财产的收入额减除财产原值和合理费用后的余额为应纳税所得额。

其中：

1）个人取得财产转让所得，在计算应纳税所得额时减除的财产原值，按照下列方法确定：

①有价证券，为买入价以及买入时按照规定交纳的有关费用。

②建筑物，为建造费或者购进价格以及其他有关费用。

③土地使用权，为取得土地使用权所支付的金额、开发土地的费用以及其他有关费用。

④机器设备、车船，为购进价格、运输费、安装费以及其他有关费用。

⑤其他财产，参照上述规定的方法确定财产原值。

纳税人未提供完整、准确的财产原值凭证，不能按照《个人所得税法实施条例》第十六条规定的方法确定财产原值的，由主管税务机关核定财产原值。

2）个人取得财产转让所得，在计算应纳税所得额时减除的合理费用，是指卖出财产时按照规定支付的有关税费。

应纳税所得额＝转让财产的收入额－财产原值－合理费用

（2）应纳税额的计算。财产转让所得的应纳税额以其应纳税所得额乘以20%的比例税率来计算。相应的计算公式如下：

应纳税额＝应纳税所得额×适用税率（20%）

［例7-11］

李先生转让住房一套，售价2 000 000元，转让过程中按规定支付的有关税费为100 000元。房产的购买原值是1 500 000元。

计算其应缴纳的个人所得税税额。

解析：

应纳税所得额＝2 000 000－1 500 000－100 000＝400 000（元）

应纳税额＝400 000×20%＝80 000（元）

7.6.6 利息、股息、红利所得应纳税额的计算

利息、股息、红利所得实行分类课征，其应纳税额的计算不区分居民个人和非居民个人。与此同时，由于利息、股息、红利所得只由支付所得的扣缴义务人代扣代缴税款，年终不汇算清缴，所以适用20%的比例税率。

（1）应纳税所得额的确定。利息、股息、红利所得以每次收入额为应纳税所得额。每次收入额以支付利息、股息、红利时取得的收入为一次，即不扣减任何费用。相应的计算公式如下：

应纳税所得额＝每次收入额

（2）应纳税额的计算。利息、股息、红利所得的应纳税额以其应纳税所得额乘以20%的比例税率来计算。相应的计算公式如下：

应纳税额＝应纳税所得额×适用税率（20%）

7.6.7 偶然所得应纳税额的计算

偶然所得实行分类课征，其应纳税额的计算不区分居民个人和非居民个人。与此同时，由于偶然所得只由支付所得的扣缴义务人代扣代缴税款，年终不汇算清缴，所以适用 20%的比例税率。

（1）应纳税所得额的确定。偶然所得以每次收入额为应纳税所得额。每次收入额以支付利息、股息、红利时取得的收入为一次，即不扣减任何费用。相应的计算公式如下：

应纳税所得额＝每次收入额

（2）应纳税额的计算。偶然所得应纳税额的计算以其应纳税所得额乘以 20%的比例税率来计算。相应的计算公式如下：

应纳税额＝应纳税所得额×适用税率（20%）

7.6.8 应税税额的特殊计算规定

除前文介绍的应纳税额的计算规定外，税法还规定了一些计算应纳税额的特殊规定，下面介绍 7 种特殊情况。

7.6.8.1 两人共同取得同一项目收入应税税额的计算

两个或者两个以上的个人共同取得同一项目收入的，应当对每个人取得的收入分别按照税法规定减除费用后计算纳税。

两个或者两个以上的个人共同取得同一项目收入（如两人共同编著教材），税法规定，应当对每个人取得的收入分别按照税法规定减除费用后计算纳税。该规定是因为个人所得税的纳税主体是个人，每个人应就自己取得的收入减除费用后纳税。税法的这一规定，又称“先分、后扣、再税”的征税方法。

7.6.8.2 公益捐赠应纳税额的计算

个人将其所得对教育、扶贫、济困等公益慈善事业进行捐赠，捐赠额未超过纳税人申报的应纳税所得额 30%的部分，可以从其应纳税所得额中扣除；国务院规定对公益慈善事业捐赠实行全额税前扣除的，从其规定。

个人将其所得对教育、扶贫、济困等公益慈善事业进行捐赠，是指个人将其所得通过中国境内的公益性社会组织、国家机关向教育、扶贫、济困等公益慈善事业的捐赠。

应纳税所得额是指计算扣除捐赠额之前的应纳税所得额。

7.6.8.3 境外所得税税额抵免的计算

税法规定，居民个人从中国境外取得的所得，可以从其应纳税额中抵免已在境外缴纳的个人所得税税额，但抵免额不得超过该纳税人境外所得依照我国《个人所得税法》

规定计算的应纳税额。

（1）已在境外缴纳的税额。已在境外缴纳的个人所得税税额是指居民个人来源于中国境外的所得，依照该所得来源国家（地区）的法律应当缴纳并且实际已经缴纳的所得税税额。

（2）抵免限额。依照《个人所得税法》的规定，这是指居民个人抵免已在境外缴纳的综合所得、经营所得以及其他所得的所得税税额的限额（以下简称“抵免限额”）。除国务院财政、税务主管部门另有规定外，来源于中国境外一个国家（地区）的综合所得抵免限额、经营所得抵免限额以及其他所得抵免限额之和，为来源于该国家（地区）所得的抵免限额。

可以看出，在计算抵免限额时，上述规定是要区分国家和所得项目，即“分国且分项”。

（3）补缴税款或补扣期限。居民个人在中国境外一个国家（地区）实际已经缴纳的个人所得税税额，低于来源于该国家（地区）所得的抵免限额的，应当在中国缴纳差额部分的税款；超过来源于该国家（地区）所得的抵免限额的，其超过部分不得在本纳税年度的应纳税额中抵免，但可以在以后纳税年度来源于该国家（地区）所得的抵免限额的余额中补扣。补扣期限最长不得超过五年。

可以看出，在计算补缴税款或补扣期限时，上述规定是不区分国家和所得项目的，即“分国不分项”。

（4）纳税凭证。居民个人申请抵免已在境外缴纳的个人所得税税额，应当提供境外税务机关出具的税款所属年度的有关纳税凭证。

7.6.8.4 全年一次性奖金应纳税额的计算

居民个人取得全年一次性奖金，在 2021 年 12 月 31 日前，不并入当年综合所得，以全年一次性奖金收入除以 12 个月得到的数额，按照按月换算后的《综合所得月度税率表》（见表 7-4）确定适用税率和速算扣除数，单独计算纳税。相应的计算公式为：

应纳税额＝全年一次性奖金收入×适用税率－速算扣除数

居民个人取得全年一次性奖金，也可以选择并入当年综合所得计算纳税。

（1）先将雇员当月内取得的全年一次性奖金除以 12 个月，按其商数确定适用税率和速算扣除数。

如果在发放年终一次性奖金的当月，雇员当月工资、薪金所得低于税法规定的费用扣除额，应将全年一次性奖金减除“雇员当月工资、薪金所得与费用扣除额的差额”后的余额，按上述办法确定全年一次性奖金的适用税率和速算扣除数。

（2）对雇员当月内取得的全年一次性奖金，按规定的适用税率和速算扣除数计算征税，相应的计算公式如下：

1）如果雇员当月工资、薪金所得高于（或等于）税法规定的费用扣除额，适用公式为：

应纳税额＝雇员当月取得的全年一次性奖金×适用税率－速算扣除数

2）如果雇员当月工资、薪金所得低于税法规定的费用扣除额，适用公式为：

$$\text{应纳税额}=\left(\text{雇员当月取得的全年一次性奖金}-\text{雇员当月工资、薪金所得与费用扣除额的差额}\right)\times\text{适用税率}-\text{速算扣除数}$$

(3) 在一个纳税年度内，对每一个纳税人，该计税办法只允许采用一次。

(4) 实行年薪制和绩效工资的单位，个人取得年终兑现的年薪和绩效工资按全年一次性奖金的规定执行。

(5) 雇员取得除全年一次性奖金以外的其他各种名目奖金，如半年奖、季度奖、加班奖、先进奖、考勤奖等，一律与当月工资、薪金收入合并，按税法规定缴纳个人所得税。

[例 7-12]

李先生 2019 年 12 月的工资、薪金为 6 000 元，当月取得全年一次性奖金 40 000 元。计算李先生 2019 年 12 月取得的全年一次性奖金应缴纳的个人所得税。

解析：

(1) 全年一次性奖金适用的税率和速算扣除数为：

$$40\,000 \div 12 = 3\,333.33\text{（元）}$$

适用第二级次的税率和速算扣除数。

(2) 该笔奖金的应纳税额为：

$$40\,000 \times 10\% - 210 = 3\,790\text{（元）}$$

自 2022 年 1 月 1 日起，居民个人取得全年一次性奖金，应并入当年综合所得计算缴纳个人所得税。

7.6.8.5 企业年金和事业年金应纳税额的计算

企业年金是指根据《企业年金试行办法》(原劳动和社会保障部令第 20 号) 的规定，企业及其职工在依法参加基本养老保险的基础上，自愿建立的补充养老保险制度。职业年金是指根据《事业单位职业年金试行办法》(国办发［2011］37 号之 9) 的规定，事业单位及其工作人员在依法参加基本养老保险的基础上建立的补充养老保险制度。《事业单位职业年金试行办法》自 2014 年 1 月 1 日起执行。

1. 年金缴费的规定

(1) 企业和事业单位 (以下统称“单位”) 根据国家有关政策规定的办法及标准，为在本单位任职或者受雇的全体职工缴付的企业年金或职业年金 (以下统称“年金”) 单位缴费部分，在计入个人账户时，个人暂不缴纳个人所得税。

(2) 个人根据国家有关政策规定缴付的年金个人缴费部分，在不超过本人缴费工资计税基数 4%标准内的部分，暂从个人当期的应纳税所得额中扣除。

(3) 超过上述第 (1) 项和第 (2) 项规定的标准缴付的年金单位缴费和个人缴费部分，不并入综合所得，全额单独适用综合所得月度税率 (见表 7-4) 计算应纳税额。税款由建立年金的单位代扣代缴，并向主管税务机关申报解缴。

(4) 企业年金个人缴费工资计税基数为本人上一年度月平均工资。月平均工资按国家统计局规定列入工资总额统计的项目计算。月平均工资超过职工工作地所在设区城市上一年度职工月平均工资300%的部分，不计入个人缴费工资计税基数。

职业年金个人缴费工资计税基数为职工岗位工资和薪级工资之和。职工岗位工资和薪级工资之和超过职工工作地所在设区城市上一年度职工月平均工资300%的部分，不计入个人缴费工资计税基数。

2. 年金基金投资运营收益的规定

年金基金投资运营收益在分配计入个人账户时，个人暂不缴纳个人所得税。

3. 领取年金的规定

(1) 个人达到国家规定的退休年龄，在上述规定实施之后按月领取的年金，不并入综合所得，全额单独适用综合所得月度税率（见表7-4）计算应纳税额。在上述规定实施之后按年或按季领取的年金，也不并入综合所得：按年领取的，全额单独适用综合所得税率（见表7-2）计算应纳税额；按季领取的，平均分摊计入各月，按每月领取额全额单独适用综合所得月度税率（见表7-4）计算纳税。

(2) 对单位和个人在上述规定实施之前开始缴付年金缴费，个人在上述规定实施之后领取年金的，允许其从领取的年金中减除在上述规定实施之前缴付的年金单位缴费和个人缴费且已经缴纳个人所得税的部分，就其余额按照上述第3条第（1）项的规定征税。在个人分期领取年金的情况下，可按上述规定实施之前缴付的年金缴费金额占全部缴费金额的百分比减计当期的应纳税所得额，减计后的余额，按照上述第3条第（1）项的规定，计算缴纳个人所得税。

(3) 对个人因出境定居而一次性领取的年金个人账户资金，或个人死亡后，其指定的受益人或法定继承人一次性领取的年金个人账户余额，允许领取人将一次性领取的年金个人账户资金或余额按12个月分摊到各月，就其每月分摊额，按照上述第3条第（1）项和第（2）项的规定计算缴纳个人所得税。对个人除上述特殊原因外一次性领取年金个人账户资金或余额的，则不允许采取分摊的方法，而是就其一次性领取的总额，按照上述第3条第（1）项和第（2）项的规定，计算缴纳个人所得税。

7.6.8.6 个人因解除劳动合同取得经济补偿金应纳税额的计算

(1) 企业依照国家有关法律规定宣告破产，企业职工从该破产企业取得的一次性安置费收入，免征个人所得税。

(2) 个人因与用人单位解除劳动关系而取得的一次性补偿收入（包括用人单位发放的经济补偿金、生活补助费和其他补助费用），在当地上年职工平均工资3倍数额以内的部分，免征个人所得税；超过3倍数额的部分，不并入当年综合所得，单独适用综合所得税率（见表7-2）计算应纳税额。

(3) 个人在领取一次性补偿收入时按照国家和地方政府规定的比例实际缴纳的住房公积金、医疗保险费、基本养老保险费、失业保险费，可以在计征其一次性补偿收入的个人所得税时予以扣除。

7.6.8.7 无偿受赠房屋产权应纳税额的计算

1. 以下情形的房屋产权无偿赠予，对当事双方不征收个人所得税：

（1）房屋产权所有人将房屋产权无偿赠予配偶、父母、子女、祖父母、外祖父母、孙子女、外孙子女、兄弟姐妹。

（2）房屋产权所有人将房屋产权无偿赠予对其承担直接抚养或者赡养义务的抚养人或者赡养人。

（3）房屋产权所有人死亡，依法取得房屋产权的法定继承人、遗嘱继承人或者受遗赠人。

2. 赠予双方在办理免税手续时，应向税务机关提交以下资料：

（1）《国家税务总局关于加强房地产交易个人无偿赠与不动产税收管理有关问题的通知》（国税发［2006］144号）第一条规定的相关证明材料。

（2）赠予双方当事人的有效身份证件。

（3）属于上述第1条第（1）项规定情形的，还须提供公证机构出具的赠予人和受赠人亲属关系的公证书（原件）。

（4）属于上述第1条第（2）项规定情形的，还须提供公证机构出具的抚养关系或者赡养关系公证书（原件），或者乡镇政府或街道办事处出具的抚养关系或者赡养关系证明。

税务机关应当认真审核赠予双方提供的上述资料，资料齐全并且填写正确的，在提交的《个人无偿赠予不动产登记表》上签字盖章后复印留存，原件退还提交人，同时办理个人所得税不征税手续。

7.7 纳税调整

2018年8月31日，第十三届全国人民代表大会常务委员会第五次会议通过的《关于修改〈中华人民共和国个人所得税法〉的决定》做出了纳税调整的规定。

7.7.1 进行纳税调整的情形

有下列情形之一的，税务机关有权按照合理方法进行纳税调整：

（1）个人与其关联方之间的业务往来不符合独立交易原则而减少本人或者其关联方应纳税额且无正当理由的。

（2）居民个人控制的，或者居民个人和居民企业共同控制的设立在实际税负明显偏低的国家（地区）的企业，无合理经营需要，对应当归属于居民个人的利润不做分配或者减少分配的。

（3）个人实施其他不具有合理商业目的的安排而获取不当税收利益的。

7.7.2 加收利息的规定

税务机关依照上述规定做出纳税调整，需要补征税款的，应当补征税款，并依法加收利息。

利息应当按照税款所属纳税申报期最后一日中国人民银行公布的与补税期间同期的人民币贷款基准利率计算，自税款纳税申报期满次日起至补缴税款期限届满之日止按日加收。纳税人在补缴税款期限届满前补缴税款的，利息加收至补缴税款之日。

7.8 税收优惠

7.8.1 免征个人所得税的优惠

（1）省级人民政府、国务院部委和中国人民解放军军以上单位，以及外国组织、国际组织颁发的科学、教育、技术、文化、卫生、体育、环境保护等方面的奖金。

（2）国债和国家发行的金融债券利息。国债利息是指个人持有中华人民共和国财政部发行的债券而取得的利息。国家发行的金融债券利息是指个人持有经国务院批准发行的金融债券而取得的利息。

（3）按照国家统一规定发给的补贴、津贴。补贴、津贴是指按照国务院规定发给的政府特殊津贴、院士津贴，以及国务院规定免予缴纳个人所得税的其他补贴、津贴。

（4）福利费、抚恤金、救济金。福利费是指根据国家有关规定，从企业、事业单位、国家机关、社会组织提留的福利费或者工会经费中支付给个人的生活补助费。救济金是指各级人民政府民政部门支付给个人的生活困难补助费。

（5）保险赔款。

（6）军人的转业费、复员费、退役金。

（7）按照国家统一规定发给干部、职工的安家费、退职费、基本养老金或者退休费、离休费、离休生活补助费。

（8）依照有关法律规定应予免税的各国驻华使馆、领事馆的外交代表、领事官员和其他人员的所得。依照有关法律规定应予免税的各国驻华使馆、领事馆的外交代表、领事官员和其他人员的所得，是指依照《中华人民共和国外交特权与豁免条例》和《中华人民共和国领事特权与豁免条例》规定免税的所得。

（9）中国政府参加的国际公约、签订的协议中规定免税的所得。

（10）国务院规定的其他免税所得。本条免税规定由国务院报全国人民代表大会常务委员会备案。

（11）对个人取得的教育储蓄存款利息所得以及国务院财政部门确定的其他专项储蓄存款或者储蓄性专项基金存款的利息所得，免予征收个人所得税。

（12）关于发给见义勇为者的奖金问题。对乡、镇（含乡、镇）以上人民政府或经县（含县）以上人民政府主管部门批准成立的有机构、有章程的见义勇为基金或者类似性质组织奖励给见义勇为者的奖金或奖品，经主管税务机关核准，免征个人所得税。

（13）储蓄机构内从事代扣代缴工作的办税人员取得的扣缴利息税手续费所得，免征个人所得税。

（14）对学生个人参与“明天小小科学家”活动并获得的奖金，免于征收个人所得税。

7.8.2 减征个人所得税的优惠

有下列情形之一的，可以减征个人所得税，具体幅度和期限，由省、自治区、直辖市人民政府规定，并报同级人民代表大会常务委员会备案。

（1）残疾、孤老人员和烈属的所得。

（2）因严重自然灾害造成重大损失的。

国务院可以规定其他减税情形，报全国人民代表大会常务委员会备案。

7.8.3 暂免征收个人所得税的优惠

（1）外籍个人以非现金形式或实报实销形式取得的住房补贴、伙食补贴、搬迁费、洗衣费。

（2）外籍个人按合理标准取得的境内外出差补贴。

（3）外籍个人取得的探亲费、语言训练费、子女教育费等，经当地税务机关审核批准为合理的部分。可以享受免征个人所得税优惠的探亲费，仅限于外籍个人在我国的受雇地与其家庭所在地（包括配偶或父母居住地）之间搭乘交通工具，并且每年不超过两次的费用。

（4）外籍个人从外商投资企业取得的股息、红利所得。

（5）个人举报、协查各种违法、犯罪行为而获得的奖金。

（6）个人办理代扣代缴税款手续，按规定取得的扣缴手续费。

（7）个人转让自用达5年以上并且是唯一家庭居住用房取得的所得。

（8）对按《国务院关于高级专家离休退休若干问题的暂行规定》和《国务院办公厅关于杰出高级专家暂缓离退休审批问题的通知》精神，达到离休、退休年龄，但确因工作需要，适当延长离休、退休年龄的高级专家（指享受国家发放的政府特殊津贴的专家、学者），其在延长离休、退休期间的工资、薪金所得，视同退休工资、离休工资，免征个人所得税。

（9）凡符合下列条件之一的外籍专家取得的工资、薪金所得，可免征个人所得税：

1）根据世界银行专项贷款协议由世界银行直接派往我国工作的外国专家。

2）联合国组织直接派往我国工作的专家。

3）为联合国援助项目来华工作的专家。

4）援助国派往我国专为该国无偿援助项目工作的专家。

5）根据两国政府签订的文化交流项目来华工作 2 年以内的文教专家，其工资、薪金所得由该国负担的。

6）根据我国大专院校国际交流项目来华工作 2 年以内的文教专家，其工资、薪金所得由该国负担的。

7）通过民间科研协定来华工作的专家，其工资、薪金所得由该国政府机构负担的。

7.9 征收管理

我国现行个人所得税的纳税申报方式包括扣缴义务人申报和纳税人自行纳税申报两种。扣缴义务人申报是指负有代扣代缴税款义务的单位和个人在向纳税人支付款项时，按照税法的规定从其所支付的款项中直接扣收税款，代为缴纳税款并进行扣缴申报。纳税人自行纳税申报是指纳税人按照税法规定的期限自行办理纳税申报手续。

7.9.1 扣缴义务人申报

7.9.1.1 扣缴义务人

扣缴义务人是指向个人支付所得的单位或者个人。《个人所得税法》规定，个人所得税以所得人为纳税人，以支付所得的单位或者个人为扣缴义务人。

其中，单位或者个人包括企业（公司）、事业单位、财政部门、机关事业管理部门、人事管理部门、社会团体、军队、驻华机构（不包括外国驻华使领馆和联合国及其他依法享有外交特权和豁免权的国际组织驻华机构）、个体工商户等单位或个人。

7.9.1.2 预扣、代扣税款和汇算清缴

1. 全员全额扣缴申报

扣缴义务人应当按照国家规定办理全员全额扣缴申报。全员全额扣缴申报是指扣缴义务人在代扣税款的次月 15 日内，向主管税务机关报送其支付所得的所有个人的有关信息、支付所得数额、扣除事项和数额、扣缴税款的具体数额和总额以及其他相关涉税信息资料（即《个人所得税扣缴申报表》）。

2. 实行全员全额扣缴申报的应税所得

1）工资、薪金所得。

2）劳务报酬所得。

3）稿酬所得。

4）特许权使用费所得。

5）利息、股息、红利所得。

6）财产租赁所得。

7）财产转让所得。

8）偶然所得。

也就是说，除经营所得外，其他所得均实行全员全额扣缴申报。

3. 向居民个人支付综合所得的预扣预缴申报

（1）扣缴义务人向居民个人支付工资、薪金所得时，应当按照累计预扣法计算预扣税款，并按月办理扣缴申报。

（2）扣缴义务人向居民个人支付劳务报酬所得、稿酬所得、特许权使用费所得时，按次或者按月预扣预缴税款。

（3）汇算清缴。

1）取得综合所得需要办理汇算清缴的情形包括：

①从两处以上取得综合所得，且综合所得年收入额减除专项扣除的余额超过6万元。

②取得劳务报酬所得、稿酬所得、特许权使用费所得中一项或者多项所得，且综合所得年收入额减除专项扣除的余额超过6万元。

③纳税年度内的预缴税额低于应纳税额。

④纳税人申请退税。

2）汇算清缴期限。

居民个人取得综合所得，按年计算个人所得税。需要办理汇算清缴的，应当在取得所得的次年3月1日至6月30日内办理汇算清缴。

纳税人取得经营所得，按年计算个人所得税，由纳税人在月度或者季度终了后15日内向税务机关报送纳税申报表，并预缴税款；在取得所得的次年3月31日前办理汇算清缴。

3）纳税人可以委托扣缴义务人或者其他单位和个人办理汇算清缴。

4. 向非居民个人支付工资、薪金所得，劳务报酬所得，稿酬所得和特许权使用费所得的代扣代缴

（1）在扣缴义务人向非居民个人支付工资、薪金所得，劳务报酬所得，稿酬所得和特许权使用费所得时，按月或者按次代扣代缴税款，不办理汇算清缴。

（2）非居民个人在一个纳税年度内的税款扣缴方法保持不变，达到居民个人条件时，应当告知扣缴义务人基础信息变化情况，年度终了后按照居民个人有关规定办理汇算清缴。

5. 支付利息、股息、红利所得，财产租赁所得，财产转让所得或者偶然所得的代扣代缴

在扣缴义务人支付利息、股息、红利所得，财产租赁所得，财产转让所得和偶然所得时，按次或者按月代扣代缴税款。

7.9.1.3 涉税信息资料

1. 纳税人识别号

在扣缴义务人扣缴税款时，纳税人应当向扣缴义务人提供纳税人识别号。纳税人有中国公民身份号码的，以中国公民身份号码为纳税人识别号；纳税人没有中国公民身份号码的，由税务机关赋予其纳税人识别号。

2. 基础信息

在扣缴义务人首次向纳税人支付所得时，应当按照纳税人提供的纳税人识别号等基础信息，填写《个人所得税基础信息表（A表）》，并于次月扣缴申报时向税务机关报送。

扣缴义务人对纳税人向其报告的相关基础信息变化情况，应当于次月扣缴申报时向税务机关报送。

3. 向纳税人提供的信息

支付工资、薪金所得的扣缴义务人应当于年度终了后两个月内，向纳税人提供其个人所得和已扣缴税款等信息。纳税人年度中间需要提供上述信息的，扣缴义务人应当提供。

纳税人取得除工资、薪金所得以外的其他所得，扣缴义务人应当在扣缴税款后，及时向纳税人提供其个人所得和已扣缴税款等信息。

4. 按纳税人提供的信息计算税款、办理扣缴申报

扣缴义务人应当按照纳税人提供的信息计算税款、办理扣缴申报，不得擅自更改纳税人提供的信息。

扣缴义务人发现纳税人提供的信息与实际情况不符的，可以要求纳税人修改。纳税人拒绝修改的，扣缴义务人应当报告税务机关，税务机关应当及时处理。

纳税人发现扣缴义务人提供或者扣缴申报的个人信息、支付所得、扣缴税款等信息与实际情况不符的，有权要求扣缴义务人修改。扣缴义务人拒绝修改的，纳税人应当报告税务机关，税务机关应当及时处理。

5. 享受税收协定待遇

纳税人需要享受税收协定待遇的，应当在取得应税所得时主动向扣缴义务人提出，并提交相关信息、资料，扣缴义务人在代扣代缴税款时按照享受税收协定待遇有关办法办理。

6. 妥善保存纳税人专项附加扣除信息

扣缴义务人对纳税人提供的《个人所得税专项附加扣除信息表》，应当按照规定妥善保存备查。

7.9.1.4 扣缴义务人的法定义务和法律责任

1. 法定义务

（1）在扣缴义务人向个人支付应税款项时，应当依照《个人所得税法》的规定预扣或者代扣税款，按时缴库，并专项记载备查。支付包括现金支付、汇拨支付、转账支付和以有价证券、实物以及其他形式的支付。

（2）扣缴义务人应当依法办理全员全额扣缴申报。

（3）扣缴义务人应当依法对纳税人报送的专项附加扣除等相关涉税信息和资料保密。

（4）对扣缴义务人按照规定扣缴的税款，按年付给百分之二的手续费，不包括税务机关、司法机关等查补或者责令补扣的税款。扣缴义务人领取的扣缴手续费可用于提升办税能力、奖励办税人员。

2. 法律责任

（1）扣缴义务人依法履行代扣代缴义务，纳税人不得拒绝。纳税人拒绝的，扣缴义务人应当及时报告税务机关。

（2）居民个人向扣缴义务人提供有关信息并依法要求办理专项附加扣除的，扣缴义务人应当按照规定在工资、薪金所得按月预扣预缴税款时予以扣除，不得拒绝。

（3）扣缴义务人有未按照规定向税务机关报送资料和信息、未按照纳税人提供信息虚报虚扣专项附加扣除、应扣未扣税款、不缴或少缴已扣税款、借用或冒用他人身份等行为的，依照《中华人民共和国税收征收管理法》等相关法律、行政法规处理。

7.9.2 纳税人自行纳税申报

1. 自行纳税申报的情形

有下列情形之一的，纳税人应当依法办理纳税申报：

（1）取得综合所得需要办理汇算清缴。

（2）取得应税所得没有扣缴义务人。

（3）取得应税所得，扣缴义务人未扣缴税款。

（4）取得境外所得。

（5）因移居境外注销中国户籍。

（6）非居民个人在中国境内从两处以上取得工资、薪金所得。

（7）国务院规定的其他情形。

2. 自行纳税申报的具体规定

（1）取得综合所得需要办理汇算清缴的纳税申报。取得综合所得且符合下列情形之一的纳税人，应当依法办理汇算清缴：

1）从两处以上取得综合所得，且综合所得年收入额减除专项扣除后的余额超过6万元。

2）取得劳务报酬所得、稿酬所得、特许权使用费所得中一项或者多项所得，且综合所得年收入额减除专项扣除的余额超过6万元。

3）纳税年度内预缴税额低于应纳税额。

4）纳税人申请退税。

需要办理汇算清缴的纳税人，应当在取得所得的次年3月1日至6月30日内，向任职、受雇单位所在地主管税务机关办理纳税申报，并报送《个人所得税年度自行纳税申报表》。纳税人有两处以上任职、受雇单位的，选择向其中一处任职、受雇单位所在地主管税务机关办理纳税申报；纳税人没有任职、受雇单位的，向户籍所在地或经常居住地主管税务机关办理纳税申报。

纳税人办理综合所得汇算清缴，应当准备与收入、专项扣除、专项附加扣除、依法确定的其他扣除、捐赠、享受税收优惠等相关的资料，并按规定留存备查或报送。

（2）取得经营所得的纳税申报。个体工商户业主、个人独资企业投资人、合伙企业个人合伙人、承包承租经营者个人以及其他从事生产经营活动的个人取得经营所得，包括以下情形：

1）个体工商户从事生产经营活动取得的所得，个人独资企业投资人、合伙企业个人合伙人来源于境内注册的个人独资企业、合伙企业生产经营的所得。

2）个人依法从事办学、医疗、咨询以及其他有偿服务活动取得的所得。

3）个人对企业、事业单位承包经营、承租经营以及转包、转租取得的所得。

4）个人从事其他生产经营活动取得的所得。

纳税人取得经营所得，按年计算个人所得税，由纳税人在月度或季度终了后15日内，向经营管理所在地主管税务机关办理预缴纳税申报，并报送《个人所得税经营所得纳税申报表（A表）》。在取得所得的次年3月31日前，向经营管理所在地主管税务机关办理汇算清缴，并报送《个人所得税经营所得纳税申报表（B表）》；从两处以上取得经营所得的，选择向其中一处经营管理所在地主管税务机关办理年度汇总申报，并报送《个人所得税经营所得纳税申报表（C表）》。

（3）取得应税所得，扣缴义务人未扣缴税款的纳税申报。纳税人取得应税所得，扣缴义务人未扣缴税款的，应当区别以下情形办理纳税申报：

1）居民个人取得综合所得的，按照《中华人民共和国个人所得税法》及其实施条例、《中华人民共和国税收征收管理法》及其实施细则等法律法规的规定办理。

2）非居民个人取得工资、薪金所得，劳务报酬所得，稿酬所得，特许权使用费所得的，应当在取得所得的次年6月30日前，向扣缴义务人所在地主管税务机关办理纳税申报，并报送《个人所得税自行纳税申报表（A表）》。有两个以上扣缴义务人均未扣缴税款的，选择向其中一处扣缴义务人所在地主管税务机关办理纳税申报。

非居民个人在次年6月30日前离境（临时离境除外）的，应当在离境前办理纳税申报。

3）纳税人取得利息、股息、红利所得，财产租赁所得，财产转让所得和偶然所得的，应当在取得所得的次年6月30日前，按相关规定向主管税务机关办理纳税申报，并报送《个人所得税自行纳税申报表（A表）》。

税务机关通知限期缴纳的，纳税人应当按照期限缴纳税款。

（4）取得境外所得的纳税申报。居民个人从中国境外取得所得的，应当在取得所得的次年3月1日至6月30日内，向中国境内任职、受雇单位所在地主管税务机关办理纳税申报；在中国境内没有任职、受雇单位的，向户籍所在地或中国境内经常居住地主管税务机关办理纳税申报；户籍所在地与中国境内经常居住地不一致的，选择其中一地主管税务机关办理纳税申报；在中国境内没有户籍的，向中国境内经常居住地主管税务机关办理纳税申报。

（5）因移居境外注销中国户籍的纳税申报。纳税人因移居境外而注销中国户籍的，应当在申请注销中国户籍前，向户籍所在地主管税务机关办理纳税申报，进行税款清算。

1）纳税人在注销户籍年度取得综合所得的，应当在注销户籍前办理当年综合所得的汇算清缴，并报送《个人所得税年度自行纳税申报表》。尚未办理上一年度综合所得汇算清缴的，应当在办理注销户籍纳税申报时一并办理。

2）纳税人在注销户籍年度取得经营所得的，应当在注销户籍前办理当年经营所得的汇算清缴，并报送《个人所得税经营所得纳税申报表（B表）》。从两处以上取得经营所得的，还应当一并报送《个人所得税经营所得纳税申报表（C表）》。尚未办理上一年度经营所得汇算清缴的，应当在办理注销户籍纳税申报时一并办理。

3）纳税人在注销户籍当年取得利息、股息、红利所得，财产租赁所得，财产转让所得和偶然所得的，应当在注销户籍前申报当年上述所得的完税情况，并报送《个人所得税自行纳税申报表（A表）》。

4）纳税人有未缴或者少缴税款的，应当在注销户籍前结清欠缴或未缴的税款。纳税人存在分期缴税且未缴纳完毕的，应当在注销户籍前结清尚未缴纳的税款。

5）纳税人在办理注销户籍纳税申报时，需要办理专项附加扣除、依法确定的其他扣除的，应当向税务机关报送《个人所得税专项附加扣除信息表》《商业健康保险税前扣除情况明细表》《个人税收递延型商业养老保险税前扣除情况明细表》等。

（6）非居民个人在中国境内从两处以上取得工资、薪金所得的纳税申报。非居民个人在中国境内从两处以上取得工资、薪金所得的，应当在取得所得的次月15日内，向其中一处任职、受雇单位所在地主管税务机关办理纳税申报，并报送《个人所得税自行纳税申报表（A表）》。

3. 专项附加扣除信息的申报和相关资料的留存备查

（1）专项附加扣除信息的申报。纳税人首次享受专项附加扣除，应当将专项附加扣除相关信息提交扣缴义务人或者税务机关。扣缴义务人应当及时将相关信息报送税务机关，纳税人对所提交信息的真实性、准确性、完整性负责。专项附加扣除信息发生变化的，纳税人应当及时向扣缴义务人或者税务机关提供相关信息。

专项附加扣除相关信息包括纳税人本人、配偶、子女、被赡养人等个人身份信息，以及国务院税务主管部门规定的其他与专项附加扣除相关的信息。

（2）专项附加扣除相关资料的留存备查。纳税人需要留存备查的相关资料包括：

1）纳税人子女在中国境外接受教育的，纳税人应当留存境外学校录取通知书、留学签证等相关教育的证明资料备查。

2）纳税人接受技能人员职业资格继续教育、专业技术人员职业资格继续教育的，应当留存相关证书等资料备查。

3）纳税人应当留存医药服务收费及医保报销相关票据原件（或者复印件）等资料备查。医疗保障部门应当向患者提供在医疗保障信息系统记录的本人年度医药费用信息查询服务。

4）纳税人应当留存住房贷款合同、贷款还款支出凭证备查。

5）纳税人应当留存住房租赁合同、协议等有关资料备查。

纳税人需要留存备查的相关资料应当留存5年。

4. 自行纳税申报期限

(1) 纳税人取得应税所得没有扣缴义务人的，应当在取得所得的次月 15 日内向税务机关报送纳税申报表，并缴纳税款。

(2) 纳税人取得应税所得，扣缴义务人未扣缴税款的，纳税人应当在取得所得的次年 6 月 30 日前缴纳税款；税务机关通知限期缴纳的，纳税人应当按照期限缴纳税款。

(3) 居民个人从中国境外取得所得的，应当在取得所得的次年 3 月 1 日至 6 月 30 日内申报纳税。

(4) 非居民个人在中国境内从两处以上取得工资、薪金所得的，应当在取得所得的次月 15 日内申报纳税。

(5) 纳税人因移居境外注销中国户籍的，应当在注销中国户籍前办理税款清算。

5. 自行纳税申报方式

纳税人可以采用远程办税端、邮寄等方式申报，也可以直接到主管税务机关申报。

7.9.3 征收管理的其他规定

1. 退　税

(1) 纳税人申请退税，应当提供其在中国境内开设的银行账户，并在汇算清缴地就地办理税款退库。

(2) 纳税人申请退税时提供的汇算清缴信息有错误的，税务机关应当告知其更正；纳税人更正的，税务机关应当及时办理退税。

(3) 扣缴义务人未将扣缴的税款解缴入库的，不影响纳税人按照规定申请退税，税务机关应当凭纳税人提供的有关资料办理退税。

(4) 纳税人办理汇算清缴退税或者扣缴义务人为纳税人办理汇算清缴退税的，税务机关审核后，按照国库管理的有关规定办理退税。

2. 部门协作

(1) 公安、中国人民银行、金融监督管理等相关部门应当协助税务机关确认纳税人的身份、金融账户信息。教育、卫生、医疗保障、民政、人力资源和社会保障、住房城乡建设、公安、中国人民银行、金融监督管理等相关部门应当向税务机关提供纳税人子女教育、继续教育、大病医疗、住房贷款利息、住房租金、赡养老人等专项附加扣除信息。

(2) 个人转让不动产的，税务机关应当根据不动产登记等相关信息核验应缴的个人所得税，登记机构在办理转移登记时，应当查验与该不动产转让相关的个人所得税的完税凭证。个人转让股权办理变更登记的，市场主体登记机关应当查验与该股权交易相关的个人所得税的完税凭证。

(3) 有关部门依法将纳税人、扣缴义务人遵守《个人所得税法》的情况纳入信用信息系统，并实施联合激励或者惩戒。

讨论题

1. 我国个人所得税的改革方向是什么？
2. 我国个人所得税专项附加扣除的规定，在税收征管层面会遇到哪些问题？

复习思考题

1. 个人所得税的特点是什么？
2. 个人所得税的作用是什么？
3. 个人所得税居民个人与非居民个人的判定标准是什么？
4. 个人所得税居民个人与非居民个人的纳税义务是什么？
5. 个人所得税的应税所得项目有哪些？是如何划分的？
6. 个人所得税的税率是如何规定的？
7. 个人所得税的专项附加扣除是如何规定的？
8. 个人所得税境外已纳税额的扣除是如何规定的？
9. 个人所得税减免税优惠项目有哪些？
10. 个人所得税的申报缴纳方式是如何规定的？

第8章 资源税制和环境保护税

［本章要点提示］

- 资源税制的概念
- 资源税的纳税人
- 资源税的税目、税率
- 资源税的计税依据
- 城镇土地使用税的纳税人
- 城镇土地使用税的征税对象
- 城镇土地使用税的税率
- 城镇土地使用税的纳税期限
- 土地增值税的征税对象
- 土地增值税增值额的确定
- 土地增值税的税率
- 土地增值税的申报纳税程序
- 耕地占用税的征税对象
- 耕地占用税的纳税人

8.1 资源税制概述

8.1.1 资源税制的概念

资源是指天然存在的、通过加工改造和利用能增加人类福利的一切物质财富。资源的表现形态是多种多样的，如矿产、水力、太阳能、风力、森林、野生动植物、海洋、土地、人力、资金、信息等。其中，矿产和土地是与人类日常生产生活关系最密切的两种资源。前者可分为金属矿产和非金属矿产、能源矿产和非能源矿产、稀有矿产和非稀有矿产等；后者可分为农用耕地和非农建设用地等。随着人类开发利用自然资源能力的不断增强以及对资源依赖程度的不断加深，资源的外延总体上呈现不断扩大的趋势。比如水力资源，当生产生活用水储量丰富、取之不尽、用之不竭、开发利用不需要花费太多成本时，人们对它的使用并不采取收费、收税等方式加以调节和限制。然而，随着可用水的不断减少，水的开发利用成本越来越高，此时可用水就变成了一种稀缺资源，而通过收取税费等方式对其开发利用加以调节和限制就成了一种普遍现象。类似的例子还有人力资源等。由此可见，由资源无限、资源无价、资源浪费向资源有限、资源有价、资源节约转化，是人类文明进步的一种表现，同时也是可持续发展理念的一种必然要求。

资源税制是对以资源的绝对收益和级差收益为征税对象的一类税收制度的总称。从资源税制的税种设置方式来看，有一般资源税和特别资源税。前者是对取得自然资源开采权或使用权的单位和个人广泛征收的，征税目的主要是体现国家对自然资源的天然所有权或垄断权，取得的资金专门用于自然资源损耗的补偿，它通常以绝对地租理论为依据；后者是对占有和使用优等资源的单位和个人征收的，征税目的主要是将由优等资源带来的级差收益收归国有，为开采或开发优等资源与劣等资源的纳税人创造机会均等的竞争条件，它通常以级差地租理论为依据。从其纳税人来看，主要是取得矿产资源开采权或土地资源开发权及使用权的单位和个人。从其税基的表现形式来看，有物理量和价值量两种。前者以矿产资源的开采量、销售量、自用量和土地资源的占有量为税基；后者以矿产资源的销售收入和土地资源的转让收入、增值收入为税基。以物理量为税基的资源税一般采取从量定额征税方式，以价值量为税基的资源税一般采取从价定率征税方式。从其税率表现形式来看，有分类分级差别比例税率、分类分级地区差别定额税率、超率累进税率、幅度税率等，较常用的是定额税率和比例税率。

8.1.2 资源税制的特点

1. 征税范围的有限性

我国现行资源税制的征税对象仅限于税法列举的矿产资源（包括盐）和土地两类，其他资源暂未纳入征税范围，而是通过收费或其他手段加以调节。这种征税对象的选择性和征税范围的有限性是由我国对资源课税的历史较短、经验不足等实际情况决定的。

2. 调节级差收益的普遍性

自然资源有丰裕和稀缺之分、品质高低之分、富饶与贫瘠之分。在市场经济条件下，对于同样的资源，由于储量不同、开采或开发难易程度不同、利用效率不同，取得的经济收益也会明显不同。我国现行的资源税制主要是对由于自然条件相对优越而带来的级差收益征收的，但同时兼顾了对资源收益进行调节的普遍性。

3. 征税方法的简便性

考虑到资源的原始性和成本-收益水平的多变性，资源税制的税率设计一般采用有幅度的差别税额（土地增值税除外），依据应税资源的开采量、销售量、占用量或使用量大小采取从量定额方法计税。相对于以商品和劳务的流转额、所得额及财产评估值为依据从价定率征收的商品劳务税、所得税和财产税而言，其征税方法较为简便易行。

4. 收入的不均衡性

资源是天然存在的物质财富，它的地理分布是不均衡的，开采或开发的难易程度是变化的，资源的品质及其级差收益也是随着开采或开发活动的不断深入而变化的，因此资源税制的税源和税额标准也不可能长久保持不变。这就决定了其收入无论是在空间上还是在时间上都存在一定的不均衡性。

5. 税负的转嫁性

对自然资源征收的资源税，其税额无论是构成资源产品价格的一部分还是作为其价格的附加，都会随着商品流通环节的不断延伸向下游转移，最终由商品的购买者或消费者承担，这就是资源税制的转嫁性特征。

8.1.3 资源税制的意义

资源税具有悠久的发展历史，在各国税收体系中占有十分重要的地位。我国现行资源税制由资源税、城镇土地使用税、土地增值税、耕地占用税四个主要税种组成，虽然各税种的年度收入总额不大，占税收总额的比重也不高（2013 年，上述四个税种的收入合计约 17 758 亿元，占税收总额的比重在 6%左右），但它在我国税制体系中仍占有十分重要的地位，也是税制改革的热点之一。

1. 有利于合理调节资源级差收入，保证国家财政收入

我国确立了国有资源有偿开发的原则，在社会主义市场经济条件下，对包括国有企业在内的一切资源开发者，国家用税收的形式分享资源开发的利益，这是保障国家对于资源的所有权在经济上的实现、规范国家和企业分配关系的必要措施。因此，资源税应确立普遍征收的原则，任何企业和个人只要开采国家规定的应税资源，都是资源税的纳税人。然而，企业开采矿产资源的品质优劣和所处位置的不同，往往会使开采矿产资源企业的生产经营状况存在较大差异。由于开采资源条件优异的企业所形成的盈利，有一部分并不反映企业的努力程度，对于这部分超出正常水平的盈利，国家理应进行适当的调节，用以在企业间创造一个公平竞争的外部条件。当前，我国初级产品的价格偏低，资源收益大部分反映在加工工业上，而征收资源税，既有利于改变资源产品价格水平低的状况，也有利于产业结构的合理调整，同时还可以增加资源产地的财政收入。

2. 有利于保护国有资源，提高资源的使用效率

征收资源税有利于保护国有资源，提高资源的使用效率。例如，开征城镇土地使用税有利于通过经济手段，加强对土地的管理，变土地的无偿使用为有偿使用，促进合理、节约使用土地，提高土地的使用效益；有利于适当调节不同地区、不同地段之间的土地级差收入，促进企业加强经济核算，理顺国家与土地使用者之间的分配关系。又如，开征土地增值税有利于增强国家对房地产开发、房地产交易行为的宏观调控；有利于抑制土地炒买炒卖，保障国家的土地权益。

3. 有利于合理使用特殊土地资源

征收资源税可保护特殊土地资源。例如，国家通过征收耕地占用税，可以加强土地管理，减少占用耕地行为，进而保护农用土地资源。

8.2 资源税

8.2.1 资源税概述

8.2.1.1 资源税的概念

资源税是对在我国境内开采矿产品及生产盐的单位和个人征收的一种税，又称矿产资源税，是我国资源税类中的一个重要税种。

对矿产资源征税，在我国的历史十分悠久。早在春秋战国时代，齐国著名的经济学家管仲就提出了“官山海”的政策；西汉时期汝南人桓宽根据著名的“盐铁会议”记录整理成的《盐铁论》一书，更是详细记录了御史大夫桑弘羊与60多位贤良文学之间就政府是否应该继续实行盐铁专卖、酒类专营、均输平准等政策展开的激烈争论；此后，历朝历代关于盐铁专营的争论一直连绵不断、此起彼伏。之所以如此，主要原因在于盐和铁是古代农业社会老百姓日常生活中最重要的消费资料和生产资料。实行盐铁专营或专卖政策，在一定程度上有利于稳定物价、减轻老百姓的经济负担、打击奸商的盘剥渔利行为、促进社会经济发展，也有利于给国家带来稳定可靠的财政收入。当今世界，尽管各国普遍征收的资源税与古代的盐铁专营或专卖在名称、内容和方式方法上不可同日而语，但从实质来看，其政策目的和实施效果并无二致。

我国对矿产资源征收资源税始于改革开放初期的1984年（第二步“利改税”时）。其法律依据是自1986年10月1日起实施的《中华人民共和国矿产资源法》（以下简称《矿产资源法》）中关于“国家对矿产资源实行有偿开采。开采矿产资源，必须按照国家有关规定缴纳资源税和资源补偿费”的规定。此规定确立了资源有价、资源有限、资源国有的理念，也明确了开发利用国有矿产资源应当向国家缴纳资源补偿费和（或）资源税的义务。

然而，由于我国对资源税的征收历史不长、经验不足，当时的资源税仅对原油、天然气、煤炭、金属矿产品和非金属矿产品征收。在实际执行中，我国只对煤炭和石油等行业中的少数企业征收，并且以产品销售收入为计税依据，按照其销售利润率的高低实行超率累进征收。此后，随着资源产品销售利润率的下降，为了稳定资源税收入，从1986年1月1日起，国务院决定在基本保持原税负的基础上，将资源税的征税办法由从价定率改为从量定额。1993年12月，国务院发布了新的《中华人民共和国资源税暂行条例》（以下简称《资源税暂行条例》），扩大了资源税的征收范围，统一了征管办法，并自1994年1月1日起施行。

近年来，随着可持续发展理念和科学发展观逐渐深入人心，人们的资源和环境保护意识普遍增强。为了扭转长期以来形成的矿产资源无序开采、廉价使用、损失浪费和环境污染严重、成本补偿不足的局面，国家多次提高了矿产品的销售价格。在此基础上，我国对资源税的税额标准也进行了多次结构性调整，以求更好地发挥其在筹集财政收入和保护资源环境方面的积极作用。2011 年 9 月 21 日，国务院第 173 次常务会议通过了《国务院关于修改〈中华人民共和国资源税暂行条例〉的决定》。2011 年 9 月 30 日，国务院公布了修改后的《中华人民共和国资源税暂行条例》。2011 年 10 月 28 日，财政部、国家税务总局公布了《中华人民共和国资源税暂行条例实施细则》，自 2011 年 11 月 1 日起施行。自 2014 年 12 月 1 日起，经国务院批准，实施煤炭资源税从价计征改革，并调整原油、天然气资源税的相关政策。自 2016 年 7 月 1 日起，河北省开展水资源税试点工作。2017 年 12 月水资源税改革试点扩大到北京、天津等 9 个省（自治区、直辖市）。

8.2.1.2 资源税的特点

与其他税种相比，资源税具有以下特点：

1. 仅对矿产品和盐征收，征税范围较窄

我国现行资源税仅对矿产资源和盐征收，并不涉及其他资源，所以其征收范围是比较窄的，这与我国开征资源税的时间较短、经验不足有关。随着我国改革的逐渐深入和生产力水平的不断提高，现在尚未列为资源税征收对象的其他资源，将会随着条件的变化而逐步纳入资源税的征收范围。

2. 以应税矿产品和盐的销售额及销售量为计税依据，实行从价定率和从量定额征收

资源税的计税依据通常有资源开采量、销售量、销售收入、销售利润率等不同形态，税率也有从量定额和从价定率等多种形式。自 1986 年以来，我国将资源税的征收管理办法统一改为：以应税矿产品和盐的销售量为计税依据，实行从量定额征收。实践证明，这种办法简便易行，便于征纳双方实际操作。所以，自 1994 年 1 月 1 日起施行的《资源税暂行条例》延续了这一做法。自 2011 年 11 月 1 日起，原油、天然气的计税办法由原来的从量定额征收改为从价定率征收。自 2014 年 12 月 1 日起，在全国范围内实施煤炭资源税从价计征改革。这种将税收与资源市场价格直接挂钩的做法，既有利于通过税收促进资源合理利用，更有利于资源地政府增加财政收入，使其有充足的财力改善民生、发展社会事业，从而让资源地百姓更好地从丰富的资源中直接受益。

3. 分产品设计差别幅度税率，并定期调整税额标准

现行《资源税暂行条例》从我国地域辽阔、各地区资源贮存结构和开发条件差异较大的实际出发，依照不同矿产品的价格及利润水平高低，分产品设计了差别幅度税额，使不同矿产资源和矿区采用的税额标准有高有低并定期调整，体现了量能负担的精神。

4. 属于中央、地方共享税，但绝大部分收入划归地方政府

按照 1994 年以来实行的分税制体制中关于税种和税源划分的有关规定，目前资源税属于中央、地方共享税，即海洋石油资源税由国税总局直属专门机构负责征管，收入全部划入中央金库，除此之外的矿产资源税（包括盐税）均由各级地方税务局负责征管，收入全部划归地方政府金库。但是，鉴于海洋石油资源税所占的比重较小，因此现行资源税从某种意义上讲也可视为地方税。

8.2.1.3 资源税的意义

对矿产品和盐征收资源税，具有以下目的和意义：

1. 有利于促进国有矿产资源的合理开采和有效利用

按照《宪法》和《矿产资源法》的规定，在我国境内的一切矿产资源均归国家所有，任何单位和个人未经批准均不得随意开采、开发国有矿产资源，否则属于违法行为，将受到有关机关的法律追究；反之，经批准开采、开发国有矿产资源的单位和个人，按照有偿开采、开发的原则，均应向国家缴纳一定的资源开采费或税收。资源税既是国有资源所有权在经济利益上的具体体现，也是保护国有资源储采平衡和有效利用，防止滥采滥挖、损失浪费、利益流失的一种有效手段。

2. 有利于适当调节资源级差收入，为各类企业和个人创造平等竞争的条件

矿产资源是一种未经人类加工而天然存在的物质财富，因而它的地理分布、储量大小、品位高低、开采难易等都不是人为决定的。同样的资源，有的储量大、品位高、开采条件优越，有的则储量小、品位低、开采条件差，这必然会产生开采同样资源的企业和个人因成本水平不同而导致利润水平的畸高畸低。开采优质资源的企业和个人投入较少却能得到较高的级差收益，而开采劣等资源的企业和个人投入较多却只能得到较少的级差收益或不能得到任何级差收益，这种经济收益上的苦乐不均是由自然条件的差异造成的，与企业和个人的主观努力程度及经营管理水平并无必然联系。因此，有必要运用收费或征税等经济手段对这种由于自然条件优越而形成的资源级差收入进行适当调节，以防止采富弃贫、浪费稀有资源，并为各类资源开采企业和个人创造平等竞争的条件。资源税就是发挥这种功能的一种重要经济杠杆。

3. 有利于规范国家与企业、个人之间在国有矿产资源开采、开发领域的利益分配关系，为地方政府筹集稳定可靠的财政资金

国家参与国有矿产资源开采、开发企业和个人的经济利益分配，一般有收费和征税两种形式。从现实经济生活来看，涉及资源开采、开发企业的收费可谓多如牛毛（开矿许可证费、矿区承包费、矿区租赁费、矿区环境治理费、矿区地表塌陷修复费、矿区安全费等只是这些收费中较常见的名目和形式），同时收费主体多重性、收费名目多样性、收费范围和标准多变性、收费使用不透明性等这些陈年旧病也未得到很好的解决。它们不仅加重了合法资源开采、开发企业和个人的经济负担，严重干扰了正常经营活动，也扰乱了资源品与下游加工品之间正常比价关系的形成和市场机制在引导资源有效配置中的决定性作用。因此，通过清费立税或“费改税”，确立起以资源税为主体的利益分配格局，对规范国家与资源开采、开发企业和个人之间的经济利益分配关系，促进资源品与加工品合理价格机制的形成，以及为地方政府筹集稳定可靠的财政资金，都具有十分重要的理论和现实意义。

知识库

“盐铁会议”和《盐铁论》

汉昭帝始元六年（公元前81年）二月，朝廷从全国各地召集贤良文学60多人到京城长安，与以御史大夫桑弘羊为首的政府官员共同讨论民生疾苦问题，后人把这次会

议称为“盐铁会议”。在“盐铁会议”上，贤良文学全面抨击了汉武帝时制定的政治、经济政策。

御史大夫（即桑弘羊）站在封建中央政府的立场，强调法治，崇尚功利，坚持国家干预经济的政策，对盐铁官营、平准、均输等重大政策措施采取坚决维护的态度，认为它“有益于国，无害于人”，既可以增加国家财政收入，“以佐助边费”，又有发展农业生产，“离朋党，禁淫侈，绝并兼之路”的作用，因而绝不可废止。他在为盐铁官营等政策辩护时，全面提出了他对工商业的看法。他接受了范蠡、白圭的重商思想和《管子》中有关国家经营工商业的思想，认为工商业在人民经济生活中是不可少的，人民生活所需的“养生送终之具”均“待商而通，待工而成”，所以他主张“开本末之途，通有无之用”，“农商交易，以利本末”。然而，他认为工商业应该由政府控制，发展官营工商业。这样既可以增加国家财政收入，又可以“排富商大贾”，抑制他们的兼并掠夺，有利于“使民务本，不营于末”，有利于“建本抑末”。

《盐铁论》的作者桓宽，服膺儒家思想，在政治上站在反对桑弘羊的立场，但他把“盐铁会议”辩论双方的思想、言论比较忠实地整理出来，从而使《盐铁论》这部著作不仅保存了西汉中期较丰富的经济史料，也把桑弘羊这个封建社会杰出经济学家的概略生平、思想和言论相当完整地保留了下来，成为研究中国经济思想史，特别是西汉经济思想史的一部重要著作。

8.2.2 资源税制度

8.2.2.1 征税范围

我国现行资源税的征收范围为矿产品、盐和水资源三大类。

1. 矿产品

（1）原油，是指开采的天然原油，不包括人造石油。

（2）天然气，是指专门开采或者与原油同时开采的天然气。

（3）煤炭，是指原煤和以未税原煤加工的洗选煤。

（4）其他非金属矿原矿，是指上列产品和井矿盐以外的非金属矿原矿，包括宝石、金刚石、玉石、石英砂、大理石、花岗石、石灰石、石棉、硫铁矿、自然硫、磷铁矿等。

（5）黑色金属矿原矿，是纳税人开采后自用、销售的，用于直接入炉冶炼或作为主产品先入选精矿、制造人工矿，最终入炉冶炼的黑色金属矿原矿，包括铁矿石、锰矿石和铬矿石。

（6）有色金属矿原矿，包括铜矿石、铅锌矿石、铝土矿石、钨矿石、锡矿石、锑矿石、铝矿石、镍矿石、黄金矿石等。

2. 盐

（1）固体盐，包括海盐原盐、湖盐原盐和井矿盐。

（2）液体盐，是指氯化钠含量达到一定浓度的溶液，是用于生产碱和其他产品的原料。

纳税人开采或者生产应税产品，自用于连续生产应税产品的，不缴纳资源税；自用于其他方面的，视同销售，缴纳资源税。

3. 水资源

水资源税的征收对象为地表水和地下水。

（1）地表水。地表水是陆地表面上动态水和静态水的总称，包括河流、湖泊（含水库）等水资源。

（2）地下水。地下水是埋藏在地表以下的各种形式的水资源。

下列取用水不征收水资源税：

1）农村集体经济组织及其成员从本集体经济组织的水塘、水库中取用水的。

2）家庭生活和零星散养、圈养畜禽饮用等少量取用水的。

3）为保障矿井等地下工程施工安全和生产安全必须进行临时应急取（排）用水的。

4）为消除对公共安全或者公共利益的危害临时应急取用水的。

5）为农业抗旱和维护生态与环境须临时应急取用水的。

6）水源热泵系统利用封闭型回灌技术回灌的水，油田生产中开采的原油混合液经分离净化后回注的水。

需要注意的是，纳税人开采或者生产应税产品，自用于连续生产应税产品的，不缴纳资源税；自用于其他方面的，视同销售，缴纳资源税。

知识库

中国的矿产资源

我国是一个矿产资源大国，目前已发现矿产 171 种，探明有一定储量的矿产 157 种，其中能源矿产 9 种，金属矿产 54 种，非金属矿产 91 种，水气矿产 3 种，是世界上矿产资源最丰富、矿种齐全配套的少数国家之一。

我国已探明矿产资源总量较大，其中钨、钛、锑、稀土、菱镁矿、硫、石膏、石墨、重晶石、膨润土等储量居世界第一位，但这些矿产大多是一些用量较小的稀有金属矿产和一些非金属矿产；相应地，我国主要矿产储量占世界的比例并不高。与此同时，我国矿产资源分布具有明显的分区分带特征。全国各地拥有不同类型和规模的矿产资源，北煤南调、西煤东运、南磷北上的局面长期存在。此外，我国矿产资源的特点是“三多”“两少”“一难”，即贫矿多、中小型矿床多、共伴生矿床多，富矿少、大型超大型矿床少，开发利用难。在大宗矿产资源中，贫矿所占比例高达 60%以上。自 20 世纪 90 年代以来，我国经济的高速发展耗费了大量的矿产资源。据预测，2020 年在中国能源消费结构不变的情况下，一次能源的消费总量将达 4 亿吨标准煤或更多，石油消费总量为 5.5 亿～5.8 亿吨，煤炭消费总量为 37 亿～38 亿吨，粗钢消费总量为 4.5 亿～5 亿吨，铜消费总量为 700 亿吨，铝消费总量为 1 500 万吨。大量的资源消耗与我国资源供给能力之间形成了巨大的缺口，使得我国矿产品消费对外依存度增大，不利于我国矿产资源安全。

资料来源：赵洋，鞠美庭，沈镭．我国矿产资源安全现状及对策．资源与产业，2011（12）.

8.2.2.2 纳税人和扣缴义务人

1. 纳税人

资源税的纳税人是在中华人民共和国领域及管辖海域开采应税矿产品或生产盐的单位和个人。

应税矿产品或盐是指现行税法列举的矿产品或盐资源。

自 2016 年 7 月 1 日起，河北省利用取水工程或设施直接从河流、湖泊（含水库）和地下取用水资源的单位和个人，为水资源税纳税人。

自 2017 年 12 月 1 日起，在北京、天津、山西、内蒙古、河南、山东、四川、陕西、宁夏 9 省（直辖市、自治区）扩大水资源税改革试点。

单位是指企业、行政单位、事业单位、军事单位、社会团体及其他单位。

个人是指个体工商户和其他个人。

开采海洋或陆上油气资源的中外合作油气田，在 2011 年 11 月 1 日前已签订的合同继续缴纳矿区使用费，不缴纳资源税。自 2011 年 11 月 1 日起新签订的合同缴纳资源税，不再缴纳矿区使用费。开采海洋油气资源的自营油气田，自 2011 年 11 月 1 日起缴纳资源税，不再缴纳矿区使用费。

2. 扣缴义务人

考虑到纳税人在开采应税资源时，存在不定期开采以及税源零星、分散等情况，为了加强资源税的征收管理，《资源税暂行条例》对扣缴义务人做出了规定，即收购未税矿产品的单位或中外合作开采油气田的作业者为资源税的扣缴义务人。

8.2.2.3 税　率

资源税采用从价定率或从量定额征收，税率形式包括比例税率和定额税率两种。

对表 8－1 中列举名称的多种资源品目和未列举名称的其他金属矿实行从价计征。对经营分散、多为现金交易且难以控管的黏土、砂石，按照便利征管原则，实行从量定额征收。对表 8－1 中未列举名称的其他非金属矿，按照从价计征为主、从量计征为辅的原则，由省、自治区、直辖市人民政府确定计征方式。

表 8－1　　　　资源税税目税率表

序号	税目	征税对象	税率幅度
1	原油	开采的天然原油	6%～10%
2	天然气	专门开采或与原油同时开采	6%～10%
3	煤炭	原煤和以未税原煤加工的洗选煤	2%～10%

续前表

序号	税目		征税对象	税率幅度
4	金属矿	稀土矿	轻稀土	地区差别比例税率
5			中重稀土	27%
6		钨矿		6.5%
7		钼矿		11%
8		铁矿	精矿	1%～6%
9		金矿	金锭	1%～4%
10		铜矿	精矿	2%～8%
11		铝土矿	原矿	3%～9%
12		铅锌矿	精矿	2%～6%
13		镍矿	精矿	2%～6%
14		锡矿	精矿	2%～6%
15		未列举名称的其他金属矿产品	原矿或精矿	税率不超过 20%
16	非金属矿	石墨	精矿	3%～10%
17		硅藻土	精矿	1%～6%
18		高岭土	原矿	1%～6%
19		萤石	精矿	1%～6%
20		石灰石	原矿	1%～6%
21		硫铁矿	精矿	1%～6%
22		磷矿	原矿	3%～8%
23		氯化钾	精矿	3%～8%
24		硫酸钾	精矿	6%～12%
25		井矿盐	氯化钠初级产品	1%～6%
26		湖盐	氯化钠初级产品	1%～6%
27		提取地下卤水晒制的盐	氯化钠初级产品	3%～15%
28		煤层（成）气	原矿	1%～2%
29		黏土、砂石	原矿	每吨或立方米 0.1～5 元
30		未列举名称的其他非金属矿产品	原矿或精矿	从量税率每吨或立方米不超过 30 元；从价税率不超过 20%
31	海盐		氯化钠初级产品	1%～5%
32	水资源	对水力发电和火力发电贯流式以外的取用水设置最低税额		地表水平均不低于每立方米 0.4 元
				地表水平均不低于每立方米 1.5 元
		水力发电和火力发电贯流式取用水		每千瓦时 0.005 元

纳税人开采或者生产不同税目应税产品的，应当分别核算不同税目应税产品的销售额或者销售数量；未分别核算或者不能准确提供不同税目应税产品的销售额或者销售数量的，从高适用税率。

8.2.2.4 计税依据的确定

由于资源税采用从价定率和从量定额相结合的征收方法，因而资源税的计税依据分别为应税产品的销售额和销售数量，即实行从价定率征收方法的计税依据为销售额，实行从量定额征收方法的计税依据为销售数量。

1. 销售额的规定

销售额为纳税人销售应税产品向购买方收取的全部价款和价外费用，但不包括收取的增值税销项税额。

对同时符合以下条件的运杂费用，纳税人在计算应税产品计税销售额时，可予以扣减：

（1）包含在应税产品销售收入中。

（2）属于纳税人销售应税产品环节发生的运杂费用，具体是指运送应税产品从坑口或者洗选（加工）地到车站、码头或者购买方指定地点的运杂费用。

（3）取得相关运杂费用发票或者其他合法有效凭据。

（4）将运杂费用与计税销售额分别进行核算。

纳税人扣减的运杂费用明显偏高，导致应税产品价格偏低且无正当理由的，主管税务机关可以合理调整计税价格。

2. 视同销售行为及销售额的规定

（1）视同销售包括以下情形：

1）纳税人以自采原矿直接加工为非应税产品的，视同原矿销售。

2）纳税人以自采原矿洗选（加工）后的精矿连续生产非应税产品的，视同精矿销售。

3）以应税产品投资、分配、抵债、赠予、以物易物等，视同应税产品销售。

（2）纳税人申报的应税产品销售额明显偏低且无正当理由的，或者有视同销售应税产品行为而无销售额的，除财政部、国家税务总局另有规定外，税务机关应按下列顺序确定销售额：

1）按纳税人最近时期同类产品的平均销售价格确定。

2）按其他纳税人最近时期同类产品的平均销售价格确定。

3）按组成计税价格确定。组成计税价格的计算公式为：

$$组成计税价格=成本\times(1+成本利润率)\div(1-资源税税率)$$

4）按后续加工非应税产品销售额，减去后续加工环节的成本利润后确定。

5）按其他合理方法确定。

3. 课税数量的规定

从量定额征收的资源税的计税依据是销售数量。

（1）纳税人开采或者生产应税产品的实际销售数量。

（2）纳税人视同销售的自用数量。

（3）纳税人不能准确提供应税产品销售数量的，以应税产品的产量或者主管税务机关确定的折算率换算成的数量为基础计征资源税的销售数量。

（4）水资源为实际取用水量。

8.2.2.5 应纳税额的计算

资源税应纳税额的计算分为从价定率计算和从量定额计算。此外，还包括扣缴义务人代扣代缴资源税应纳税额的计算。具体计算公式为：

（1）实行从价计征的，应纳税额的计算公式为：

应纳税额＝销售额×比例税率

（2）实行从量计征的，应纳税额的计算公式为：

应纳税额＝销售数量或实际取用水量×定额税率

（3）扣缴义务人代扣代缴的，应纳税额的计算公式为：

应纳税额＝收购未税矿产品的数量×适用的单位税额

［例 8-1］

西北某油田12月份销售原油30万吨，每吨售价为0.389万元，原油的适用税率为6%。计算该油田本月应纳的资源税税额。

解析：

应纳税额＝30×0.389×6%＝7 002（万元）

［例 8-2］

红星盐场10月份生产海盐原盐1 450吨。其中，本场直接对外销售700吨，用500吨原盐加工成精盐400吨后全部实现销售，每吨销售价格均为460元（该盐场海盐税率为4%）。

计算该盐场10月份应纳资源税税额。

解析：

资源税以矿产品的对外销售量而不是开采（或生产）量为税基，用自产矿产品加工成品必须视同销售计入税基。

应纳税额＝(700＋500)×460×4%＝22 080（元）

8.2.2.6 税收优惠

1. 减税、免税项目

资源税贯彻普遍征收、级差调节的原则，因此资源税规定的减免税项目较少，主要减免税项目包括：

(1) 开采原油过程中用于加热、修井的原油，免税。

(2) 纳税人开采或者生产应税产品过程中，因意外事故或者自然灾害等原因遭受重大损失的，由各省、自治区、直辖市人民政府酌情决定减税或者免税。

此外，税法还就原油、天然气、煤炭和水资源分别规定了具体的优惠政策。

2. 出口应税产品不退（免）资源税的规定

资源税仅对在中国境内开采或生产应税产品的单位和个人征收，对进口的矿产品和盐不征收资源税，对出口应税产品也不免征或退还已纳资源税。

8.2.2.7 征收管理

资源税的纳税人在收到销售货款或取得索取销售款项凭证的当天，以及自产自用应税产品移送使用的当天就发生了纳税义务，应按规定申报缴纳税款。

1. 纳税义务发生时间

(1) 纳税人销售应税产品，其纳税义务发生时间为：

1）纳税人采取分期收款结算方式的，其纳税义务发生时间为销售合同规定的收款日期的当天。

2）纳税人采取预收货款结算方式的，其纳税义务发生时间为发出应税产品的当天。

3）纳税人采取其他结算方式的，其纳税义务发生时间为收讫销售款项或者取得索取销售款项凭据的当天。

(2) 纳税人自产自用应税产品的纳税义务发生时间为移送使用应税产品的当天。

(3) 扣缴义务人代扣代缴税款的纳税义务发生时间为支付首笔货款或者首次开具支付货款凭据的当天。

(4) 水资源税的纳税义务发生时间为纳税人取用水资源的当日。

2. 纳税期限

纳税期限是纳税人发生纳税义务后缴纳税款的期限。资源税的纳税期限为 1 日、3 日、5 日、10 日、15 日或者 1 个月，纳税人的纳税期限由主管税务机关根据实际情况具体核定。不能按固定期限计算纳税的，可以按次计算纳税。

纳税人以 1 个月为一期纳税的，自期满之日起 10 日内申报纳税；以 1 日、3 日、5 日、10 日或者 15 日为一期纳税的，自期满之日起 5 日内预缴税款，于次月 1 日起 10 日内申报纳税并结清上月税款。

扣缴义务人的解缴税款期限，比照前两款的规定执行。

3. 纳税地点

(1) 凡是缴纳资源税的纳税人，都应当向应税产品的开采或者生产所在地主管税务机关缴纳税款。

(2) 如果纳税人在本省、自治区、直辖市范围内开采或者生产应税产品，其纳税地点需要调整的，由所在地省、自治区、直辖市税务机关决定。

(3) 跨省、自治区、直辖市开采或者生产资源税应税产品的纳税人，其下属生产单位与核算单位不在同一省、自治区、直辖市的，对其开采或者生产的应税产品，一律在开采地或者生产地纳税。实行从量计征的应税产品，其应纳税款一律由独立核算的单位按照每个开采地或者生产地的销售量及适用税率计算划拨；实行从价计征的应税产品，其应纳税款一律由独立核算的单位按照每个开采地或者生产地的销售量、单位销售价格及适用税率计算划拨。

（4）扣缴义务人代扣代缴的资源税，向收购地主管税务机关缴纳。

（5）水资源税的纳税人向其所在地主管税务机关申报缴纳。

8.3 城镇土地使用税

8.3.1 城镇土地使用税概述

8.3.1.1 城镇土地使用税的概念

城镇土地使用税是对在我国境内使用城镇土地的单位和个人，依照其实际使用的土地面积从量定额征收的一种税，是我国土地税体系中的第二个重要税种。

对土地课税，在我国起源较早，课征较普遍。我国对农村土地的课税，一般称为田赋或农业税；对城市土地的课税，一般称为地产税或土地使用税。新中国成立后，政务院在1950年颁布的《全国税政实施要则》中规定征收地产税。1951年8月，政务院颁布了《城市房地产税暂行条例》，将房产税和地产税合并为城市房地产税。1973年我国改革工商税制时，将对企业征收的城市房地产税并入工商税。1984年第二步“利改税”时，国务院决定恢复土地使用税，但由于开征条件不成熟，决定保留税种，暂不征收。1988年9月27日，国务院颁布了《中华人民共和国城镇土地使用税暂行条例》，决定从同年11月1日起施行。2006年12月31日，国务院发布了《关于修改〈中华人民共和国城镇土地使用税暂行条例〉的决定》，对城镇土地使用税的部分条款进行了修改，重点是对该税的税额标准做了较大幅度的调整，统一了内外资企业的税收负担，并授权各省、自治区、直辖市人民政府制定具体实施办法。该决定自2007年1月1日起施行。

8.3.1.2 城镇土地使用税的特点

与其他税种相比，城镇土地使用税具有以下特点：

（1）对使用城镇土地的行为征税，兼有财产税、资源税和行为税三重属性。

（2）以实际使用的土地面积为税基，设计地区差别幅度定额税率，实行从量定额征收。

（3）税款连年缴纳，实行多次课征制。

（4）由地方税务机关负责征收，全部收入归地方政府。

8.3.1.3 城镇土地使用税的目的和意义

征收城镇土地使用税，具有以下目的和意义：

1. 有利于规范国家与土地使用者之间的利益分配关系，促进土地资源的合理配置和节约使用

按照《中华人民共和国宪法》（以下简称《宪法》）的规定，城镇土地的所有权属于国家，单位和个人在取得城镇土地使用权的同时，要向政府缴纳一定的税费作为补偿。但是，城镇土地使用税又不同于城镇土地使用费，它的征收除了体现“谁使用，谁缴费（税）”“多使用，多缴费（税）”“少使用，少缴费（税）”“不使用，不缴费（税）”的受益原则外，还体现了国家运用规范、统一、普遍、公平、透明的税收手段处理与土地使用者之间的利益分配关系，促使土地使用者节约使用土地，提高土地利用效率，促进土地流转市场形成和城乡建设布局合理化的政策意图。

2. 有利于调节土地级差收益，促进公平竞争

土地是一种十分宝贵的自然资源。由于城镇不同区域土地的使用环境不同，因而其潜在经济价值也明显不同。城镇土地使用税根据全国各地城镇土地的稀缺程度和使用频率设计地区差别幅度税额，有利于调节因土地资源好坏形成的级差收益，促进城镇土地使用者之间的公平竞争。

3. 有利于完善地方税体系，增加地方财政收入

虽然我国城镇土地属于国家所有，但又按照地域管辖权原则实行分级管理。城镇土地使用税属于地方税，由各级地方税务机关负责征收，收入归属各级地方政府，因此加强城镇土地使用税的征收管理，不仅有利于增加地方财政收入、完善地方税体系，还有利于促进地方政府重视所属土地的规划管理和开发利用，不断提升城镇化水平，促进当地经济社会全面进步。

知识库

土地税简介

土地税在各种税中历史最久，并为各国普遍采用。最初的土地税以土地的大小确定税额的多少，继而以产量（产值）或土壤肥瘠的程度定税率的等级，也有的以土地价格为征税标准。西方发达国家通行的是地价税，即根据土地价格向土地所有者课征地税。地价税始于1873年加拿大的荒地税，随后新西兰、奥地利和德国开始采用。在第一次世界大战后，许多国家相继实行。地价税分为土地原价税和土地增值税：前者按土地的本身价格（不包括土地改良物价格）课征；后者按土地价格增加的数额课征。土地增值税又分为土地转移增值税和土地定期增值税：前者对土地价格的转移增值部分课征；后者在土地所有权没有转移的条件下，对一定时期内土地价格的增加部分课征。

我国对土地征税由来已久。在1949年以前，我国的土地税一般称为“田赋”，即以农村土地为对象课征的税。我国的土地税始于鲁宣公15年（公元前594年）的“初税亩”，

即开始实行按土地面积（亩）征收赋税。经过2 000多年的演变，到中华民国时期，才将对土地所征的各种税收统称为“田赋”。1930年中华民国政府公布《土地法》，曾规定在部分城市开征地税和土地增值税。在中华人民共和国成立后，随着我国税收制度的不断完善，现在已经形成了由城镇土地使用税、耕地占用税、土地增值税组成的土地税体系。

8.3.2 城镇土地使用税制度

8.3.2.1 征税对象

凡在城市、县城、建制镇、工矿区范围内的土地，不论是属于国家所有的土地，还是属于集体所有的土地，都是城镇土地使用税的征税对象。城镇土地使用税的征税范围为城市、县城、建制镇、工矿区。

城市是指经国务院批准设立的市。城市的征税范围为市区和郊区。

县城是指县人民政府所在地。县城的征税范围为县人民政府所在的城镇。

建制镇是指经省、自治区、直辖市人民政府批准设立的建制镇。建制镇的征税范围为镇人民政府所在地。

工矿区是指工商企业比较发达，人口比较集中，符合国务院规定的建制镇标准，但尚未设立建制镇的大中型工矿企业所在地。工矿区须经省、自治区、直辖市人民政府批准。

8.3.2.2 纳税人

城镇土地使用税的纳税人是在城市、县城、建制镇、工矿区范围内使用国有土地的单位和个人。

单位包括国有企业、集体企业、私营企业、股份制企业、外商投资企业、外国企业以及其他企业和事业单位、社会团体、国家机关、军队以及其他单位。

个人包括个体工商户以及其他个人。

城镇土地使用税的纳税人具体包括：

（1）拥有土地使用权的单位或个人。

（2）拥有土地使用权的单位和个人不在土地所在地的，其土地的实际使用人或代管人为纳税人。

（3）土地使用权未确定或权属纠纷未解决的，其实际使用人为纳税人。

（4）土地使用权共有的，共有各方都是纳税人，由共有各方分别缴纳。

8.3.2.3 税　率

土地使用税采用地区差别幅度定额税率，按大、中、小城市和县城、建制镇、工矿区分别规定每平方米土地使用税年应纳税额。具体标准如下：

（1）大城市为1.5元至30元。

（2）中等城市为1.2元至24元。

（3）小城市为0.9元至18元。

（4）县城、建制镇、工矿区为0.6元至12元。

大、中、小城市以公安部门登记在册的非农业正式户口人数为依据，按照国务院颁布的《城市规划条例》中规定的标准划分。人口在50万以上者为大城市；人口在20万至50万之间者为中等城市；人口在20万以下者为小城市。《城镇土地使用税税率表》见表8-2。

表8-2 城镇土地使用税税率表

级别	人口（人）	每平方米税额（元）
大城市	50万以上	1.5～30
中等城市	20万～50万	1.2～24
小城市	20万以下	0.9～18
县城、建制镇、工矿区		0.6～12

各省、自治区、直辖市人民政府可以根据市政建设状况、经济繁荣程度等条件，在规定税额幅度内，确定所辖地区的适用税额幅度。经济落后地区土地使用税的适用税额标准可以适当降低，但降低额不得超过上述规定最低税额的30%。经济发达地区土地使用税的适用税额标准可以适当提高，但须报财政部批准。

8.3.2.4 计税依据

城镇土地使用税的计税依据是纳税人实际占用的土地面积。

纳税人实际占用的土地面积按下列办法确定：

（1）凡由省、自治区、直辖市人民政府确定的单位组织测定土地面积的，以测定的土地面积为准。

（2）尚未组织测定，但纳税人持有政府部门核发的土地使用证书的，以证书确定的土地面积为准。

（3）尚未核发土地使用证书的，应由纳税人据实申报土地面积，据此纳税，待核发土地使用证书后再做调整。

（4）对在城镇土地使用税征税范围内单独建造的地下建筑用地，按规定征收城镇土地使用税。其中，已取得地下土地使用权证的，按土地使用权证确认的土地面积计算应纳税额；未取得地下土地使用权证或地下土地使用权证上未标明土地面积的，按地下建筑垂直投影面积计算应纳税额。

对上述地下建筑用地暂按应纳税额的50%征收城镇土地使用税。

8.3.2.5 应纳税额的计算

城镇土地使用税的应纳税额是纳税人实际占用的土地面积与该土地所在地段适用税额的乘积。相应的计算公式为：

全年应纳税额＝实际占用应税土地面积（平方米）×适用税额

[例8-3]

设在某市的一家国有企业，使用的土地面积为20 000平方米，经税务机关核定，该土地为应税土地，每平方米年纳税额为6元。

计算其全年应纳的土地使用税税额。

解析：

年应纳土地使用税税额=20 000×6=120 000（元）

8.3.2.6 税收优惠

1. 法定免税项目

（1）国家机关、人民团体、军队自用的土地。

这部分土地是指这些单位本身的办公用地和公务用地。

（2）由国家财政部门拨付事业经费的单位自用的土地。

这部分土地是指这些单位本身的业务用地。

（3）宗教寺庙、公园、名胜古迹自用的土地。

宗教寺庙自用的土地是指举行宗教仪式等的用地和寺庙内宗教人员的生活用地。

公园、名胜古迹自用的土地是指供公共参观游览的用地及其管理单位的办公用地。

以上单位的生产经营用地和其他用地，不属于免税范围。

（4）市政街道、广场、绿化地带等公共用地。

（5）直接用于农、林、牧、渔业的生产用地。

这部分土地是指直接从事种植、养殖、饲养的专业用地，不包括农副产品加工场地和生活办公用地。

（6）经批准开山填海整治的土地和改造的废弃土地，从使用的月份起免缴土地使用税5年至10年。

具体免税期限由各省、自治区、直辖市地方税务机关在《城镇土地使用税暂行条例》规定的期限内自行确定。

（7）对非营利性医疗机构、疾病控制机构和妇幼保健机构等卫生机构自用的土地，免征城镇土地使用税。

（8）企业办的学校、医院、托儿所、幼儿园，其用地能与企业其他用地明确区分的，免征城镇土地使用税。

（9）免税单位无偿使用纳税单位的土地（如公安、海关等单位使用铁路、民航等单位的土地），免征城镇土地使用税。纳税单位无偿使用免税单位的土地，纳税单位应照章缴纳城镇土地使用税。纳税单位与免税单位共同使用、共有使用权土地上的多层建筑，对纳税单位可按其占用的建筑面积占建筑总面积的比例计征城镇土地使用税。

（10）对行使国家行政管理职能的中国人民银行总行（含国家外汇管理局）所属分支机构自用的土地，免征城镇土地使用税。

（11）为了体现国家的产业政策，支持重点产业的发展，对石油、电力、煤炭等能源用地，民用港口、铁路等交通用地和水利设施用地，三线调整企业、盐业、采石场、邮电等一些特殊用地划分了征免税界限和给予了政策性减免税照顾。

此外，税法还对部分创业企业做出了减免税优惠的特殊规定。

2. 省、自治区、直辖市地方税务机关确定的减免税项目

(1) 个人所有的居住房屋及院落用地。

(2) 房产管理部门在房租调整改革前经租的居民住房用地。

(3) 免税单位职工家属的宿舍用地。

(4) 集体和个人办的各类学校、医院、托儿所、幼儿园用地。

8.3.2.7 征收管理

1. 纳税义务发生时间

(1) 纳税人购置新建商品房，自房屋交付使用的次月起，缴纳城镇土地使用税。

(2) 纳税人购置存量房，自办理房屋权属转移、变更登记手续以及房地产权属登记机关签发房屋权属证书的次月起，缴纳城镇土地使用税。

(3) 纳税人出租、出借房产，自交付出租、出借房产的次月起，缴纳城镇土地使用税。

(4) 以出让或转让方式有偿取得土地使用权的，应由受让方从合同约定交付土地时间的次月起缴纳城镇土地使用税；合同未约定交付土地时间的，由受让方从合同签订的次月起缴纳城镇土地使用税。

(5) 纳税人新征用的耕地，自批准征用之日起满一年时开始缴纳城镇土地使用税。

(6) 纳税人新征用的非耕地，自批准征用次月起缴纳城镇土地使用税。

2. 纳税地点

城镇土地使用税在土地所在地缴纳，由土地所在地的地方税务机关征收，其收入纳入地方财政预算管理。具体说来，城镇土地使用税的纳税地点为：一是纳税人使用的土地不属于同一省、自治区、直辖市管辖的，由纳税人分别向土地所在地的税务机关缴纳土地使用税；二是在同一省、自治区、直辖市管辖范围内的，纳税人跨地区使用的土地，其纳税地点由各省、自治区、直辖市地方税务机关确定。

3. 纳税期限

城镇土地使用税按年计算、分期缴纳。具体纳税期限由省、自治区、直辖市人民政府确定。

8.4 土地增值税

8.4.1 土地增值税概述

8.4.1.1 土地增值税的概念

土地增值税是对转让国有土地使用权、地上建筑物及其附着物并取得收入的单位和

个人，就其转让房地产所取得的增值额征收的一种税。

土地增值税是我国1994年税制改革后新开征的一个税种。国务院于1993年12月发布了《中华人民共和国土地增值税暂行条例》，该条例自1994年1月1日起施行。

8.4.1.2 土地增值税的特点

与其他税种相比，土地增值税具有以下特点：

(1) 对有偿转让国有土地使用权、地上建筑物及其附着物的行为征税，具有财产税、资源税、流转税和行为税等多重属性。

(2) 以房地产转让的增值额为计税依据，实行从价定率征收。

(3) 按照土地增值率的高低，设计四级超率累进税率，边际税率较高。

(4) 只在房地产的转让环节征收，实行一次课征制。

(5) 由地方税务机关负责征收，全部收入归地方政府。

8.4.1.3 土地增值税的意义

1. 有利于合理调节土地增值收益，维护国家权益，增加地方财政收入

第三产业是我国目前和今后重点发展的产业，而房地产业又是第三产业中的支柱产业。在一些国家的经济繁荣时期，房地产业往往是投资规模最大、增长速度最快、附加值最高、对产业结构和区域结构调整带动力最强的产业之一。在普通民众家庭拥有的各种有形资产中，房地产往往占有很大的比重。我国的城镇土地归国家所有，单位和个人只拥有使用权。但是，随着城镇经济的不断发展、综合配套设施的不断完善、土地使用效率的不断提高和开发力度的不断加大，城镇区域的房地产必然会产生较大的升值。对房地产转让行为征收土地增值税，有利于合理调节土地增值收益、维护国家权益、增加地方财政收入，并缓解因巨额利润流入单位和个人腰包而造成严重的社会分配不公。

2. 有利于抑制房地产投机，规范房地产市场交易秩序

从20世纪90年代后期实行土地制度改革和住房商品化以来，我国房地产业得到了前所未有的发展，对拉动内需、改善民生和推动经济平稳较快增长发挥了关键性作用。然而，随之而来的房地产业过度投资、供求总量及结构严重失衡、房地产价格增长过猛及炒卖房地产的投机行为盛行，也给该行业的健康发展和国民经济的平稳运行带来了隐患。土地增值税以转让房地产使用权的增值额为征税对象，实行超率累进税率，对增值多的多征，增值少的少征，无增值的不征，有利于在一定程度上抑制房地产的过度投资和投机行为。此外，在计算增值额时，允许扣除批租土地的出让金和用于改良土地的开发成本、费用，有利于制约有意规避土地出让金的行为，鼓励对国有土地的开发利用，规范房地产市场的交易秩序。

3. 有利于健全地方税体系，完善分税制体制

土地增值税属于地方税，由地方税务机关负责征收，全部收入归地方政府。征收土地增值税可以加强土地增值税的管理，不仅有利于增加地方财政收入，提高地方政府改善城市综合环境的积极性，也有利于健全地方税体系，扩大地方税收入规模，为完善我国的分税制财政体制创造有利条件。

知识库

国外房地产税制设计模式

大多数经济发达国家一般采取房产与土地一起按评估值征收房地产税的做法，而发展中国家的差别较大，从税制要素上归纳，有几种不同做法。第一，关于征税对象：①只对土地征税，对建筑物不征税；②只对房产征税，对土地不征税；③对土地和建筑物一起征收房地产税；④对土地、建筑物加可移动财产一起征收财产税。世界上大部分发达国家都对土地和建筑物一起征收房地产税，如美国、加拿大、英国等。个别国家只对土地征税，对建筑物不征税，如澳大利亚、爱沙尼亚等。有些国家只对房产征税，对土地不征税，如坦桑尼亚。对可移动财产征税只有美国部分州实行，因可移动财产总是以旧换新，财产的价值很难评估。因此，几年前这些州也放弃了对可移动财产征收财产税的规定。各国基本都将房地产税作为地方政府的主体税种，但在制定政策时均根据本国的情况而定，即使用同一种征税方法，具体规定也不同。第二，关于计税依据：①对土地、房屋按评估值征税；②按房屋出租价格征税；③按使用面积计算征税。一些发达国家和地区以土地、房屋的评估值作为房地产税的计税依据，我国香港特别行政区以评估值和租金价值作为差饷（房地产税）的计税依据，法国以房屋出租价格作为房地产税的计税依据；一些发展中国家以土地使用面积作为计税依据，如波兰、中国、捷克、智利、肯尼亚、突尼斯、乌克兰等。第三，关于房地产价格的评估：财产价值的评估是征收房地产税的关键。大多数发达国家的评估工作都是由中央政府承担的，因财产的评估要耗费大量的人力、物力，所以，一般是3～6年评估一次。不同国家的估价方法差别很大，有土地和建筑物一起评估的，有只评土地的，这主要是由各国的国情决定的。

资料来源：钱凯．我国房地产税制改革问题研究综述．经济研究参考．2005（7）.

8.4.2 土地增值税制度

8.4.2.1 征税对象

1. 征税对象的一般规定

土地增值税的征税对象是有偿转让的国有土地使用权、地上建筑物及其附着物。这里所说的地上建筑物及其附着物是指建于地上的一切建筑物、构筑物、地上地下的各种附属设施以及附着于该土地上的不能移动、移动后会遭到损坏的各种植物、养殖物及其他物品。

征税对象的判断标准为：

（1）转让的土地，其使用权为国家所有。土地增值税是对转让国有土地使用权、地上建筑物及其附着物的行为征税。根据《宪法》和《中华人民共和国土地管理法》的规定，城市的土地属于国家所有，农村和城市郊区的土地除由法律规定属于国家所有的以外，属于集体所有。只有国有土地的使用权才能有偿转让，集体所有的土地不能直接转让，只有先由国家征用后才能转让。

（2）土地使用权、地上建筑物及其附着物的权属一定要发生转移。土地增值税是对国有土地使用权、地上建筑物及其附着物的转让行为征税。它包含了两层意思：一是土地增值税的征税对象不包括国有土地使用权出让所取得的收入。国有土地使用权出让是指国家以土地所有者的身份将土地使用权在一定年限内让予土地使用者，并由土地使用者向国家支付土地使用权出让金的行为，属于土地买卖的一级市场。国有土地使用权的转让是指土地使用者通过出让等形式取得土地使用权后，将土地使用权再转让的行为，包括出售、交换和赠予，它属于土地买卖的二级市场。二是土地增值税的征税对象不包括未转让土地使用权、房屋产权的行为，如房产的出租。

（3）应取得相应的转让收入。需要缴纳土地增值税的是有偿转让的房地产，以继承、赠予等方式无偿转让的房地产无须缴纳土地增值税。

同时满足以上三个判断标准，其转让收入才属于土地增值税的征税对象。需要强调的是，无论是单独转让国有土地使用权还是将土地使用权、地上建筑物及其附着物一并转让，均应按规定缴纳土地增值税。

2. 征税对象的特殊规定

（1）房地产的出租。对于房地产的出租，虽然出租人取得了收入，但没有发生房产产权、土地使用权的转让，因此不属于土地增值税的征税对象。

（2）房地产的抵押。由于房产的产权和土地使用权在抵押期间并没有发生权属的变更，房产的产权所有人、土地使用权人仍能对房地产行使占有、使用、收益等权利，房产的产权所有人、土地使用权人虽然在抵押期间取得了一定的抵押贷款，但实际上这些贷款在抵押期满后是要连本带利偿还给债权人的，因此对房地产的抵押，在抵押期间不征收土地增值税。待抵押期满后，视该房地产是否转移产权，进而确定是否征收土地增值税。对于以房地产抵债而发生房地产权属转让的，应列入土地增值税的征税对象。

（3）房地产的交换。由于这种行为既发生了房产产权、土地使用权的转移，交换双方又取得了实物形态的收入，按《土地增值税暂行条例》的规定，它属于土地增值税的征税范围。但是，对个人之间互换自有居住用房地产的，经当地税务机关核实，可以免征土地增值税。

（4）以房地产进行投资、联营。对于以房地产进行投资、联营的，投资、联营的一方以土地（房地产）作价入股进行投资或作为联营条件，将房地产转让到所投资、联营的企业中时，暂免征收土地增值税。对投资、联营企业将上述房地产再转让的，应征收土地增值税。需要注意的是，投资、联营的企业属于从事房地产开发的，或者房地产开发企业以其建造的商品房进行投资、联营的，应当征收土地增值税。

（5）合作建房。对于一方出地，一方出资金，双方合作建房，建成后按比例分房自用的，暂免征收土地增值税；建成后转让的，应征收土地增值税。

（6）以继承、赠予方式转让房地产的。这种情况因其只发生房地产产权的转让，没有取得相应的收入，属于无偿转让房地产的行为，所以不能将其纳入土地增值税的征税对象。需要注意的是，这里所指房地产的继承，包括法定继承人继承和非法定继承人继承两种情况，均不需缴纳土地增值税。这里所指的房地产“赠予”仅包括：一是房产所有人、土地使用权所有人将房屋产权、土地使用权赠予直系亲属或直接承担赡养义务人的；二是房产所有人、土地使用权所有人通过境内非营利的社会团体、国家机关将房屋产权、土地使用权赠予教育、民政和其他社会福利、公益事业的。

（7）房地产的代建房行为。对于房地产开发公司而言，虽然它们取得了收入，但没有发生房地产权属的转移，其收入属于劳务收入性质，故不属于土地增值税的征税范围。

（8）房地产的重新评估。这主要是指国有企业在清产核资时对房地产进行重新评估而使其升值的情况。在这种情况下，虽然房地产有增值，但其既没有发生房地产权属的转移，房产所有人、土地使用权所有人也未取得收入，所以不属于土地增值税的征税范围。

（9）企业兼并转让房地产。在企业兼并中，对被兼并企业将房地产转让到兼并企业中的，暂免征收土地增值税。

8.4.2.2 纳税人

土地增值税的纳税人为转让国有土地使用权、地上建筑物及其附着物并取得收入的单位和个人。

单位是指各类企业（包括国有企业、集体企业、私营企业、外商投资企业、外国企业、股份制企业、其他企业）、行政单位、事业单位、国家机关、社会团体和其他组织。

个人包括个体经营者和其他个人。

8.4.2.3 税　率

土地增值税实行四级超率累进税率，通过较低税率体现对正常的房地产开发经营者的鼓励；通过较高税率，抑制炒买炒卖房地产的投机者，以发挥国家对房地产市场的宏观调控作用。

土地增值税四级超率累进税率见表8-3。

表8-3　土地增值税四级超率累进税率表

级数	增值额与扣除项目金额的比率	税率（%）	速算扣除系数（%）
1	不超过50%的部分	30	0
2	超过50%至100%的部分	40	5
3	超过100%至200%的部分	50	15
4	超过200%的部分	60	35

8.4.2.4 计税依据

土地增值税的计税依据是出售房地产所取得的增值额。《土地增值税暂行条例》规定，纳税人转让房地产所取得的收入减去法定扣除项目金额后的余额为增值额。

1. 收入的确定

转让房地产所取得的收入包括货币收入、实物收入和其他收入。

(1) 货币收入。货币收入是指纳税人转让房地产而取得的现金、银行存款、支票、银行本票、汇票等信用票据和国库券、金融债券、企业债券、股票等有价证券。对于这些类型的收入,其实质都是转让方因转让土地使用权、房屋产权而向取得方收取的价款。

(2) 实物收入。实物收入是指纳税人转让房地产而取得的各种实物形态的收入,如钢材、水泥等建材,房屋、土地等不动产等。

(3) 其他收入。其他收入是指纳税人转让房地产而取得的无形资产收入或具有财产价值的权利,如专利权、商标权、著作权、专有技术使用权、土地使用权、商誉等。

纳税人发生下列情形的,按照房地产评估价格确认收入并征收土地增值税:

(1) 隐瞒、虚报房地产成交价格的,是指纳税人不报或有意低报转让土地使用权、地上建筑物及其附着物价款的行为。

(2) 提供扣除项目金额不实的,是指纳税人在纳税申报时不据实提供扣除项目金额的行为。

(3) 转让房地产的成交价格明显低于房地产评估价格且无正当理由的,是指纳税人申报的转让房地产的实际成交价格低于房地产评估机构评定的市场交易价格,纳税人又不能提供凭据或无正当理由的行为。

纳税人隐瞒、虚报房地产成交价格的,应由评估机构参照同类房地产的市场交易价格进行评估。税务机关根据评估价格确定转让房地产的收入。

纳税人提供扣除项目金额不实的,应由评估机构按照房屋重置成本价乘以成新度折扣率后计算的房屋成本价和取得土地使用权时的基准地价进行评估。税务机关根据评估价格确定扣除项目金额。

转让房地产的成交价格低于房地产评估价格且无正当理由的,由税务机关参照房地产评估价格确定转让房地产的收入。

房地产评估价格是指由政府批准设立的房地产评估机构根据相同地段、同类房地产的出售价格综合评定,并经当地税务机关确认的价格。

2. 扣除项目的确定

计算土地增值税应纳税额,并不是直接对转让房地产所取得的收入征税,而是要对收入额减除国家规定的各种扣除项目金额后的余额计算征税,这个余额就是纳税人在转让房地产中获取的增值额。准予纳税人从转让收入额中减除的扣除项目包括如下几项:

(1) 取得土地使用权所支付的金额。取得土地使用权所支付的金额包括两方面的内容:

1) 纳税人为取得土地使用权所支付的地价款。如果是以协议、招标、拍卖等出让方式取得土地使用权的,地价款为纳税人所支付的土地出让金;如果是以行政划拨方式取得土地使用权的,地价款为按照国家有关规定补交的土地出让金;如果是以转让方式取得土地使用权的,地价款为向原土地使用权人实际支付的地价款。

2) 纳税人在取得土地使用权时按国家统一规定缴纳的有关费用。它是指纳税人在取得土地使用权过程中为办理有关手续,按国家统一规定缴纳的有关登记、过户手续费。

（2）房地产开发成本。房地产开发成本是指纳税人房地产开发项目实际发生的成本，包括土地征用及拆迁补偿费、前期工程费、建筑安装工程费、基础设施费、公共配套设施费、开发间接费用等。

1）土地征用及拆迁补偿费，包括土地征用费、耕地占用税、劳动力安置费及有关地上、地下附着物拆迁补偿的净支出、安置动迁用房支出等。

2）前期工程费，包括规划、设计、项目可行性研究和水文、地质、勘察、测绘、“三通一平”等支出。

3）建筑安装工程费，是指以出包方式支付给承包单位的建筑安装工程费以及以自营方式发生的建筑安装工程费。

4）基础设施费，包括开发小区内道路、供水、供电、供气、排污、排洪、通信、照明、环卫、绿化等工程发生的支出。

5）公共配套设施费，包括不能有偿转让的开发小区内公共配套设施发生的支出。

6）开发间接费用，是指直接组织、管理开发项目发生的费用，包括工资、职工福利费、折旧费、修理费、办公费、水电费、劳动保护费、周转房摊销等。

（3）房地产开发费用。房地产开发费用是指与房地产开发项目有关的销售费用、管理费用和财务费用。根据现行财务会计制度的规定，这三项费用作为期间费用，直接计入当期损益，不按成本核算对象进行分摊。因此，作为土地增值税扣除项目的房地产开发费用，不是按纳税人房地产开发项目实际发生的费用进行扣除，而是按《中华人民共和国土地增值税暂行条例实施细则》的标准进行扣除。

《中华人民共和国土地增值税暂行条例实施细则》规定，财务费用中的利息支出，凡能够按转让房地产项目计算分摊并提供金融机构证明的，允许据实扣除，但最高不能超过按商业银行同类同期贷款利率计算的金额。其他房地产开发费用，按取得土地使用权所支付的金额和房地产开发成本计算的金额之和的5%以内计算扣除。凡不能按转让房地产项目计算分摊利息支出或不能提供金融机构证明的，房地产开发费用按取得土地使用权所支付的金额和房地产开发成本计算的金额之和的10%以内计算扣除。计算扣除的具体比例，由各省、自治区、直辖市人民政府规定。

此外，财政部、国家税务总局还对扣除项目金额中利息支出的计算问题做了两点专门规定：一是利息的上浮幅度按国家的有关规定执行，超过上浮幅度的部分不允许扣除；二是对于超过贷款期限的利息部分和加罚的利息不允许扣除。

（4）与转让房地产有关的税金。与转让房地产有关的税金是指在转让房地产时缴纳的印花税、城市维护建设税和教育费附加（视同税金予以扣除），但不包括增值税。

1）房地产开发企业按照《施工、房地产开发企业财务制度》的有关规定，其在转让时缴纳的印花税因列入管理费用中，故在此不允许再扣除。其他纳税人缴纳的印花税（按产权转移书所载金额的0.5‰贴花）允许在此扣除。

2）对于个人购入房地产再转让的，其在购入环节缴纳的契税，由于已经包含在旧房及建筑物的评估价格中，因此在计征土地增值税时，不另作为与转让房地产有关的税金予以扣除。

3）在“营改增”后，房地产开发企业实际缴纳的城市维护建设税和教育费附加，凡能够按清算项目准确计算的，允许据实扣除。凡不能够按清算项目准确计算的，则按该清算项目预缴增值税时实际缴纳的城市维护建设税和教育费附加扣除。

（5）其他扣除项目。从事房地产开发的纳税人可按取得土地使用权所支付的金额和房地产开发成本计算的金额之和，加计20%扣除。在此，应特别指出的是：此条优惠只适用于从事房地产开发的纳税人，除此之外的其他纳税人不适用。这样规定的目的是抑制炒买炒卖房地产的投机行为，保护正常开发投资者的积极性。

（6）旧房及建筑物的评估价格。旧房及建筑物的评估价格是指在转让已使用的房屋及建筑物时，由政府批准设立的房地产评估机构评定的以重置成本价乘以成新度折扣率后的价格。评估价格须经当地税务机关确认。

重置成本价是指对旧房及建筑物，按转让时的建材价格及人工费用计算，建造同样面积、同样层次、同样结构、同样建设标准的新房及建筑物所需花费的成本费用。成新度折扣率是指按旧房的新旧程度做一定比例的折扣。

此外，转让旧房的，应按房屋及建筑物的评估价格、取得土地使用权所支付的地价款和按国家统一规定缴纳的有关费用及在转让环节缴纳的税金作为扣除项目金额计征土地增值税。对取得土地使用权时未支付地价款或不能提供已支付的地价款凭据的，在计征土地增值税时不允许扣除。

另外，对纳税人成片受让土地使用权后，分期分批开发、分块转让的，其扣除项目金额的确定，可按转让土地使用权的面积占总面积的比例计算分摊或按建筑面积计算分摊，也可按税务机关确认的其他方式计算分摊。

8.4.2.5 应纳税额的计算

土地增值税按照纳税人转让房地产所取得的增值额和规定的税率计算征收，具体计算方法有两种：

1. 分步计算法

土地增值税是按照四级超率累进税率征收的，因此按照原始方法计算应纳税额，应遵循以下步骤：

（1）计算土地增值总额：

土地增值总额＝转让房地产总收入－扣除项目金额

（2）计算土地增值率：

土地增值率＝土地增值总额/扣除项目金额×100%

（3）计算各档次和级距的土地增值额，即按照土地增值税税率表规定的档次和级距，将第二步计算出的土地增值率分解为若干部分，并计算出各个部分的土地增值额。

各部分的土地增值额＝土地增值总额×各部分的土地增值率

（4）计算应纳税额：

应纳税额＝$\sum$（各部分的土地增值额×各部分的适用税率）

虽然这种分步计算法不违背土地增值税的计税原理，但因计算过程比较烦琐，因而在实际工作中较少采用。

2. 速算扣除率法

土地增值税的应纳税额还可以按照增值额乘以适用税率再减去扣除项目金额乘以速算扣除率的简便方法计算。这种方法又称速算扣除率法或速算扣除系数法，其计税原理与速算扣除数法类似，是一种快捷计算法，在实际工作中的应用较为普遍。用公式可表示为：

应纳税额＝土地增值额×适用税率－扣除项目金额×速算扣除率

与增值率级次对应的土地增值税应纳税额的计算公式如下：

(1) 增值额未超过扣除项目金额50%的：

应纳税额＝增值额×30%

(2) 增值额超过扣除项目金额50%，未超过100%的：

应纳税额＝增值额×40%－扣除项目金额×5%

(3) 增值额超过扣除项目金额100%，未超过200%的：

应纳税额＝增值额×50%－扣除项目金额×15%

(4) 增值额超过扣除项目金额200%的：

应纳税额＝增值额×60%－扣除项目金额×35%

上述公式中的5%、15%、35%为速算扣除率（系数）。

[例8-4]

地处某市的一家房地产开发企业建造商品房一幢，建房总支出为4 500万元，具体包括：支付地价款300万元；支付土地征用及拆迁补偿费180万元；支付前期工程费270万元；支付基础设施费300万元；支付建筑安装工程费2 250万元；支付公共配套设施费300万元；支付期间费用900万元，其中利息支出750万元（利息能按房地产项目分摊，并有金融机构贷款证明），该企业所在地政府规定的其他房地产开发费用计算扣除比例为5%；转让环节缴纳的有关税费共计543万元。房屋竣工后将其出售，取得收入9 800万元。计算该房地产开发企业应纳的土地增值税。

解析：

允许扣除的取得土地使用权支付的金额＝300（万元）

允许扣除的房地产开发成本＝180＋270＋300＋2 250＋300＝3 300（万元）

允许扣除的房地产开发费用＝750＋(300＋3 300)×5%＝930（万元）

允许扣除的税费＝543（万元）

允许扣除的其他扣除项目＝(300＋3 300)×20%＝720（万元）

允许扣除项目合计＝300＋3 300＋930＋543＋720＝5 793（万元）

增值额＝9 800－5 793＝4 007（万元）

增值额占扣除项目金额比率＝4 007÷5 793×100％＝69.17％

应纳土地增值税＝4 007×40％－5 793×5％＝1 313.15（万元）

8.4.2.6 税收优惠

根据我国的现实情况，土地增值税对于下列情形给予减税或免税照顾：

1. 纳税人建造普通标准住宅的税收优惠

纳税人建造普通标准住宅出售，增值额未超过扣除项目金额 20％的，免征土地增值税；增值额超过扣除项目金额 20％的，应就其全部增值额按规定计税。

普通标准住宅是指按所在地一般民用住宅标准建造的居住用住宅。高级公寓、别墅、小洋楼、度假村以及超面积、超标准豪华装修的住宅，均不属于普通标准住宅。普通标准住宅与其他住宅的具体界限，由省级人民政府规定。

对于纳税人既建造普通标准住宅，又从事其他房地产开发的，应分别核算增值额；不分别核算增值额或不能准确核算增值额的，其建造的普通标准住宅不适用该免税规定。

2. 因国家建设需要依法征用、收回的房地产的税收优惠

纳税人因国家建设需要依法征用、收回的房地产，免征土地增值税。因国家建设需要依法征用、收回的房地产，是指因城市实施规划、国家建设的需要而被政府批准征用的房产或收回的土地使用权。

因城市实施规划、国家建设的需要而搬迁，由纳税人自行转让原房地产的，免征土地增值税。

符合上述免税规定的单位和个人，须向房地产所在地税务机关提出免税申请，经税务机关审核后，免予征收土地增值税。

3. 个人转让房地产的税收优惠

自 2008 年 11 月 1 日起，对个人销售住房暂免征收土地增值税。

4. 对企事业单位、社会团体以及其他组织转让旧房作为公共租赁住房房源的税收优惠

对企事业单位、社会团体以及其他组织转让旧房作为公共租赁住房房源且增值额未超过扣除项目金额 20％的，免征土地增值税。享受上述税收优惠政策的公共租赁住房是指纳入省、自治区、直辖市、计划单列市人民政府及新疆生产建设兵团批准的公共租赁住房发展规划和年度计划，并按照《关于加快发展公共租赁住房的指导意见》（建保［2010］87 号）和市、县人民政府制定的具体管理办法进行管理的公共租赁住房。

8.4.2.7 征收管理

1. 申报纳税程序

根据《土地增值税暂行条例》的规定，纳税人应自转让房地产合同签订之日起 7 日内，向房地产所在地的主管税务机关办理纳税申报，同时向税务机关提交房屋及建筑物产权证书、土地使用权证书、土地转让合同、房产买卖合同、房地产评估报告及其他与转让房地产有关的资料，然后在税务机关核定的期限内缴纳土地增值税。纳税人因经常

发生转让房地产行为而难以在每次转让后申报的，经税务机关审核同意后，可以定期进行纳税申报，具体期限由税务机关确定。纳税人按规定办理纳税手续后，持纳税凭证到房产、土地管理部门办理产权变更手续。

在实际工作中，土地增值税的纳税人主要分为两大类：一类是从事房地产开发（包括专营和兼营）的纳税人，也就是通常所说的房地产开发公司；另一类是其他纳税人。这两类纳税人办理纳税申报的内容和方法不尽相同。

(1) 房地产开发公司。纳税人应当在签订房地产转让合同、发生纳税义务后7日内或在税务机关核定的期限内，按照税法规定，向主管税务机关办理纳税申报，并提供下列证件和资料：

1) 房屋产权证、土地使用权证书。

2) 土地转让、房产买卖合同。

3) 与转让房地产有关的资料，主要包括取得土地使用权所支付的金额、房地产开发成本方面的财务会计资料、房地产开发费用方面的资料、与房地产转让有关的税金的完税凭证和其他与房地产有关的资料。

4) 根据税务机关的要求提供房地产评估报告，是指当税务机关认定纳税人所提供的转让房地产所取得的收入或扣除项目金额不实，不能作为计税依据，必须进行房地产评估时，由纳税人交由政府批准设立的评估机构按税法规定进行房地产评估所做的评估报告。

(2) 房地产开发公司以外的其他纳税人。该类纳税人应自签订房地产转让合同之日起7日内，到房地产所在地的主管税务机关进行纳税申报，并提供下列资料：

1) 房屋及建筑物产权证书、土地使用权证书。

2) 土地转让合同、房产买卖合同。

3) 房地产评估报告。如果转让的是旧房，必须出具政府指定的评估机构按税法规定所做的评估报告。

4) 与转让房地产有关的税金的完税凭证。

5) 其他与转让房地产有关的资料，如房地产的原造价或买价等。

2. 纳税期限和缴纳方法

土地增值税按照转让房地产所取得的实际收益计算征收，由于计税时要涉及房地产开发的成本和费用，有时还要进行房地产评估等，因此对于其纳税时间就不可能像其他税种那样做出统一规定，而是要根据房地产转让的不同情况，由主管税务机关具体确定。具体说来，主要有两种情况：

(1) 以一次交割、付清价款方式转让房地产的。对于这种情况，主管税务机关可在纳税人办理纳税申报后，根据其应纳税额的大小及向有关部门办理过户、登记手续的期限等，规定其在办理过户、登记手续前数日内一次性缴纳全部土地增值税。

(2) 以分期收款方式转让房地产的。对于这种情况，主管税务机关可根据合同规定的收款日期来确定具体的纳税期限。也就是说，先计算出应缴纳的全部土地增值税税额，再按总税额除以转让房地产的总收入，求得应纳税额占总收入的比例。然后，纳税人在每次收到价款时，按收到价款的数额乘以这个比例来确定每次应纳的税额，并且应在每次收款后数日内缴纳土地增值税。

(3) 项目全部竣工结算前转让房地产的。纳税人在项目全部竣工结算前转让房地产取得的收入，由于涉及成本核算或其他原因，无法据实计算土地增值税的，税务机关可以预征土地增值税，待该项目全部竣工、办理结算后再进行清算，多退少补。具体说来，主要涉及两种情况：

第一，纳税人进行小区开发建设的，其中一部分房地产项目因先行开发已转让出去，但小区内的部分配套设施往往在转让后才建成。在这种情况下，税务机关可对先行转让的项目，在取得收入时预征土地增值税。

第二，纳税人以预售方式转让房地产的，对在办理结算和转交手续前就取得的收入，税务机关也可以预征土地增值税。具体办法由省级地方税务机关根据当地情况制定。

根据税法规定，凡采用预征方法征收土地增值税的，如果满足土地增值税的清算条件，则应对土地增值税进行清算。

3. 纳税地点

土地增值税由房地产所在地的税务机关负责征收。房地产所在地是指房地产的坐落地。不论纳税人的机构所在地、经营所在地、居住所在地设在何处，均应在房地产的所在地申报纳税。具体说来，有以下两种情况：

(1) 纳税人是法人的。当纳税人转让的房地产坐落地与其机构所在地或经营所在地同在一地时，可在办理税务登记的原管辖税务机关申报纳税；如果转让的房地产坐落地与其机构所在地或经营所在地不在一地，则应在房地产坐落地的主管税务机关申报纳税。纳税人转让的房地产坐落在两个或两个以上地区的，应按房地产所在地分别申报纳税。

(2) 纳税人是自然人的。当纳税人转让的房地产坐落地与其居住所在地同在一地时，应在其住所所在地税务机关申报纳税；当转让的房地产坐落地与其居住所在地不在一地时，则在办理过户手续所在地的主管税务机关申报纳税。

4. 纳税申报

土地增值税的纳税人应在转让房地产合同签订后的7日内，到房地产所在地主管税务机关办理纳税申报，并向税务机关提交房屋及建筑物产权证书、土地使用权证书、土地转让合同、房产买卖合同、房地产评估报告及其他与转让房地产有关的资料。纳税人因经常发生房地产转让而难以在每次转让后申报的，经税务机关审核同意后，可以定期进行纳税申报，具体期限由税务机关根据情况确定。

背景知识

我国房地产税收调控政策进入调整期

在经历了飞速发展阶段以后，2006年我国的房地产市场空前高涨，房价也不断攀升，表明中国的房地产业步入高潮期。然而，随着2007年年底的到来，调控措施的作用显现，加上国际经济形势的低迷，我国房地产“拐点论”开始被关注，中国房地产业步入调整期。

2006年，“90-70”住房新理念提出：2006年5月29日，国务院办公厅颁布《关于调整住房供应结构、稳定住房价格的意见》，又称九部委“十五条”，对“国六条”进一步细化，而且在套型面积、小户型所占比率、新房首付款等方面做出了量化规定，提出了套型建筑面积90平方米以下住房，必须达到开发建筑总面积70%以上的标准。

2006年，针对外资投资房地产的“限外令”出台：2006年7月11日，建设部联合其他六部委下发的171号文件《关于规范房地产市场外资准入和管理的意见》，被业内称为“外资限炒令”，加强了对外商投资企业房地产开发经营及境外机构和个人购房的管理。

2007年9月，央行、银监会发布第359号文，要求提高第二套购房首付比例；同年10月1日，《中华人民共和国物权法》正式实施，标志着国家更加重视保障公民权益。当年底，王石提出拐点论：万科董事会主席王石在北京出席一个新闻发布会时表示“我承认楼市拐点确实已经出现了”。来自北京大学、财政部以及广州房地产业界的多位专家，根据宏观经济运行形势和住房需求情况，预测中国房价调整期最长达15个月。而房地产市场的下滑也加剧了人们对经济下滑趋势的担忧。

2008年3月，国务院成立住房与城乡建设部，从新中国成立至今，“住房”两个字从来没有写入过任何一个部委的名称中，这次改革体现出了对住房问题的重视。

2008年10月中旬，国务院常务会议提出“加大保障性住房建设规模，降低住房交易税费，支持居民购房”的有关政策引起了人们的高度关注。几天后，财政部、国家税务总局和中国人民银行出台了降低住房交易税费、调整个人住房贷款利率等措施。这也标志着全面拯救楼市方案陆续出台。

2008年10月22日，财政部、税务总局降低了住房交易税率；商贷下调至0.7倍，首付款比例降至20%。自2008年11月1日起，对个人首次购买90平方米及以下普通住房的，契税税率暂统一下调到1%（原为1.5%）；对个人销售或购买住房暂免征收印花税（原为0.05%）；对个人销售住房暂免征收土地增值税（原为根据房子面积大小实行不同的税率）；自10月27日起，金融机构对居民首次购买住房提供贷款，其贷款利率的下限可扩大为贷款基准利率的0.7倍（原为0.8倍）；最低首付款比例调整为20%；个人住房公积金贷款利率、各档次利率分别下调0.27个百分点。

2008年11月，温家宝主持国务院常务会议确定扩大内需十项措施，计划未来三年内总计投资4万亿元。

央行再次下调利率，规定自2008年11月27日起，下调金融机构一年期人民币存贷款基准利率各1.08个百分点，其他期限档次存贷款基准利率做相应调整。与此同时，下调中央银行再贷款、再贴现等利率。从2008年12月5日起，下调工商银行、农业银行、中国银行、建设银行、交通银行、邮政储蓄银行等大型存款类金融机构人民币存款准备金率1个百分点，下调中小型存款类金融机构人民币存款准备金率2个百分点。

资料来源：李建新．回顾——房地产政策演变（1998—2008）．新浪网，2009-02-13.

8.5 耕地占用税

8.5.1 耕地占用税概述

8.5.1.1 耕地占用税的概念

耕地占用税是对占用耕地建房或者从事其他非农业建设的单位和个人，按照其占用耕地的面积一次性定额征收的一种税，是我国土地税体系中的第一个重要税种。

我国是一个人多地少、耕地资源严重不足的国家。耕地面积只有18亿亩左右，不足世界的7%，却养活着占世界22%的人口。人均耕地面积为1.3亩左右，排在世界第110多位。自改革开放以来，随着城市化进程的不断加快，农用耕地向城镇土地（一般为非农建设用地）转化的速度明显加快，乱占滥用耕地、占而不用、多占少用的问题也十分严重，而耕地的复垦和整理改良却严重滞后，耕地资源的供求矛盾日益突出，严重威胁着我国农业的基础地位，也不利于经济社会的可持续发展。

为了合理地利用土地资源、加强土地管理、保护耕地，国务院于1987年4月1日颁布了《中华人民共和国耕地占用税暂行条例》（以下简称《耕地占用税暂行条例》），决定对非农业建设占用耕地征收耕地占用税。2007年12月1日，国务院发布了新修订的《耕地占用税暂行条例》，对耕地占用税的纳税人、税额标准和减免税等内容进行了较大幅度的调整，并自2008年1月1日起施行。2018年12月29日第十三届全国人民代表大会常务委员会第七次会议通过《中华人民共和国耕地占用税法》（以下简称《耕地占用税法》），自2019年9月1日起施行。

8.5.1.2 耕地占用税的特点

与其他土地税种相比，耕地占用税具有以下特点：

（1）对占用耕地从事非农业建设的行为征税，兼有财产税、资源税和行为税三重属性。

（2）以实际占用的耕地面积为计税依据，从量定额征收。

（3）根据人均耕地面积的多少，设计地区差别定额税率。

（4）只在耕地实际占用环节征税，实行一次课征制。

8.5.1.3 耕地占用税的意义

征收耕地占用税，具有以下目的和意义：

1. 有利于加强土地管理，保护农用耕地

征收耕地占用税的一个重要目的就是要加大耕地占用的成本，促进国家土地政策的落实，加强土地管理，制止乱占滥用行为，保护有限的耕地资源。

2. 有利于增加农业收入，稳定发展农业生产

国务院规定，耕地占用税征收的税款全部作为农业发展专项基金，用于农业开发，增加对农业的投入。所以，征收耕地占用税有利于稳定农业生产，增强农业发展后劲。

知识库

世界耕地资源现状

世界耕地资源的数量正在减少，后备耕地资源有限，耕地质量受到严重退化的威胁。

世界上现有耕地13.7亿平方千米，但每年损失500万～700万平方千米。在许多发展中国家，人口众多且增长迅速，而可供开垦的土地资源已十分有限，人与土地资源的矛盾日益突出。联合国环境规划署主持的一份新研究报告指出，在过去的45年中，由于农业活动、砍伐森林、过度放牧而造成中度和极度退化的土地达12亿平方千米，约占地球上有植被地表面积的11%。据联合国环境规划署统计，世界旱地面积为32.7亿平方千米，受沙漠化影响的就有20亿平方千米，占比超过61%。世界每年有600万平方千米土地变成沙漠，另有2 100万平方千米土地丧失经济价值。沙漠化威胁着世界上100多个国家和8亿多人口。世界上大部分地区都存在土壤侵蚀问题，每年流失土壤达250亿吨，高出世界上土壤再造速度数倍。全世界每年由于水土流失损失土地600万～700万平方千米，受土壤侵蚀影响的人口80%在发展中国家。全世界12亿平方千米中度、严重和极度退化的土壤中，亚洲的面积居第一位，占全世界的37.8%；其次为非洲，占全世界的26%；再次为欧洲，占全世界的13%。从本区域的相对危害程度来看，中度以上退化率最高为中美洲和墨西哥，退化率为24%，而后为欧洲（17%）、非洲（14%）和亚洲（12%）。

8.5.2 耕地占用税制度

8.5.2.1 征税对象

耕地占用税的征税对象是在我国境内占用耕地建房或者从事非农业建设而占用的国家所有和集体所有的耕地。其征税对象必须同时具备以下两个条件：一是占用了耕地；二是建房或者从事非农业建设。

耕地是指用于种植农作物的土地，包括菜地、园地。其中，园地包括花圃、苗圃、茶园、果园、桑园和其他种植经济林木的土地。

占用园地、林地、草地、农田水利用地、养殖水面、渔业水域滩涂以及其他农用地建设建筑物、构筑物或者从事非农业建设的，缴纳耕地占用税（占用上述农用地建设直接为农业生产服务的生产设施的，不缴纳耕地占用税）。占用耕地建设农田水利设施的，不缴纳耕地占用税。

8.5.2.2 纳税人

在中华人民共和国境内占用耕地建设建筑物、构筑物或者从事非农业建设的单位和个人，为耕地占用税的纳税人。

单位包括国有企业、集体企业、私营企业、股份制企业、外商投资企业、外国企业以及其他企业和事业单位、社会团体、国家机关、部队以及其他单位。个人包括个体工商户以及其他个人。

经申请批准占用耕地的，纳税人为农用地转用审批文件中标明的建设用地人；农用地转用审批文件中未标明建设用地人的，纳税人为用地申请人。未经批准占用耕地的，纳税人为实际用地人。

8.5.2.3 税 率

耕地占用税实行地区差别定额幅度税率，按照人均耕地面积的多少将税额标准划分为四档，见表 8-4。

表 8-4　　耕地占用税税额表

人均耕地面积	税额幅度
不超过 1 亩的地区	每平方米 10 元至 50 元
超过 1 亩但不超过 2 亩的地区	每平方米 8 元至 40 元
超过 2 亩但不超过 3 亩的地区	每平方米 6 元至 30 元
超过 3 亩的地区	每平方米 5 元至 25 元

表中不超过 1 亩的地区，以县、自治县、不设区的市、市辖区为单位。各地区耕地占用税的适用税额，由省、自治区、直辖市人民政府根据人均耕地面积和经济发展等情况，在规定的税额幅度内提出，报同级人民代表大会常务委员会决定，并报全国人民代表大会常务委员会和国务院备案。

为了防止各地区核定的税额适用标准人为偏低，《耕地占用税法》规定，各省、自治区、直辖市耕地占用税适用税额，不得低于《各省、自治区、直辖市耕地占用税平均税额表》（见表 8-5）规定的平均税额。

表 8-5　　各省、自治区、直辖市耕地占用税平均税额表

地区	每平方米平均税额（元）
上海	45
北京	40
天津	35
江苏、浙江、福建、广东	30
辽宁、湖北、湖南	25
河北、安徽、江西、山东、河南、重庆、四川	22.5
广西、海南、贵州、云南、陕西	20
山西、吉林、黑龙江	17.5
内蒙古、西藏、甘肃、青海、宁夏、新疆	12.5

在人均耕地低于 0.5 亩的地区，省、自治区、直辖市可以根据当地经济发展情况，适

当提高耕地占用税的适用税额，但提高的部分不得超过《各省、自治区、直辖市耕地占用税平均税额表》确定的适用税额的50%。具体适用税额由省、自治区、直辖市人民政府根据人均耕地面积和经济发展等情况，在税额幅度内提出，报同级人民代表大会常务委员会决定，并报全国人民代表大会常务委员会和国务院备案。

占用基本农田的，应当按照当地适用税额，加按150%征收。

占用园地、林地、草地、农田水利用地、养殖水面、渔业水域滩涂以及其他农用地建设建筑物、构筑物或者从事非农业建设的，缴纳耕地占用税的适用税额可以适当低于本地区的适用税额，但降低的部分不得超过50%。具体适用税额由省、自治区、直辖市人民政府提出，报同级人民代表大会常务委员会决定，并报全国人民代表大会常务委员会和国务院备案。

占用基本农田的，适用税额应当在各省、自治区、直辖市人民政府核定的适用税额基础上提高50%。基本农田是指依据《基本农田保护条例》划定的基本农田保护区范围内的耕地。

8.5.2.4 计税依据

耕地占用税以纳税人实际占用的耕地面积为计税依据，以每平方米为计量单位。

8.5.2.5 应纳税额的计算

耕地占用税以纳税人实际占用的耕地面积（平方米）为计税依据，按照规定的适用税额标准一次性征收。耕地占用税应纳税额的计算公式为：

应纳税额＝实际占用的耕地面积×适用税额

[例8－5]

云岗村的农民小王2019年初经批准搬迁，原宅基地恢复耕种。拆除的原房屋宅基地面积为150平方米，新房实际占用耕地总面积350平方米。另外，小王还就近批得一块面积为600平方米的农田用于建面粉加工厂。当地规定的耕地占用税税率为25元/平方米。

计算小王应缴纳的耕地占用税。

解析：

(350－150)×25×50%＋600×25＝17 500（元）

8.5.2.6 税收优惠

对我国而言，保护耕地意义重大：一是农业是我国国民经济的基础，而耕地是农业生产的基础。二是耕地是社会稳定的基础，耕地为农村人口提供了主要的生活保障，是城市居民生活资料的主要来源。征收耕地占用税有助于保护耕地，因此耕地占用税规定了较少的减免税优惠。

1. 免征耕地占用税

（1）军事设施占用耕地。

(2) 学校、幼儿园、社会福利机构、医疗机构占用耕地。

(3) 农村烈士遗属、因公牺牲军人遗属、残疾军人以及符合农村最低生活保障条件的农村居民，在规定用地标准以内新建自用住宅，免征耕地占用税。

2. 减征耕地占用税

(1) 铁路线路、公路线路、飞机场跑道、停机坪、港口、航道、水利工程占用耕地，减按每平方米2元的税额征收耕地占用税。

(2) 农村居民在规定用地标准以内占用耕地新建自用住宅，按照当地适用税额减半征收耕地占用税（其中，农村居民经批准搬迁，新建自用住宅占用耕地不超过原宅基地面积的部分，免征耕地占用税）。

根据国民经济和社会发展的需要，国务院可以规定免征或者减征耕地占用税的其他情形，报全国人民代表大会常务委员会备案。

依照规定免征或者减征耕地占用税后，纳税人改变原占地用途，不再属于免征或者减征耕地占用税情形的，应当按照当地适用税额补缴耕地占用税。

耕地占用税在实际占用耕地的环节由税务机关一次性征收。

耕地占用税的纳税义务发生时间为纳税人收到自然资源主管部门办理占用耕地手续的书面通知的当日。纳税人应当自纳税义务发生之日起30日内申报缴纳耕地占用税。

纳税人因建设项目施工或者地质勘查临时占用耕地，应当依照《耕地占用税法》的规定缴纳耕地占用税。纳税人从批准临时占用耕地期满之日起一年内依法复垦、恢复种植条件的，全额退还已缴纳的耕地占用税。

税务机关应当与相关部门建立耕地占用税涉税信息共享机制和工作配合机制。县级以上地方人民政府自然资源、农业农村、水利等相关部门应当定期向税务机关提供农用地转用、临时占地等信息，协助税务机关加强耕地占用税征收管理。

税务机关发现纳税人的纳税申报数据资料异常或者纳税人未按照规定期限申报纳税的，可以提请相关部门进行复核，相关部门应当自收到税务机关复核申请之日起30日内向税务机关出具复核意见。

自然资源主管部门凭耕地占用税完税凭证或者免税凭证和其他有关文件发放建设用地批准书。

案例分析

云霞村有菜地2 000平方米，2017年该村所在市区修建飞机场，需要占用耕地1 000平方米用于修建飞机场跑道。另外，村委会为村民改善居住环境，决定占用500平方米耕地建设新住宅区（当地规定的耕地占用税的税率为每平方米10元）。

计算被占用的1 500平方米耕地适用的耕地占用税税率。

云霞村的1 000平方米耕地用于修建飞机场跑道，属于减征情况，适用税率为每平方米2元。占用500平方米耕地新建住宅，属于村民占用耕地新建住宅的情况，应按当地规定的税率减半征收，适用税率为每平方米5元。

8.6 我国现行环境保护税制度

环境保护税是对直接向环境排放应税污染物的企事业单位和其他生产经营者征收的一种绿色环保税。

2016 年 12 月 25 日第十二届全国人民代表大会常务委员会第二十五次会议通过的《中华人民共和国环境保护税法》(以下简称《环境保护税法》),是我国第一部专门体现“绿色税制”、推进生态文明建设的单行税法。《环境保护税法》自 2018 年 1 月 1 日起施行。

开征环境保护税有利于构建促进经济结构调整、发展方式转变的绿色税制体系,有利于促进绿色发展与生态文明建设,有利于提高执法刚性,增加地方政府的治污投入。

8.6.1 纳税人

在中华人民共和国领域和中华人民共和国管辖的其他海域,直接向环境排放应税污染物的企业、事业单位和其他生产经营者为环境保护税的纳税人。

依法设立的城乡污水集中处理、生活垃圾集中处理场所超过国家和地方规定的排放标准向环境排放应税污染物的,应当缴纳环境保护税。

企业、事业单位和其他生产经营者贮存或者处置固体废物不符合国家和地方环境保护标准的,应当缴纳环境保护税。

有下列情形之一的,不属于直接向环境排放污染物,不缴纳相应污染物的环境保护税:①企业、事业单位和其他生产经营者向依法设立的污水集中处理、生活垃圾集中处理场所排放应税污染物的;②企业、事业单位和其他生产经营者在符合国家和地方环境保护标准的设施、场所贮存或者处置固体废物的。

8.6.2 征税范围

环境保护税税目是根据原排污收费项目设置的,大的税目分类包括大气污染物、水污染物、固体废物和噪声四类。具体说来,不是对这四类中所有的污染物都征税,而只是对《环境保护税税目税额表》及应税污染物和当量值表中规定的污染物征税。

应税大气污染物、水污染物的具体适用税额的确定及调整,由省、自治区、直辖市人民政府统筹考虑本地区的环境承载能力、污染物排放现状和经济社会生态发展目标的要求,在《环境保护税税目税额表》规定的税额幅度内提出,报同级人民代表大会常务委员会决定,并报全国人民代表大会常务委员会和国务院备案。

8.6.3 税 率

环境保护税的税率实行定额税率和幅度定额税率。其中，应税大气污染物、水污染物实行幅度定额税率，应税固体废物和噪声实行定额税率，见表8-6。

表8-6　环境保护税税目税额表

税目		计税单位	税额	备注
大气污染物		每污染当量	1.2元至12元	
水污染物		每污染当量	1.4元至14元	
固体废物	煤矸石	每吨	5元	
	尾矿	每吨	15元	
	危险废物	每吨	1 000元	
	冶炼渣、粉煤灰、炉渣、其他固体废物（含半固态、液态废物）	每吨	25元	
噪声	工业噪声	超标1～3分贝	每月350元	（1）一个单位边界上有多处噪音超标，根据最高一处超标声级计算应纳税额；当沿边界长度超过100米有两处以上噪音超标，按照两个单位计算应纳税额。 （2）一个单位有不同作业场所的，应当分别计算应纳税额，合并计税。 （3）昼、夜均超标的环境噪声，昼、夜分别计算应纳税额，累计计征。 （4）声源一个月内不超过15天的，减半计算应纳税额。 （5）夜间频繁突发和夜间偶然突发厂界超标噪声，按等效声级和峰值噪音两种指标中超标分贝值高的一项计算应纳税额。
		超标4～6分贝	每月700元	
		超标7～9分贝	每月1 400元	
		超标10～12分贝	每月2 800元	
		超标13～15分贝	每月5 600元	
		超标16分贝以上	每月11 200元	

8.6.4 计税依据

应税污染物的计税依据，按照下列方法确定：

（1）应税大气污染物、水污染物的计税依据，按照污染物排放量折合的污染当量数确定。

纳税人有下列情形之一的，以其当期应税大气污染物、水污染物的产生量作为污染物的排放量：

1）未依法安装、使用污染物自动监测设备，或者未将污染物自动监测设备与环境保护主管部门的监控设备联网。

2）损毁或者擅自移动、改变污染物自动监测设备。

3）篡改、伪造污染物监测数据。

4）通过暗管、渗井、渗坑、灌注或者稀释排放以及不正常运行防治污染设施等方式违法排放应税污染物。

5）进行虚假纳税申报。

（2）应税固体废物按照固体废物的排放量确定。

固体废物的排放量为当期应税固体废物的产生量减去当期应税固体废物的贮存量、处置量、综合利用量的余额。

其中，固体废物的贮存量、处置量是指在符合国家和地方环境保护标准的设施、场所贮存或者处置的固体废物数量；固体废物的综合利用量是指按照国务院发展和改革、工业和信息化主管部门关于资源综合利用要求以及国家和地方环境保护标准进行综合利用的固体废物数量。

纳税人有下列情形之一的，以其当期应税固体废物的产生量作为固体废物的排放量：

1）非法倾倒应税固体废物。

2）进行虚假纳税申报。

（3）应税噪声按照超过国家规定标准的分贝数确定。

应税大气污染物、水污染物的污染当量数，以该污染物的排放量除以该污染物的污染当量值计算。每种应税大气污染物、水污染物的具体污染当量值，依照应税污染物和当量值表（略）执行。

8.6.5 应纳税额的计算

应纳环境保护税税额＝应税污染物的计税依据×具体适用税额

具体的环境保护税应纳税额按照下列方法计算：

（1）应税大气污染物的应纳税额为污染当量数乘以具体适用税额。

（2）应税水污染物的应纳税额为污染当量数乘以具体适用税额。

（3）应税固体废物的应纳税额为固体废物排放量乘以具体适用税额。

（4）应税噪声的应纳税额为超过国家规定标准的分贝数对应的具体适用税额。

8.6.6 税收优惠

（1）暂免征收。

1）农业生产（不包括规模化养殖）排放应税污染物的。

2）机动车、铁路机车、非道路移动机械、船舶和航空器等流动污染源排放应税污染物的。

3）依法设立的城乡污水集中处理、生活垃圾集中处理场所排放相应应税污染物，不超过国家和地方规定的排放标准的。

4）纳税人综合利用的固体废物，符合国家和地方环境保护标准的。

5）国务院批准免税的其他情形。国务院批准免税的，由国务院报全国人民代表大会常务委员会备案。

（2）减征。

1）纳税人排放应税大气污染物或者水污染物的浓度值低于国家和地方规定的污染物排放标准30%的，减按75%征收环境保护税。

2）纳税人排放应税大气污染物或者水污染物的浓度值低于国家和地方规定的污染物排放标准50%的，减按50%征收环境保护税。

8.6.7 征收管理

（1）纳税义务发生时间。环境保护税的纳税义务发生时间为纳税人排放应税污染物的当日。

（2）纳税地点。纳税人应当向应税污染物排放地的税务机关申报缴纳环境保护税。

（3）纳税期限。环境保护税按月计算，按季申报缴纳。不能按固定期限计算缴纳的，可以按次申报缴纳。

纳税人按季申报缴纳的，应当自季度终了之日起15日内，向税务机关办理纳税申报并缴纳税款。纳税人按次申报缴纳的，应当自纳税义务发生之日起15日内，向税务机关办理纳税申报并缴纳税款。

讨论题

近期和中长期我国资源税改革的方向是什么？

复习思考题

1. 资源税的作用表现在哪些方面？
2. 资源税的征税品目包括哪些资源产品？
3. 城镇土地使用税的征收范围有哪些？
4. 城镇土地使用税的减免税优惠是如何规定的？
5. 土地增值税的特点是什么？
6. 土地增值税的费用扣除项目是如何规定的？
7. 土地增值税的税收优惠是如何规定的？
8. 耕地占用税的特点是什么？
9. 开征环境保护税的意义是什么？
10. 环境保护税的税率是如何规定的？
11. 环境保护税的计税依据是什么？
12. 环境保护税的纳税义务发生时间是如何规定的？

第9章 财产税制

[本章要点提示]

- 财产税制的概念
- 财产税制的意义
- 房产税的征税对象、纳税人
- 房产税的计税依据、税率
- 契税的征税对象、纳税人
- 契税的计税依据、税率
- 车船税的征收范围、纳税人
- 车船税的税目、税率

9.1 财产税制概述

9.1.1 财产税制的概念

财产税制是指对以不动产的拥有、使用、收益、赠送以及转移为征税对象的一类税的总称。我国现行税制体系中属于财产税类的税种有房产税、契税和车船税。

财产税与所得税相比，有以下几点区别：从征税对象看，虽然都表现为收入，但财产税的征税对象是收入的存量，而所得税的征税对象却是收入的流量；从纳税人看，财产税的纳税人是财产的所有者、使用者、继承者等，而所得税的纳税人是各项所得的所得者；从计税依据看，财产税是对财产的本身或价值征税，而所得税则是对财产产生的收益征税。

财产税是最古老的税种之一，在前资本主义社会，作为直接税的财产税曾是当时的主体税种，也是国家财政收入的主要来源之一。随着商品经济的发展，进入资本主义社会后，作为直接税的财产税是当时的主体税种，也是国家财政收入来源的主要形式之一。随着商品经济的进一步发展，财产税这一主体税种的地位逐步让位于流转税和所得税。特别是近年来，财产税的地位进一步被削弱。

财产税类按财产税的课征特点有多种分类方法，具体包括：

1. 财产价值税和财产收益税

根据计税依据的不同，财产税可以分为财产价值税和财产收益税。财产价值税是对纳税人所拥有的财产价值征收的一种税，其计税标准有财产的总价值、财产的净价值、财产的实际价值。财产收益税是以财产的收益额或增值额为计税依据的一种税，通常被划入所得税类。

2. 静态的财产税和动态的财产税

根据征税对象的不同，财产税可以分为静态的财产税和动态的财产税。静态的财产税是以纳税人在一定时点所拥有或支配的财产占用额为征税对象的税收。动态的财产税是应税财产的所有权或使用权等其他权益发生转移时，以财产或财产权益的转移价值或增值额为征税对象的税收。

3. 一般财产税和特别财产税

按征税财产的不同范围，可以分为一般财产税和特别财产税。一般财产税，又称综合财产税，是以纳税人拥有的全部或多种财产的价值为征税对象综合征收的税收。特别财产税，又称个别财产税，是以纳税人拥有的某些特定财产（如土地、房屋等）分别课征的税收。

9.1.2 财产税制的特点

1. 税源广泛

财产税的税源（即财产包括的范围）极其广泛，它包括社会积累起来的一切劳动成果（生产资料和消费资料）和自然资源（包括土地、山林、矿藏、河流、滩涂等），以及代表人们脑力劳动成果或精神财富的各种特许权（如专利权、版权、商标权等）。现代社会税收体系中的财产税是根据各国的财政需要和社会经济情况，有选择地对某些特定的财产征税。

2. 课税较为公平

财产税是在消费领域对财产的占有或支配课税，属于直接税，一般很少能转嫁，因此财产税克服了转嫁税的累退性，符合量能课税原则，有利于实现税负公平。

3. 征收管理较为复杂

财产税是对以往若干年积累的财产存量在非流通领域课征的税收。由于在非流通领域征收，因此缺乏正常的交易价格，而随着时间的推移，这些存量财产的成本难以反映目前市场的价值。因此，要对其征税，必须核定当前的市场价格作为计税依据。由于难以找到一个具有说服力的核价依据，因此财产税计税依据的确定非常困难，故其征收管理较为复杂。

4. 税收收入弹性小

由于财产税征税对象的特殊性，限制了财产税征收范围的普遍性，同时财产的价格不如一般商品的价格波动大，因此，为了便于征收管理，各国一般对财产的价值采用一定几年不变的办法，使得财产税的收入弹性比较小。

5. 财产税是地方政府的收入来源

随着社会经济的不断发展以及国家职能范围的不断扩大，弹性较差、征税难度较大的财产税难以满足政府筹集收入和调节经济的需要，因此财产税在税系模式中的主导地位逐渐被流转税和所得税取代，转而成为地方政府的收入来源。

知识库

财产税沿革

各国对财产课税已有悠久的历史。在人类历史发展过程中，当私有财产制度确立后，对财产课税就有了可能。在商品经济不发达的奴隶社会和封建社会，财产税的主要征税对象是土地。到了商品经济发达的资本主义社会，由于财产的种类日益增多，可以作为征税对象的财产也趋于多样，财产税的税种逐渐增多，除了土地税，还有房产税、车船税、遗产税等。

我国奴隶社会对土地课征的“贡”“助”“彻”是我国历史上财产税的雏形。到了春秋时期，由于生产力的发展，出现了适应土地私有制的土地税制度，如齐国的“相地而衰征”、鲁国的“初税亩”等。至魏晋南北朝，又出现了以土地、户财为征税对象的田租、户调制度。唐朝在此基础上形成了租庸调制，大历十四年（公元799年），杨炎提出包括地税与户税的“两税法”。至明朝，张居正推行“一条鞭法”，按田亩征银。汉朝元狩四年（公元前119年）发布的算缗令，是我国古代颇具一般财产税性质的财产税制度，主要对当时的商人与手工业者征收，征税对象包括缗钱、商货、车船、房宅、牲畜、奴婢等，汉代后取消。我国古代其他形式的财产税包括房产税性质的周朝廛布、唐代间架税，契税性质的晋代估税等。

资料来源：张学诞．中国财产税研究．北京：中国市场出版社，2007.

9.1.3 财产税制的意义

1. 有利于增强税收的宏观调控作用

由于商品税和所得税一般对商品流量或所得收入量进行调节，而对由收入转化而成的财产存量的调节作用却很有限，因此财产税弥补了商品税和所得税的不足，进而达到了国家利用税收对社会经济进行宏观调控的目的。

2. 有利于稳定取得财政收入

财产税的征税对象有两种情况：一是财产的收益；二是财产的价值。以财产的收益为征税对象的，其税源相当充足，能增加财政收入并成为财政收入的补充来源。以财产

的价值为征税对象的，其征税对象不受经常变动因素的影响，收入比较稳定可靠。财产税征税对象的稳定性，决定了财产税会随着应税财产的增加稳步增长，而不会受经济波动的较大影响。因此，凡是实行分税制的国家，一般都将财产税划分为地方税，这样就使财产税成为地方政府财政收入的主要来源。

3. 符合公平原则

拥有财产的多少，是测度一个人的富有程度和纳税能力的尺度。对财产纳税，适当调节财产拥有者的收入，节制财产的集中，贯彻合理负担原则，有利于矫正财富分配不均的现象，符合公平的原则。同时，对财产的转移征税，可以促使财产继承人自食其力，并为公平竞争创造条件。

9.2 房产税

9.2.1 房产税概述

9.2.1.1 房产税的概念

房产税是以房产为征税对象，依据房产余值或房产的租金收入向房产的所有人或经营人征收的一种税。

新中国成立后，政务院于1950年颁布的《全国税政实施要则》中规定在全国统一征收房产税和地产税。1951年8月政务院颁布《城市房地产税暂行条例》，将房产税和地产税合并。1973年我国进行工商税制改革时，将对企业征收的城市房地产税并入工商税，只对有房产的个人、外商独资企业和房产管理部门继续征收城市房地产税。1984年10月，国务院在对国有企业实行第二步“利改税”和改革工商税制时，恢复征收房产税。但是，我国城市的土地属于国家所有，使用者没有土地所有权，因此国家将城市房地产税分为房产税和土地使用税两个税种。1986年9月15日，国务院颁布了《房产税暂行条例》，同年10月1日起正式施行。2008年12月31日，依中华人民共和国国务院令，1951年8月8日政务院公布的《城市房地产税暂行条例》自2009年1月1日起废止。自2009年1月1日起，外商投资企业、外国企业和组织以及外籍个人，依照《中华人民共和国房产税暂行条例》（以下简称《房产税暂行条例》）缴纳房产税。

9.2.1.2 房产税的意义

征收房产税的意义在于：①开征房产税可以为地方提供可靠的财政收入；②房产税税负不宜转嫁，可调节纳税人的收入水平；③通过征收房产税可以加强对房屋的管理，提高房屋的使用效率。

知识库

我国“房产税”溯源

我国的房产税最早可追溯到周代的廛布。廛在古代是指一户人家所住的房屋，而布是古代的一种钱币。《周礼》载“掌敛廛布而入于泉府”就是指市邸房舍之税。

到了唐朝德宗建中四年（783年），朝廷在全国开征“间架税”，即房产税。规定房屋每两架为一间，将房屋分三等征税。上等每间收税两千文，中等一千文，下等五百文。每隐瞒一间的杖打六十。这种严厉的刑罚曾引得人民怨声载道。

清朝的房产税称为市廛输钞、计檀输税；到清末和民国时期则称为房捐。清光绪二十四年（1898年）订有《房捐章程》，按租价征收十分之一的税，房主、租户负担各半。若房屋为房主自住，无租价可用于计算的，则按邻近相仿房屋的租价计征。该税后来因人民反对而被停征。光绪二十七年（1901年），清政府在签订《辛丑条约》后，由于巨额赔款而国库日空，于是重新开征房捐。这次仅对店铺房征税，而且月租价在三千文以内的可以免征。民国四年（1915年）10月，国民政府制定了《宅地税征收条例》，各省根据该条例再制定细则，将征收地分为省会、商埠和县镇3等，每等税率各分5级，3等共分15级税率，最高为每平方弓（合1.6平方米）4元，最低为每平方弓0.6元，分级标准依房屋所处地段的繁僻与房屋价值而定。

9.2.2 房产税制度

9.2.2.1 征税对象

房产税的征税对象是房产。房产是指有屋面和围护结构（有墙或两边有柱），能够遮风避雨，可供人们在其中生产、学习、工作、娱乐、居住或贮藏物资的场所。

房产税的征税范围为城市、县城、建制镇和工矿区。

（1）城市是指国务院批准设立的市。

（2）县城是指县人民政府所在地的地区。

（3）建制镇是指经省、自治区、直辖市人民政府批准设立的建制镇。

（4）工矿区是指工商业比较发达、人口比较集中、符合国务院规定的建制镇标准但尚未设立建制镇的大中型工矿企业所在地。开征房产税的工矿区须经省、自治区、直辖市人民政府批准。

房产税的征税范围不包括农村。

对于房地产开发企业建造的商品房，在出售前不征收房产税，但对出售前房地产开发企业已使用或出租、出借的商品房应按规定征收房产税。

9.2.2.2 纳税人

房产税以在征收范围内的房屋的产权所有人为纳税人。

（1）产权属于国家所有的，由经营管理单位缴纳；产权属于集体单位、个人所有的，由集体单位、个人缴纳。单位包括国有企业、集体企业、私营企业、股份制企业、外商投资企业、外国企业以及其他企业和事业单位、社会团体、国家机关、军队以及其他单位；个人包括个体工商户以及其他个人。

（2）产权出典的，由承典人缴纳。产权出典是指产权所有人将房屋、生产资料等的产权，在一定期间内典当给他人使用，并取得资金的一种融资业务。承典人向出典人交付一定的典价之后，在质典期内就获得了抵押物品的支配权，并可转典。由于在房屋出典期间，产权所有人已无权支配房屋，税法规定承典人为纳税人。

（3）产权所有人、承典人不在房产所在地的，由房产代管人或使用人缴纳。

（4）产权未确定及租典纠纷未解决的，由房产代管人或使用人缴纳。

（5）纳税单位和个人无租使用房产管理部门、免税单位及纳税单位的房产，应由使用人代为缴纳房产税。

自 2009 年 1 月 1 日起，外商投资企业、外国企业和组织以及外籍个人，依照《房产税暂行条例》缴纳房产税。

9.2.2.3 税 率

我国现行房产税采用的是比例税率。由于房产税的计税依据分为从价计征和从租计征两种形式，所以房产税的税率也有两种形式：

（1）按房产原值一次减除 10％～30％后的余值计征的，税率为 1.2％。

（2）按房产出租的租金收入计征的，税率为 12％。

自 2008 年 3 月 1 日起，对个人出租住房，不区分用途，按 4％的税率征收房产税；对企事业单位、社会团体以及其他组织按市场价格向个人出租用于居住的住房，减按 4％的税率征收房产税。

背景知识

与住房租赁有关的税收政策

为了促进廉租住房、经济适用住房制度建设和住房租赁市场的健康发展，2008 年财政部、国家税务总局在《关于廉租住房、经济适用住房和住房租赁有关税收政策的通知》（财税［2008］24 号）中规定，自 2008 年 3 月 1 日起，对个人出租住房，不区分用途，按 4％的税率征收房产税；对企事业单位、社会团体以及其他组织按市场价格向个人出租用于居住的住房，减按 4％的税率征收房产税。

优惠措施发布的主要目的是通过税收措施对房屋租赁市场进行调控。但是，由于私房出租户纳税意识淡薄以及租赁双方受各自利益的驱动，再加上整个社会没有一套完整的房产申报制度，导致个人房产不公开，其使用和出租十分隐蔽，使税务部门无法完全掌握其房产变化情况，因而逃避缴纳税款情况突出，政策效果并不明显。发挥税收政策对房屋租赁业的调整作用，需要加大税法宣传力度，建立健全房屋租赁业税务登记管理制度，实行房屋租赁业税收征缴情况的定期公布和举报奖励制度，完善房屋租赁业税收代征网络和协税护税网络，充分依托信息化手段，实现与城建、房产、计划、规划、公安等部门的信息共享等。

9.2.2.4 计税依据

房产税的计税依据是房产的计税价值或房产的租金收入。按照房产计税价值计征的，称为从价计征；按照房产租金收入计征的，称为从租计征。

1. 从价计征

《房产税暂行条例》规定，房产税依照房产原值一次减除10%～30%后的余值计算缴纳。各地扣除比例由当地省、自治区、直辖市人民政府确定。

（1）房产原值是指纳税人按照会计制度的规定，在账簿“固定资产”科目中记载的房屋原价。因此，凡按会计制度规定在账簿中记载有房屋原价的，应以房屋原价按规定减除一定比例后作为房产余值计征房产税；没有记载房屋原价的，按照上述原则并参照同类房屋确定房产原值，按规定计征房产税。

（2）房产原值应包括与房屋不可分割的各种附属设备或一般不单独计算价值的配套设施，主要有：暖气、卫生、通风、照明、煤气等设备；各种管线，如蒸汽、压缩空气、石油、给排水等管道及电力、电信、电缆导线；电梯、升降机、过道、晒台等。属于房屋附属设备的水管、下水道、暖气管、煤气管等应从最近的探视井或三通管起，计算原值；电灯网、照明线从进线盒连接管起，计算原值。

（3）纳税人对原有房屋进行改建、扩建的，要相应增加房屋的原值。

此外，我们还应注意以下问题：第一，对投资联营的房产，在计征房产税时应予以区别对待。对于以房产投资联营，投资者参与投资利润分红、共担风险的，按房产余值作为计税依据计征房产税；对于以房产投资，投资者收取固定收入、不承担联营风险的，实际是以联营名义取得房产租金，应根据《房产税暂行条例》的有关规定，由出租方按租金收入计征房产税。第二，对融资租赁房屋的情况，由于租赁费包括购进房屋的价款、手续费、借款利息等，与一般房屋出租的“租金”内涵不同，而且租赁期满后，当承租方偿还最后一笔租赁费时，房屋产权要转移到承租方。这实际上是一种变相的分期付款购买固定资产的形式，所以在计征房产税时应以房产余值计算征收，至于租赁期内房产税的纳税人，由当地税务机关根据实际情况确定。

（4）房屋附属设备和配套设施的计税规定。从2006年1月1日起，房屋附属设备和配套设施计征房产税按以下规定执行：

1）凡以房屋为载体，不可随意移动的附属设备和配套设施，如给排水、采暖、消防、中央空调、电气及智能化楼宇设备等，无论在会计核算中是否单独记账与核算，都应计入房产原值，计征房产税。

2）对于更换房屋附属设备和配套设施的，在将其价值计入房产原值时，可扣减原来相应设备和设施的价值；对附属设备和配套设施中易损坏、需要经常更换的零配件，更新后不再计入房产原值。

2. 从租计征

《房产税暂行条例》规定，房产出租的，以房产的租金收入为房产税的计税依据。

房产的租金收入是房屋产权所有人出租房产使用权所得的报酬，包括货币收入和实物收入。

以劳务或者其他形式为报酬抵付房租收入的，应根据当地同类房产的租金水平，确定一个标准租金额从租计征。

纳税人对个人出租房屋的租金收入申报不实或申报数与同一地段同类房屋的租金收入相比明显不合理的，税务部门可以按照《税收征管法》的有关规定，采取科学合理的方法核定其应纳税款。具体办法由各省、自治区、直辖市地方税务机关结合当地实际情况制定。

9.2.2.5 应纳税额的计算

1. 从价计征的计算

从价计征是按房产原值减除一定比例后的余值计征，相应的计算公式为：

应纳税额＝应税房产原值×(1－扣除比例)×1.2％

[例 9-1]

立人公司经营用房的房产原值为 8 000 万元，当地税务机关规定的减除比例为 30％。计算该企业应纳的房产税。

解析：

应纳税额＝8 000×(1－30％)×1.2％＝67.2（万元）

2. 从租计征的计算

从租计征是按房产的租金收入计征，相应的计算公式为：

应纳税额＝租金收入×12％

[例 9-2]

五方公司出租房屋 10 间，每月取得租金收入 5 万元，全年取得租金收入 60 万元。计算该公司年应纳的房产税。

解析：

应纳税额＝60×12％＝7.2（万元）

[例 9-3]

2013 年，江先生拥有住房 20 间。其中，生活居住 4 间，经营自营（开设门市部）10 间，其余 6 间对外出租。出租的 6 间房，租期是 2013 年 3 月 1 日至 12 月 31 日，每月租金 3 000 元。假设 10 间经营用房的核定原值为 60 万元，当地政府规定的费用扣除率为 30%。

计算江先生 2013 年度应纳的房产税税额。

解析：

居民自住用房免税；门市部用房和出租房均要纳税，且居民出租居住用房暂按 4%的优惠税率执行。

$$\begin{aligned}应纳房产税额&=600\,000\times(1-30\%)\times1.2\%+6\times3\,000\times10\times4\%\\&=5\,040+7\,200=12\,240\text{（元）}\end{aligned}$$

9.2.2.6 税收优惠

房产税的减免税优惠是根据国家政策需要和纳税人的负担能力制定的。由于房产税属地方税，因此给予地方一定的减免权限，有利于地方因地制宜地处理问题。

具体优惠政策有：

(1) 对国家机关、人民团体、军队自用的房产免征房产税，但上述免税单位的出租房产以及非自身业务使用的生产、营业用房，不属于免税范围。

人民团体是指经国务院授权的政府部门批准设立或登记备案并由国家拨付行政事业经费的各种社会团体。

自用的房产是指这些单位本身的办公用房和公务用房。

(2) 对由国家财政部门拨付事业经费的单位，如学校、医疗卫生单位、托儿所、幼儿园、敬老院、文化、体育、艺术等实行全额或差额预算管理的事业单位所有的、本身业务范围内使用的房产，免征房产税。

上述单位所属的附属工厂、商店、招待所等不属于单位公务、业务的用房，应照章纳税。

(3) 对宗教寺庙、公园、名胜古迹自用的房产，免征房产税。宗教寺庙自用的房产是指举行宗教仪式等的房屋和宗教人员使用的生活用房屋。公园、名胜古迹自用的房产是指供公共参观游览的房屋及其管理单位的办公用房屋。

宗教寺庙、公园、名胜古迹中附设的营业单位，如影剧院、饮食部、茶社、照相馆等所使用的房产及出租的房产，不属于免税范围，应照章纳税。

(4) 对个人所有的非营业用房，免征房产税。个人所有的非营业用房主要是指居民住房，不分面积多少，一律免征房产税。个人拥有的营业用房或者出租的房产，不属于免税房产，应照章纳税。

(5) 对行使国家行政管理职能的中国人民银行总行（含国家外汇管理局）所属分支机构自用的房产，免征房产税。

(6) 经财政部批准免税的其他房产。因为这类免税房产情况特殊且范围较小，通常是根据实际情况确定免税的：

1) 对损坏不堪使用的房屋和危险房屋，经有关部门鉴定，在停止使用后，可免征房产税。

2) 纳税人因房屋大修导致连续停用半年以上的，在房屋大修期间免征房产税，免征税额由纳税人在申报缴纳房产税时自行计算扣除，并在申报表附表或备注栏中做相应说明。

纳税人房屋大修停用半年以上需要免征房产税的，应在房屋大修前向主管税务机关报送相关的证明材料，包括大修房屋的名称、坐落地点、产权证编号、房产原值、用途、房屋大修的原因、大修合同及大修的起止时间等信息和资料，以备税务机关查验。具体报送材料由各省、自治区、直辖市和计划单列市地方税务机关确定。

3) 从1988年1月1日起，对房管部门经租的居民住房，在房租调整改革之前收取租金偏低的，可暂缓征收房产税。对房管部门经租的其他非营业用房是否给予照顾，由各省、自治区、直辖市根据当地具体情况按税收管理体制的规定办理。

4) 对非营利性医疗机构、疾病控制机构和妇幼保健机构等卫生机构自用的房产，免征房产税。

5) 对老年服务机构自用的房产，免征房产税。老年服务机构是指专门为老年人提供生活照料、文化、护理、健身等多方面服务的福利性、非营利性的机构，主要包括老年社会福利院、敬老院（养老院）、老年服务中心、老年公寓（含老年护理院、康复中心、托老所）等。

6) 从2001年1月1日起，对按政府规定价格出租的公有住房和廉租住房，包括企业和自收自支事业单位向职工出租的单位自有住房，房管部门向居民出租的公有住房，落实私房政策中带户返还产权并以政府规定租金标准向居民出租的私有住房等，暂免征收房产税。

7) 对高校学生公寓免征房产税。

此外，税法还对饮水工程运营管理单位、农产品批发市场等用地做出了税收优惠的特殊规定。

9.2.2.7 征收管理

1. 纳税义务发生时间

(1) 纳税人将原有房产用于生产经营，自生产经营的当月起缴纳房产税。

(2) 纳税人自行新建房屋用于生产经营，自建成的次月起缴纳房产税。

(3) 纳税人委托施工企业建设的房屋，自办理验收手续的次月起缴纳房产税。

(4) 纳税人购置新建商品房，自房屋交付使用的次月起缴纳房产税。

(5) 纳税人购置存量房，自办理房屋权属转移、变更登记手续，房地产权属登记机关签发房屋权属证书的次月起缴纳房产税。

(6) 纳税人出租、出借房产，自交付出租、出借房产的次月起缴纳房产税。

(7) 房地产开发企业自用、出租、出借本企业建造的商品房，自房屋使用或交付的次月起缴纳房产税。

自2009年1月1日起，纳税人因房产的实物或权利状态发生变化而依法终止房产税纳税义务的，其应纳税额的计算应截至房产的实物或权利状态发生变化的当月。

2. 纳税期限

房产税实行按年计算、分期缴纳的征收方法，具体纳税期限由省、自治区、直辖市人民政府确定。

3. 纳税地点

房产税在房产所在地缴纳。房产不在同一地方的纳税人，应按房产的坐落地点分别向房产所在地的税务机关纳税。

税制改革动态

沪、渝对部分个人住房征收房产税的改革试点

2011年1月27日，根据国务院第136次常务会议精神，上海、重庆同时公布了对部分个人住房征收房产税的改革试点细则，标志着我国房产税改革终于迈出了重要的一步。

沪、渝房产税改革试点的背景

自改革开放以来，我国住房制度改革不断深化，房地产市场日趋活跃，居民收入水平有了较大提高，房地产已成为个人财富的重要组成部分。对个人住房征收房产税，具有完善税制、公平分配、调控房地产市场、构建地方税收体系等作用。2003年，中央提出“实施城镇建设税费改革，条件具备时，对不动产开征统一规范的物业税，相应取消有关税费”，并自该年起，先后分3批于全国范围内开始了房地产模拟评税试点，即房产税的“空转”试点。试点地区包括北京、天津等10个省（区、市）和计划单列市的32个县（市、区）。2010年，“研究推进房地产税改革”被写入国家“十二五”规划。同年，根据财政部和国家税务总局的要求，模拟评税试点工作在全国推开，各省、自治区各选择一个城市进行试点，这些工作为后续的沪、渝房产税改革提供了制度与实践基础。在2008年应对金融危机的过程中，由于房地产享受了经济刺激政策的红利，刚性需求爆发，房价呈高涨趋势，政府的调控之剑也再度出鞘。然而，此时楼市对调控已经出现了“免疫反应”。2010年，政府除了使用经济、法律等手段，又接连出台“限购令”等严厉的行政措施，但房价并未得到大幅遏制，沪、渝房产税改革试点政策在2011年年初出台，从而被寄予了调控房地产市场非理性需求的希望。

沪、渝房产税改革试点的方案

如表9-1所示，沪、渝房产税改革试点方案的侧重点不同，重庆的房产税政策可称为“豪宅税”，上海的房产税政策可称为“增量税”：①从征税对象来看，沪版房产税的征税对象主要为“增量房”——本地居民新购二套及以上住房，外地居民新购住房，对存量住宅不征税，政策目标为遏制投机炒房行为、稳定房价；渝版房产税的征税对象主要为存量独栋别墅、新购高档住宅，相当于对豪宅征收特别消费税，其政策目标为抑制高端住宅消费、调节收入分配。②从税率来看，上海为比例税率0.6%，但有70%的评估率，有效税率为0.42%；重庆为0.5%～1.2%的累进税率。③从计税依据来看，沪、渝两地都是按照市场交易价格而不是评估价格来计征。④从免税面积来看，上海按照人均面积60平方米免税，重庆按存量别墅每户180平方米和新购高档住宅每户100平方米两个标准免税。

表9-1　　沪、渝房产税改革试点方案的区别

<table>
<tr><th colspan="2">项目</th><th>重庆</th><th>上海</th></tr>
<tr><td colspan="2">试点范围</td><td>重庆市主城九区</td><td>上海市行政区域</td></tr>
<tr><td colspan="2">税率</td><td>以上两年主城区新房均价为基准，3倍以下的0.5%，3～4倍的1%，4倍以上的1.2%</td><td>暂定为0.6%
应税住房每平方米市场交易价格低于本市上年度新建商品住房平均销售价格2倍（含2倍）的，税率暂减为0.4%</td></tr>
<tr><td rowspan="2">征收对象</td><td>本地居民</td><td>1. 个人拥有的独栋商品住宅
2. 个人新购的高档住房，高档住房是指建筑面积交易单价达到上两年主城九区新建商品住房成交建筑面积均价2倍（含2倍）以上的住房</td><td>家庭第二套及以上住房（包括新购的二手存量住房和新建商品住房）</td></tr>
<tr><td>外地居民</td><td>在重庆市同时无户籍、无企业、无工作的个人新购的第二套（含第二套）以上的普通住房</td><td>非本市居民家庭在本市新购的住房</td></tr>
<tr><td colspan="2">计税依据</td><td>应税建筑面积 × 市场交易价格</td><td>应税建筑面积 × 市场交易价格 × 70%</td></tr>
<tr><td colspan="2">免税面积</td><td>一个家庭可对一套应税住房扣除免税面积，存量独栋住宅为180平方米，新购高档住房为100平方米</td><td>上海市居民家庭人均60平方米</td></tr>
</table>

沪、渝房产税改革试点的意义

2011年1月27日，财政部、国家税务总局、住房和城乡建设部有关负责人就房产税改革试点有关问题接受记者采访时指出，对个人住房征收房产税有两个方面的意义：一是有利于合理调节收入分配，促进社会公平。自改革开放以来，我国人民生活水平有了大幅提高，但收入分配的差距也在不断拉大。这种差距在住房方面有一定程度的体现，而征收房产税有利于调节收入分配、缩小贫富差距。二是有利于引导居民合理地进行住房消费，促进节约集约用地。我国人多地少，需要对居民住房消费进行正确引导。在保障居民基本住房需求的前提下，对个人住房征收房产税，可以通过增加住房持有成本，引导购房者理性地选择居住面积适当的住房，促进土地的节约集约利用。

2012年，安体富与葛静关于沪、渝房产税改革试点的一项研究，提供了2011年改革试点在上述两个方面的表现：①在收入分配方面，2011年重庆市公租房开工建设量达到1 425万平方米、约21.92万套，2011年上海市建设了1 500万平方米、约22万套的各类保障性住房。但是，由于两市征收的房产税税款较少，所以，即便如重庆财政部门所言，将房产税的1亿元税额全部作为保障性住房的补充资金，也不过是杯水车薪，政府仍然需要多渠道筹集资金。尽管如此，渝版房产税对别墅等高端住宅的征税和沪版对多套新购住宅的征税，本身就是将高收入者的财富集中到政府手中，而后由政府进行财富再分配的过程，尤其是将税款用于保障房建设和民生工程，可以起到“抽肥补瘦”的效果。②在调控房价方面，沪、渝两市新建商品住宅价格指数显示，上海市各类新建商品住宅环比价格下跌，虽然与试点前房价相比的同比价格略有上升，但上升的趋势与前两年相比明显减弱。重庆新建商品住宅环比价格均下跌，同比价格大部分下跌，大户型和高档住宅的价格下跌幅度比较明显，只有90平方米小户型普通住宅的价格有1.4%的上升。可见，重庆房产税在一定程度上遏制了高档住房带动房价上涨的势头，同时还抑制了高端住房消费，优化了住房供应结构。需要指出的是，2011年在两市进行房产税改革试点的同时，控制两套房及以上的住房信贷、加强土地增值税清理的税收政策也在实施，并且上海还实施了“限购令”，因而房价的下跌应是多项政策实施的综合结果，而不能完全归功于房产税。

资料来源：

[1] 中国十载“驯楼记”：“调”与“涨”的变奏．新华网，2010-05-17.

[2] 财政部等三部门负责人就房产税改革试点答记者问．中央政府门户网站，2011-01-27.

[3] 安体富，葛静．关于房产税改革的若干问题探讨——基于重庆、上海房产税试点的启示．经济研究参考，2012 (45).

9.3 契　税

9.3.1 契税概述

9.3.1.1 契税的概念

契税是指在土地使用权、房屋所有权的权属转移过程中，向取得土地使用权、房屋所有权的单位和个人征收的一种税。

契税在我国有悠久的历史，它起源于1 600年前东晋的“估税”。此后，历代封建王朝对不动产的买卖、典当等产权转移变动都要征收契税，但征税范围和税率不尽相同。新中国成立以后，废止了旧中国的契税。1950年4月，政务院公布了《契税暂行条例》，此条例一直沿用40多年，已不能适应经济发展的要求。因此，1997年重新制定了《中华人民共和国契税暂行条例》(以下简称《契税暂行条例》)。契税一次性征收，并且普遍适用于内外资企业和中国公民、外籍人员。

9.3.1.2 契税的特点

(1) 契税的纳税人为产权承受人。

(2) 契税采用幅度比例税率。

(3) 契税对内外籍纳税人普遍征收。

(4) 契税对应税行为实行一次课征制。

(5) 契税属于地方税。

9.3.1.3 开征契税的意义

(1) 增加地方财政收入，为地方经济建设积累资金。

(2) 调控房地产市场，规范市场交易行为，保障产权人的合法权益，减少产权纠纷。

知识库

契税的起源

估税产生于东晋，它是后来契税的起源。估税又分输估和散估两种，是对交易行为所征的税。对数额较大，又立有文据的（如买卖奴婢、牛马、田宅等）大型交易所征的税叫输估——每10 000钱，官府征收400钱，买卖双方按1∶3的比例分摊，即买方缴纳100钱、卖方缴纳300钱。对那些价值较小，买卖时又不立文据的交易所征收的税叫散估。散估的税额全部由卖方负担，税率是4%。

9.3.2 契税制度

9.3.2.1 征税对象

契税的征税对象是指在我国境内发生使用权转移的土地和发生所有权转移的房屋。具体包括以下五项内容：

1. 国有土地使用权出让

国有土地使用权出让是指土地使用者向国家交付土地使用权出让费用后，国家将国有土地使用权在一定年限内让予土地使用者的行为。

2. 土地使用权转让

土地使用权转让是指土地使用者以出售、赠予、交换或者其他方式将土地使用权转移给其他单位和个人的行为，但不包括农村集体土地承包经营权的转移。土地使用权出售是指土地使用者以土地使用权作为交易条件，取得货币、实物、无形资产或者其他经济利益的行为。土地使用权赠予是指土地使用者将其土地使用权无偿转让给受赠者的行为。土地使用权交换是指土地使用者之间相互交换土地使用权的行为。

3. 房屋买卖

房屋买卖是指房屋所有者将其房屋出售，由承受者交付货币、实物、无形资产或者其他经济利益的行为。

4. 房屋赠予

房屋赠予是指房屋所有者将其房屋无偿转让给受赠者的行为。

5. 房屋交换

房屋交换是指房屋所有者之间相互交换房屋的行为。

通过以下方式转移土地、房屋权属，视同土地使用权转让、房屋买卖或者房屋赠予征税：①以土地、房屋权属作价投资、入股，以土地、房屋权属抵债；②以无形资产方式承受土地、房屋权属；③以获奖方式承受土地、房屋权属；④以预购方式或者预付集资建房款方式承受土地、房屋权属；⑤财政部根据契税条例确定的其他转移土地、房屋权属的方式。

9.3.2.2 纳税人

契税的纳税人是指境内转移土地、房屋权属承受的单位和个人。境内是指中华人民共和国实行实际税收行政管辖的范围内。土地、房屋权属是指土地使用权和房屋所有权。单位是指企业单位、事业单位、国家机关、军事单位和社会团体以及其他组织。个人是指个体经营者及其他个人，包括中国公民和外籍人员。

9.3.2.3 税 率

契税实行3%～5%的幅度比例税率。这主要是考虑到我国经济发展不平衡，各地经济差别较大的实际情况。

具体适用税率由省、自治区、直辖市人民政府在3%～5%的幅度内根据各地实际情况确定。

9.3.2.4 计税依据

契税的计税依据为不动产的价格。由于土地、房屋权属的转移方式不同，定价方法不同，因而契税的具体计税依据也不同。具体有以下几种情况：

(1) 国有土地使用权出让、土地使用权出售、房屋买卖的计税依据。国有土地使用权出让、土地使用权出售、房屋买卖以成交价格为计税依据。成交价格是指土地、房屋权属转移合同确定的价格，包括承受者应交付的货币、实物、无形资产或者其他经济利益。

(2) 土地使用权赠予、房屋赠予的计税依据。土地使用权赠予、房屋赠予的计税依据，由征收机关参照当地土地使用权出售、房屋买卖的市场价格核定。

(3) 土地使用权交换、房屋交换的计税依据。土地使用权交换、房屋交换的计税依据为所交换的土地使用权、房屋的价格差额。也就是说，交换价格相等时，免征契税；交换价格不等时，由多交付的一方缴纳契税。

(4) 以划拨方式取得土地使用权，经批准转让房地产的计税依据为补交的土地使用权出让费用或者土地收益。由房地产转让者补缴契税。

为了防止瞒价逃税，《契税暂行条例》规定，成交价格明显低于市场价格且无正当理由的，或者所交换土地使用权、房屋的价格差额明显不合理且无正当理由的，征收机关可以参照市场价格确定计税依据。

9.3.2.5 应纳税额的计算

契税采用比例税率，相应的基本计算公式为：

应纳税额＝计税依据×税率

[例 9-4]

李先生在某市共有两套住房，将其中一套住房与张先生交换，支付给张先生换房差价款 120 000 元；将另一套出售给王先生，成交价格为 300 000 元，该市所在省的契税税率为 3%。

计算上述三人的涉税行为应缴纳的契税税额。

解析：

李先生应纳税额＝120 000×3%＝3 600（元）

王先生应纳税额＝300 000×3%＝9 000（元）

张先生无须缴纳契税。

[例 9-5]

地处某市的 M 公司将原值 45 万元的房产评估作价 50 万元，而后投资给 S 公司。S 公司在办理产权登记之后，将房产以 60 万元的价格向 N 公司出售。该市所在省的契税税率为 3%。

计算上述各单位应缴纳的契税税额。

解析：

以房地产作价投资，应以市场价格作为计税依据征收契税。获得房地产投资并登记后，再进行转让，应以成交价格作为计税依据。

S 公司应纳税额＝50×3%＝1.5（万元）

N 公司应纳税额＝60×3%＝1.8（万元）

M 公司无须缴纳契税。

9.3.2.6 税收优惠

(1) 国家机关、事业单位、社会团体、军事单位承受土地、房屋用于办公、教学、医疗、科研和军事设施的，免税。

(2) 城镇职工按规定第一次购买公有住房的，免税。但是，仅限于经县以上人民政府批准，在国家规定标准面积以内购买的公有住房；超过国家规定标准面积的部分，仍应照章补缴契税。

(3) 对个人购买普通住房，且该住房属于家庭（成员范围包括购房人、配偶以及未成年子女）唯一住房的，减半征收契税。对个人购买 90 平方米及以下普通住房，且该住房属于家庭唯一住房的，减按 1%税率征收契税。

(4) 因不可抗力灭失住房而重新购买住房的，酌情给予减税或免税照顾。

(5) 土地、房屋被县级以上人民政府征用、占用后，重新承受土地、房屋权属的，是否减税或者免税，由省、自治区、直辖市人民政府确定。

(6) 纳税人承受荒山、荒沟、荒滩土地使用权，用于农、林、牧、渔业生产的，免税。

(7) 依照我国有关法律规定以及我国缔结或者参加的双边和多边条约或协定的规定，应当予以免税的外国驻华使馆、领事馆、联合国驻华机构及其外交代表、领事官员和其他外交人员承受土地、房屋权属的，经外交部确认，可以免税。

(8) 自 2016 年 2 月 22 日起，对个人购买住房的契税政策。

1) 对个人购买家庭唯一住房（家庭成员范围包括购房人、配偶以及未成年子女），面积为 90 平方米及以下的，减按 1%的税率征收契税；面积为 90 平方米以上的，减按 1.5%的税率征收契税。

2) 对个人购买家庭第二套改善性住房，面积为 90 平方米及以下的，减按 1%的税率征收契税；面积为 90 平方米以上的，减按 2%的税率征收契税。

家庭第二套改善性住房是指已拥有一套住房的家庭购买的家庭第二套住房。

[例 9-6]

2013 年 4 月，张先生首次购买了一套 85 平方米的普通住宅，并且是家庭唯一住房，该住房的成交价格为 300 000 元。

计算张先生应缴纳的契税税额。

解析：

自 2008 年 11 月 1 日起，对个人首次购买 90 平方米及以下普通住房的，契税暂按 1%的税率征收。

张先生应纳契税税额＝300 000×1%＝3 000（元）

9.3.2.7 征收管理

1. 纳税义务发生时间

契税的纳税义务发生时间为纳税人签订土地、房屋权属转移合同的当天，或者纳税人取得其他具有土地、房屋权属转移合同性质凭证的当天。

纳税人因改变土地、房屋用途应当补缴已减征、免征契税的，其纳税义务发生时间为改变有关土地、房屋用途的当天。

2. 纳税期限

纳税人应当自纳税义务发生之日起 10 日内，向土地、房屋所在地的契税征收机关办理纳税申报，并在契税征收机关核定的期限内缴纳税款。

纳税人符合减征或者免征契税规定的，应当在签订土地、房屋权属转移合同后 10 日内，向土地、房屋所在地的契税征收机关办理减征或者免征契税手续。

3. 纳税地点

契税在土地、房屋所在地的征收机关缴纳。

4. 征收管理

契税的征收机关为土地、房屋所在地的财政机关或者地方税务机关。

土地管理部门、房产管理部门应当向契税征收机关提供有关资料，并协助契税征收机关依法征收契税。

纳税人办理纳税事宜后，契税征收机关应当向纳税人开具契税完税凭证。

纳税人应当持契税完税凭证和其他规定的文件材料，依法向土地管理部门、房产管理部门办理有关土地、房屋的权属变更登记手续。纳税人未出具契税完税凭证的，土地管理部门、房产管理部门将不予办理有关土地、房屋的权属变更登记手续。

9.4 车船税

9.4.1 车船税概述

9.4.1.1 车船税的概念及沿革

车船税是对在我国境内的车辆、船舶的所有人或者管理人，按照规定的税目、计税单位和年税额标准计算征收的一种财产税。

我国对车船征税由来已久。1951 年，政务院颁布了《车船使用牌照税暂行条例》，对拥有并且使用车船的单位和个人征收车船使用牌照税；1952 年，政务院颁布了《中华人民共和国海关船舶吨税暂行办法》，对进出我国港口的外籍船舶和外商租用的中国籍船舶，以及中外合营企业使用的中外国籍船舶征收船舶吨税。1973 年国家进行工商税制改革时，将对内资企业征收的车船使用牌照税并入了工商税，对个人、外侨以及外资企业、中外合资企业、中外合营企业的车船，则继续征收车船使用牌照税。1986 年 9 月 15 日，国务院颁布了《中华人民共和国车船使用税暂行条例》，决定从当年 10 月 1 日起施行，该暂行条例适用于在我国境内拥有并且使用车船的单位和个人，但对外商投资企业和外国企业仍依照《车船使用牌照税暂行条例》的规定征收车船使用牌照税。随着社会主义市场经济体制的建立和完善，尤其是我国加入 WTO 后，两个税收条例在并行实施过程中出现了很多问题：一是内外两个税种并存，不符合税政统一、简化税制的要求；二是这两个税收条例暂行时间过长，未能及时进行修订，税制严重老化，税额标准内外不统一，并且明显偏低；三是税源监控手段落后，不利于加强税收征管。基于此，国务院于 2006 年 12 月 29 日颁布了《中华人民共和国车船税暂行条例》(以下简称《车船税暂行条例》)，自 2007 年 1 月 1 日起施行。该条例对拥有应税车船的内外籍纳税人普遍适用，原《车船使用牌照税暂行条例》和《车船使用税暂行条例》相应废止。

为了适应社会经济形势变化的要求，对《车船税暂行条例》进行改革完善并提升其税收法律级次，以引导车辆、船舶的生产和消费，体现国家在促进节能减排、保护环境等方面的政策导向，是此次车船税立法的指导思想。为此，第十一届全国人大常委会第十九次会议于 2011 年 2 月 25 日通过了《中华人民共和国车船税法》(以下简称《车船税法》)，国务院第 182 次常务会议于 2011 年 11 月 23 日通过了《中华人民共和国车船税法实施条例》，自 2012 年 1 月 1 日起施行。

9.4.1.2 车船税的特点

(1) 对车船征税，属于财产税类。车船税对纳税人拥有的车辆和船舶征税，这是车船税区别于其他税种的主要特征。车船税是对"保有"环节的车船征税，因而其具有明显的财产税性质。

(2) 依据不同的车船，实行有差别的定额税率。乘用车依排气量从小到大划分为 7 档递增税额；客车依核定载客人数划分为 2 档递增税额；机动船舶依净吨位划分为 4 档递增税额；游艇依长度划分为 4 档递增税额。

(3) 车船税实行按年申报，分月计算，一次性缴纳的解缴办法。

9.4.1.3 车船税的意义

车船是企业生产经营活动和人们日常生活中的重要交通工具。随着社会经济的不断发展，人们对交通运输工具的需求越来越旺盛，这对于投资、消费和进出口贸易等产生了强烈的拉动和推动作用，加快了我国产业结构和消费结构的升级换代步伐，促进了交通运输业的发展，提高了国民经济的整体效益和人们的整体生活质量。与此同时，车船等交通工具的发展也对公路、水路、桥梁、隧道等基础设施的建设和维护提出了更高的需求，并给资源、能源的消耗和生态环境等带来了很大的压力。因此，必须对车船的发展规模、速度和结构等进行必要的调节，使之与国民经济的整体发展和人们生活水平、生活质量的整体提高相适应，与人口、资源、能源和生态环境的可承载能力相适应。车船税的征收具有以下三方面意义：

第一，为地方政府组织财政收入。组织财政收入是税收最基本的职能，2011 年立法征收的车船税，其主旨是发挥税收的最基本职能。由于车船税是地方税，所以为地方政府组织财政收入是车船税的基本职能。尽管车船税在过去的近 60 年时间里被看作小税种，但作为财产税，车船税确实为地方政府组织了大量的财政收入。在我国地方税体系一直薄弱的状况下，车船税的完善对于地方政府组织财政收入无疑具有极其重要的意义。

第二，发挥调节收入分配的作用。车船税作为财产税，在一定程度上起着调节居民收入分配的作用。在我国贫富差距日益扩大的今天，虽然私家汽车的绝对数量在不断增多，但多数居民尤其是农民仍然无力购买。相比之下，拥有私家汽车的居民就是掌握较多财富的人。通过实行有差别税率的车船税，可以在一定程度上体现调节收入分配的意图，从而可以促进社会的公平与稳定。

第三，发挥促进节能减排的作用。车船税以乘用车的排气量作为计税依据，有利于排除车辆使用带来的外部性，从而起到促进节能减排的辅助作用。

知识库

我国最早征收的车船税

我国最早对私人拥有的车辆和舟船征税是在汉代初年。武帝元光六年（公元前 129 年），汉朝就颁布了征收车船税的规定，当时叫"算商车"。"算"为征税基本单位，一算

为120钱。这时的征收对象还只局限于载货的商船和商车。元狩四年（公元前119年），开始把非商业性的车船也列为征税对象。法令规定，非商业用车每辆征税一算，商业用车征税加倍；舟船五丈以上征税一算，“三老”（掌管教化的乡官）和“骑士”（由各郡训练的骑兵）免征车船税。同时规定，对隐瞒不报或呈报不实的人给予处罚，对告发的人进行奖励。元封元年（公元前110年），车船税停止征收。

9.4.2 车船税征收制度

9.4.2.1 征收范围

车船税的征收范围包括：①依法应当在车船登记管理部门登记的机动车辆和船舶；②依法不需要在车船登记管理部门登记的、在单位内部场所行驶或者作业的机动车辆和船舶。

车船管理部门是指公安、交通运输、农业、渔业、军队、武装警察部队等依法具有车船登记管理职能的部门。单位是指依照中国法律、行政法规规定，在中国境内成立的行政机关、企业、事业单位、社会团体以及其他组织。

车辆是指乘用车、商用车（包括客车和货车）、挂车、其他车辆（包括专业作业车和轮式专用机械车）和摩托车。船舶是指机动船舶和游艇。

9.4.2.2 纳税人和扣缴义务人

1. 纳税人

车辆、船舶的所有人或者管理人为车船税的纳税人。

车船税的纳税人是对车船拥有所有权或虽不拥有所有权但拥有管理使用权的单位和个人。其中，所有人是指在我国境内拥有车船的单位和个人；管理人是指对车船具有管理权或者使用权，不具有所有权的单位（单位是指行政机关、企业、事业单位、社会团体以及其他组织）；个人包括个体工商户以及其他个人。

2. 扣缴义务人

从事机动车第三者责任强制保险业务的保险机构为机动车车船税的扣缴义务人。扣缴义务人应当在收取保险费时依法代收车船税，并出具代收税款凭证。机动车车船税扣缴义务人在代收车船税时，应当在机动车交通事故责任强制保险的保险单以及保费发票上注明已收税款的信息，作为代收税款凭证。

扣缴义务人应当及时解缴代收代缴的税款和滞纳金，并向主管税务机关申报。扣缴义务人向税务机关解缴税款和滞纳金时，应当同时报送详细的税款和滞纳金扣缴报告。

扣缴义务人解缴税款和滞纳金的具体期限，由省、自治区、直辖市地方税务机关依照法律、行政法规的规定确定。

9.4.2.3 税 率

车船税实行定额税率，《车船税税目税额表》见表 9－2。

表 9－2　车船税税目税额表

税目		计税单位	年基准税额（元）	备注
乘用车［按发动机汽缸容量（排气量）分档］	1.0 升（含）以下的	每辆	60～360	核定载客人数 9 人（含）以下
	1.0 升以上至 1.6 升（含）的		300～540	
	1.6 升以上至 2.0 升（含）的		360～660	
	2.0 升以上至 2.5 升（含）的		660～1 200	
	2.5 升以上至 3.0 升（含）的		1 200～2 400	
	3.0 升以上至 4.0 升（含）的		2 400～3 600	
	4.0 升以上的		3 600～5 400	
商用车	客车	每辆	480～1 440	核定载客人数 9 人以上，包括电车
	货车	整备质量每吨	16～120	包括半挂牵引车、三轮汽车和低速载货汽车等
挂车		整备质量每吨	按照货车税额的 50%计算	
其他车辆	专用作业车	整备质量每吨	16～120	不包括拖拉机
	轮式专用机械车		16～120	
摩托车		每辆	36～180	
船舶	机动船舶	净吨位每吨	3～6	拖船、非机动驳船分别按照机动船舶税额的 50%计算
	游艇	艇身长度每米	600～2 000	

（1）车辆的具体适用税额由省、自治区、直辖市人民政府依照《车船税法》所附《车船税税目税额表》规定的税额幅度和国务院的规定确定。车船税的纳税人按照纳税地点所在的省、自治区、直辖市人民政府确定的具体适用税额缴纳车船税。

（2）船舶的具体适用税额由国务院在《车船税税目税额表》规定的税额幅度内确定。

第一，机动船舶的具体适用税额为：

1）净吨位不超过 200 吨的，每吨 3 元。

2）净吨位超过 200 吨但不超过 2 000 吨的，每吨 4 元。

3）净吨位超过 2 000 吨但不超过 10 000 吨的，每吨 5 元。

4）净吨位超过 10 000 吨的，每吨 6 元。

5）拖船按照发动机功率每 1 千瓦折合净吨位 0.67 吨计算征收车船税。

第二，游艇的具体适用税额为：

1）艇身长度不超过 10 米的，每米 600 元。

2）艇身长度超过 10 米但不超过 18 米的，每米 900 元。

3）艇身长度超过 18 米但不超过 30 米的，每米 1 300 元。

4）艇身长度超过 30 米的，每米 2 000 元。

5）辅助动力帆艇，每米 600 元。

9.4.2.4 计税依据

车船税的计税依据，按车船的种类和性能，分别确定为辆、吨、净吨位和艇身长度四种。

（1）乘用车、客车、摩托车，以“辆”为计税依据。

（2）货车和其他车辆，以“吨”为计税依据。

（3）机动船舶，以“净吨位”为计税依据。

（4）游艇，以“艇身长度”为计税依据。

其中所涉及的排气量、整备质量、核定载客人数、净吨位、千瓦、艇身长度，以车船登记管理部门核发的车船登记证书或者行驶证所载数据为准。

依法不需要办理登记的车船和依法应当登记而未办理登记或者不能提供车船登记证书、行驶证的车船，以车船出厂合格证明或者进口凭证标注的技术参数、数据为准；不能提供车船出厂合格证明或者进口凭证的，由主管税务机关参照国家相关标准核定，没有国家相关标准的参照同类车船核定。

9.4.2.5 应纳税额的计算

车船税应纳税额的计算公式为：

乘用车应纳税额＝辆数×适用单位税额

客车应纳税额＝辆数×适用单位税额

货车应纳税额＝整备质量每吨×适用单位税额

挂车应纳税额＝整备质量每吨×货车适用的单位税额×50%

其他车辆应纳税额＝整备质量每吨×适用单位税额

摩托车应纳税额＝辆数×适用单位税额

机动船应纳税额＝净吨位数×适用单位税额

游艇应纳税额＝艇身长度（米）数×适用单位税额

购置的新车船，购置当年的应纳税额自纳税义务发生的当月起按月计算。应纳税额为年应纳税额除以 12 再乘以应纳税月份数。

[例 9－7]

2018 年，某交通运输公司有大客车 40 辆；载货汽车 60 辆，每辆自重 30 吨。该地区规定大客车每辆年税额为 1 140 元，载货汽车每吨年税额为 96 元。

计算该交通运输公司 2018 年度应缴纳的车船税。

解析：

应纳税额＝40×1 140＋60×30×96＝45 600＋172 800＝218 400（元）

[例 9-8]

2018 年，某船舶公司拥有净吨位 400 吨的船舶 5 艘，13 米长的游艇 2 艘。已知净吨位为 201 吨至 2 000 吨的，每吨 4 元；游艇长度超过 10 米但不超过 18 米的，每米 900 元。

计算当年该船舶公司应缴纳的车船税。

解析：

应纳税额＝400×5×4＋13×2×900＝31 400（元）

9.4.2.6 税收优惠

《车船税法》及其实施条例对车船税的优惠政策做了明确的规定。

1.《车船税法》规定的法定减免税车船

（1）捕捞、养殖渔船。

（2）军队、武装警察部队专用的车船。

（3）警用车船。

（4）依照法律规定应当予以免税的外国驻华使领馆、国际组织驻华代表机构及其有关人员的车船。

（5）自 2012 年 1 月 1 日起，对节约能源的车辆，减半征收车船税；对使用新能源的车辆，免征车船税。使用新能源的车辆包括纯电动汽车、燃料电池汽车和混合动力汽车。纯电动汽车、燃料电池汽车不属于车船税征收范围，对其他混合动力汽车按照同类车辆适用税额减半征税。

2. 特定减免

（1）对临时入境的外国车船和香港特别行政区、澳门特别行政区、台湾地区的车船，不征收车船税。

（2）对按照规定缴纳船舶吨税的机动船舶，自《车船税法》实施之日起 5 年内免征车船税。

（3）对依法不需要在车船登记管理部门登记的机场、港口、铁路站场内部行驶或者作业的车船，自《车船税法》实施之日起 5 年内免征车船税。

9.4.2.7 征收管理

1. 纳税义务发生时间

车船税的纳税义务发生时间为取得车船所有权或者管理权的当月。取得车船所有权或者管理权的当月，应当以购买车船的发票或者其他证明文件所载日期的当月为准。

已办理退税的被盗抢车船失而复得的，纳税人应当从公安机关出具相关证明的当月起计算缴纳车船税。

2. 纳税期限

车船税按年申报，分月计算，一次性缴纳。纳税年度为公历 1 月 1 日至 12 月 31 日。

3. 纳税地点

车船税的纳税地点为车船的登记地或者车船税扣缴义务人所在地。依法不需要办理登记的车船，纳税地点为车船的所有人或者管理人所在地。

4. 征收管理

车船税由地方税务机关负责征收。

从事机动车第三者责任强制保险业务的保险机构为机动车车船税的扣缴义务人，应当在收取保险费时依法代收车船税，并出具代收税款证明。

已完税或者依法减免税的车辆，纳税人应当向扣缴义务人提供登记地的主管税务机关出具的完税凭证或者减免税证明。

纳税人没有按照规定期限缴纳车船税的，扣缴义务人在代收代缴税款时，可以一并代收代缴欠缴税款的滞纳金。

扣缴义务人已代收代缴车船税的，纳税人不再向车辆登记地的主管税务机关申报缴纳车船税。

没有扣缴义务人的，纳税人应当向主管税务机关自行申报缴纳车船税。

公安、交通运输、农业、渔业等车船登记管理部门，船舶检验机构和车船税扣缴义务人的行业主管部门应当在提供车船有关信息等方面，协助税务机关加强车船税的征收管理。车辆所有人或者管理人在申请办理车辆相关登记、定期检验手续时，应当向公安机关交通管理部门提交依法纳税或者免税证明。公安机关交通管理部门在核查后办理相关手续。

在一个纳税年度内，已完税的车船被盗抢、报废、灭失的，纳税人可以凭有关管理机关出具的证明和完税凭证，向纳税所在地的主管税务机关申请退还自被盗抢、报废、灭失月份起至该纳税年度终了期间的税款。

讨论题

1. 就我国房产税改革中的热点争论问题，谈谈自己的看法。
2. 为何说房产税适合作为地方税的主要来源？
3. 在我国现阶段是否应开征遗产税与赠予税？

复习思考题

1. 财产税制的特点是什么？
2. 财产税制的意义是什么？
3. 房产税的征税范围是如何规定的？
4. 房产税的计税依据和税率是如何规定的？
5. 契税的征税对象具体包括哪些内容？
6. 契税的减免税优惠是如何规定的？
7. 车船税的征税范围是如何规定的？

第10章 行为税制

［本章要点提示］

- 行为税制的概念
- 印花税的征税对象
- 印花税的纳税人、税率
- 印花税计税依据的确定
- 印花税的纳税方法
- 车辆购置税的征税对象、纳税人

10.1 行为税制概述

10.1.1 行为税制的概念

行为税，又称特定目的的行为税，是对纳税人的某些特殊行为（或特定行为）征税的一类税种的总称。我国现行税制体系中属于行为税的税种主要有印花税和车辆购置税等。

在税收分配活动中，作为征税对象或征税客体的经济行为是多种多样的，如商品的生产、销售和进出口行为，劳务的提供行为，资源的开发和利用行为，财产的占有、转让、租赁、遗赠行为，投资、储蓄、消费行为，有价证券的买卖行为，所得的分配行为，等等。在这些行为中，有些行为的发生、发展和延续带有某种普遍性、连续性、长久性和规律性，对其课征的税收一般税源较为丰富，税收收入的规模和增长速度与经济活动的规模和增长速度之间呈正相关关系，税款通常不规定明确的用途，税收的调节领域较为广泛，往往是世界各国普遍征收的税种，国家之间有一定的可比性，此类税收通常称为一般税或普通税。但也有一些经济行为，它们的发生、发展和延续带有某种偶然性、地域性、非连续性、短期性和不规则性，对这些特殊行为课征的税收一般税源较贫乏，税收收入的规模和增长速度与经济活动的规模和增长速度之间往往呈负相关关系，税款通常有明确的用途或不以取得收入为主要目的，甚至有"寓禁于征"的特征，其调控经济的领域较窄，税种的国别性和地域性较强，国家之间缺乏可比性，此类税收就是我们通常所说的特定目的行为税，简称行为税。

10.1.2 行为税制与一般税制的关系

如前所述，任何税收都是与纳税人的特定经济行为紧密相连的，之所以将它们划分成行为税与一般税两种类型，主要是为了说明这两种税收在征税目的、征税方式、征税效果、存续时间、法律地位等方面的明显区别。事实上，这两种税的兴废和发展之间有着紧密的内在联系，其划分标准也是相对的。具体说来，有些税种开始的时候可能是被当作行为税来征收的，以后逐渐转化成了一般税；有些税种开始的时候可能是被当作一般税来征收的，但经过一个较长时期的变化，税源逐渐萎缩、地位及作用明显下降，可能转化为行为税或小税种；在有些国家被视为行为税或小税种的，在有些国家可能是其主要税源，在税收体系中占有十分突出的地位；有些税种的性质比较复杂，既可以归入行为税系列，也可以归入一般税系列，属于一般税系列的税种也不全是税源充裕、调节范围广泛的大税种。

总体来看，在普遍征收一般税的同时，对一些特定经济活动或行为因国制宜、因地制宜、因时制宜、因事制宜，有针对性地适量征收一些特定目的行为税，可以在一定程度上发挥税收杠杆的间接管理和调控优势，从而弥补一般税的不足，并弥补其他经济手段、行政手段和法律手段在直接管理及调控这些特殊经济行为或活动方面的不足。从这个意义上说，行为税是税收杠杆的一种特殊运用，是在一般税的基础上对税收外延和作用领域的一种有意识拓展。

10.1.3 行为税制的特点和开征的意义

由于行为税选择对特定的行为进行课税，具有极强的目的性，因此其调节经济的作用极为明显。行为税为体现国家在某特定时期的政策意图、调节某种社会经济行为而开征，并且随着政策意图和作为征税对象的特定经济行为的变化，行为税的具体税种也在不断变化，这就使得行为税具有临时性和偶然性的特点。行为税的灵活性使得它成为国家进行宏观调控的重要工具和税制体系不可或缺的重要组成部分。

行为税具有的上述特点，使得它在组织财政收入方面不可能像流转税、所得税那样稳定和可靠，行为税的税收收入通常有明确的用途或不以取得收入为主要目的，甚至有"寓禁于征"的特征。同时，在整个税制体系中，行为税只能作为辅助税种发挥拾遗补阙的作用。

10.2 印花税

10.2.1 印花税概述

10.2.1.1 印花税的概念

印花税是对经济活动和经济交往中书立、使用、领受应税凭证的单位和个人征收的一种税，因其完税方法是在应税凭证上购买和粘贴一定数量的印花税票而得名。

印花税是世界各国普遍征收的税种，有着悠久的历史。1624 年，印花税始创于荷兰，后为许多国家所效法，现已有 90 多个国家和地区开征此税，范围遍及发达国家和发展中国家，有些国家的印花税收入在全部税收收入中还占有较大的比重。

我国的印花税是由北洋军阀政府于 1912 年首次开征的，1927 年国民政府公布了《印花税条例》。在新中国成立后，政务院于 1950 年公布了《印花税暂行条例》，在全国范围内开征印花税。我国于 1953 年和 1956 年两次修订条例，缩小范围，减少税目。1958 年税制改革时，印花税被并入了工商统一税，从此不再单独征收。在改革开放后，我国恢复了印花税的征收。1988 年 8 月 6 日，国务院发布了《中华人民共和国印花税暂行条例》，从当年 10 月 1 日起施行。

知识库

印花税起源趣谈

印花税是一个古老的税种，人们比较熟悉，但它的起源却鲜为人知。

从税史学理论上讲，任何税种的“出台”都离不开当时政治与经济的需要，印花税的产生也是如此，其间有不少趣闻。

公元 1624 年，荷兰政府发生经济危机，导致财政困难。当时执掌政权的统治者摩里斯（Maurs）为了解决财政上的需要，拟提出要用增加税收的办法来解决支出困难，但又怕人民反对，便要求政府的大臣们出谋献策。众大臣议来议去，就是想不出两全其美的妙法来。于是，荷兰的统治阶级就采用公开招标办法，以重赏来寻求新税设计方案，谋求敛财之妙策。印花税就是从千万个应征者设计的方案中精选出来的“杰作”。可见，印花税的产生较其他税种更具传奇色彩。

印花税的设计者可谓独具匠心，他观察到人们在日常生活中使用契约、借贷凭证之类的单据很多，所以一旦征税，税源将很大；此外，人们还有一种心理，认为在凭证单据上由政府盖个印就成为合法凭证，在诉讼时可以有法律保障，因而对缴纳印花税也乐于接受。正因为如此，印花税被资产阶级经济学家誉为税负轻微、税源畅旺、手续简便、成本低廉的“良税”。路易十四时代法国最著名的政治家、国务活动家、长期担任财政大臣和海军国务大臣的让-巴普蒂斯特·柯尔贝尔（Jean-Baptiste Colbert，1619 年 8 月 29 日—1683 年 9 月 6 日）曾经说过：“征税的艺术好比拔鹅毛，讲究拔得最多的鹅毛，听到最少的鹅叫。”印花税就是具有“听最少鹅叫”作用的税种。

自 1624 年在荷兰首次出现印花税后，由于印花税“取微用宏”，简便易行，欧美各国竞相效法。丹麦在 1660 年、法国在 1665 年、美国在 1671 年、奥地利在 1686 年、英国在 1694 年先后开征了印花税。在不长的时间内，印花税就成为世界上普遍采用的一个税种，在国际上盛行。

10.2.1.2 印花税的特点

(1) 以应税凭证为征税对象，征税范围广。印花税的征税对象是条例列举的各种应税凭证，包括合同或者具有合同性质的凭证，产权转移书据，营业账簿，权利、许可证照，以及经财政部确定征税的其他凭证五大类 13 个税目，涉及经济活动的方方面面，其范围广泛、内容丰富、形式多样。这与其他税种以货物、财产或价值额为征税对象明显不同。

(2) 采用粘贴印花税票的方式完税。印花税的应纳税额不采取直接向税务机关缴纳的办法，而是由纳税人根据自己书立、使用和领受应税凭证的情况，事先向税务机关购买印花税票，然后按应纳税额将其一次性粘贴在各种应税凭证上，并自行注销或画销。这种自行计算、自行购花、自行完税的做法，与其他税种由纳税人直接向税务机关申报纳税的做法不同（但对一些特殊情况，也可采取汇缴、汇贴或委托代征的方式完税）。

(3) 轻税重罚。印花税根据应税凭证的不同性质和特点规定了高低不同的税率，其中按比例税率纳税的，最高税率为千分之一，最低税率为万分之零点五；按定额税率征税的，每件贴花 5 元。与其他税种相比，印花税的税负非常轻，易为纳税人所接受。但是，如果纳税人违反税法，未贴、少贴、不注销印花税票或把已贴用的税票揭下来重用等，税务机关将依法对其处以数倍的罚款，体现了轻税重罚的特点。

10.2.1.3 开征印花税的意义

开征印花税的意义在于：

(1) 有利于筹集稳定可靠的财政收入。经济生活中的应税凭证面广量大、使用频繁，凡税法列举的都必须纳税，这就给印花税提供了广泛的税源；印花税以应税凭证上记载的经济活动金额或账簿凭证数量为计税依据，随着经济活动规模的不断扩大，相应的应纳税额也会同步增长；印花税应纳税额的计算与纳税人经营成本和盈利水平的高低没有直接联系，因而计税简便、征纳成本低、收入稳定，不会出现大的起伏；印花税的税负虽轻，但积少成多、取微用宏，可以为国家筹集到稳定可靠的财政收入。

(2) 有利于促进经济行为规范化。合同凭证是经济活动的真实记录和法定文书。随着经济活动规模和层次的不断发展，各类合同、凭证、证照会大量增加，通过印花粘贴和证照检查，可以督促纳税人正确使用各种经济合同、凭证，增强遵纪守法意识，提高履约率，从而有利于促进经济行为的规范化和市场经济秩序的建立。

（3）有利于增强纳税人的自觉纳税意识。印花税实行由纳税人自行计算、自行购买、自行贴花的“三自”纳税办法，有利于增强纳税人的自觉纳税意识。

10.2.2 印花税征收制度

10.2.2.1 征税对象

印花税的征税对象是条例列举的各种应税凭证，具体包括五大类13个应税项目：

1. 合同类

合同是指根据《中华人民共和国经济合同法》、《中华人民共和国涉外经济合同法》和其他有关合同法规订立的合同以及具有合同性质的凭证。其中，具有合同性质的凭证是指具有合同效力的协议、契约、单据、确认书以及其他各种名称的凭证。

条例列举的应税合同有：

（1）购销合同，包括供应、预购、采购、购销结合及协作、调剂、补偿、易货等合同。此外，还包括出版单位与发行单位之间订立的图书、报纸、期刊和音像制品的应税凭证，如订购单、订数单等。

（2）加工承揽合同，包括加工、定做、修缮、修理、印刷、广告、测绘、测试等合同。

（3）建设工程承包合同。按内容分，包括建设工程勘察、设计合同和建筑、安装工程承包合同。按履行合同方式分，建设工程承包合同包括总包合同、分包合同和转包合同。

（4）财产租赁合同，包括租赁房屋、船舶、飞机、机动车辆、机械、器具、设备等合同，还包括企业、个人出租门店、柜台等签订的合同。

（5）货物运输合同，包括民用航空、铁路运输、海上运输、内河运输、公路运输和联运合同以及作为合同使用的单据。

（6）仓储保管合同，包括仓储、保管合同以及作为合同使用的仓单、栈单等。

（7）借款合同，包括银行及其他金融组织与借款人（不包括银行同业拆借）所签订的合同以及只签开借据并作为合同使用、取得银行借款的借据。银行及其他金融机构经营的融资租赁业务，是一种以融物方式达到融资目的的业务，实际上是分期偿还的固定资产借款，因此融资租赁合同也属于借款合同。

（8）财产保险合同，包括财产、责任、保证、信用保险合同以及作为合同使用的单据。它具体可分为企业财产保险、机动车辆保险、货物运输保险、家庭财产保险和农牧业保险五大类。家庭财产两全保险也属于家庭财产保险性质，应照章纳税。

（9）技术合同，包括技术开发、转让、咨询、服务等合同以及作为合同使用的单据。

（10）具有合同性质的其他凭证。

2. 产权转移书据类

产权转移书据是指单位和个人产权的买卖、继承、赠予、交换、分割等所立的书据，具体包括财产所有权和版权、商标专用权、专利权、专有技术使用权等转移书据，以及土地使用权出让合同、土地使用权转让合同、商品房销售合同。其中，财产所有权转移书据的征税范围是指经政府管理机关登记注册的动产、不动产的所有权转移所书立的书据以及企业股权转让所书立的书据。

3. 营业账簿类

营业账簿是指单位或者个人记载生产经营活动的财务会计核算账簿。营业账簿按其反映内容的不同，可分为记载资金的账簿和其他账簿。记载资金的账簿是指反映生产经营单位资本金数额增减变化的账簿；其他账簿是指除上述账簿以外的有关其他生产经营活动内容的账簿，包括日记账簿和各种明细分类账簿。

4. 权利、许可证照类

权利、许可证照包括政府部门发给的房屋产权证、工商营业执照、商标注册证、专利证和土地使用证。

5. 其他凭证类

其他凭证是指除上述四类凭证以外，经财政部确定征税的其他凭证。

10.2.2.2 纳税人

印花税的纳税人是指在我国境内书立、使用、领受上述应税凭证的单位和个人，包括国内各类企业、事业单位、机关、团体、部队以及中外合资企业、中外合作企业、外资企业、外国企业和其他经济组织及其在华机构等单位和个人。

根据书立、使用、领受应税凭证的不同，纳税人可具体划分为以下六种：

(1) 立合同人，是指合同的当事人，即对凭证有直接权利与义务的单位和个人，但不包括合同的担保人、证人、鉴定人。当事人的代理人有代理纳税义务。

一份合同由两方或两方以上当事人共同签订的，签合同的各方均为纳税人。

(2) 立据人，是指书立产权转移书据的单位和个人。产权转移书据由立据人贴花，如未贴或者少贴印花，书据的持有人应负责补贴印花。所立书据以合同方式签订的，应由持有书据的各方分别按全额贴花。

(3) 立账簿人，是指开立并使用营业账簿的单位和个人。

(4) 领受人，是指领取并持有权利、许可证照的单位和个人。

(5) 使用人，是指在国外书立或领受，在国内使用应税凭证的单位和个人。

合同、书据等凡是由两方或两方以上当事人共同书立的，其当事人各方都为纳税人。政府部门发给的权利、许可证照，领受人为纳税人。

(6) 各类电子应税凭证的签订人，即以电子形式签订的各类应税凭证的当事人。

10.2.2.3 税　率

印花税税率的设计贯彻了“税负从轻”的原则，印花税的两种税率形式（即比例税率和定额税率）都规定了较低的税率水平。

1. 比例税率

比例税率的适用对象为各类经济合同及具有合同性质的凭证、记载资金的账簿、产权转移书据等。这些凭证一般都载有金额，可按比例计算应纳税额并贴花。

印花税的比例税率分为四个档次，分别为0.05‰、0.3‰、0.5‰、1‰。

(1) 适用0.05‰税率的为借款合同。

(2) 适用0.3‰税率的为购销合同、建筑安装工程承包合同、技术合同。

(3) 适用0.5‰税率的为加工承揽合同、建筑工程勘察设计合同、货物运输合同、产权转移书据、营业账簿中记载资金的账簿。

(4) 适用1‰税率的为财产租赁合同、仓储保管合同、财产保险合同。

需要说明的是,我国对在证券市场上买卖股票的行为征收印花税(通常称为"证券交易印花税"),适用的税目是"产权转移书据"。自2008年9月19日起,证券交易印花税由双边征收改为单边征收,即只对出让方征税,税率为1‰。在全国中小企业股份转让系统买卖、继承、赠予股票所书立的股权转让书据,依书立时的实际成交金额,由出让方按1‰的税率计算缴纳证券(股票)交易印花税。

自2018年5月1日起,对纳税人设立的资金账簿按实收资本和资本公积合计金额征收的印花税减半,对按件征收的其他账簿免征印花税。

知识库

我国的证券交易印花税

证券交易印花税是从普通印花税发展而来的,专门针对股票交易发生额征收的一种税。证券交易印花税是政府增加税收收入的一种手段,也是政府调控资本市场的重要工具。证券交易印花税的征税对象是企业股权转让书据和股份转让书据,纳税义务人是股份转让双方,并由证券交易所代扣代缴。税基是买卖双方持有的成交过户交割单。为了加强征收管理和防止税款流失,股份转让书据由证券交易所在办理成交过户交割单时代扣代缴印花税,对有关印花税的违章行为,按照《中华人民共和国税收征收管理法》的有关规定处理。

根据资本市场的发展情况,我国对证券交易印花税的税率进行过多次调整,具体情况如下:①证券交易印花税自1990年首先在深圳开征,当时主要是为了稳定初创的股市及适度调节炒股收益,由卖出股票者按成交金额的6‰缴纳。同年11月,深圳市对股票买方也开征6‰的印花税,内地双边征收印花税的历史开始。②1991年10月,深圳市将印花税税率调整到3‰,上海也开始对股票买卖实行双向征收,税率为3‰。③1992年6月,国家税务总局和国家体改委联合发文,明确规定股票交易双方按3‰缴纳印花税。④1997年5月,证券交易印花税税率从3‰提高到5‰。⑤1998年6月,证券交易印花税税率从5‰下调至4‰。⑥1999年6月,B股交易印花税税率降低为3‰。⑦2001年11月,财政部决定将A、B股交易印花税税率统一降至2‰。⑧2005年1月,财政部决定将证券交易印花税税率由2‰下调为1‰。⑨从2007年5月30日起,财政部决定将证券交易印花税税率由1‰调整为3‰。⑩从2008年4月24日起,经国务院批准,财政部、国家税务总局决定将证券(股票)交易印花税税率由3‰调整为1‰。⑪从2008年9月19日起,经国务院批准,财政部、国家税务总局决定将证券(股票)交易印花税由双边征收改为单边征收,即只对出让方征税,受让方不再缴税,税率仍为1‰。

2. 定额税率

权利、许可证照和营业账簿中的其他账簿适用定额税率，税额均为每件5元。定额税率的规定，便于纳税人缴纳税款，也便于税务机关征收管理。

《印花税税目税率表》见表10-1。

表10-1　　印花税税目税率表

税目	范围	税率	纳税人	说明
1. 购销合同	包括供应、预购、采购、购销结合及协作、调剂、补偿、易货等合同	按购销金额的0.3‰贴花	立合同人	
2. 加工承揽合同	包括加工、定做、修缮、修理、印刷、广告、测绘、测试等合同	按加工或承揽收入的0.5‰贴花	立合同人	
3. 建设工程勘察设计合同	包括勘察、设计合同	按收取费用的0.5‰贴花	立合同人	
4. 建筑安装工程承包合同	包括建筑、安装工程承包合同	按承包金额的0.3‰贴花	立合同人	
5. 财产租赁合同	包括租赁房屋、船舶、飞机、机动车辆、机械、器具、设备等合同	按租赁金额的1‰贴花，税额不足1元的，按1元贴花	立合同人	
6. 货物运输合同	包括民用航空、铁路运输、海上运输、内河运输、公路运输和联运合同	按运输收取费用的0.5‰贴花	立合同人	单据作为合同使用的，按合同贴花
7. 仓储保管合同	包括仓储、保管合同	按仓储收取的保管费用的1‰贴花	立合同人	仓单或栈单作为合同使用的，按合同贴花
8. 借款合同	银行及其他金融组织和借款人（不包括银行同业拆借）所签订的借款合同	按借款金额的0.05‰贴花	立合同人	单据作为合同使用的，按合同贴花
9. 财产保险合同	包括财产、责任、保证、信用等保险合同	按收取的保险费收入的1‰贴花	立合同人	单据作为合同使用的，按合同贴花
10. 技术合同	包括技术开发、转让、咨询、服务等合同	按所记载金额的0.3‰贴花	立合同人	
11. 产权转移书据	包括财产所有权和版权、商标专用权、专利权、专有技术使用权等转移书据，土地使用权出让合同，土地使用权转让合同，商品房销售合同	按所记载金额的0.5‰贴花	立据人	
12. 营业账簿	生产经营用账册	记载资金的账簿，按实收资本和资本公积合计金额的0.5‰贴花，其他账簿按件贴花5元	立账簿人	
13. 权利、许可证照	包括政府部门发给的房屋产权证、工商营业执照、商标注册证、专利证、土地使用证	按件贴花5元	领受人	

10.2.2.4 计税依据

1. 计税依据的一般规定

印花税的计税依据为各种应税凭证上所记载的计税金额，具体规定为：

(1) 购销合同的计税依据为合同记载的购销金额。在商品购销活动中，采取以货换货方式进行商品交易签订的合同，是反映既购又销双重经济行为的合同。对此，应按合同所载的购、销金额合计数计税贴花。合同未列明金额的，应按合同所载购、销数量，依照国家牌价或市场价格计算应纳税额。

(2) 加工承揽合同的计税依据是加工或承揽收入的金额，具体规定为：

1) 对于由受托方提供原材料的加工、定做合同，凡在合同中分别记载加工费金额和原材料金额的，应分别按"加工承揽合同""购销合同"计税，两项税额相加数，即为合同应贴印花；若合同中未分别记载，则应就全部金额依照加工承揽合同计税贴花。

2) 对于由委托方提供主要材料或原料，受托方只提供辅助材料的加工合同，无论加工费和辅助材料金额是否分别记载，均以辅助材料与加工费的合计数，依照加工承揽合同计税贴花。对委托方提供的主要材料或原料金额不计税贴花。

(3) 建设工程勘察设计合同的计税依据为收取的费用。

(4) 建筑安装工程承包合同的计税依据为承包金额。

(5) 财产租赁合同的计税依据为租赁金额；经计算，税额不足1元的，按1元贴花。

(6) 货物运输合同的计税依据为取得的运输费金额（即运费收入），不包括所运货物的金额、装卸费和保险费等。

(7) 仓储保管合同的计税依据为收取的仓储保管费用。

(8) 借款合同的计税依据为借款金额。针对实际借贷活动中不同的借款形式，税法规定了不同的计税方法：

1) 凡是一项信贷业务既签订借款合同，又一次或分次填开借据的，只以借款合同所载金额为计税依据计税贴花；凡是只填开借据并作为合同使用的，应以借据所载金额为计税依据计税贴花。

2) 借贷双方签订的流动资金周转性借款合同，一般按年（期）签订，规定最高限额，借款人在规定的期限和最高限额内随借随还。为了避免加重借贷双方的负担，对这类合同只以其规定的最高额为计税依据，在签订时贴花一次，在限额内随借随还不签订新合同的，不再另贴印花。

3) 对借款方以财产作抵押，从贷款方取得一定数量抵押贷款的合同，应按借款合同贴花；在借款方因无力偿还借款而将抵押财产转移给贷款方时，应再就双方书立的产权书据，按产权转移书据的有关规定计税贴花。

4) 对银行及其他金融组织的融资租赁业务签订的融资租赁合同，应按合同所载租金总额，暂按借款合同计税。

5) 在贷款业务中，如果贷方是由若干银行组成的银团，银团各方均承担一定的贷款数额。借款合同由借款方与银团各方共同书立，各执一份合同正本。对于这类合同的借款方与贷款银团各方，应分别在所执的合同正本上，按各自的借款金额计税贴花。

6）在基本建设贷款中，如果按年度用款计划分年签订借款合同，在最后一年按总概算签订借款总合同，且总合同的借款金额包括各个分合同的借款金额的，对这类基建借款合同，应按分合同分别贴花；对于最后签订的总合同，只就借款总额扣除分合同借款金额后的余额计税贴花。

（9）财产保险合同的计税依据为支付（收取）的保险费，不包括所保财产的金额。

（10）技术合同的计税依据为合同所载的价款、报酬或使用费。为了鼓励技术研究开发，对技术开发合同，只就合同所载的报酬金额计税。研究开发经费不作为计税依据。单对合同约定按研究开发经费一定比例作为报酬的，应按一定比例的报酬金额贴花。

（11）产权转移书据的计税依据为所载金额，包括财产所有权、商标专用权、专利权、专有技术使用权等转移书据。对土地使用权出让合同、土地使用权转让合同、商品房销售合同按产权转移书据征收印花税。

（12）营业账簿税目中记载资金的账簿的计税依据为“实收资本”与“资本公积”两项的合计金额。实收资本，包括现金、实物、无形资产和材料物资。现金按实际收到或存入纳税人开户银行的金额确定。实物是指房屋、机器等，按评估确认的价值或者合同、协议约定的价格确定。无形资产和材料物资，按评估确认的价值确定。

资本公积，包括接受捐赠、法定财产重估增值、资本折算差额、资本溢价等。如果是实物捐赠，则按同类资产的市场价格或有关凭据确定。

其他账簿的计税依据为应税凭证件数。

（13）权利、许可证照的计税依据为应税凭证件数。

2. 计税依据的特殊规定

（1）上述凭证以“金额”、“收入”和“费用”作为计税依据的，应当全额计税，不得做任何扣除。

（2）同一凭证载有两个或两个以上经济事项而适用不同税目税率，如分别记载金额的，应分别计算应纳税额，相加后按合计税额贴花；如未分别记载金额的，按税率高的计税贴花。

（3）按金额比例贴花的应税凭证，未标明金额的，应按照凭证所载数量及国家牌价计算金额；没有国家牌价的，应按市场价格计算金额，然后按规定税率计算应纳税额。

（4）对股票交易征收印花税，始于深圳和上海两地证券交易的不断发展。现行印花税法规定，股份制试点企业向社会公开发行的股票，因购买、继承、赠予所书立的股权转让书据，从2008年9月19日起，调整证券（股票）交易印花税征收方式，对出让方按1‰的税率单边征收证券（股票）交易印花税，对受让方不再征税。

（5）有些合同在签订时无法确定计税金额，如技术转让合同中的转让收入，是按销售收入的一定比例收取或是按实现利润分成的；财产租赁合同，只是规定了月（天）租金标准而无租赁期限的。对于这类合同，可在签订时先按定额5元贴花，以后结算时再按实际金额计税，补贴印花。

（6）应纳税额不足1角的，免纳印花税；1角以上的，其税额尾数不满5分的不计，满5分的按1角计算。

（7）应税合同在签订时就产生了纳税义务，应计算应纳税额并贴花。不论合同是否兑现或是否按期兑现，均应贴花。

对已履行并贴花的合同，所载金额与合同履行后实际结算金额不一致的，只要双方未修改合同金额，一般不再办理完税手续。

(8) 在商品购销活动中，采用以货易货方式进行商品交易签订的合同，是反映既购又销双重经济行为的合同。对此，应按合同所载的购、销合计金额计税贴花。合同未列明金额的，应按合同所载购、销数量依照国家牌价或者市场价格计算应纳税额。

(9) 对有经营收入的事业单位，凡属由国家财政拨付事业经费，实行差额预算管理的单位，其记载经营业务的账簿，按其他账簿定额贴花，不记载经营业务的账簿不贴花；凡属经费来源实行自收自支的单位，应对记载资金的账簿和其他账簿分别计算应纳税额。跨地区经营的分支机构使用的营业账簿，应由各分支机构于其所在地计税贴花。对上级单位核拨资金的分支机构，其记载资金的账簿按核拨的账面资金额计税贴花，其他账簿按定额贴花；对上级单位不核拨资金的分支机构，只就其他账簿按件定额贴花。为了避免对同一笔资金重复计税贴花，上级单位记载资金的账簿，应按扣除拨给下属机构资金数额后的其余部分计税贴花。

(10) 施工单位将自己承包的建设项目分包或者转包给其他施工单位所签订的分包合同或者转包合同，应按新的分包合同或转包合同所载金额计算应纳税额。

(11) 应税凭证所载金额为外国货币的，应按照凭证书立当日国家外汇管理局公布的外汇牌价折合成人民币，然后计算应纳税额。

(12) 对国内各种形式的货物联运，凡在起运地统一结算全程运费的，应以全程运费作为计税依据，由起运地运费结算双方缴纳印花税；凡分程结算运费的，应以分程的运费作为计税依据，分别由办理运费结算的各方缴纳印花税。

对国际货运，凡由我国运输企业运输的，不论在我国境内、境外起运还是中转分程运输，我国运输企业所持的一份运费结算凭证，均按本程运费计算应纳税额；托运方所持的一份运费结算凭证，按全程运费计算应纳税额。由外国运输企业运输进出口货物的，外国运输企业所持的一份运费结算凭证免纳印花税；托运方所持的一份运费结算凭证应缴纳印花税。国际货运运费结算凭证在国外办理的，应在凭证转回我国境内时按规定缴纳印花税。

10.2.2.5 应纳税额的计算

根据应税凭证的性质，印花税应纳税额分别按比例税率或定额税率计算。具体计算方法分为三类：

1. 合同和具有合同性质的凭证以及产权转移书据

应纳税额＝计税金额×适用税率

2. 资金账簿

应纳税额＝(实收资本＋资本公积)×适用税率

3. 权利、许可证照和其他账簿

应纳税额＝应税凭证件数×单位税额

[例 10-1]

某企业发生以下业务事项：

(1) 实收资本比上一年增加100万元，其他营业账簿共12本。

(2) 与银行订立一年期借款合同一份，所载金额为200万元。

(3) 与A公司订立产品购销合同一份，所载金额为120万元。

(4) 与B公司签订受托加工合同一份，B公司提供价值100万元的原材料，本企业提供价值12万元的辅助材料并收加工费32万元。

(5) 与运输公司订立货物运输合同一份，合同金额为10万元（其中，装卸费用为0.4万元，保险费为0.2万元）。

(6) 与C公司订立转让技术合同，所载金额为80万元。

计算该企业该年度应缴纳的印花税。

解析：

(1) 记载资金账簿应纳税额：

应纳税额＝1 000 000×0.5‰＝500（元）

其他营业账簿应纳税额为0。

(2) 订立借款合同应纳税额：

应纳税额＝2 000 000×0.05‰＝100（元）

(3) 订立购销合同应纳税额：

应纳税额＝1 200 000×0.3‰＝360（元）

(4) 订立加工承揽合同应纳税额：

应纳税额＝(120 000＋320 000)×0.5‰＝220（元）

(5) 订立货物运输合同应纳税额：

应纳税额＝(100 000－4 000－2 000)×0.5‰＝47（元）

(6) 订立技术转让合同应纳税额：

应纳税额＝800 000×0.3‰＝240（元）

该企业该年度应缴纳的印花税共计：

500＋100＋360＋220＋47＋240＝1 467（元）

10.2.2.6 税收优惠

(1) 已缴纳印花税的凭证的副本或抄本，是指凭证的正式签署本已按规定缴纳了印花税，其副本或者抄本对外不发生权利与义务关系，仅备存查，这类副本或抄本免贴印花。但正本丢失而将副本或者抄本视同正本使用的，应另贴印花。

（2）财产所有人将财产赠给政府、社会福利单位、学校所立的书据。其中，社会福利单位是指抚养孤老伤残的社会福利单位。

（3）国家指定的收购部门与村民委员会、农民个人签订的农副产品收购合同。

（4）无息、贴息贷款合同。

（5）外国政府或国际金融组织向我国政府及国家金融机构提供优惠贷款所书立的合同。

（6）房地产管理部门与个人签订的用于生活居住的租赁合同。

（7）农牧业保险合同。

（8）特殊货运凭证，包括军事物资运输凭证、抢险救灾物资运输凭证、新建铁路的工程临时管线运输凭证。

（9）企业改制过程中有关印花税征免的规定。

第一，资金账簿的印花税。

1）实行公司制改造的企业在改制过程中成立的新企业（重新办理法人登记的），其新启用的资金账簿记载的资金或因企业建立资本纽带关系而增加的资金，凡原已贴花的部分可不再贴花，未贴花的部分和以后新增加的资金按规定贴花。公司制改造包括国有企业依《中华人民共和国公司法》整体改造成国有独资有限责任公司；企业通过增资扩股或者转让部分产权，实现他人对企业的参股，将企业改造成有限责任公司或股份有限公司；企业以其部分财产和相应债务与他人组建新公司；企业将债务留在原企业，而以其优质财产与他人组建的新公司。

2）以合并或分立方式成立的新企业，其新启用的资金账簿记载的资金，凡原已贴花的部分可不再贴花，未贴花的部分和以后新增加的资金按规定贴花。合并包括吸收合并和新设合并。分立包括存续分立和新设分立。

3）企业债权转股权新增加的资金按规定贴花。

4）企业改制中经评估增加的资金按规定贴花。

5）企业其他会计科目记载的资金转为实收资本或资本公积的资金按规定贴花。

第二，各类应税合同的印花税。企业改制前签订但尚未履行完的各类应税合同，改制后需要变更执行主体的，对仅改变执行主体、其余条款未做变动且改制前已贴花的，不再贴花。

第三，产权转移书据的印花税。企业因改制签订的产权转移书据免予贴花。

第四，股权分置改革中股权转让的印花税。对股权分置改革过程中因非流通股股东向流通股股东支付对价而发生的股权转让，暂免征收印花税。

（10）自2008年11月1日起，对个人销售或购买住房暂免征收印花税。

（11）经财政部批准免税的其他凭证。

10.2.2.7 征收管理

1. 缴纳方法

根据税额大小、贴花次数以及税收征管的需要，印花税分别采用以下三种纳税办法：

（1）自行贴花办法。自行贴花办法是指由纳税人根据规定自行计算应纳税额，购买并一次贴足印花税票（以下简称“贴花”）的缴纳办法，又称“三自”纳税法。这种办法适用于应税凭证较少或同一种凭证缴纳税款次数较少的纳税人。

（2）汇贴或汇缴办法。对于有些应纳税额较大，不便于在凭证上粘贴印花税票的，以及同一类应税凭证需要频繁贴花的，为了简化贴花手续，纳税人可向税务机关提出申请，采取以缴款书代替贴花或者按期汇总缴纳的办法。

一份凭证应纳税额超过500元的，应向当地税务机关申请填写缴款书或者完税凭证，将其中一联粘贴在凭证上或者由税务机关在凭证上加注完税标记代替贴花。

税务机关对核准汇总缴纳印花税的单位，应发给汇缴许可证。汇总缴纳的限期、限额由当地税务机关确定，但最长期限不得超过一个月。

（3）委托代征办法。委托代征办法是指税务机关委托权利、许可证照的发放单位和办理应纳税凭证的鉴证、公证及其他有关事项的单位代征印花税税款的一种征管办法。这些单位在接受税务机关的委托代征任务并签订有关合作协议之后，就要认真承担起监督纳税人依法履行纳税义务的责任。

2. 纳税期限

印花税应当在书立、领受时贴花，即在合同签订时、账簿启用时和证照领受时贴花。

3. 纳税地点

印花税实行就地纳税。

知识库

印花税吹响美国独立战争的号角

英国对北美殖民地多年来课征的重税不仅引起了革命，更重要的是，促成了本是一盘散沙的殖民地的统一。殖民地的人民因为税收走到了一起，拿起了反对英国人的武器，最终建立了美国。始于1766年的美国独立战争，其背景就是殖民地的领袖们聚商如何反对英国政府订立的《印花税法案》。

英王室加征新税的黑手再次伸向北美。1764年，英国议会在殖民地开征糖业税，但该税并没像预期的那样减轻英国本土纳税人的负担。

1765年，英王乔治三世提出了征收范围无所不包的印花税。北美殖民地的报纸、印刷品、小册子、广告、票据、执照、遗嘱、法律文件，甚至历书、文凭等，都必须购贴印花税票。英国议会在当年3月通过了《印花税法案》，实施日期定在11月1日。与印花税出台接踵而来的是，殖民地立法机构的紧急会议和暴动以及满街飞舞的咒骂印花税的小册子。《印花税法案》使殖民地联合了起来。马萨诸塞州立法机构建议成立殖民地总会，反对印花税，也反对其他破坏殖民地权利的行为。

1765年的春天，殖民地出现了秘密组织——“自由之子”。该组织激烈反对《印花税法案》，在电线杆和帽子上粘贴反对标语，标语上写着：“要自由、财富，不要印花税。”人们击沉了英国的关税巡逻船，捣毁税务局，揪出国王特派的税官，在他脸上涂柏油、粘羽毛，游行示众。农民们自发组织起来关闭税务法庭，烧毁印花税票。在纽约，一次就把新运到的10箱印花税票付之一炬。

印花税在一浪高过一浪的反对声中销声匿迹，从颁布到废止只有一年的时间，但英国政府并未死心。英国议会随后又决定对北美从英国进口的特定商品征税，如纸张、染料、玻璃和茶叶，称为“唐深税”。唐深税也遭到了人们的反对，特别是关税局长委员会成立后，税官们的傲慢行径更是激怒了殖民地的人们。北美人民终于认识到，未经他们同意就征税侵犯了他们的自由权，反抗的意识逐渐积聚起来，为日后独立战争的开始做了良好的准备。

10.3 车辆购置税

10.3.1 车辆购置税概述

10.3.1.1 车辆购置税的概念

车辆购置税是对在我国境内购置应税车辆的单位和个人征收的一种税。

车辆购置税的前身是车辆购置附加费，2000年10月22日，国务院颁布了《中华人民共和国车辆购置税暂行条例》，由原收取车辆购置附加费改为征收车辆购置税，并从2001年1月1日起在全国施行。2018年12月29日第十三届全国人民代表大会常务委员会第七次会议通过了《中华人民共和国车辆购置税法》，自2019年7月1日施行。

10.3.1.2 车辆购置税的特点

（1）对应税车辆征税，征税范围较广泛。

（2）以车辆的购置价为税基，实行单一比例税率，计税简便，税负透明度高。

（3）从性质上看，属于直接税范畴。

（4）在车辆购置环节征税，实行一次课征制。

（5）属于中央税，由税务机关负责征收管理。

10.3.1.3 开征车辆购置税的意义

1. 车辆购置税是税费改革的一项重要举措

我国从20世纪90年代开始启动清费立税改革以来，陆续将一些预算收费纳入预算管理，清理取消了一些加重老百姓负担、实际意义不大的收费，将一些确有必要保留的收费通过“费改税”纳入依法征税的规范化轨道，实行“收支两条线”管理。将车辆购置附加费改为车辆购置税，就是在这样的背景下出台的，它是税费改革的一项重要举措。

2. 开征车辆购置税，有利于提高征管效率，降低征纳成本，遏制腐败现象的滋生和蔓延

将收费改为征税，由税务机关统一管理，使庞大的交通稽征机构和稽征人员得到了有效的精减，有利于增强税收的主体地位，保护税基不被侵蚀，提高车辆购置税的征管效率和征缴率，大幅降低征纳成本，有效扭转税少费多的局面，也有利于从根本上铲除交通稽征中腐败现象滋生蔓延的土壤。

3. 有利于为城市维护建设和道路养护筹集稳定可靠的资金

将收费改为征税，强化了收入分配的法治性、规范性、强制性和权威性，能保证税款的及时、足额入库；随着应税车辆的不断增加，车辆购置税收入将稳步增长；税款纳入财政预算，实行“收支两条线”管理，可以从根本上杜绝地区、部门挤占、挪用、私分相关资金的现象，保证城市维护建设和道路养护资金的安全，提高其使用效益。

4. 有利于节能减排，引导汽车消费健康发展

自改革开放以来，随着社会经济的不断发展和居民生活水平的不断提高，汽车在人们生产生活中的地位越来越重要，已经由一种奢侈品转变为大众化的生产生活工具，并且在不断升级换代，但由此带来的交通拥堵、能源过度消耗、环境污染等问题也日益突出。这就需要运用多种经济、行政、法律手段对汽车的生产及消费加以调节和引导，而车辆购置税就是其中的一种重要手段。这是因为，车辆购置税的征收提高了汽车的购买成本，加重了汽车消费者的经济负担，有利于抵制汽车购买欲的过分膨胀；同时，对购置不同性质和类型的车辆实行区别对待的税收政策，也有利于引导汽车消费结构，从而起到节能减排、保护环境、改善道路交通、倡导健康消费理念、引导资源合理配置、促进经济社会可持续发展的作用。

知识库

我国古代的车辆

人类历史上的第一辆车是中华民族的祖先发明的。据史料记载，在公元前2 000多年的夏初大禹时代，有一个叫奚仲的人，他发明的车由两个车轮架起车轴，车轴固定在带辕的车架上，车架附有车厢，用来盛放货物。这就是世界上的第一辆车。

最初的车辆都是由人力来推动的，称为人力车。后来，人们开始用牛、马拉车，称为畜力车。据传说，畜力车是商汤的先祖相土和王亥共同发明的。

在历代车辆发展过程中，有重要技术价值的还要数指南车和记里鼓车。

在三国时期，有一位叫马钧的技术高明的大技师，他发明了指南车。指南车是一种双轮独辕车，车上立一个木人伸臂南指。只要一开始行车，不论向东或向西转弯，木人的手臂始终指向南方。

记里鼓车是早在公元3世纪时中国最先发明的记录里程的仪器，可惜最初的结构已失

传，到宋代才由燕肃重新制造成功。

指南车和记里鼓车都是利用齿轮传动原理来工作的。它们的出现，体现了我国古代车辆制造工程技术已达到极高的水平，是我国古代技术的卓越成就。

10.3.2 车辆购置税制度

10.3.2.1 征税对象

车辆购置税的征税对象是《中华人民共和国车辆购置税法》中列举的各种应税车辆的购置行为。这里所称的购置行为是指购买、进口、自产、受赠、获奖或者以其他方式取得并自用应税车辆的行为。应税车辆包括：

（1）汽车。

（2）有轨电车。

（3）汽车挂车。

（4）排气量超过150毫升的摩托车。

10.3.2.2 纳税人

在中华人民共和国境内购置应税车辆的单位和个人，为车辆购置税的纳税人。

单位包括国有企业、集体企业、私营企业、股份制企业、外商投资企业、外国企业以及其他企业和事业单位、社会团体、国家机关、部队及其他单位。

个人包括个体工商户以及其他个人。

10.3.2.3 税　率

车辆购置税的税率为10%。

10.3.2.4 计税依据

车辆购置税的税基（又称计税价格）根据不同情况，按照下列规定确定：

（1）纳税人购买自用的应税车辆的计税价格，为纳税人实际支付给销售者的全部价款，但不包括增值税税款。

（2）纳税人进口自用的应税车辆的计税价格，为进口应税车辆的关税完税价格、关税和消费税税额之和。用公式可表示如下：

计税价格＝关税完税价格＋关税＋消费税

（3）纳税人自产自用应税车辆的计税价格，按照纳税人生产的同类应税车辆的销售价格确定，不包括增值税税款。

（4）纳税人以受赠、获奖或者其他方式取得自用应税车辆的计税价格，按照购置应税车辆时相关凭证载明的价格确定，不包括增值税税款。

纳税人申报的应税车辆计税价格明显偏低且无正当理由的，由税务机关依照《中华

人民共和国税收征收管理法》的规定核定其应纳税额。

纳税人以外汇结算应税车辆价款的，按照申报纳税之日的人民币汇率中间价折合成人民币计算缴纳税款。

10.3.2.5 应纳税额的计算

车辆购置税实行从价定率办法计算应纳税额。应纳税额的计算公式为：

应纳税额＝计税依据×税率

[例 10-2]

A 公司从汽车进出口公司购买一辆进口轿车，支付价款 80 万元，进出口公司开展“一条龙”销售服务，收取新车登记费、牌照费和代办手续费等费用 6 万元。

计算 A 公司应缴纳的车辆购置税税额。

解析：

应纳税额＝(80＋6)÷(1＋13％)×10％＝7.61（万元）

10.3.2.6 税收优惠

对下列车辆免征车辆购置税：

(1) 外国驻华使馆、领事馆和国际组织驻华机构及其有关人员自用的车辆。

(2) 中国人民解放军和中国人民武装警察部队列入装备订货计划的车辆。

(3) 悬挂应急救援专用号牌的国家综合性消防救援车辆。

(4) 设有固定装置的非运输专用作业车辆。

(5) 城市公交企业购置的公共汽电车辆。

根据国民经济和社会发展的需要，国务院可以规定减征或者其他免征车辆购置税的情形，报全国人民代表大会常务委员会备案。

10.3.2.7 征收管理

1. 纳税义务发生时间

车辆购置税的纳税义务发生时间为纳税人购置应税车辆的当日。纳税人应当自纳税义务发生之日起 60 日内申报缴纳车辆购置税。

2. 纳税地点

纳税人购置应税车辆，应当向车辆登记地的主管税务机关申报缴纳；购置不需要办理车辆登记手续的应税车辆，应当向纳税人所在地的主管税务机关申报缴纳。

3. 纳税申报

车辆购置税实行一次课征制。对购置已征车辆购置税的车辆，不再重复征收车辆购置税。

4. 其他规定

(1) 纳税人应当在向公安机关交通管理部门办理车辆注册登记前，缴纳车辆购置税。

公安机关交通管理部门办理车辆注册登记，应当根据税务机关提供的应税车辆完税或者免税电子信息对纳税人申请登记的车辆信息进行核对，核对无误后依法办理车辆注册登记。

(2) 免税、减税车辆因转让、改变用途等原因不再属于免税、减税范围的，纳税人应当在办理车辆转移登记或者变更登记前缴纳车辆购置税。计税价格以免税、减税车辆初次办理纳税申报时确定的计税价格为基准，每满一年扣减百分之十。

(3) 纳税人将已征车辆购置税的车辆退回车辆生产企业或者销售企业的，可以向主管税务机关申请退还车辆购置税。退税额以已缴税款为基准，自缴纳税款之日至申请退税之日，每满一年扣减百分之十。

(4) 税务机关与公安、商务、海关、工业和信息化等部门应当建立应税车辆信息共享及工作配合机制，及时交换应税车辆资料和纳税信息资料。

讨论题

在我国开征证券交易税的必要性有哪些?

复习思考题

1. 行为税制的特点和意义是什么?
2. 印花税的特点是什么?
3. 印花税的意义是什么?
4. 印花税的应税项目包括哪些?
5. 印花税的纳税方法有哪些?
6. 车辆购置税的税率是如何规定的?

第11章

农业税制——烟叶税

[本章要点提示]

- 烟叶税的概念
- 烟叶税的作用
- 烟叶税的纳税人
- 烟叶税的征税范围
- 烟叶税的税率
- 烟叶税应纳税额的计算

11.1 烟叶税概述

11.1.1 烟叶税的概念

烟叶税是以纳税人收购烟叶的收购金额为依据征收的一种税。

我国的烟叶税是在不同的历史阶段，经历了多次变革后形成的一个税种。烟叶税的前身要追溯到我国开征的农业税。1958 年我国颁布实施了《中华人民共和国农业税条例》（以下简称《农业税条例》）。1983 年，国务院以《农业税条例》为依据，选择特定农业产品（如水果、苗木、木材、水生植物等）征收农林特产税。此时，农林特产税的征收范围并不包括烟叶，我国对烟叶征收产品税和工商统一税。在 1994 年的税制改革中，国务院决定取消产品税和工商统一税，将产品税和工商统一税中的农林牧水产品税目与农林特产税税目合并，统一征收农业特产税。1994 年 1 月 30 日国务院发布并实施的《国务院关于对农业特产品收入征收农业税的规定》，将农业特产税税目定为烟叶产品、园艺产品、水产品、林木产品、牲畜产品、食用菌和贵重食品 7 个税目。2005 年 12 月 29 日，第十届全国人大常委会第十九次会议决定，自 2006 年 1 月 1 日起废止《农业税条例》。自此，对烟叶征收农业特产税也失去了法律依据。现行的烟叶税是根据 2006 年 4 月 28 日国务院令第 464 号颁布实施的《中华人民共和国烟叶税暂行条例》（以下简称《烟叶税暂行条例》）征收的。

11.1.2 烟叶税的作用

《烟叶税暂行条例》的出台，解决了我国农业特产税停止征收以及《农业税条例》废止后产生的一系列问题，其意义体现在：

1. 有利于国家对从烟叶种植到烟草经营的全过程实施宏观调控政策

烟叶作为一种特殊的产品，我国一直实行专卖政策，在税收上也实行较高的税收标准。目前，我国对烟叶和烟草制品课征的税收包括增值税、消费税和烟叶税，这三个税种构成了一个完整的税收体系。对烟叶和烟草制品建立的税收体系，有利于国家对从烟叶种植到烟草经营实施全方位的宏观调控。

2. 有利于国家取得财政收入

烟叶税在我国的税收体系中属于地方税。由于我国的烟叶种植地区主要集中在贫困的边远山区，当地经济较为落后，开征烟叶税可以为烟叶种植地区的地方政府贡献稳定的税收收入，进而促进当地经济的发展。

11.2 纳税人和征税范围

11.2.1 纳税人

在中华人民共和国境内收购烟叶的单位为烟叶税的纳税人。纳税人应当依照《烟叶税暂行条例》的规定缴纳烟叶税。

11.2.2 征税范围

烟叶税是对烟叶征收。烟叶是指晾晒烟叶和烤烟叶。

11.3 税率和应纳税额的计算

11.3.1 税　率

烟叶税实行比例税率，税率为20%。

烟叶税税率的调整，由国务院决定。

11.3.2 应纳税额的计算

烟叶税的应纳税额按照纳税人收购烟叶的收购金额和20%的税率计算。应纳税额的计算公式为：

应纳税额＝烟叶收购金额×税率

烟叶收购金额包括纳税人支付给烟叶销售者的烟叶收购价款和价外补贴。按照简化手续、方便征收的原则，对价外补贴统一暂按烟叶收购价款的10%计入收购金额征税。

烟叶收购金额＝烟叶收购价款×(1＋10%)

11.4 征收管理

烟叶税由地方税务机关征收。纳税人收购烟叶，应当向烟叶收购地的主管税务机关申报纳税。

烟叶税的纳税义务发生时间为纳税人收购烟叶的当天。纳税人应当自纳税义务发生之日起30日内申报纳税。具体纳税期限由主管税务机关核定。

烟叶税的纳税地点为烟叶收购地的主管税务机关。

讨论题

为何我国在2006年废除了农业税，但保留了烟叶税？

复习思考题

1. 烟叶税的作用是什么？
2. 烟叶税的纳税人和征税范围是如何规定的？

参考文献

1. 中国注册会计师协会．税法．北京：经济科学出版社，2009.

2. 全国税务师职业资格考试教材编写组．税法(1)．北京：中国税务出版社，2016.

3. 全国税务师职业资格考试教材编写组．税法(2)．北京：中国税务出版社，2016.

4. 马林，陈均平．新税收制度与企业会计制度差异分析及协调．北京：中国商业出版社，2009.